藏大臣。以統入

帶赴新任。達

升到之違者嘛

治罪旗轉解更名

送旗徒眾

臣二判如人占清衛安知

清 朝 与
The Qing Dynasty
中华传统
and Traditional Chinese Culture
文 化

〔美〕司马富 **著**　　张安琪 荆晨 康海源 **译**　　康海源 **审校**

九 州 出 版 社
JIUZHOUPRESS

献给丽萨与泰勒，

一如既往感谢你们的爱、支持和幽默。

也献给我的老师与学生，

感谢你们给予我源源不断的灵感。

序　言

大约20年前，本书以《中国的文化遗产：清代（1644—1912）》为题出版。此后，关于中国，尤其是关于清代的西文研究著作如雨后春笋般出现。原因之一自然是新资料的出现，包括海峡两岸中国学者的诸多研究。大量以往无法获得或未曾发现的汉、满、蒙及其他相关文字的档案文献面世，极大扩展了我们对于满人的多元文化世界的认知。同时，考古发掘也以相同的方式增强了我们对于满人如何建立并维护其广阔帝国的理解。

这些新的信息，不仅增进了我们对清代（从满族统治者宣称建立政权的1636年开始，这是在满人于1644年正式入主中原近十年之前，至末代皇帝退位的1912年为止）的政治、社会、经济、思想和文化发展的了解，同时也使得我们对这些方面的发展更加钦佩。这些新的信息还促使我们以新的视角看待满族统治者及其与汉族臣民之间的关系，以及满族与其他内亚族群（包括蒙古人、藏人、中亚人）之间的关系。其影响之一，就是形成了新的研究趋势，它的学术取径基于的理念是"清朝"与"中国"这两个概念之间的差异：满人并没有将中原视作其帝国的"中心"（尽管1644年之后，清帝国的主要都城是北京），而只是其更加广阔的统治区域的一部分（尽管是相当重要的一部分）而已，这一统治区域延伸至蒙古、西藏、东北、新疆等地区。

这一清史研究取径视野更加广阔，"中国中心"色彩更弱，促使学者对满人作为少数民族统治者的成功在多大程度能够归功于接受汉族文化，即"汉化"的过程，进行根本性的重估。"汉化"这一概念受民族主义激发，曾长期主导中国的清史研究（对中国历史上其他少数民族政权的研究也是如此）。然而时至今日，西方大多数中国研究者以及部分中国学者都接受了新的基本框架。但是，对于程度问题仍有热烈的讨论：比如，"中国传统文化"在多大程度上影响了满族统治者的政治、社会、经济和文化政策？反之，满族和其他内亚族群的文化在多大程度上影响了中国人——不仅在有清一代，还包括更早时期——的认知、思想和行为方式？

原先我重点强调满人如何推崇和接纳中国文化，至少有部分清史研究者一定会将这种看法视作对中国"传统"学术的投降。现在，我对中国文化在清代的多方面作用仍有兴趣，但是我尝试将这一演变进程放入更大的概念和分析框架中——不仅包含满族，也包括更大的内亚世界的文化遗产。通过关注说通古斯语的满族与有着3000年历史传统的汉族之间复杂的文化互动，我希冀找出这些少数民族统治者和其内部臣民协商各自的身份，以及与此同时逐渐达成一定的文化共识的过程。

出于多元文化观的考虑，我选择了本书英文版的封面。多尔衮（1612—1650）是清朝建立者努尔哈齐①（1559—1626）的第十四子。作为一位广受尊敬的武将和皇子，他对1644年满族入主中原起到了关键作用，他也是年轻的顺治皇帝（1643—1661年在位）统治时期权重望崇的摄政王。我认为，这幅画像恰到好处地体现了满汉之间的相互影响。佩剑代表满人由来已久的尚武传统，题字以满文书写。全文（只露出部分文字）为："画于38岁，弟常海题。"然而与此同时，画作明显遵循汉族宫廷肖像画的风格。多尔衮身着汉族式样的官服（根据满族风格有所改动），身边环绕着汉族的工艺品，包括绘有"龙"的画作、线装书、古青铜器、有汉族纹饰的案几。在顺治皇帝统治的前10年，多尔衮是中国实际上的统治者，他既推崇满人的尚武精神，同时也倚重汉人官员以及由大量汉人官员组成的前代文官制度。

本书与众不同之处还体现在何处？除了将来自东北、蒙古、中亚和西藏的影响纳入清代文化的概念范畴以拓宽其内涵，和许多清史研究者一样，我将清帝国放入真正的"全球"背景中——这一背景在19世纪中国与西方帝国主义相遇之前早已存在。清朝与内亚、东亚、东南亚、南亚这些相互勾连的世界有着长期且持续的接触，我所采取的历史视角不仅将此纳入考量，并且将近代清朝与包括欧美在内的更广阔的国际社会的政治、经济、

---

① 亦作努尔哈赤。——译者注

文化互动考虑进来。

尽管此研究的重点在于宏观的主题阐释和概观性的历史、文化模式，但是我也会对异常、矛盾特别是争论给予极大关注——不仅包括清代学者之间发生的此类现象，也包括从那时起涉及亚洲和西方学者的此类现象。尽管中国知识分子一直认为中华帝国晚期的文化具有鲜明的统一性，并且普遍以此为荣，但是中国的历史经验以及学界对此的研究却以大量分歧和异见为特征。在这本书中，我试图追踪清代政治、社会和文化方面离心与向心趋势之间的复杂互动，并找出清代研究领域的某些重要学术论争。

《中国的文化遗产》一书的最初两版，对诸如法律、科学技术、性别、性行为和军事等清代文化的重要主题较为忽略，这一版的另一个目的就是给予这些方面更多关注。在过去的20年中，学界在这些领域的研究成果尤为丰富。比如，通过这些研究我们可以发现，清代的政治、社会和文化政策对全国的精英女性产生了决定性的影响，不仅如此，女性的行动也影响了满族统治者。同样的现象也存在于许多其他文化领域，包括上面提到的那些。

最后，相较于《中国的文化遗产》一书而言，这本书更加直接、系统地阐释了清代中国精英文化和大众文化之间的关系。我近期关于历书（通书、历书等）以及日用类书的研究，促使我更加认真地思考两者之间复杂且持续演变的关系。这类材料也有助于对此书原版中的初始主题进行更加精细的讨论，即文化的分类。

感谢所有对我的研究有所助益的人，他们的名单差不多和参考文献一样长，几乎所有人都被我列了出来，且通常被多次引用。但是对以下各位，我需要特别感谢，他们以各种方式阅读了本书的部分手稿，不过本书中的错误与他们无关：欧立德（Mark Elliot）和威哲扬（Stephen Wadley）——毫无疑问，对他们而言，本书对满人的论述非常不足；艾尔曼（Benjamin Elman）——毫无疑问，对他而言，本书对科学技术的论述非常不足；欧中坦（Jonathan Ocko）——毫无疑问，对他而言，本书对法律的论述非常不足；钱南秀和宋汉理（Harriet Zurndorfer）——毫无疑问，对她们而言，本书对女性和文学的论述非常不足；黄士珊（Susan Shih-shan Huang）——

毫无疑问，对她而言，本书对艺术的论述非常不足；罗威廉（William Rowe）和盖博坚（Kent Guy）——毫无疑问，对他们而言，本书方方面面的论述都非常不足。我只能说，他们切实的建议，最重要的是他们出色的研究成果，大大丰富了我对这些话题的讨论。在我写作和构思此书期间，对我有极大帮助的还包括我在莱斯大学的同事——不仅包括上文提到的黄士珊和钱南秀，还包括赵沈允（Anne Chao）、莉萨·巴拉班利拉尔（Lisa Balabanlilar）、安妮·克莱因（Anne Klein）、杰弗里·克里帕尔（Jeffrey Kripal）和阿伦·马图索（Allen Matusow）。我还要感谢罗曼和利特尔菲尔德出版社的克里斯托弗·巴索（Christopher Basso），感谢他耐心、出色的编辑工作。最重要的是，和以往一样，我要感谢妻子丽萨和儿子泰勒，谢谢他们充分的支持和一贯的好脾气。

目录

导　言

在当今中国，传统文化是个热门话题。确切地说，自中华人民共和国成立以来，"古为今用"就是一个响亮的口号。时至今日，政治人物和知识分子都对传统文化大加提倡。自2012年以来，中国政府持续提倡中国古代价值观念和传统，作为新型"精神文明"建设的手段。全国人民代表大会常务委员会副委员长许嘉璐认为，当代美国文化"对中国传统价值观带来了巨大挑战"，而中国的"世界观、价值观、伦理观和审美观"是对抗其腐蚀性影响的一剂解毒药。[①] 同时，海峡两岸的重要作家在过去几年内写作了数以百计的著作，弘扬中国传统文化与行为举止的方方面面，从儒家思想、佛教、道教到祖先崇拜，甚至包括风水。

但是，究竟什么才是中国"传统"的信仰与价值观？本书通过关注19世纪末"近代"西方价值观念成为切实可行的文化选项前，被认为是"中国"独有的语言特征、行为方式、信仰、价值观、逻辑体系、象征结构、审美偏好、物质成就及制度，尝试解答这一问题。本研究的自然时间范围是清代（1636—1912），这是中国的末代王朝，是连接传统与现代生活的关键桥梁。清朝是中国历史上最大的统一帝国，也是迄今为止最为成功的少数民族政权。人们常说，没有任何一个王朝比清朝在外观上更为"儒家化"，或在推动中国传统文化方面更为自觉。[②]

但是，诚如本书序言所说，这些看法受到了学术界部分学者的质疑。关于清朝的修正主义观点得到了一批有能力的学者的支持，比如白彬菊（Beatrice Bartlett）、柯娇燕（Pamela Crossley）、狄宇宙（Nicola di Cosmo）、欧立德、艾宏展（Johan Elverskog）、米华健（James Millward）、那葭（Carla Nappi）、濮德培（Peter Perdue）、罗友枝（Evelyn Rawski）

---

① Lynch, Daniel C. 2013, 641.
② Ho Ping-ti 1967.

等，他们除了中文和日文，还能够自如使用多种内亚语言。他们尽力将清朝置于更广阔的内亚语境中，尤为强调不同于中国传统的"满洲特性"。① 与此研究趋势相反的是黄培近期的著作《满人的再定位：一项汉化的研究（1583—1795）》，该书批判了上述倾向，尝试重新引入何炳棣等中国学者在20世纪60年代的论点，即满族完全"汉化"了，也就是说，他们以牺牲本族群传统为代价，充分吸收了汉族传统。在这两极解释中间，显然存在着能够产生丰富讨论的中间地带，我准备系统探讨这一问题。②

有一种观点认为，满人政治成功的关键在于，他们构建了等级化的多元文化主义——尤其是利用与内亚非汉族群的文化纽带，并在内地各省与边疆地区实行差别化的行政管理，这一观点有很多可取之处。③ 正如卫周安（Joanna Waley-Cohen）在一篇富有启发且极具洞见的评论中写道，满人明智而自觉地"将内亚和汉族传统结合起来，以同时赢得双方的支持"，因此，"在从前泾渭分明的内地农业世界和草原游牧世界之间创造了一个统一体"。④ 此外，有学者认为，满族远比何炳棣所描述的汉化的清朝保持了更多的族群认同。实际上，在18世纪，满族认同变得更为强烈，尤其是在乾隆帝统治时期（1736—1796），乾隆帝通过强调血统，而非单单是文化关联，强化了满族与非满族之间的区别。

然而所有记载都显示，乾隆皇帝和他才华横溢的祖父康熙帝（1661—1722年在位）一样，大力赞助汉族文化活动，通晓汉语，深受儒家价值熏

① 其他有独特洞察力地考察过清代复杂的版图的某一方面的西方学者参见参考书目。近期出版的一本中文著作，系统考察了清代满汉之间复杂的政治、社会、文化的相互关系中的两方，即中国社会科学院近代史研究所政治史研究室（编）：《清代满汉关系研究》，北京：社会科学文献出版社，2011年。其他著作有：戴迎华，《清末民初旗民生存状态研究》，北京：人民出版社，2010年；刁书仁，《满族生活掠影》，沈阳：沈阳出版社，2002年；定宜庄，《清代八旗驻防制度研究》，天津：天津古籍出版社，1992年；李理，《白山黑水满洲风：满族民俗研究》，台北：历史博物馆，2012年；李燕光、关捷，《满族通史》，沈阳：辽宁民族出版社，1991年；刘小萌，《满族从部落到国家的发展》，沈阳：辽宁民族出版社；《满族简史》编写组（编），《满族简史》，北京：民族出版社，2009年；王锺翰（编），《满族历史与文化：纪念满族命名360周年论集》，北京：中央民族大学出版社，1996年；杨锡春，《满族风俗考》，哈尔滨：黑龙江人民出版社，1991年；张杰，《满族要论》，北京：中国社会科学出版社，2007年；周远廉，《清朝开国史研究》，沈阳：辽宁人民出版社，1981年。
② 有关"汉化"的论述和争论的源起与发展的讨论，参见 R. J. Smith 2013, 12—14。
③ Evelyn S. Rawski 1996, 829—50, 131; James A. Millward et al., eds. 2004, 1—2, 15—21.
④ Joanna Waley-Cohen 2004, 193—206, 200. 欧立德：《关于新清史的几个问题》，载刘凤云等（编），《清代政治与国家认同》，北京：社会科学文献出版社，2012年。

陶（特别是孝道），精通汉族艺术和文学，愿意提拔汉族官员至行政体系的任何品级。乾隆皇帝究竟有没有"汉化"？也许正如我在其他文章中所指出的，提出这个问题本身就错了。欧立德在2009年写作的一部传记作品的标题《乾隆帝：天之骄子，世之凡人》突出了问题的关键：乾隆皇帝及其继任者出于本质上务实的考虑，在面对居住于长城以南的臣民时，就摆出一张汉人面孔，而在面对帝国其他地区的臣民时，就摆出其他种族的面孔。诚然，我们应该看到，汉族文化遗产有许多值得尊重之处——哲学、宗教传统、艺术、文学等。实际上，所有满族王公和一大批满族、蒙古族精英，都接受了大量这方面的教育。但是，他们也在其他文化传统方面打下了坚实基础，其中自然也包括他们自己的文化。

柯娇燕是对"汉化"最执着的批判者之一。她激烈地批判"汉化"的说法"在概念上有缺陷，在认识上无效，并且难以运用"，因为中国文化为应对"在地文化、边疆文化和异端文化的挑战与分化作用"——当然还有其他原因——而不断地改变着自身。正如她的论断，"历史地看，作为地理和文化实体的中国是许多聚拢式和分散式的地方主义的集合"。① 没有哪位现代学者会反对这个基本特征。然而，简单地谈到在地的、边疆的和异端的文化，也就是含蓄地承认存在一种支配的、"核心的"和"正统的"文化与前者处于持续的紧张关系中。于是，我们可以合理地问这样一个问题：什么是清代——至少在中国内地（China Proper）——最显著、最重要的特征？②

至少对我而言，有些意外的是，《中国的文化遗产》至今仍然是英语世界（或许是整个西方语言世界）唯一一本系统关注清代中国传统文化所有重要方面的著作。迄今为止对清王朝最出色也最均衡的概述，是罗威廉的《中国最后的帝国：大清》，这本书主要关注政治、社会、经济事件及制度，有关中国哲学、宗教、艺术和文学的内容只有不到十页。罗友枝的《清代宫廷社会史》主要着眼点在满族宫廷的政治、社会、礼仪活动，对艺术和

---

① Pamela K. Crossley 1990, 1–35; Crossley, Siu, and Sutton, eds. 2006, 导言。
② "内地"指的是清代核心的十八省。然而，从满人的观点来看，"中国"的概念包含整个帝国，包括东北、蒙古、新疆、西藏。参见G. Zhao 2006。

科学的关注比较少。甚至黄培的《满人的再定位》一书，尽管极为强调汉化这一主题，但是除了最后一章"建筑、宗教和儒家思想"，对中国文化实践鲜有论述。

我们如何解释西方的中国历史学家相对忽视将"文化"作为研究主题呢？对中文语境下的大多数学者而言——不论是中国大陆还是香港、台湾的学者——这当然不是问题，原因之一在于整个20世纪以至21世纪，学术界和大众讨论得最久的一个主题就是，在中国寻求"现代化"的过程中，"中国传统文化"有何作用。这一问题在1912年清王朝覆灭之后变得尤为紧迫，时至今日仍然在中国大陆以有关"国学"和当代"文化复兴"的讨论的形式继续存在。所以，近来有上千本中国学者的著作，书名都包含"中国（中华）传统文化"的字眼，这并不奇怪。[1] 这些著作不仅非常准确地划定了中国文化关怀的总体类别，并且指出了中国传统文化的特质。

不过，研究中国的西方学者所面临的处境却有所不同。尽管他们清楚地知道近代中国学者为应对中国复杂的历史遗产所做的努力，但是他们仍有特殊的、来自自我的负担——这种负担来自客观而敏锐地评判"他者"之前景和经验的责任。柯文（Paul Cohen）的《解缚的中国：变动中的中国历史研究视角》一书的导言，表明了知识分子的这一责任的份量：

> 我最初提出（中国史研究领域的）中国中心观研究取向时，注意到这种研究取向的一个较重要的伴生物就是，在建构中国近代（我主要指19和20世纪）的有关问题时，着眼点渐渐从文化转移到历史。在20世纪50年代和60年代，"冲击-回应"和"传统-现代"范式在美国学界如日中天，大量的历史解释都集中在讨论中国"传统"社会或文化的本质上——当然还有，中国的社会文化是如何不同于西方（或日本）的。[2]

柯文此处担心的是，强调"文化"，尤其是强调中西文化差异，会导致文化本质主义，亦即："把某个文化极端地化约为某些特定的价值观念或特

---

[1] 见参考书目中笔者对这些最新研究著作的评述。
[2] Paul Cohen 2003, 13–14.

性，并认为其他文化不可能有同样的价值观念或特性。"然而，柯文在整本书中反复谈及"文化"，甚至在一处承认，"中西传统文化之间存在重要差别"是显而易见的事实。

正如我在别处指出的，造成这一明显矛盾的原因在于，尽管我们意识到——至少谚语如此表达——"一切概括都是错误，包括这句话本身"，但是为了产生意义，我们不得不进行概括。[①] 那么，概括和本质化的区别是什么呢？可能这是一个关于动机的问题。正如柯文等人所说，过去西方学界对文化的强调有时会激发"东方主义"式的论调，即认为"中国是停滞而纷乱的"，这个看法将19世纪西方入侵看作中国现代化的"必要刺激"，从而起到了为之辩白的作用。[②] 在诸如冯珠娣（Judith Farquhar）和何伟亚（James Hevia）等批评者看来，"静态"的文化观念使帝国主义成为"救助事业"的代表。[③]

然而，对术语的运用不可因噎废食。事实上，进一步的思考让我们意识到，不论文化如何定义，它都不会是静止的；面对内生或是外来的新鲜刺激，文化始终处于变迁之中。想法、价值观、审美标准、风俗都在变动，制度、法律、仪式、象征符号甚至语言也在变动。此外，理论与实践之间也总是横亘着鸿沟。不过，不论在任何时候，特定群体内的"意义共感"都为文化对话提供了必要框架，不仅是共识的对话，也包括同样重要的异见的对话。正如萨林斯（Marshall Sahlins）的观察："为了使分类可供争辩……必须有共同的理解体系，范围延伸至根据、方法、模式和分歧的问题。"他说："如果在差异中没有一些有意义的秩序，那么要理解一个社会如何运作"是很困难的，"更不用说理解这个社会中的任何知识是如何形成的。如果对某些特定的事件或现象，男女各说一套，这难道不是因为男性和女性在同一个社会话语世界中拥有不同的地位和经验吗？"[④]

本书提出的文化概念强调的是，大大小小的人类群体为了创造一套连

① R. J. Smith 2013, 9–10.

② James Hevia 1995, 5–7, 18–20.

③ R. J. Smith 2013, 49.

④ Marshall Sahlins 1993, 15. Ian Morris认为，文化"与其说是在我们脑海中指引我们的声音，不如说是各种观念讼争不息的市政厅"。Peter J. Katzenstein, ed., 2012, 211.

贯一致的现实观念，而去命名、分类和阐释各种经验和现象时所采用的多种多样的方式，以及他们对这一"现实"的理解如何反过来影响了他们的态度和行为。① 从这个角度来看，"传统"——我指的是个体或群体在某些时候利用前人智慧和本土经验来应对现在和未来的倾向——并不是负面价值，也不一定会阻碍"现代化"，不论这种"现代化"指的是什么。我和我的同事在《不同的话语世界：清末民初时期性别与文体的变迁》一书的序言中，对这一问题有过说明："像'传统'和'现代'这样的术语，不应该再被视作具有固定特征的互斥概念，而应该看成是一个文化选择大熔炉中的流动的类别。"②

　　然而，在有些特定时间，一些文化选择会比另外一些更有吸引力和意义。我们可能会再一次问为什么？根本原因是它们能在某些方面获得回报——政治上、社会上、经济上，甚至心理上。童年故事以及更为正式的教育环境中的指定书籍，总是反映着预期的文化属性。相似地，各种各样的参考书目也显示着文化关怀的重要范围。艺术和手工艺也传达着重要的象征性信息和令人满意的审美信息。正因如此，在本书中我尤为关注清代重要政治和社会知识的传播机制及其强化手段。

　　在清代，至少在中国内地，传播有益的文化知识最有影响的渠道包括《三字经》这样的启蒙读物、"二十四孝"这样的故事、民间宗教科仪本、戏文和各类小故事。同样有影响力的还有按主题编纂的各类手册、历书和日用类书。像《万宝全书》这样的类书，不仅为受过教育的人安排日常生活提供指导（人一生中的仪式、抚育幼儿、务农、养蚕、畜牧、医药、武术等），还包含娱乐、语言、书法、艺术、音乐和诗文创作等内容。此外，这些书还包含了从更为复杂的礼仪规范、法律条例、商业规则和很多其他官方、非官方文书中总结出的内容。③

　　除类书外，流行小册子、娱乐表演、公共阅读诸如圣谕之类的帝国公告也传播了有价值的文化信息，尽管其效果颇为复杂。当然，对清代统治

---

① R. J. Smith 2013, 1–14.
② Qian Nanxiu, Grace Fong, and Richard J. Smith, eds. 2008, 1–2.
③ 值得注意的是，甚至在满人1644年入主中原之前，最早翻译成满语的书就是一本流通广泛的明代版本的《万宝全书》。

者和臣民都非常重要的是中国科举考试制度所基于的哲学、历史和文学著作。正如我们会看到的，在中华帝国晚期，科举制对于巩固预期的文化价值观是尤为有力的工具。但是，中国文化的其他方面也是如此：法律制度、具有法律效力的族规、广泛的宗教信仰和实践——从祖先崇拜到佛教、道教中超自然的报应观念。

通过仔细检视那个时代最为重要的文献、结构、空间、礼仪和器物，我们就能描绘出可以称之为清代中国"主流文化"的轮廓——当然这不是唯一的文化，却是几乎所有自认为是"中国人"（中国内地人口中将近95%的人自认为是"汉人"）的清代臣民所极为认同的文化。几乎没有人会在原则上否认下面这段14世纪时对"中华"特性的描述：

> 中华是中国的别名。当一个人服膺于王化之教（即儒家教化），并且隶属于中国；当他衣冠楚楚，孝敬父母，兄友弟恭；当他行事符合礼仪规范，然后才可自认为属于中华。[①]

这种不断演进的文化，受到柯娇燕（及其他很多观点相似的学者）所说的"在地文化、边疆文化与异端文化的分化作用"的挑战。其公认的"特质"也被中国学者继续视作他们所简单概括的"传统中国文化"的重要标志之一。

下面我们简要思考一下韦政通的例子。他是中国台湾一位高产的学者，他的《中国文化概论》至今仍在海峡两岸拥有非常大的影响——不仅体现在众多有关中国传统文化的大学课程上。该书最早写于1968年，后来多次再版，最近一次是2008年在大陆再版。在书中，韦政通提出传统中国文化有"十大特征"：（1）独创性；（2）悠久性；（3）涵摄性；（4）统一性；（5）保守性；（6）崇尚和平；（7）乡土情谊；（8）有情的宇宙观；（9）家族本位；（10）重德精神。[②]

韦政通自然明白跨越空间和时间进行归纳的困难、理论与实践的问题，

---

① R. J. Smith 1994, 3; David C. Kang 2010, 29ff.（引文据英文直译。——译者注）
② 韦政通，《中国文化概论》，第23—63页。

以及由于诸如阶层、性别、年龄等社会变量而呈现出的外在差异。比如，无论如何定义"中国"，"中国"从未完全隔绝于外部影响；又比如，尽管精英和普通大众都根深蒂固地崇尚"和平"与"和谐"，但异乎寻常的暴力事件在中国历史上常常发生。[①] 然而，在辨认某些宽泛的信念和行为模式方面——这些模式不仅是清代汉族身份认同的重要部分，而且对中国内地和边疆的满族及其他族群也有意义——韦政通在此看到了价值，我也一样。

我们可以以韦政通归纳的第四个特征——统一性为例，来看他以历史为基础的研究取径。韦政通认为，中国能够统一的一个重要因素是始于秦朝（前221—前206）的"书同文"。从那时起直到20世纪，任何受过经典教育的识字者都能够阅读这整整2200年间留下的文字记载。他认为第二个因素是，自汉朝（前206—220）建立以来，儒家思想作为统治意识形态具有普遍性、长期性和有效性。第三个因素是中国传统文化价值观的力量和韧性。他写道，外部侵略者可能会在一段时间内带来武力威胁，但他们不会构成根本性的文化挑战。在韦政通看来，外部侵略者这种明显的归化也解释了中华文明的源远流长。[②]

当然，还有其他一些因素也维护了中国传统文化的统一性。尤其是科举考试制度，它初步建立于公元前2世纪，在唐代（618—907）扩展至整个帝国。明清两代，科举制产生了一大批满腹经纶、文化同质的社会和官僚精英，他们自觉地成为中国社会各阶层竞相效仿的典范。因为这种成熟的科举制从帝国几乎每个角落和社会各个主要阶层（有时还包括农民阶层）选拔人才，所以它推动了地理上和社会上相对高度的流动性（见第二章、第三章和第十章）。

另一方面，几个世纪以来，中国的统治阶层意识到了建立集中监督的政治和社会控制机制的必要性，这一机制超越亲属关系，有助于克服地方忠诚——具体手段包括频繁的官员调动、回避制度（禁止官员在家乡任职），以及在诸如税收和保甲等方面的花样繁多的责任共担制度。中华帝国始终用它巨大的权威和强制性权力，通过精心设计的法律、教育、礼仪、

---

① William T. Rowe 2009; Tobie Meyer-Fong 2013.
② 韦政通，《中国文化概论》，第33—26页。

宗教和宣传制度，尝试去规范行为、约束风俗、维护身份差异、发扬正统意识形态。①

毫无疑问，清代中国（主体民族汉族与满族的人口比例超过200比1）的统治者认识到了支持和强化由前代传承而来的政治、社会、思想控制形式的实用价值，至少在长城以南地区是如此。清朝大力而自觉地推行明代制度和文化，再加上16世纪和17世纪早期农业、工业、商业和文化的急剧发展，其结果就是，清朝见证了到那时为止的传统政治、经济、社会制度的最全面发展，以及中国内地最高程度的地区融合。②

然而，清代的文化整合远没有完成，并不是简单地因为满族自觉的和高度特殊化的多元文化主义——这一行政手段不仅是承认在清帝国的广阔疆域内有其他的"王"和文化，也是在努力保存他们自身的族群身份，有意将自己与他们的汉族子民从实际层面区分开来。即便只讨论清朝自身的情况，它的辽阔疆域、地域差异、族群分歧所呈现出的政治、社会、经济复杂性也是惊人的。和过去一样，清代中国仍然可以说是一张由或多或少相互离散、大小不一的地形区域杂乱拼接而成的拼布——这些地区有着各不相同的地貌、土壤、气候、自然资源、市场体系、信息网络、人口密度、方言和非汉族群等。

对于伴随文化多样性而来的行政管理问题，清朝统治者再清楚不过。作为中国历史上最大的统一帝国的统治者，他们监督着（并且尝试管理）无数的地方文化——每一个都有自身独特的饮食、居住、衣着、言语、崇拜、娱乐等方式。乡土情谊在中国根深蒂固（注意韦政通所说的第七个特征），俗话说"十里不同风"，表达的就是地域的特性。清代的政治宣传公开承认中国的地域多样性。比如，雍正皇帝的《圣谕广训》首次公布于1724年，就要求各地官员和儒生在每月朔、望两日向广大平民宣教。其中一个版本说道："淳漓厚薄，难以强同。奢俭质文，不能一致。是以圣人制为礼以齐之。"③

---

① Rowe 2001, esp. chap. 12; R. J. Smith 2013, esp. Chap. 3–9.
② Ho Ping-ti 1967, 189–95; Ho Ping-ti 1998, 123–55. Huang Pei 2011.
③ R. J. Smith 2013, 90. （引文出自《圣谕广训》。——译者注）

　　对不同地域的刻板印象深植于所有中国人的意识中，明清两代始终如此，许多直到今天仍然存在。其中一些着眼于南北之间的根本差异，另外一些基于由主要河流流域划分的稍大的地理区域，还有一些以省为基础。举例而言，人们通常认为北方人比南方人更强壮、更勤奋、更诚实，也更保守；粤地（中国华南地区珠江流域）的人"最信鬼神"；康熙皇帝对江南（主要是江苏南部和浙江北部）之人的评价是"奢侈浮华"，反映了大众的态度。① 乾隆皇帝认为，江南是"（中国）文化的中心"，因此，对清廷的指令抵抗最力。②

　　这种刻板印象不仅会影响一个地区的人看待另一个地区的人的方式，也会影响到各个独特的亚文化群体的自我认知。此外，因为地方主义在中国内地是一股强大而无所不在的力量，所以城市中心的旅居者甚至长期住户，仍然对自己的"家乡"有着强烈的认同感，这才造就了会馆和其他地缘组织的繁荣。本地人根据"中国性"的不同层次，将"外来者"按照层级划分类别。③

　　正如人们预料的那样，中国的城市居民和农村居民拥有不同的观点和生活方式。但是他们之间的文化差距并不如其他许多农业社会那样大，因为在清代，只有25%的传统精英一直居住在城市，他们中的很多人在所谓的基层市场体系中的乡村事务方面扮演着重要角色。雷德菲尔德（Robert Redfield）对城市识字精英的"大传统"和基本不识字的农民的"小传统"的著名区分，是非常有影响的概念范式。事实上，平民和精英穿着不同，饮食各异，住所不同，就全社会和整个国家来看，他们的地位也不同。甚至在法律上，他们也被明显地区别对待。他们的信仰也迥然有别。例如，武雅士（Arthur Wolf）就主张："（中国）精英的宗教和农民的宗教之间横亘着一条鸿沟。"④

　　当然，很多学者认为这种二分法太简陋了，无法恰当呈现"文化互动

---

① R. J. Smith 1991, 7–8.（引文出自《清圣祖实录》卷一百一十六，康熙二十三年九月庚午。——译者注）
② Brook 2005, 129.
③ Guildin 1984, esp. 140–43.
④ R. J. Smith 1994, 8.

的复杂的历史模式和空间模式"。其中之一是托普莱（Majorie Topley），他强调："士大夫的传统作用于庶民身上……庶民的传统又反映在士大夫身上。"本着同样的精神，弗里德曼（Maurice Freedman）严厉地批评那些将精英的"理性"和农民的"迷信"断然两分的人。施坚雅（William Skinner）有关市场社区的开创性研究表明，中国一直都是一个多层社会，而不仅仅是一个双层社会，所以中国并非仅有一个"小传统"，事实上它有着许多"小传统"。武雅士指出，中国宗教最重要的一点是"它反映了信奉者的社会景观。有多少种优势地位，就有多少种意义"。①

《中华帝国晚期的大众文化》一书的合编者姜士彬（David Johnson）认为，至少有九种不同的优势地位。为了充分考虑传统中国社会的复杂性，阐明"主从关系"如何影响意识，姜士彬以教育、法律特权、经济地位（自给自足或依附他人）这三个关键变量为基础，提出了中华帝国晚期的模型。在他的概念框架中，中国社会光谱的一端是受过经典教育、拥有法律特权、经济自给自足的精英（最具有主导性的群体），另一端是不识字、依附性的平民（最没有影响力）。过渡的中间群体反映了这三种变量的不同组合，比如，自给自足、识字但是不具有法律特权、没有受过经典教育的人；拥有法律特权、自给自足，却没有文化的人。②

这一设想的好处在于，它提供了一种更准确的方法，去认识任何特定的社会、政治策略，特定的思想体系与中国的支配等级之间的关系，无论这种思想体系是以象征符号、神话、宗教幻象，还是以其他人类"语言想象"的产物为载体的。同时，它提醒我们留意思想和策略从一个社会群体转移到另一社会群体的多种多样的方式，姜士彬假定这一转移过程"几乎总是涉及中间群体的调解"。③然而，在分辨各组内部观念和行动的区别时，姜士彬的模型并不是很有帮助。毕竟，在传统中国取得支配地位，所牵涉的不仅是学识、法律保护和良好的经济状况。精英女性可能同时具备这三种优势，但是仍然遭受偏见。那么，性别的问题又是怎样的呢？

---

① R. J. Smith 1994, 8.

② D. Johnson in D. Johnson, ed. 1985, 45ff.

③ R. J. Smith 1991, 8–10.

一方面，我们知道清代妇女在很多方面都处于劣势；她们的从属地位在法律、社会习俗、精英文学或大众读物、谚语、家庭仪式，甚至医学文本等方面都有所反映。然而，除去这些偏见，妇女仍有方法在男性主导的世界中建立积极的自我认同，保护自身利益。清代妇女的故事绝不是只有服从和偏见。[①] 就像处于劣势地位的男性一样，中国社会各阶层的女性创造出诸多获取权力的策略，其中一些策略在提升自身境遇的同时，也给社会现状带来了挑战。更进一步而言，清代见证了前所未有的汉族（和满族）女性文学的涌现和艺术创造力的高涨。近20年来，一大批有关"女性创作"的研究出现，极大增强（并且复杂化）了我们对中华帝国晚期的理解。[②]

当然，不论是差异性还是统一性，都有其局限。这种社会"解构"同文学批评中的情况类似，如果走向极端，将会导致令人挫败的结论：超越个体经验与特殊解释，文化意义将根本不存在。这是行不通的，我以前就曾指出，"文化"这个术语本身就意味着共同的理解框架，我坚信如下假设：事实上，仔细"解读"各种形式的社会话语和象征行动都可以得出文化意义，不论其表达方式是文本（包括古典的和地方的）、艺术、建筑、音乐、手工制品和商品的生产与交换、礼仪、戏剧表演，还是像科学、经济预测、医药、占卜这样的预测性行为。

诚然，历史记载浩如烟海、复杂难解，而且常常相互矛盾。关于清朝，我们远远没有完全理解那些我们需要了解的，特别是在地方层面。不过有一件事是肯定的：不管以什么尺度来衡量，清朝都是中国历史上最伟大的王朝之一，尽管面临着来自国内外的巨大压力，清朝仍持续了近300年。我们如何来解释这种非凡的成就呢？我们将会看到，部分答案在于内亚假设和满人带到中原的文化实践，包括他们对泛亚洲王权的独特概念，以及对强大的政治、社会和军事组织"八旗"的战略运用。部分答案可见于满人根据自己的目标在明朝基础上做出重大修改的行政机构和官僚体制。不过还有一个原因，在于他们对某些中国文化实践和结构的选择性利用与（或）

---

① 如本书参考书目中所列出的有关女性的近期著作。
② 尤其是以下这些作家的作品：孙康宜、伊佩霞、方秀洁、高彦颐、季家珍、李惠仪、曼素恩、钱南秀、罗普洛、苏源熙、魏爱莲、宋汉理。

支持。这些实践和结构是本书后文的主要焦点。

　　我要说清楚的是：尽管我尽可能地重视满人及其他内亚族群和文化影响清朝特性的诸多方式，但我的基本目标仍然是理解并解释在清朝时期不断演化的中原汉文化的基本特性。不管清廷和（或）各省旗人在何种程度上对某些汉文化特性感到着迷，文化的演变都不会是满人"汉化"这样一个简单问题。相反，这是一个双向互动的复杂过程。

　　有三个相互关联的主题构成了本书的解释基础。它们同韦政通所说的更为抽象、更为理想型的"特征"一样，至少2000年来都在中国文献记载中占据着突出的位置，它们提供了理解清朝时期满汉文化的基本框架。第一个主题可以被称作"认知"，也就是中国人看待周遭世界的方式。尽管这种观念非常复杂，而且其中交杂着儒、释、道元素，牵涉到精英与大众之现实概念的相互影响，但我们至少可以发现一种超越意识形态和阶级的概念或范式。这种观念有时被说成是"二元互补"，不过其更有名但也被滥用的说法是阴阳观念。阴阳观念及类似关系在中国语言文字中随处可见，但是中国学者常常视之为理所当然，而西方学者又常常误解或低估了它。

　　在传统时代，"阴"和"阳"主要有三层含义，每一种含义都可以用中国最伟大、影响最深远的小说《红楼梦》中的内容来阐明。[①] 史湘云在和侍女翠缕的一段有趣的对话中说道："天地间都赋阴阳二气所生……千变万化，都是阴阳顺逆……阳尽了就成阴，阴尽了就成阳……阴阳可有什么样儿，不过是个气，器物赋了成形。比如天是阳，地就是阴；水是阴，火就是阳；日是阳，月就是阴。"翠缕听了，笑道："是了，是了，我今儿可是明白了。怪道人都管日头叫'太阳'呢，算命的管着月亮叫什么'太阴星'，就是这个理了。"翠缕又讨论了一番其他事物的阴阳关系，最后说："人家说主子为阳，奴才为阴。我连这个大道理也不懂得？"[②]

　　"阴""阳"既是创造和推动自然现象的宇宙力量，也是用来描述兴衰、盈亏循环往复的术语，又是描述本质不同但几乎始终互补的二元关系的一组相对范畴。在中国，几乎任何经验都可以用这样的两两成对的概念来解

---

① 这部小说的作者曹雪芹是旗人，书中描写了旗人的生活。Hawkes 1973–1979, 1:15–46.
② Hawkes 1973–1979, 1:122–24.

释，包括从昼夜、干湿这样的日常感觉，到诸如虚实、有无等抽象概念。阴阳关系包含着基于等级差序的相互依存、和谐与共的观念。人们通常认为阴不及阳，但对立统一一直是一种文化理想。此外，阴阳思想的逻辑包含了一个重要观念，即某种关系中的阴在另一种关系中可能成为阳。例如，妻子相对丈夫为阴，但是相对孩子则是阳。

也许在世界历史上，中华文明是唯一产生过这种普遍存在、经久不变、在本质上属于自然主义的世界观的主要文明——这种调和的世界观，与古代近东和西方文化传统中盛行的善与恶、上帝与魔鬼的宗教二元论形成鲜明的反差。阴阳互补的概念由儒家的某些思想偏好所巩固，无疑增强了传统中国思想明显的和谐倾向——中国的儒家学者明显更加看重"相似与融合"，而非"差异与分歧"。①

中国传统文化的很多特别之处，都可以依据阴阳观念或是与之相关的精妙思想加以解释。从政治、宇宙观、审美、象征符号、神话故事到祖先崇拜、占卜、医药、科学和性别，几乎在对中国传统生活各个方面的描述和评价中，我们都可以或隐或显地看到阴阳两极的存在。从崇高的儒家经典到民间谚语，中国所有的典籍都使用阴阳术语或其符号。桑高仁（Steven Sangre）在《一个汉人社区中的历史与灵力》一书中就提供了一个精彩案例，说明了充分理解差序的、非对称的阴阳"相对逻辑"，有助于深刻理解中国社会生活中有序和失序的复杂关系。②

我的研究关注的第二个重要主题是伦理道德，只需稍稍浏览有关中国政治、社会、哲学的任何一本小册子，就能发现这是中国文化长久关注的话题。同阴阳的概念一样，伦理道德方面的言辞弥漫在中国传统文化的方方面面，包括音乐和艺术。中国现代哲学家张东荪告诉我们，中国语言中来自彼此相关的亲属关系和伦理道德领域的词汇是数量最庞大的。冯友兰的名著《中国哲学简史》的索引中有言："中国哲学的相当大部分是有关伦理的，因此，完整列出'伦理'方面的参考文献几乎是不可能的。"③

---

① R. J. Smith and D. W. Y. Kwok, eds. 1993; Chung-ying Cheng 1991, 1–58.
② P. Steven Sangre 1987, 132–40, 166–86.
③ Fung Yu-lan 1948, Derk Bodde trans., 355, 406.

然而，令人印象深刻的不仅是中国人无所不在的道德关切，基本道德观的来源在本质上是非宗教的，这一点同样引人注目。与许多其他文化传统形成鲜明对比的是，中国人视其道德秩序为人的产物。确切而言，尽管儒家哲人认为天心与人心之间具有根本上的"精神"统一性，但是在整个帝制时代，中国通行的伦理道德体系并非源自任何超自然权威。在帝制时代晚期，尽管主要的制度性宗教（佛教和道教）在巩固世俗规范方面发挥着尤为重要的作用，但是它们并未对既有的儒家核心价值观念做出任何重大贡献。①

下面这篇铭文来自广东佛山天后宫的一块石碑，能够反映世俗价值观和传统中国宗教之间的关系。

> 然而都邑政令所及，有人道为之纪纲，则鬼神不必赫然昭著，唯不平而后见焉……昔人有言曰："至治之世，其鬼不神，非不神也，赏罚公明，阳施阴伏……无所用其神也。"②

中国人常常祈求超自然力量的帮助，但是在儒家的理想世界中，这并不是必要的。

清代中国正统伦理道德体系的核心是所谓的"三纲"，在帝制时期，通过阴阳互补的观念加以明定。"三纲"即君为臣纲、父为子纲、夫为妻纲。在这个框架下，在下者对在上者负有单向的义务，这为大部分中国传统生活奠定了专制的基调，具体表现在中国政治社会语汇中最强有力的两个组织符号或隐喻，即官僚和家庭。在这些符号和关系背后，是宽泛的、具有宇宙论基础的礼制。

"礼"是本书的第三个重要主题，在某种意义上，它又将其他两个主题与之汇集到了一起。和艺术一样，礼可被视作一种赞美人类创造的"语言"。它显示的是一个文化群体如何向自我描绘它的所处境况，如何将"现

---

① 值得强调的是，虽然儒家道德在起源上是世俗的，却确定无疑地拥有神圣的性质，这是因为在整个帝制时期，儒家道德与宇宙论密不可分。K. C. Liu in K. C. Liu, ed. 1990, 7–12.
② C. K. Yang 1961, 175–76.

实的世界与想象的世界"连接起来。① 的确,礼的形式千变万化,含义丰富多彩。但是最广义地说,礼包括所有种类的有组织的社会行为,从日常问候的礼节,到庄严肃穆的国家典礼和宗教祭祀。

这一宽泛的定义符合传统中国人的惯用做法。尽管"礼"从没有完全丧失过其原初的宗教和神秘内涵,也从来没有断开过与可作道德教养资源的音乐的紧密联系,但是在帝制晚期,礼已经逐渐包含所有神圣和世俗的仪式,以及在中国支配人际关系的种种社会制度、原则、法规、习俗、规范。"礼"被多样化地翻译为社会惯性标准(standards of social usage)、习俗(mores)、礼貌(politeness)、得体(propriety)、礼仪(etiquette)等,但没有哪一个词语能够涵盖其宽泛的内涵和表现。②

广受推崇的经典《仪礼》《周礼》《礼记》可以证明礼在传统中国具有的持久价值,从汉代直到清代,"三礼"共同对中国精英阶层产生了深远影响。对于在中国社会中如何举止得体,这三部经典提供了数百条一般性原则和指导,以及数千条具体的建议。而且,在"三礼"之外,产生了大量补充性的礼仪手册,这使得仪式或礼节问题几乎没有模糊之处。数百年来,中国人都称中国是"礼仪之邦",将礼、仪的价值等同于文明本身。

清代对礼仪的尊崇程度之高,在由官方编纂的类书《古今图书集成》(1726年)中可见一斑。全书共1万卷,有近350卷与礼仪有关。这个数字还不包括320卷有关宗教的亚类(这部分内容在题材上与礼有相当大程度的重叠),也没有将在诸如音乐、儒家行为准则、经典和非经典著作、人事、社会交往、家庭关系、仕途、科举、政务、政区等亚类中占据重要地位的礼教和礼制纳入其中。

长期在中国居住的西方观察者为我们了解清代礼仪之重要性提供了另一种说法。即使在19世纪,中国社会在诸多方面似乎正分崩瓦解之时,西方的中国通们仍然不断地记载着中国人对各式礼仪的严格遵循。卫三畏(S. W. Williams)的观点代表了其他许多人的看法:"没有其他任何国家像中国一样,在治理国家的过程中,对礼仪投以如此多的关注。与之相关的重要

---

① Clifford Geertz 1973, 112–13.
② R. J. Smith 2013, esp. 89–110, 112–13.

意义将礼节和仪式主义提升为一种具体的力量，这股力量在诸多方面造就了中国人的气质。"明恩溥（Arthur H. Smith）认为："礼仪，是中国人最重要的生活。"这与倪维思（John Nevius）的观点遥相呼应："在中国，礼是一种科学，是关于行为优雅的一门学问和一项训练。"①

中国人生活的所有重要方面都无法脱离礼的影响，中国社会的各个阶层都充斥着礼仪先生。无论是皇帝还是平民，每一个中国人都认识到礼在维护地位差异、促进社会凝聚、纯化伦理规范和传承传统方面的重要性。在中国，礼与宇宙论和法律都密切相关，发挥着格尔兹（Clifford Geertz）所说的"神圣符号"在整合道德价值、审美和世界观上的作用。② 也许，没有哪一个单一焦点能够让我们如此清晰地看到汉人（及其满族统治者）在帝制时代晚期最为关注的因素。

尽管为了清晰和方便，本书以主题的方式组织起来，但是本书强调的是中国传统文化的各个方面之于总体的交互关系。因此，除了围绕认识、伦理、礼仪等独具特色的统一主题编织一张意义之网，我还试图通过接续地呈现各分论主题的资料，搭建一个意义的整体结构。本书的前两章与其他各章不同，多多少少是以时间为顺序的。前两章的主要目的是提供一种整体感，概述明清两代的中国统治者如何回应变动中的地方、区域和全球环境，以及他们的统治如何塑造了进入20世纪的满族和汉族的观念和制度。接下来的两章详细分析了清代的制度，展现了传统政治、社会、经济组织反映并同时加强了中国人的秩序感、文化统一观的多种方式。同时，这些章节特别突出了满人对清代国家和社会的贡献，此外，还强调了区域和民族差异给中华帝国带来的各种问题。

接下来几章是对语言、思想、宗教的讨论，这几章有助于更深入地理解中国人固有的认知、表达、信仰和行为模式之间的复杂交互。我们不能忘记满人的多元文化遗产，包括使用满语、蒙古语和藏语作为官方语言，以及完全来自满族传统的宗教仪式。与此相似，有关艺术、文学、社会风

---

① Samuel W. William 1883, 1: 424; Arthur Smith 1899, 193; John Nevius 1869, 239; John H. Gray 1878, 1: 347; L. Wieger 1913, 110.
② Clifford Geertz 1973, 89.

俗的几章不仅说明了清代文化政策在不同的皇帝统治时期和不同的历史条件下有所变化，并且说明了在不同的时间和空间中，清代艺术和社会生活的各个重要领域显现出了某些共有的符号、组织原则、审美倾向和道德观念。读完这些，读者应该会对混合的中国文化体系的内在"逻辑"有更清楚的认识，并且能够了解中国文化为何在经历诸多挑战之后仍然能够绵延不绝，和谐共生。

本书最后一章探讨了中国传统文化在19世纪中叶至今的历史发展进程中的位置。在这一历史时期的大多数时段中——包括民国时期（1912—1949）和中华人民共和国时期（1949年至今）——对满人的贬抑都是学术界和民间的主导话语。满人尤其因为清末帝国主义列强对中国施加的国耻而遭受责难。但是，这个观点太过狭隘。正如晚清许多爱国人士（汉人）的观察，中国的问题在满人统治之前早已存在，那是中国两千年传统的遗留。[1] 但这同样是非常狭隘的观点，因为正如我之前已经谈到的，"传统"与"现代"并非互相排斥的两个范畴。在任何情况下，这一点都是非常肯定的：尽管这一个半世纪以来中国历史的主题是剧烈的变革，但是固有的语言和认知模式以及在政治、礼仪、社会组织、伦理道德、艺术、文学方面的传统观点，在"追寻现代中国"——此处用了史景迁（Jonathan Spence）名著的书名——的进程中扮演了重要角色。[2]

---

① 例如康有为的作品。SCT 2: 269–70.
② Jonathan D. Spence 2013.

第一章

明王朝的遗产

与其他所有朝代一样，明朝（1368—1644）也是在前代制度基础上建立起来的。不过，明朝也对前朝制度做了重大修改，自然也创立了新制度。明朝之前的政权是蒙古人统治的元朝。元朝与两百多年后的清朝一样，在行政体制上同时吸收了本民族和被统治民族的文化传统。如果我们能够说清朝是"汉化"的，那么我们同样可以说明朝在某种程度上"蒙古化"了。

无论以何种标准来评价，明朝都是一个伟大、辉煌的王朝。整体上，明朝国家富强，长治久安，农业经济繁荣发展。法律正规化，法律条文成为教育工具。城市网络拓展，不仅反映也促进了生产力的提高与商贸的发展。有明一代，中国人口增长了一倍，文化前所未有地普及。大规模的建设工程和军事行动反映了国家强大的政治、经济实力。中国内地安定，元朝时尚不能控制的华南、西南等偏远地区也得到了巩固。同时，东南省份更加彻底地融入帝国，成为充满活力的海洋贸易的起始点。不论好坏，到了明代后期，中国已经深深地被卷入了世界经济。[1]

毫无疑问，明代在文学和艺术方面都取得了重大成就，这不仅体现在精英文化方面，也包括大众文化。明代以手工艺（尤其是瓷器，以及园林和建筑）、市民文学（尤其是小说）和才华横溢的画家、散文家、书法家而闻名。明代的宗教生活非常活跃，各类学说竞相发展。此外，尽管明朝统治者支持形式相对严格的新儒家正统，即理学（也称作程朱理学，这是基于11世纪时该学派创始人程颐、程颢和朱熹的姓氏），但是其他诸多学说在明代也得到了发展，有些还对正统儒家学说构成了激烈挑战。晚明思想生活的一个与众不同之处在于耶稣会士在宫廷和各省的出现，这不仅影响了明代的哲学学说，还影响了明代科学技术的发展。

---

① Atwell 1986; CHC 8: 376–416, 692–99.

在中国历史上的其他任何时期，朝贡体系都没能像在明代一样全面深入且高度发展。然而卫思韩（John Wills）认为，只有在约1425年至1550年，明朝对外关系的各方面才"合乎一个成熟发展的'朝贡体系'"。大约在1550年之后，"私人的舢板船海外贸易，澳门的开放，榷关的蒙古贸易，以及东北边疆的区域军事政策，都标志着明代朝贡体系的解体"。① 然而，往后看看清代，我们也许可以问，朝贡体系的解体是否一定是不可逆转的。

对明王朝及其遗产做出公正的评价，需要我们考虑以下几个问题，这些问题也与我们对清王朝的分析息息相关：帝国统治的本质是什么？早期帝王们在多大程度上塑造了王朝的特征与进程？朝廷能否高效地实行中央集权，抑或受到朝中派系政治与地方各省既得利益的掣肘？儒家的统治原则有多盛行，在实践中效果如何？"外国"影响和国内文化的关系是什么？

有人认为，明初皇帝希望在朝廷的每一项举措中注入个人意愿，但是从没有如其所愿得到有效的制度化。比如，鲁大维（David Robinson）写道，即使是在洪武皇帝专制统治之下，整个明廷也是一个"不断上演竞争与协商的舞台"，在这个舞台上，"一大群演员追逐着个人或集体的目的"。此外，"明代宫廷文化经过屡次解释和重塑，这一过程常由突然的、强烈的个人意志引起，通过社会、政治、文化的互动，有时会产生一些难以预料的结果"。②

不过，正如牟复礼（Frederick Mote）所指出的，明王朝的"强权气氛"不是那么容易就能被驱散的："证据就是，只需看看明代中国在东亚地位的上升。"他继续写道，明朝皇帝"处在权力结构的顶点，没有他们，国家权力就无法运转。在一个仪式具有我们今天几乎无法理解的功能意义的文明中，皇帝是国家和社会的礼仪之首"。同时，"在一个要求皇帝参与日常决策、确定政府常规做法的行政系统中，皇帝扮演着执行长官的角色"。因为如果没有加盖皇帝的玉玺，任何措施或者任命都是不可能的，皇帝的工作负担巨大，明代皇帝的任务"在运作上制度化到了一种我们迄今仍不

---

① Wills 2012, 440.
② D. Robinson 2008, 1.

清楚的程度"。[①] 然而，并不是所有的明代皇帝都能肩负起如此繁重的工作，这就导致当国家行政机构日益扩张和精细化时，自然会出现权力的下放，由早期的几位极有权势的独裁君主直接掌握权力，变为由一个体系共同掌权。有时，权力是被有效授予的，但也有些时候，权力只是被篡夺了。

明代政府最重要的特征之一是科举制度。正如我们会看到的，这一选官制度并不总能产生出已经准备好承担实际行政工作的官员。但是，根据作为科举体制正当理由的儒家学说，行政治理的关键是个人品行和道德楷模，而不是专业技能。官员不必成为专家，但他们必须是道德领袖。当然，儒家政府的理论和实践之间往往存在差距，但是明代科举体制保证大约每十年都有一批新的受过良好教育的人进入国家官员体系，为政权带来"新鲜与活力"。[②]

大多数学者对明王朝建立者通过提升农村条件和抑制地方政府滥用职权以改善农民命运的努力都持正面态度。这些努力究竟是出于利他主义，或是因为认识到国家政治利益所在，或是两者兼具，我们很难说清。不过，所有这些事业的成功完全依赖地方官员和非官僚精英（即绅士）的合作，他们通常拥有功名，但也有例外。当这些官员互相配合，根据君主的命令行事时，将会大有所为。但是，地方层面的抵抗能够并且确实曾经使得诸多预想的计划搁浅。明代及其后清代的行政都是如此，帝国政策的制定牵涉到各式各样的主体，他们并非都有同样的目标和利益，更不用说具有同等的正直人格了。

卜正民（Timothy Brook）指出，尽管明代政府"合法地垄断了所有的世俗权威和精神权威"，但是这种官方垄断并不意味着政府的权威"不会受到约束和挑战"。官员可能会抵制不符合其政治利益的政策，士绅阶层则能够运用"控制和竞争的横向策略"，将经济机会转变成社会收益，"且并未威胁到国家的存在和合法性"。政治力量与社会力量之间的博弈，"辅以贸易财富、自治与持久的国家身份象征之间的交易"，这种模式一直延续到19

---

① 比较CHC 7: 2–4. 与I. Clark 2014, 31–37, 41–42。
② CHC 7: 3.

世纪最后数十年。[1]

明王朝的建立

明王朝的建立者朱元璋（谥号明太祖，后人对他更常用的称呼是"洪武皇帝"）于1368年至1398年间以铁腕政策统治着中国。有关明朝的任何叙述都无法避而不谈这位皇帝及其同样精力充沛的儿子永乐皇帝的个性和政策。窦德士（John Dardess）如此描述这位开国君主："冷酷多疑，自力更生"，他能够"激起人们的敬畏，却不能使人爱戴和效忠"，他的"刑罚压迫频繁并且残酷"。看起来这并不是一位讨喜的人物。他利用佛教的千禧年理论高举反元大旗，在起义过程中，尤其是在夺取政权之后，他意识到需要笼络儒家学者为他提供合法性。在14世纪60年代早期，他已经将几位杰出的汉族大儒招致麾下，比较著名的谋臣包括刘基（1311—1375）和宋濂（1310—1381）。他们给他的建议是成为一代君师，重视"复古"。他们认为这样做能够使中国从元朝统治下的放纵、腐败和压迫状态中恢复过来。[2]

也许人们会怀疑洪武皇帝是否践行了他所支持的"儒家"价值观，但是无法否认他支持儒家价值观的力度。在洪武皇帝统治早期，他创制了大量规章、法令，特别是道德训诫，包括著名的"圣谕六言"。"圣谕六言"直接摘自杰出的宋代理学家朱熹（1130—1200）的著作，分别是：孝顺父母，尊敬长上，和睦乡里，教训子孙，各安生理，毋作非为。[3] 圣谕广泛传布于整个帝国，据说，甚至田间地头的农民也要聆听宣讲。

洪武皇帝意志坚定、精力充沛，在位30年间，他改变了明王朝的很多政治、社会和经济景况，给他的继任者留下了实在的制度遗产。[4] 在政体方面，他在南京（古称建康、应天）建立了元朝式的初级行政结构，命治理方面的权威学者起草礼制、条例和法令。他开启了大规模的建筑工程，建

---

[1] Brook 2005, 189–90.
[2] Dardess 2010, 67.
[3] CHC 7: 181.
[4] 接下来的讨论主要基于CHC 7: 107–81.

造宏伟的宫殿、天坛、地坛，以及供奉其他国家认可的神灵的坛庙。①他设立教育机构，包括新的太学和翰林院。翰林院中的儒家学者承担了大量的文书工作。他还下令修建太庙，改用《大统历》。

这一系列举措的目的在于，强化新皇帝从蒙古人手中接过的天命的合法性。合法性的理念深植于中国王朝政治的核心，从周代（约前1046—前256）早期直到20世纪莫不如此。其理论基础是，"天"——人们对其有不同的认识（或是非人格化的神，或是抽象的道德精神力量，见第三章、第六章、第七章）——将统治权力授予有德行的统治者家庭，但是一旦这个姓氏的统治者不堪大用，权力就会被收回。

洪武皇帝的登基大典于1368年1月23日举行。典礼一开始是在郊外的天坛、地坛分别祭祀天、地。然后是祭祀太庙。他追尊四代祖先，奉上玉册和玉宝。最后，洪武皇帝在皇宫中接受文武百官的朝贺。至此，大典结束。蓝德彰（John Langlois）如此总结这些活动的目的：

> 登基大典融合了皇帝在官方仪式中的两种身份。皇帝是皇室之首，他靠与生俱来的永久权力来统治。因此，他在专门为此目的建造的太庙中进行祭祀、表达孝心。同时，他也是官僚体系之首，代表着相对于天地权力的整个帝国。大典使得百官和皇帝能够象征性地表现他们各自的关系。②

值得注意的是，朱元璋的"即位诏书"不仅广泛传布于明王朝直接统治的区域，并且被发往东亚邻国。这篇诏书值得详细引用：

> 朕惟中国之君，自宋运既终，天命真人（指忽必烈）于沙漠入中国，为天下主，传及子孙，百有余年，今运亦终……荷上天眷顾，祖宗之灵……屡命大将军与诸将校奋扬威武，四方戡定，民安田里。今文武

---

① 洪武皇帝在位期间，对中国的礼仪生活做出的影响深远的改变之一是用彩陶取代青铜器皿。I. Clark 2014, 33.
② CHC 7: 109.

　　大臣百司众庶合辞劝进，尊朕为皇帝，以主黔黎。勉循众请，于吴二年正月四日，告祭天地于钟山之阳，即皇帝位于南郊。定有天下之号曰大明，建元洪武。恭诣太庙，追尊四代考妣为皇帝皇后。立大社大稷于京师。册封马氏为皇后，立世子标为皇太子。布告天下，咸使闻知。[①]

　　此处，我们可以看到明代皇帝所履行的最重要的象征性角色和实质角色：大祭司、世俗君主、孝子，以及中国农业经济的保护者。

　　洪武皇帝还是明朝军队的最高统帅。因为中国内地有些地方仍然在蒙古军队或是具有千禧年信仰的起义者手中，所以洪武皇帝派遣军队前往北方、西方和西南地区平定。当然，他最迫切的目标是占领元大都。1368年9月14日，明军对大都发起攻击，大都很快攻陷。他将大都更名为北平。后续战役控制了北方的几处战略要地。同时，明军将朝廷控制的范围扩及广西、福建等南方诸省，最终远达云南。

　　在洪武皇帝长期统治时期，明军逐渐被卫所制度组织起来。这一制度起源于元代。在卫所制度下，每一府设一所，有士兵约1000人，两府或以上设一卫，有士兵约5600人。这些军队由屯田制供养，在和平时期，每一位士兵可以分到40至50亩农田。因此，卫所大体上是自给自足的。据《明史》记载，在边境，大概70%的士兵负责耕种土地，剩下的30%负责驻防。在内地，这个比例大概是8比2。[②]卫所士兵主要有三种来源：元代原有的军户；为朱元璋打天下的军队；取胜之后施行的征兵制。所有这些军队及其眷属都属于世袭军户。这一制度直至15世纪30年代一直发挥着效力。

　　洪武皇帝从一开始就认识到，军事力量尽管非常关键，但仅是有效的王朝统治的一部分而已。因此在1368年登基仅仅数周之内，他便费尽心思增强自身的宗教权威，创制了一对平行的机构来管理宇内的两大宗教，分别是管理佛教事务的善世院和管理道教事务的玄教院，分别由一位德高望重的僧人和道士管理。同年，当洪武皇帝征战北方时，高僧梵琦（1296—1370）在南京城外举办了隆重的法会，以安抚在明朝统一战争中死去将士

---

① CHC 7: 109–11.（引文出自《明太祖实录》卷二十九。——译者注）
② Chan 1982, 41–42.

的亡灵（并向幸存者发放了金钱补偿）。

1369年年初，洪武皇帝加封从县治到都城各级数百位"守护城池之神"，以进一步扩大自己在宗教上的影响力。这些神明被大众称为"城隍"，相当于冥界的地方官（见第七章）。此后不久，洪武帝征召道士来到南京，为宗教事务出谋划策，并且协助占卜。同时，他下令禁止一切"异端"教派，包括白莲教和明教。几年之后（1382年），洪武帝又谕令各地孔庙一年两祭孔圣人及其主要门徒。[①]

《大明律令》（后来简称《大明律》）是洪武帝最早颁布的一份官方世俗文件。这部律法颁行于1368年，源于653年的唐代律令。正如他对更为基本的行政管理制度的修改一样，洪武皇帝对律令也做了大量修改，分别于1374年、1376年、1383年和1389年颁布了主要的修订版。1398年的最终版本后来一直沿用（有时也被称作明朝的"宪法"），并成为《大清律》的具体模板。姜永琳将《大明律》翻译成了英文，在同时进行的研究中，他将《大明律》放到了中华帝国晚期法律发展这一更大范围的背景下来考察。他发现，尽管《大明律》最初的作用是社会管理的工具，保障明代社会的和谐，用汉族文化同化非汉族群，但它同时也是非常形而上的一份文本，其基于的理念是：犯罪不啻对宇宙秩序的违犯，必须得到国法的整顿。[②]

洪武朝初期，明代的官僚机构大体遵循了元代行政体系的模板。最高层由中书省（后来内阁代替其职能，由内阁首辅领导）、都察院（后改为御史台[③]）和都督府组成。这三个主要部门之下是六部，分别管理官员任免（吏部）、赋税（户部）、礼仪（礼部）、军务（兵部）、刑罚（刑部）和公共工程（工部）。很快，一个负责六部与省级官员承宣布政使（后来简称布政使）之间文书流转的机构也建立起来。

明帝国的十三省被进一步分为府、州、县。县是明代地方统治的关键建制，由知县管理，知县由皇帝直接任免。明初，整个帝国拥有887个县，到了明末，这个数字上升到了1159个。县进而被划分为更低一级的乡，乡

---

① T. Wilson, ed. 2003.
② Y. L. Jiang 2010, 2014. Bodde and Morris 1967; W. C. Jones 1994.
③ 此处表述有误。明洪武十三年废御史台，十五年改设都察院，此后沿用。——译者注

又进一步被划分为各种不同的更小单位。最低一级的村是本质上能够自治的社区，由"老人"监管。[1]

为了充实新生的官僚系统，洪武皇帝在14世纪70年代中期基于元代科举模式及元代理学正统，恢复了科举考试。然而直到1384年，科举考试才正规化。自此之后，科举考试主要由三部分组成：（1）解释儒家经典及"四书"的意涵；（2）论，包括法律问题；（3）策，即政策问题。臭名昭著的"八股文"以工整的对句为基础，直到1487年才成为科举考试的官方格式，这一基本文体模式一直盛行到19世纪晚期。[2]

明朝建立之初的第一要务当然是重建农业经济，以及向遭受战争破坏的地区输送谷物。早在1370年，皇帝就命令户部要求全国各户都要到地方政府登记，写明所有成年男丁的姓名和全部财产。尽管赋税相对较低，但是国家仓储几乎总是有所盈余。后来到了14世纪80年代，在试验过多种不同的赋税征收方式之后，洪武皇帝设立了两套新的系统——黄册和鱼鳞册。表面上这是为了抑制政府滥用财政，以保护农民阶层的利益，但其实也是为了抑制偷税漏税。洪武皇帝还着手改善国家的经济基础设施，开荒、植树、修桥造路，建立驿站制度，修护灌溉系统，建造堤坝，疏浚水道，包括大运河——这是中国南北方之间的经济命脉。此外，他利用里甲制登记全国人口，为地方官府和工程建设提供人力和物力，补充土地税收。

明初历史的转折点始于1380年，洪武皇帝开始打击一大批高级官员及其追随者。因为担心丞相图谋不轨，这位皇帝开始了几乎长达15年的大范围清洗运动，总计有4万人在清洗中丧生。从制度角度来看，这种血腥手段也是影响深远的。在清洗的过程中，中书省、御史台、都督府这三个最高级别的行政机构全部被废除。从此以后，皇帝摄行丞相之事，是明朝政府12个主要机构的唯一监督人。因此毫不奇怪，中国历史学家普遍将明朝初年描述成尤为"专制"。[3]

在对外政策方面，洪武皇帝首先考虑的仍是根除蒙古在北方的威胁，

---

[1] Brook 2005, esp. 21–24.
[2] Elman 2000, 38–40, 66–157, 173–95, 213–20, 380–99.
[3] Brook 2005, esp. 182.

以及保护帝国其他疆土。在打败蒙古高原东部的敌人、击退青藏高原上的敌人对四川的侵犯之后，皇帝的关注点转向了巩固和规范中国与其藩属国的关系。洪武皇帝在统治早期，曾将中国周边的藩属国列为"不征之国"。他在诏书中说得很清楚，这些外邦彼此平等，但是它们和中国并非平等关系，除非出于防卫目的而被迫无奈，否则中国不会攻击它们。他还尝试限制明王朝与外国人的接触，并且禁止海洋贸易——显然，这是因为他担心外国联手威胁大明的统治。不过，这项禁令必然无法有效实施。

洪武朝最后20多年间的朝廷大事包括：进一步的军事行动、对官僚体制和律令的多次修补、与朝贡国朝鲜的紧张关系，对大量真实或可疑的敌人的血腥清洗，其中还包括尚未成为官员的士人。对官员与平民百姓的残酷屠杀也偶有发生。1397年12月，洪武皇帝在亲自处理完几项政事（其中包括处置反叛的皇室宗亲）后一病不起，于1398年6月24日驾崩。在死后公布的遗诏中，洪武皇帝指定他年纪轻轻的长孙、有些书生气的朱允炆继承皇位，要求整个大明帝国承认其合法地位。允炆系为嫡出（正妻所生的男性子嗣），因而具备成为新天子的资格。但是，就在死前不久的另一封诏书中，洪武帝谕令他"长"且"智"的儿子燕王朱棣负责防卫整个帝国，他写道："攘外安内，非汝而谁？"[1]

明代的历史学者可能会对洪武帝的遗产有所争议，但是正史资料明确地对其大加赞扬。比如，我们可以看看刊行于1587年的《大明会典》修订版的序言，其中写道：

> 洪惟我太祖高皇帝，以至圣之德，驱胡元而有天下。凡一政之举、一令之行，必集群儒而议之。遵古法、酌时宜，或损或益，灿然天理之敷布。神谟圣断，高出千古。近代积习之陋，一洗而尽焉。[2]

---

[1] CHC 7: 181.
[2] Mair, Steinhardt, and Goldin eds. 2005, 490–93.

明代制度的演变

朱允炆于1398年6月23日登基，时年21岁，年号"建文"。不同于他的祖父，建文帝性情温和。[①] 他由几位卓越的大儒教导和辅佐，其中包括传奇人物方孝孺（1357—1402）。诚如其年号所示，建文帝希望规范和"文化"明帝国的行政系统。但是，建文帝及其谋臣尝试的改革似乎背离了洪武皇帝的政策，这最终给孔武好斗、野心勃勃的燕王朱棣制造了篡权的借口。特别是削藩这一政策，成了朱棣起而反对其侄子统治的借口。削藩是为了加强朝廷对成年藩王的控制，而这些藩王在其广袤的世袭领地里都拥有半自治权。当建文帝开始削除一些叔父的爵位时，燕王果断行动，举起造反的大旗。

1399年7月，一位效忠于建文帝的武官捉拿了朱棣封地（在今河北）的两位官员。于是，朱棣发动了长达三年的内战，以作回敬。朱棣以孝道为自己开脱，他以建文帝违背太祖的政策为由，反对这位年轻的皇帝。在叛乱伊始，朱棣拥兵10万，其中包括一支投降的蒙古精锐骑兵。在朝廷叛臣的帮助下，并且依靠自身高超的军事才能，朱棣率军长驱直进，最终所向披靡地抵达南京城外。经过谈判，叛军不费一兵一卒便进入城内。随后，皇宫燃起大火。据传说，有几具焦黑的尸体正是建文帝、皇后及其长子。但是，他们的命运究竟如何，从未有人说得清楚。

1402年7月17日，朱棣在象征性地婉拒朝臣数次劝进之后登上了皇位，成为太祖的"合法"继承人，年号"永乐"。不过，1402年余下的几个月仍被定为洪武三十五年，这种做法实际上是完全否认了建文帝统治的合法性。为了强调孝道，永乐皇帝很快恢复了明太祖所有的法令和制度，并且下令禁毁与此一时期事件相关的所有文字记载。他还杀掉了一大批建文帝的拥护者，并诛其九族。方孝孺只是其中之一而已。如此，建文帝的统治就被彻底抹去了。档案文献除外，但多是编造的，目的在于解释朱棣篡位的合法性。直到1595年，当时的皇帝才恢复了建文纪年。

和他的父亲一样，永乐皇帝精力过人，满怀雄心。在位22年间，他调

---

① 在这一部分的写作中，笔者大量引用了S. S. Tsai 2001和CHC 8: 182–304。

整了太祖时期的文官制度；支持了一批重要的学术事业；发动了对蒙古的几次重大战役；将首都从南京迁到了北平（重新命名为北京），并在北京建造了紫禁城；下令大举修复大运河；与几个内亚政权建立了往来关系；恢复了与日本、朝鲜的贸易和朝贡关系；兼并了安南（今越南的一部分）；支持了一系列规模巨大的海上远航。下面让我们好好参详这些举措及其影响。

作为篡位者，永乐皇帝有些疑神疑鬼，他依靠大量的秘密稽查机构来清除异己。明太祖鄙夷宦官，然而永乐皇帝却非常倚重宦官做宫廷内的密探。宦官不仅包括汉人，还包括蒙古人、中亚人、女真人和朝鲜人。宦官的数量不断增长，职责也越来越重大，不仅负责秘密稽查及国内安全问题，还涉及政治、军事和外交事务、税收、朝贡以及专制皇权的执行。我们后面会看到，宦官的激增及其对权力的滥用，对明朝的前景造成了极其严重的问题。

永乐皇帝在位时，宦官尚未构成后来那样的问题。虽然永乐皇帝是一位训练有素、经验丰富的武将，但是他也接受过完整的经典教育。因此，他明白培养文官的必要性。在重组军事编制和厚赏帮助他夺取皇位的军事将领之外，永乐皇帝还重建了帝国的官僚体系。下面这封诏令呈现了他的理由：

> 上天之德，好生为大，人君法天，爱人为本。四海之广，非一人所能独治。必任贤择能，相与共治。尧、舜、禹、汤、文、武之为君此道，历代以来，用之则治，不用则乱，昭然可见。我皇考太祖高皇帝，受天明命，为天下主三十余年，海内晏然，祸乱不作，政教修明，近古鲜比，亦惟任天下之贤，保民致治，以克兹臻。[①]

永乐皇帝首先实行的行政改革之一就是召集七位翰林院大学士，组建内阁。内阁大学士在皇宫内办公，他们能够接近皇帝，深受皇帝信任。他们参与重大国家决策，辅佐皇帝制定政策，并对六部等京畿衙门有显著影

---

① S. S. Tsai 2001, 79-80.（引文出自《明太宗实录》卷十六。——译者注）

响。永乐皇帝的另一项重大行政措施是规范科举考试体制。洪武皇帝统治时期，科举考试不定期举行，有时甚至一律暂停。但是在1404年，全国范围的考试恢复了，并且很快常规化，为明朝稳定输送高水平文化人才。

正如前文所说，科举考试的题目内容和评价标准很大程度上倾向于支持程朱理学正统。因此，作为"圣王"以及中国学问的头号皇家支持者，永乐皇帝在1414年命令翰林学士编纂一部"四书五经"的定本，并且采用朱熹以及其他宋代朱子学派学者的评注。1417年，《五经四书性理大全》颁行，这是"圣贤精义要道"的总结，是全国读书人的儒学指南。他还敕令为科举士子编纂其他种类的工具书。《永乐大典》是另一部编纂较早而目的不同的大型类书，共计11095册。尽管从未被刊印过，但是后来这部综合性类书成为清代类书编纂者巨大的信息库。①

永乐皇帝的外交政策是"胡萝卜加大棒"，远比其父的政策复杂。永乐初年，中国北方边境相对稳定。东北地区的几个蒙古部落已经投降明朝，成为明朝卫所体制中的一环，并且按期纳贡。其他归顺的蒙古部落被安置在今天的承德一带。在西边，永乐皇帝拉拢中亚地区的伊斯兰政权和城市的统治者，让他们加入中国的朝贡贸易体系。其中很多人都接受了。比如，1404年7月，哈密统治者安克帖木儿接受明朝赐封的王号。同年，帖木儿帝国强大的统治者帖木儿全面入侵中国，但在1405年年初死于途中，军事计划遂成一纸空文。

同时，在东北地区蒙古部落的西面和北面，还有一些强大的蒙古部落拒绝承认明朝政权。作为对这些部落顽抗和入侵的回应，永乐皇帝在1410年至1424年间发动了五次重大战役。对这位皇帝来说遗憾的是，虽然他时常亲征，但是这些耗费巨大的战役并没有消除蒙古的威胁。事实上，从此时起，明朝的北方军事战略基本上持守势（1449年针对蒙古的损失惨重的战争除外）。明朝在中国南方的军事行动也不再成功。因对安南的政治发展不满，永乐皇帝抛弃了太祖定下的国策，于1406年派兵"平定"该地。起初，明军获胜了。1407年7月5日，安南被纳入明帝国，成为交趾省，唐朝占领

---

① Elman 2000, 108–15.

该地时曾使用同一地名。然而，安南很快起兵反抗，在历经20年持续的战争并付出巨大代价之后，明军最终撤退了。

永乐时期最辉煌的成就来自海上。1405年至1421年，永乐皇帝六次派出船队远航至当时的"西洋"，每次远航都由一位名叫郑和的回族宦官指挥。郑和在平云南之战中被俘，随后入宫服役。被阉割后，他被调入燕王府，后来成为这位未来皇帝的心腹，跟随他各处征战。郑和海上远航的动机并不完全清楚，但是我们能够假定，至少有一点是寻找新的财富来源（最大的船只据说超过120米，被称作"宝船"）。另一个目的是拓展明代朝贡体系的范围，为帝国增添荣耀。还有一个目的可能在于到西方获取敌对势力的信息。韦杰夫（Geoff Wade）认为，郑和下西洋是一项"原始殖民"计划的一部分，其背后的助推力来自永乐皇帝在东南亚等地建立战略据点的欲望。[①]

关于郑和下西洋的文字作品非常丰富，不过有些作者，特别是加文·孟席斯（Gavin Menzies）的相关论述是狂热的，并不可靠。但我们可以肯定地说，郑和下西洋是对中国先进航海技术的一次震撼人心的展示。有几次远航一次就出动多达250艘舰船，近3万名水手。这支舰队不仅纵横于东南亚沿岸海域，而且远航至印度洋，至少有一次还抵达了非洲东海岸。然而，在1424年永乐皇帝驾崩后不久，这些海上远航也停止了。这是为什么？

部分原因是财政问题。对于本已紧张的明朝财政来说，远洋航行耗费巨大，却没有任何实质性的经济产出。此外，在永乐皇帝驾崩之后，海上探险失去了强有力的支持者。事实上，儒家学者对远洋航行的批评声音日益高涨，他们认为这与朝贡体系的理念是相违背的。外邦人理应自发地为中国所吸引，前来进献贡品。他们提出，主动出击的方式不仅耗费巨大，而且毫无必要。最后一点是，郑和下西洋反映了宦官对政治干预的增强，这触动了士大夫的敏感神经。结果，关于郑和下西洋（最后一次发生在1433年）的大部分记载都被销毁了。

最终，永乐皇帝向中国近海扩张以及稳定北部、西部、南部边界之外

---

① G. Wade 2004.

土地的努力并没有产生深远影响。然而，他的另一项计划却影响了后世，那就是迁都北京。这一早在1403年就已经开始的宏大的迁都之举，对永乐皇帝而言意义重大。首先，蒙古的持续威胁要求明朝在北方建立坚固的、长期的防卫。甚至洪武皇帝也曾为此考虑过迁都北方。促使永乐皇帝迁都的另一个原因是，北京地区曾经是燕王的封地，是其力量和支持的源头。最后一点是，在15世纪前半期，北京似乎是北部边境上唯一足以供养庞大的军事驻防力量及大量平民的大城市。[①]

1403年至1420年间，永乐皇帝实施了迁都计划。1403年2月，他正式改北平为"北京"，并且很快任命他的长子朱高炽（即后来的洪熙帝，1424—1425年短暂在位）留守。此外，设立行部，监管北京的六部分支和其他行政机构。值得注意的是，他效仿太祖以南京周围地区为应天府的做法，将京畿地区命名为顺天府。

1404年，永乐帝迁山西九府居民1万户充实北京人口。此后不久，又修葺城墙。1407年，开始准备建造新的皇宫——紫禁城。明朝官员聚集起一支劳工大军——成千上万的工匠、士兵、普通劳工，包括在南方兼并战争中被俘的几千名安南人。同时，疏通大运河，方便漕粮和商品从富庶的长江流域运往北京，补充了元代的海运体系。到1418年，皇宫大部分主体建筑已经完工，北京的城墙、濠河、桥梁也都得到了改善。

1420年10月28日，北京成为新的明朝都城。然而，第二年，一场大火焚毁了紫禁城三大殿。明成祖效仿前代先例，发布了"求言诏"。几位谏官和翰林学士公开谴责了迁都造成的经济困难等问题。有一位名叫萧仪的官员因为抨击皇帝，被下狱处死。此后，定都北京成为定局，没有人再提出异议。

之后几年，行政体制有了许多调整。南京的官员和机构成为北京对应机构的分支。边境驻防主要集中在长城以南，而非如洪武时期在长城以北。同时，大部分禁卫军从南京被调到北京及周边地区，成为整个帝国最庞大的一支军队，总计约25万人。北京地区的军田得到拓展，但是为了军人和

---

① 南京作为明王朝的南部都城，仍然具有重要作用，相关讨论见 J. Fang 2014。

民人的需要，仍然必须通过海运、内陆水运和陆运大量输送粮食。

为了支撑宏大的民用和军事计划，以及朝贡体系（经常造成明帝国的财政损失，因为皇帝通常都会慷慨赏赐朝贡使节），永乐皇帝总是忙于筹措经费。财政收缩是明太祖的要务，却不在明成祖的考虑之内。按粗略估算，永乐皇帝每年的开销是明太祖时期的两三倍。他是如何满足这些开支的呢？黄仁宇给出了基本答案：

> 尽管细节并不清楚，但同时代的许多零散证据放到一起就显示出，明成祖统治时期的税制基本上采用了征用的方式。名义上，税率没有上涨，甚至有选择地降低了。但是，老百姓的义务劳役范围却极大地扩大了。长江三角洲的纳税人奉令将他们的粮食运送到1600多千米之外的北京。甚至在大运河开通，军队接管部分运输任务之后，纳税人上缴的用于支付运输费用的附加费仍相当于甚至超过了基本的税额。[1]

徭役体制明显感到了压力：

> 法律规定，老百姓通常每年免费服劳役30天，但他们被迫免费服役更长时间，有时甚至超过一年。此外，明初国库中的多余商品并不在市场上售卖，而是分发给百姓，以支付他们超过法定要求供应的物资和劳力……以此形式所做的补偿，只相当于实际市场价格的一部分。这种做法破坏了税收体制。虽然表面上维持了明太祖定下的国家税额，但额外的要求加到了每一个财政单位身上。额外财政负担的摊派并没有任何根据，而是以未经协调的地方临时决定为基础来分配的。[2]

朝贡贸易偶尔能为国家带来财政收入，但是不足以缓解田赋和徭役所造成的负担。

1424年夏，永乐皇帝驾崩，标志着明王朝军事扩张的终结和政策上

---

[1] CHC 8: 108–9.
[2] CHC 8: 108–9.

明显的内在转向。毫不奇怪，永乐皇帝的后继者，包括他自己的儿子，都"悄无声息地放弃了他毫无节制的支出政策"。[1] 然而，制度上也的确出现了变化：比如，15世纪20年代设立内书堂，由翰林学士教授宦官处理文书及与廷臣正式往来所必需的能力。从此之后，随着明代皇帝给予宦官的职责不断扩大，宦官对政事的参与度也急剧增长。大约同一时期的另一重大发展是监察活动的扩张，这同样增强了皇帝在既有官僚体制之外的运筹能力。监察官员在明政府中担负起监察文官和军队的责任，权势日甚一日。

15世纪二三十年代，省一级发生的重大变化是半正式的巡抚体制的建立。和明代众多的制度与做法一样，巡抚制起源于元代。它的设置初衷是协调各省文武官员和监察官的职责，但并不是有固定任期、受到认可的正式官职。巡抚大多都是京官，往往来自六部，他们的任命本质上是临时的。他们实际上是拥有不同职责和官阶的钦差。巡抚制最终演变为总督制。这一特定发展的结局，是更高级别文官对武将控制的加强。

从经济角度看，后永乐时代的特征是在财政评估上从分散的劳动和实物支付到统一的现金支付的转变，亦即名为"一条鞭法"的改革。这一变化"使国家交通通信的运作摆脱了古代徭役的农业模式，转变为更为商业化的雇佣劳动模式"。同时，"税收制度的货币化促使更多白银进入经济领域，并加速流通，从而有助于货物转化为商品，使家家户户能够买到自己所需而不是自己种植或制造之物，这也更符合经济理性"。[2]

在外交政策方面，除了15世纪晚期和16世纪早期在增固长城方面耗费不菲，永乐帝之后的明代皇帝不断设法利用朝贡体系减少边境上的军事威胁。[3] 这种方式非常常见。只要外邦人发现"朝贡称臣"能够获得政治和经济上的好处，他们就会遵从明朝的要求，执行恰当的仪式，进献方物作为贡品，接受赏赐、封授和贸易特权。比如，东北地区"臣服"的蒙古部落定期向明朝皇帝贡奉马匹和其他驯化的动物，作为回报，他们从明朝那里获得纸币、银、丝绸和纺织品。部落首领和"使臣"被赐予官阶和官衔，

---

[1] CHC 8: 109. 接下来对明王朝政策的总结主要基于CHC 7: 272ff.。

[2] CHC 8: 580–81.

[3] Waldron 1990.

以及在指定地区贸易的权利。相似的情况在中亚族群中十分普遍（包括满人的祖先女真人）。

为了保护东北地区，明代皇帝特别着力于将朝鲜、日本和琉球纳入朝贡体系。出于同样的战略考虑，他们还努力巩固与多个东南亚国家间的朝贡关系。但是战略原因不足以解释一切。明代统治者还称赞朝贡体系的象征维度，尤其是外邦人仰慕中华文化、主动"向化"的理念。出于战略利益和王朝威望的双重考虑，1592年至1598年间，明朝共派出约16.7万人的军队前往朝鲜，协助其抵御来自日本军队的毁灭性侵犯。明朝蒙受了严重的损失，在石康（Kenneth Swope）所谓的"第一次东亚大战"中耗费了数百万两白银。在石康看来，"现代学者以冷嘲热讽的态度错误地低估了（大明和朝鲜）关系的重要性，以及大明对朝鲜的责任感"。[①] 事实上，出于对大明的感激，后来朝鲜曾经派出军队帮助明朝抵御满人。

关于明代行政需要说明的最后一点，就是宦官在成化朝（1464—1487）及之后的权力膨胀。其模式往往是相同的：宦官利用亲近皇帝、皇后、妃嫔的机会，设法获取内廷的信任，直接或间接地控制重要的政府机构，进而支持投合的其他人。即使是强势君主在位，宦官对明代政治和经济生活的参与仍有多种多样的形式，部分原因在于他们能够为皇帝监督文官乃至军事将领。比如，早在永乐年间，宦官不仅参与社会监视和国内治安等事务，甚至还包括军务、外交、税收、朝贡以及国家垄断经营（包括至为关键的盐业）。后来，宦官还在丝瓷制造、治水防洪、坛庙修建以及司法等方面承担着重要职位。有些宦官甚至敢于在皇帝不知情的情况下，以皇帝的名义起草任命官职的诏书。

皇帝越不理政事，宦官就越容易擅权。晚明时期，皇帝长期不理朝政。有研究表明，1471年至1497年间，成化皇帝和弘治皇帝（1487—1505年在位）从未临朝听政。整个正德朝（1505—1521）的情况也是如此。嘉靖帝在长达45年的统治中（1521—1567），似乎只上过一次朝。1589年至1602年间，万历皇帝（1573—1620年在位）也只上过一次朝。结果就是，诸如15世纪

---

① Swope 2002 and 2009, 123, 142–43, 285–97.

70年代的汪直、16世纪初的刘瑾、17世纪20年代的魏忠贤等太监，事实上从最高层控制了明代的行政体系。[1]

到1644年，据估计，皇城中有7万名太监，另外还有3万名太监分散于各地。太监越活跃，就越有可能参与党争。众所周知，宦官擅权和党争是晚明的两大问题。但即使出于衰落时期，明代的思想、艺术和文学生活仍然具有相当大的活力。正如史景迁笔下的1600年：

> （彼时）中国显然是世界上最庞大、最高级的统一国家。其疆土之辽阔，无可能敌……1.2亿的人口总数，远超欧洲所有国家人口的总和……中国比世界上其他国家更有效地实现了中央集权……（如果）有人指出16世纪欧洲社会中才华出众、富于远见的人物，那么他也能轻易地在同时代的中国找到并驾齐驱者正辛勤工作着……无须进一步寻找近似之处，在同时代的中国，散文家、哲学家、田园诗人、山水画家、宗教理论家、历史学家和医药学家创作了汗牛充栋的重要作品，许多在今日都是备受珍视的文化经典。[2]

明代的文化

明代通常被认为是一个文化昌盛的时代，即便在衰落时期也是如此。那么，其辉煌绚丽的原因何在？一个重要因素是经济的持续发展，这部分得益于中国日益参与全球贸易。[3] 正如卜正民从商品生产和流通角度所指出的：

> 不论是从为市场生产的商品的规模来看，还是从支配商业贸易的经济关系的性质来看，明朝都是中国历史的一个转折点。由国家带动的运输改善和由个人或群体推动的改善并不是一个层级的；即便如此，国家驿传

---

[1] Crawford 1961, 8. 晚明的历史细节见 H. S. Tsai 1996。
[2] Spence 2013, 79.
[3] Elman 2005, 5–20.

系统的扩大和大运河的重建，加之对运河和道路投资的累积效果，已经大得足够显著推动货物与人口的流动，并由此促进贸易网络的精细化。[1]

商业发展有助于模糊阶层差别。诚然，明代绝不是一个人人平等的社会。正如明代士大夫张涛（活跃于1586年）所言："富者百人而一，贫者十人而九。贫者既不能敌富，少者反可以制多。金令司天，钱神卓地。"[2] 但是至少从理论上讲（实际上也常常如此），明代商业的繁荣使社会各阶层都有机会改善各自的处境。对这一进程起到辅助作用的是书吏、公共布道者和其他乡村专家群体的出现，他们降低了将识字者和文盲分隔开来的社会壁垒。此外，大众的识字率普遍提高。1488年，一名朝鲜人来到中国，有些惊讶地发现许多中国人都能阅读，"甚至包括乡村孩童、船夫和水手"。[3]

明代商业印刷的显著发展反映并推动了文化的普及。正如卜正民、艾尔曼、包筠雅（Cynthia Brokaw）、贾晋珠（Lucille Chia）、周启荣、周绍明（Joseph McDermott）、商伟、宋汉理等学者指出的，明（清）代印刷对文化生产的影响如何高估都不为过。首先，商业印刷促进了一个全新的文学专业群体的产生，即"作家、编辑、编纂人、注疏家、鉴赏家、出版人、校对员"，他们的职业生活体现了士与商两种身份的融合，因而也就成了混合的"士商"。其次，明代书籍市场的拓展催生出新的权威形式、文学体裁和读者群体，他们的兴趣超越了国家正统的界线。[4]

新体裁的出现尤为重要。除了语言、哲学、艺术、文学、书法等一般学术领域研究著作的空前涌现，明代指南类书籍也出现激增，其主题涵盖了从性到木工活等方方面面，可谓包罗万象。有面向学生的蒙学课本，有帮助儒生准备科考的参考书，有帮助识字工匠和农民更有效地生产和出售产品的指导书，有帮助商人做生意的书，还有绘画和书法手册、写信指南、关于法律和契约的书、礼仪手册、诗文汇编、医学药方、旅行指南及系统性的鉴定专著——如《格古要论》（1388年）。历书为社会各行各业提供了

---

[1] CHC 8: 579–707.

[2] Brook 1998, 238.

[3] CHC 8: 636.

[4] K. W. Chow 2004, esp. 57–148, 241–53; CHCL 2: 63–73.

关于时间、凶吉及其他各种形式的有价值的实用信息。各式善书则传播了有关佛教、道教和其他杂糅信仰体系的信息。

在明代中国，日用类书是极为流行的一种指南书籍。此类书籍旨在为那些希望与高贵的"士绅"阶层打交道的庶民提供有用的建议。书籍的大部分内容都清楚反映了这一基本目的。在明代出现的所有日用类书中，《三台万用正宗》和《万宝全书》是最受欢迎的。这些书在福建省印刷（和重印），并流通全国。此类及相关出版物的一个特征是，尽管它们是在地方上创作的，其内容却反映着普遍的文化知识的样式，适用于整个帝国。正因如此，日用类书往往具有相似的分类体系，利用了相似的信息来源和权威。①

让我们简要看看1636年版《万宝全书》的内容，了解一下这些"门"。该书被认为是少年老成、富有魅力的晚明学者张溥（1602—1641）所著，但这毫无疑问是错误的。② 按照顺序，书中各门分别是：（1）天文门、（2）地理门、（3）人纪门、（4）时令门、（5）农桑门、（6）文翰门、（7）体式门、（8）劝谕门、（9）爵禄门、（10）茶经门、（11）外夷门、（12）酒令门、（13）医学门、（14）梦解门、（15）状法门、（16）尅择门、（17）命理门、（18）相法门、（19）秤命门（基于人的"生辰八字"）、（20）围棋局势门（以及其他娱乐形式）、（21）笑谈门（加上未编号的《琴法须知》）、（22）种子门、（23）营造门、（24）堪舆门、（25）字法门、（26）卜筮门、（27）对联门、（28）算法门、（29）画学门、（30）法病门、（31）养生门、（32）卜筶门、（33）牛马门、（34）杂览门。

明代其他版本的《万宝全书》还有关于婚姻（伉俪门）、丧祭、修真、全婴、训童、算法和风月等内容的特定门类。尽管随着明朝的灭亡，风月门从《万宝全书》中消失了，但很多门类从17世纪早期到18世纪中期甚至更晚，一直出现在日用类书中（见第九章）。

这些类书中的门类为中国人关心的文化问题提供了详细说明。比如，风月门是了解晚明中国两性生活的名副其实的宝库，它提供了各种实用建

---

① Sakai Tadao 2011; Wu Huifang 1996 and 2005; Zhong Shaohua 1996. 下文中大部分讨论来自 Wu 2005, 44–47, 57ff.，另见 W. Shang 2005, 67ff.。

② 关于张溥的作品和经历，见 K. W. Chow 2004, esp. 231–32, 212–13, 231–36。

议，从赢得名妓芳心的书信模板到"春意妙方"。除了形形色色的春药配方，还有帮男性增强魅力的各种窍门。比如，建议男性不要在皮肤黝黑的女性面前提到"肤白之美"，告诉男性赠送名妓绢帕和扇子正如"抛砖引玉"。男性还能从中学到妓女企图控制他们的方式，并且学会如何应对以控制女性。[①] 此处的重要意义在于，《万宝全书》这样的日用类书不仅在向识字的平民大众传播有用的知识，而且还是小说等明清时代其他形式文化作品的灵感来源。

明代的短篇小说和长篇小说都有着空前的影响力。[②] 其中我们能看到，日常生活细节成为了新的焦点，性别、性和浪漫爱情等主题受到了更多的关注。浦安迪（Andrew Plaks）认为，明代小说反映了士大夫阶层重估传统的自觉意识，这一时期的诗歌和绘画也体现了这一点。[③] 但这些作品的读者是多样的，即使在精英内部，对于此类通俗文学能否以及应该怎样阅读也存在分歧。那么我们可能会问，其中一些作品在多大程度上真正地颠覆了传统观念。

明代"四大奇书"[④]（四本书都有优秀的英译本）中的两本都包含对女性的明确负面看法，我认为这些并不是故作反讽。通俗历史小说《三国演义》是其中之一，它将女性刻画为男性美德的狡黠的颠覆者。该书一般认为是罗贯中（约1330—1400）所著，故事设定在汉朝灭亡后的三国时代。小说充满了战争和谋略，兄弟情义、忠诚、个人抱负和正义复仇也都是突出的主题。小说里有几位历史人物，成了中国家喻户晓的大英雄或大反派。张飞是匹夫之勇，关羽代表了坚定不移的忠诚，诸葛亮是智囊，曹操是自私、凶恶的枭雄。[⑤]

和《三国演义》一样，《水浒传》也充满了义勇行为，还涉及兄弟情义、忠诚、复仇和起义反叛等主题。但是，其中的女性也是刻板的负面形象。尽管《水浒传》同样被认为是罗贯中（似乎基于施耐庵［1296—1371］更

---

① R. J. Smith 2014.
② CHCL 2: 51–56, 99–116.
③ Plaks 1989.
④ 浦安迪和夏志清都详尽讨论了这四部小说。Plaks 1989; C. T. Hsia 1968.
⑤ Roberts 1999. CHCL 2: 51–54.

早的版本）所著，但它比《三国演义》更口语化，也更缺乏史实基础。它涵盖的时间更短（仅在宋朝），采用了循环而非交织的叙述线索。《水浒传》中的一百零八"好汉"代表了中国社会各阶层的奇妙交织，其中有着模糊历史原型的宋江和忠勇的武松，已经成为特别受欢迎的民间英雄。今天的中国，几乎没有人不熟悉"武松打虎"的故事。①

《西游记》正如它的标题所示，是一部旅行故事，充满了冒险、魔幻、宗教象征和讽刺。这部小说取材于历史上著名的玄奘法师（596—664）在629年至645年间取道中亚，前往印度取经的故事。但是不同于玄奘留下的严肃的旅行记录，吴承恩（约1506—1582）所作的《西游记》是一种滑稽的幻想。它围绕三藏法师（对玄奘的尊称）及其旅伴——包括著名的神猴孙悟空、好色懒惰的猪八戒——严肃而惊险的朝圣之旅展开。这部小说可以从寓言、社会和政治讽刺、喜剧、神话等多个角度来解读。在寓言的层面上，同时也是在大众心目中，三藏法师代表自私和心灵的失明，猪八戒代表赤裸裸的人类欲望，孙悟空代表足智多谋和神通广大。美猴王当然是这部小说的主角。这部小说充满了温和的讽刺，小说中没有谁能逃脱作者的讽刺，包括美猴王自己。②

广受赞誉的明代色情小说《金瓶梅》的主题既不同于《三国演义》和《水浒传》中道德感极强的英雄行为，也不同于《西游记》中令人捧腹的冒险经历。文学批评家恰如其分地评价这部小说开启了"中国小说史上的新纪元"，这不仅在于小说精心构建的整体结构，而且在于它以充满活力的虚构形式捕捉到了"日常世界的节奏、活力和困境"。③这部小说以十回为一组，每一组都有一个主要情节和若干次要情节。关于作者，有四种不同的说法，其中最著名的是王世贞（1526—1590）和徐渭（1521—1593）。

《金瓶梅》利用了多样化的文献来源，包括《水浒传》、白话短篇小说、典籍、话本、戏曲，甚至日用类书。它本质上是一部以宋代为背景的"社会风俗小说"，以写实的细节描绘了中国城市中产阶层的生活，并且花费大

---

① Dent-Young 1994–2003. CHCL 2:51–54.

② A. Yu 1977–1979. CHCL 2: 51–54.

③ W. Shang 2005, 64–65; Roy 1993–2013. 对《金瓶梅》的综述，见CHCL 2: 104–11.

量笔墨描写了商人西门庆的风流韵事。作者对笔下的人物显示出某种矛盾心理，一方面公开批判其道德败坏之举，但是另一方面又对他们身心上的曲折遭遇抱有隐晦的同情。然而最终作者还是站在了道德的一边：西门庆死于纵欲过度，小说中的多数"淫邪"之人也以各种方式受到了惩罚。西门庆之子出家为僧，为父赎罪。这部小说一个尤为显著的特征是，对女性的处理相对完整且富有同情心，这与《三国演义》和《水浒传》中展现的对女性的负面的刻板印象截然不同。

在由经济变迁所引起的明代社会转型过程中，女性精英，尤其是那些生活于富庶的江南地区、拥有受教育条件的女性精英，开始在中国文学生活中扮演前所未有的重要角色。[①] 首先，她们成为新型的白话小说和古典文学的读者。而更重要的是，越来越多的女性自身变成了作家。由诸如孙康宜和苏源熙（Haun Saussy）、伊维德（Wilt Idema）和管佩达（Beata Grant），以及曼素恩（Susan Mann）和程玉瑛等学术团队编辑的中国女性诗歌选集，为上述观点提供了充分而有力的证据。为什么要强调诗歌？正如孙康宜和苏源熙所指出的，因为诗歌一直都是中国最高贵的文学形式，与之相反，小说则似乎是"科考失败或委身于商界的男性所做的商业冒险"。[②] 在帝制时代晚期，很少有女性写作小说，这至少在一定程度上反映了她们所处的社会地位：她们之所以写诗，是因为和她们共同生活的精英男性写诗。

与前代相比，明代女性诗人为数众多，原因不仅在于她们更易获取印刷书籍——这是史无前例的，而且因为15至16世纪的某些哲学思潮的推动，比如王阳明（1472—1529）及其弟子反传统的思想（见下文）。另一个促成诗歌创作激增的因素在于男性士人的支持。但是与此同时，正如戴瑞·伯格（Daria Berg）所揭示的，明代的许多男性文人（以及许多清初男性文人）将女性作者的出现视作一种令人不安的甚至危险的变化。[③]

无论如何，夏云英（1394—1418）、张红桥（活跃于约1400年）、朱

---

① CHCL 2: 47ff.

② Chang and Saussy 1999, 4.

③ D. Berg 2013.

静庵（活跃于1450年）、陈德懿（活跃于1476年）、孟淑卿（活跃于1476年）、沈琼莲（活跃于1488—1505）、邹赛贞（活跃于1495年）、王素娥（16世纪）、黄娥（1498—1569，字秀眉）、李玉英（生于1506年）、王娇鸾（16世纪）、杨文俪（16世纪）、端淑卿（约1510—约1600）、董少玉（活跃于1545年），薄少君（卒于1625年）、薛素素（约1564—约1637）、马守真（1548—1604）、徐媛（活跃于1590年）、陆卿子（活跃于1590年）等女性诗人取得了很高的成就，她们的诗反映出丰富的题材和多样的风格。明代杰出的女性画家也可以如此评价，不仅包括薛素素（约1573—1620），还有诸如马守真（1548—1605）、文俶（1595—1643）等人。其中，文俶是著名诗人、画家文徵明（1470—1559）的后人。①

　　上述多位作家都值得进一步展开论述。例如，陆卿子的诗歌才能超越了她多才多艺的丈夫，她的写作坦然漠视了社会阶层的差别，一视同仁地面向伶人、婢女与贵妇。薛素素是一位天分极高的名妓，也是明代著名的画家和书法家，她的山水画、兰竹图得到了当时首屈一指的画家和艺术理论家董其昌（1555—1636）的最高赞赏（见下文）。董其昌也高度赞扬了薛素素的书画作品。黄娥在中国文学史上以其夫妻唱和而广为人知，一些评论家认为，黄娥应该算作"有明一代第一位女性作家"。但是，明代的许多其他女诗人同样取得了很高的成就。比如，孟淑卿以其善于交际、辩才、机敏、文采和鉴赏力，博得盛名。她尤其出名的是善于将前人的诗句天衣无缝地编织进自己的诗中（关于这一手法，见第九章）。②

　　与女性作家相比，明代的男性作家更为有名，对他们的研究也更多。明初有号称"吴中四杰"的高启（1336—1374）、张羽（1333—1385）、杨基（约1334—1383）和徐贲（1335—1380），其中三位同时也是有名的画家。③他们都是卓有才华的诗人、散文家，但是都因为对故乡的忠诚而冲撞了洪武皇帝。高启付出的代价最为高昂，被"腰斩"处死。所以在明初，作家们自然会进行大量自我审查。以文言小说集《剪灯新话》而闻名的神

① Y. Tseng 1993; Weidner 1988, 1990.
② 分别见 Chang and Saussy eds. 1999, 239ff., 227ff., 172ff., 161ff.。CHCL 2: 145-49讨论了明代具有活力和创造力的"名妓文化"。
③ 接下来的几段大量引用 CHCL 2: 3-82。

童瞿佑（1347—1433）就是其中之一。创作了32部杂剧的朱有燉（1379—1439）则似乎没有那么拘束，原因之一可能在于他本身是受到优待的皇室成员。

在漫长的15世纪，苏州城在文化上从洪武帝造成的毁坏中恢复了活力。当时最耀眼的要数沈周（1427—1509）、祝允明（1460—1526）、文徵明和唐寅（1470—1524）。他们四位都是造诣极高的诗人和才华横溢的画家、书法家，主要依靠出售书画作品为生。在江南地区市场活力的影响下，财富成为他们作品中的重要主题——尤其是沈周的作品。但在同一时期，华北有一批年轻的诗人和散文家受到古代贤哲的启发，形成了复古学派。和明代的某些女诗人及其男性支持者一样，复古学派作家受到了王阳明随性思想的影响（见下文）。王阳明不仅是一位影响深远的思想家，也是一位优秀的诗人。复古学派作家都是朝廷高官，所以他们对南方发展出的商业文化有着毫不掩饰的鄙夷。[1]

和文化生活的其他领域一样，晚明是戏剧的"黄金时期"，尤其是南戏或昆曲。昆曲融合了先前发展成熟的文学和音乐形式，明代最有名的作品是汤显祖（1550—1616）的《牡丹亭》。《牡丹亭》的浪漫爱情故事围绕着年轻的杜丽娘展开，杜丽娘在春梦中爱上了年轻书生柳梦梅，后来死于相思之苦。丽娘死前为自己画了一幅画像，这幅画像后来为柳梦梅所得。梦梅自然而然地爱上了丽娘，通过超自然的手段，他们最终团圆了。尽管这部戏剧的语言并不易懂（有一个现代版本包含了1700多条注解），但是它极受欢迎，出现了非常多的私刻或商业版本，被搬上舞台，并为许多剧作家所模仿。它对男性和女性，对精英和大众，具有同样的吸引力。[2] 许多权威学者认为，《牡丹亭》是盛行于晚明的爱情崇信的中心。

晚明另一项非同寻常的发展是文社的繁荣，这既反映了当时的地方性党争，同时又对其有推动作用。[3] 包括陈子龙（1608—1647）、钱谦益（1582—1664）等在内的一些著名诗人都发现自己深陷其中。陈子龙以及诸

---

[1] 对包括王世贞（1526—1590）、谢榛（1495—1575）和宗臣（1525—1560）等著名作家在内的晚明"后七子"的讨论，见CHCL 2: 58—62。

[2] Birch 1980, Rongpei Wang 2000.

[3] 关于文社及其影响的近期研究，见H. Miller 2009。

如黄宗羲（1610—1696）、顾炎武（1613—1682）和吴伟业（1609—1672）等大儒，都是大名鼎鼎的复社的成员。在明末，复社的成员遍及全国各地，富裕省份15%以上的中举者都是其成员。不过，复社成员并没有因为其政治倾向而遭受多数东林党人那样的命运——天启年间（1620—1627），东林党人深入参与晚明政治，权宦魏忠贤（1568—1627）因而对其进行了大规模清洗。

晚明最重要的思想运动，是由王阳明及其门徒王艮（1483—1541）、王畿（1498—1583）和李贽（1527—1602）倡导的心学。心学由朱熹的思想对手陆九渊（1139—1192）开创，这种"直觉"方法强调所有人都天生具有"致良知"的能力，无须经过朱子反复倡导的正式学习过程。在王阳明（尤其是其门徒）主导下的心学，鼓励相对主义和怀疑主义，这导致了某种道德平均主义甚至社会平均主义。比如，玩世不恭的李贽——晚明文坛最有影响力的人物之一，可能也是王阳明最声名狼藉的门徒——在他的许多著作中，故意留下了充满挑衅意味的、离经叛道的言论。他曾经写道："谓见有长短则可，谓男子之见尽长，女人之见尽短，又岂可乎？"[1]

李贽等一些晚明著名学者，都与著名耶稣会士利玛窦（1552—1610）相熟。利玛窦是耶稣会自1583年以后在中国传教策略的设计者。[2] 耶稣会的这段故事一直延续到清代，是许多学术研究的主题。对于我们来说，关键之处在于，利玛窦及其继任者将新的宗教、哲学、数学、科学和技术知识引入明代（以及清代）中国，这不仅充实了原本就已十分丰富的中国文化宝库，而且刺激了对中国本土相关传统学问的研究。正如卫周安、艾尔曼、罗杰·哈特（Roger Hart）、宋汉理等学者所指出的，在明代及后世，中国学者有选择地借鉴了欧洲知识，一如先前的中国政权吸收了来自阿拉伯和印度的知识。我们要记住，明代钦天监常由穆斯林执掌。

以往人们的刻板印象是帝制晚期的中国学者对自然世界不感兴趣，但是通过仔细研读文献可知，中国学者对自然世界的好奇有着悠久的传统。[3]

---

[1] CHCL 2: 79–82. Cf. Ray Huang 1981, 189–221.（引文出自李贽，《焚书》卷二《答以女人学道为见短书》。——译者注）

[2] Handler-Spitz 2008, 27–28记录了两人之间的互相赞赏。

[3] Hart 2013, Elman 2005, Zurndorfer 2004.

李时珍（1518—1593）的《本草纲目》（1587—1596）和宋应星（1578—1666）的《天工开物》（1637）等晚明学者写作的百科全书式著作，为此提供了有力的证据。李、宋二人都在科举考试中屡次落第，但他们都是第一流的学问家，博闻强识，仔细观察周遭世界。他们还与学术同行进行过激烈而富有启发意义的讨论。

　　李时珍用30年时光完成了他的《本草纲目》，最终版本由52卷组成，那葭对其进行过彻底而深富洞见的研究。宋应星的《天工开物》在体量上要小得多，但是书中描述了130余种不同技艺和工具的名称、构造和生产过程。薛凤（Dagmar Schafer）对此有卓越的研究。此处的重点在于，由李时珍和宋应星所引领的此类晚明学术，反映了士大夫"在时代之不确定性和物质与文化世界之变动的影响下"对新的知识方法的兴趣。[1] 也许有人会提到此时期同一脉络下的另一本书——儒商胡文焕在16世纪90年代编纂出版的《格致丛书》。尽管该书的学术性不如李、宋的著作，但是它涵盖的范围更广，代表了"庸俗文人"而非精英的兴趣，反映了"养生"的传统——这是明代流行的关于长寿永生的宗教讨论的中心议题。[2]

　　中国士人对科学技术知识的追求一直存在，耶稣会知识的传入是这一过程的组成部分。也许中国最宝贵的知识的确是道德知识，但是这并不妨碍明代（以及清代）士人阅读、讨论耶稣会士及其助手中文著述中的科学技术观念。[3] 一旦这些知识被证实是有用的，一如它们在天文、制图、历法、军事等方面表现的那样，人们就会热切地吸纳这些知识。如果无用，它们自然就会遭到排斥或忽视。[4]

---

[1] D. Schafer 2011, 233.

[2] Elman 2005, 34–46.

[3] R. J. Smith 2008, 240; D. Schafer 2011, 230.

[4] Elman 2005, Hart 2013, Zurndorfer 2004, 2009讨论了耶稣会士影响的局限性。另见R. J. Smith 2013, 173–92。

第二章

征战与巩固

17世纪三四十年代，明王朝的衰落显而易见。朋党之争，公共建设和仓储受到忽视，军备废弛（拖欠军俸、补给不足、强制征兵），宦官擅权，横征暴敛，各级官员腐败成风，这些人祸加重了由极寒天气（有些人称之为"小冰期"）、洪水、干旱、瘟疫和蝗灾等天灾造成的灾难。北方边患带给明王朝的威胁越来越大，分散了官员对国内问题的关注，消耗着早已捉襟见肘的军费。中国参与世界经济（尤其是白银市场）至少在一定程度上造成了货币波动和物价不稳，这又加重了明王朝的困难。16世纪末17世纪初的许多人都注意到了商业和奢侈消费的腐蚀性影响，他们认为，正是这些因素导致了仪礼的崩坏和家庭伦理的堕落。但是，王朝面对的最严重问题来自环境。

即便在资源丰富的江南地区，百姓的日子也都很难熬。1642年，生活在曾经富庶的苏州的一名当地人写道：

> 途中乞丐烦多，人皆鸠形鹄面。况开岁多寒多雨，春已过半，犹大严寒。二月望后，积雨旬余，细民无所得食，相率就毙。王府基，每日埋尸数十，此余所目睹者……民房多空废坍颓，良田美产，欲求售而不可得。向来吴城繁庶，侈靡已甚，泰极而否，理势固然，不意余适当其厄。[1]

在浙江北部的杭州，据称有30%的人在1640年至1642年间死于"饥馑和疫病"。其他一些城市遭受的人口损失显然更加严重，高达50%，这可能是由于北方进犯者传来的致命瘟疫，他们"引进了汉人不具备相应抗体的病菌"。[2]

---

[1] CHC 8: 413.（引文出自叶绍袁，《启祯记闻录》。——译者注）
[2] CHC 8: 414; Spence 2013, 23.

原因虽然有些不同，但乡村的情况同样糟糕至极。数百万农民流离失所，绝望地寻找粮食。许多人前往城市寻求生路，希望依靠乞讨或偷窃活下去。据说，整个华中地区的乡村都荒芜了。湖广作为数省通衢，盗匪横行，劫掠成性。1640年河南省的一场饥荒中，谷价激增，人吃人的现象非常普遍。[①]

民变的条件已经成熟，并以多种形式来临。"异端"教派发动了几次起义。比如，1622年，被明朝政府取缔的白莲教的信徒徐鸿儒在山东揭竿而起，一年之后才被平息。许多地方起义都起于民众对官府沉重赋税的普遍愤怒，或是对达官贵人特权的怨恨。越来越多的边境卫所士兵成为民变领袖，而在帝国的其他地方，被征召镇压起义的临时军队本身也成了起义者。中国西部和西南部的回族等族群也发动了几场起义，全部都是因为官府的歧视对待和生活贫困。[②]

1628年，即崇祯朝（1627—1644）初年，陕西爆发了大饥荒。陕西是中国历史上最著名的两位起义者的家乡，一位是张献忠（1606—1647），另一位则是李自成（1606—1645）。《明史》记载："盗贼之祸，历代恒有，至明末李自成、张献忠极矣。"[③]二人都是行伍出身，同样野心勃勃，到1630年，两人都成了起义者。起初，张献忠组建了自己的队伍，李自成则加入了他的舅父高迎祥领导的起义大军。高迎祥这支松散但实力强大的起义大军号称有20万人，1636年高迎祥被抓获并处死后，李自成取代了他的位置及"闯将"的称号。有时李自成和张献忠会合作，他们活动在中国北部和中部的平原上，利用天灾，也制造人祸。但是，他们彼此之间毫无感情，最终分道扬镳。

在经历了几番命运流转之后，张献忠最后带领约10万人在四川落脚，于1644年在四川自称"大西王"。但是，张献忠的统治非常残暴。一些史籍记载，在他占领成都之后，多达百万人在他的恐怖统治中丧命。[④]同时，李自成进入了河南，1639年，一场严重的旱灾使数千人加入了他日益壮大

---

① Albert Chan 1982, 330–33; Wakeman 1985, 8: 15–18.

② Parsons 1970.

③ Albert Chan 1982, 333.

④ Parsons 1957, 393–98; Albert Chan 1982, 350–53.

的队伍，其中包括两个颇有学识的人，他们成为他的军师。其中，牛金星（约1595—1692）尤其足智多谋。尽管李自成最初以残暴无度闻名，但是在谋士的影响下，他修正了自己的行事方式，变得更加温和。他敦促军队善待降城里的百姓，立誓免除赋税，均分土地。1641年，"闯王"李自成在洛阳杀死了明朝的福王朱常洵（1586—1641），没收了他的庞大家财，分给贫困的百姓。1643年，李自成在湖北建都，自称"新顺王"。当年年末，他已经把统治延伸到了毗邻的陕西、山西两省，并且开始向明朝都城进军。

明清易代

　　1644年2月16日，李自成誓师征讨崇祯帝，但由于明朝情报系统的延误，直到4月7日，该消息才传到皇帝耳中。皇宫和京营几乎乱作一团。4月23日，李自成的大军到达北京西郊，直奔西直门，几乎没有遇到任何抵抗。帮助李自成进攻北京的太监杜勋，将李自成的和谈条件告知崇祯帝：如果崇祯帝同意分封李自成，赏赐百万两白银，承认他在陕西和山西的割据政权，那么李自成不但将为明朝剿灭其他起义武装，而且会帮助明朝抵御北面的进犯者。崇祯帝确实考虑了这个条件，但是最终拒绝了。翌日，即4月24日，在术士宋献策的建议下，李自成派军队猛攻北京。他们得到了另一位叛降太监曹化淳的内应，因此作战更为简单。内外交困中，崇祯帝于4月25日在皇城北门外的煤山自缢。3天后，他的尸体才被找到。

　　4月25日正午，李自成自封为新朝"大顺"的皇帝，在300名内监的簇拥下进入紫禁城。大顺朝一众文官紧随其后，举着旌旗，带着布告，将李自成比作传说中的尧舜。此后不久，李自成开始用明朝士大夫以及他的原班人马充实文武官衙。但是，尽管李自成努力营造一种帝王气象，但他绝不是皇帝，当然也不是贤君。比如，据说牛金星希望他的主子在5月20日这天祭天，作为合法性的象征，并且请求李自成预留10天进行预演。但是在第一次预演时，这位粗鄙的起义领袖急躁地完成典礼，犯下了几处关键错误。当被告知必须"听引礼者为节"时，他暴怒地宣称："我马上天子耳。

何用礼为！"于是，这一极为重要的祭礼便没有举行。[①]

一个更严重的问题是李自成的大将刘宗敏的行为，李自成称其为"兄"。刘宗敏以残忍著称，在接到"罪者杀之，贪鄙复赃者刑之"的命令之后，他在京城展开了一场折磨、勒索、杀戮、毁灭的狂欢。首当其冲的是原来明朝的官员，他从他们手中夺取了大量财富，但是很快平民百姓也遭殃了。刘宗敏的军队洗劫房屋，抢掠钱财、珠宝、衣物甚至粮食。妇女被强暴，男性遭到惨无人道的殴打。李自成会见他的部将，希望抑制他们适得其反的破坏性行为，但这些将领却公开违抗他。于是，劫掠继续进行，民怨日渐沸腾。

同时，为了让吴三桂（1612—1678）投降，李自成采取了双管齐下的策略。吴三桂是中国北方力量最强大的明军将领，统领4万官军。首先，李自成囚禁了吴三桂的父亲及其他家人，作为人质；其次，他致信吴三桂，同时送去的据说还有万两白银和千两黄金。他向这位明朝将领许诺，不但保证他家人的安全，还赐予他尊贵的地位，将他从伯爵提升为侯爵。然而，吴三桂轻蔑地拒绝了李自成的条件，于是，李自成屠杀了整个吴家近40口人，还将吴三桂父亲的头颅悬挂在北京城墙上示众，作为对所有对手的警告。此外，1644年5月3日，李自成派唐通率军进攻山海关，结果大败。5月10日，李自成继续增兵，再次败北。但是，当吴三桂听说李自成亲率6万大军来攻后，便决意与他曾经奉命牵制的满人合作。

现在，让我们简略追溯这一不同寻常且日益强大的族群的起源。晚明时期，他们被称为"女真"，或贬称为"东夷"。他们由生活在明朝东北边疆的多个不同部落组成。他们具有许多不同的血缘谱系和文化传统，不少人完全是或部分带有汉族血统。16世纪及17世纪早期中国和朝鲜的记载中都写道，女真战士非常勇猛，崇尚力量，视死如归。像《万宝全书》和《三才图绘》（1607年）这样的明代历书和类书，通常将女真人描绘成胡须浓密、舞剑持弓的样子，他们戴皮帽，穿皮衣、马裤、皮靴，还有束腰外衣。

[①] 本段及之后几段主要基于 Wakeman 1985, 1: 227–301。

图 2.1　长城
来源：耶鲁大学拜内克古籍善本图书馆

　　早期女真社会生活的核心制度是"氏族"（穆昆），它同祖先崇拜、萨满信仰紧密地结合在一起。通过萨满教，每个女真氏族的成员可以"与他们的灵魂交流，同时将他们的集体经济活动神圣化"。[1] 在女真部落，氏族是管理狩猎、采集、农耕和战争的组织，也是所有这些活动在超自然层面上得到帮助的媒介：

　　　　氏族首领（穆昆达）在某些情况下，本身就是萨满，或者说接近萨满，以便在适当时机更好地唤起与神明的必要沟通……与非常古老的传统相一致，年长的儿子长大成人后，要迁往下游或是山的另一侧，开辟新的家园，建立新的穆昆，树立新氏族的"索莫杆"（神柱）。通过这根神柱，整个氏族还有每位氏族成员都可以与氏族神明和居住地的土地神灵沟通交流。[2]

　　因此，女真人的萨满在早期有两种形式。第一种是"跳神"，可以降神、招魂，并能治病——通常是女性。这种个体型萨满遍布整个社会的方方面面。第二种萨满焦点在氏族，而非个体，并不涉及实际的灵魂附身或操纵（顶神）；正如前文指出的，这为氏族成员召集神明享用贡品提供了途径。[3]

---

[1] Crossley 1990a, 8.

[2] Crossley 1990a, 34.

[3] Udry 2000 and Zhao and Jiang 1997.

女真势力的崛起始于16世纪80年代，与努尔哈齐（1559—1626）有关，他是某个女真主要部落中觉罗氏族其中一支的后代，觉罗氏族生活在辽河中游和鸭绿江之间的山麓地带（见图2.2）。在父、祖命丧一位女真敌对首领之手后，努尔哈齐经过一系列部落间战争，于1583年成为该区域最强盛的一支力量。那一年，他仅有24岁。从复仇开始，努尔哈齐及其后代最终将东亚和中亚的大部分领土和人口划入自己治下。清帝国在鼎盛时期，领土达到了世界大陆面积的10%，人口占到了世界人口总量的35%。

在努尔哈齐统治早期，尽管他的政治权威局限于辽东中东部地区，但在女真传统中，他是一位贝勒，即氏族首领或部落领袖，可以通过"武力与威吓"保证自己的地位，因此也拥有在臣民中分配和再分配财产的权力。根据柯娇燕的说法，最后这种权力"是传统萨满权力的延伸"，这一过程"要么是政治职能与精神职能的融合，要么就是政治职能取代了精神职能"。[1]贝勒们生活在有围墙保护的村落中，居住在防御完备的院落里，他们的地位有赖于自己收集、分配资源以及提供保护的能力。因此，他们自然垄断了弓箭和铁制武器的生产。他们当中实力最强的人，会以承诺不扰边来换取与中原王朝和（或）朝鲜的专属贸易特权。柯娇燕写道："每一位试图与帝国权力（即明朝和朝鲜）建立关系的贝勒，同时也是情报大师、地缘政治战略家和诱人的刺杀对象。"[2]

直接附属于贝勒的是人数相对较少的精英群体，称作"民人"，他们拥有社群中的大多数资源。他们之下是"诸申"阶层。这一阶层构成女真人口的绝大部分，并且对他们的上级负有各种军事或劳动义务。此外还有包括女真人、蒙古人、朝鲜人、汉人在内的奴仆阶层——各种各样的阿哈、包衣或包衣阿哈——他们是在1616年以前"被购买、被俘虏或被判处为奴的"。[3]

和前代建立政权的民族，尤其是12世纪的女真人祖先和13世纪的蒙古人不同，努尔哈齐的部落成员主要不是游牧民。他们主要定居在辽河河谷，经济由农耕、狩猎和贸易构成。他们最重要的农业输出品是名贵的人

---

① Crossley 1999, 141. Pei Huang 2011, 31—171对满人的崛起有详细论述。
② Crossley 2002, 39ff.
③ Elliott 2011a, 83.

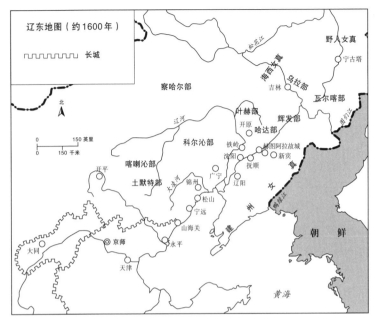

图2.2 辽东地区图
来源：XNR Productions

参。女真人主要的贸易对象是朝鲜和明朝。据估算，16世纪晚期、17世纪早期流入中国的白银中，多达四分之一最终流入了各个女真部落。明朝官员通过给予各主要女真部落独自的贸易特许权，允许它们参加朝贡贸易，以充分改善这一局面。这种方式使得明朝能够利用女真各部落对贸易特许权的竞争，让它们相互制衡。但是，急于集中政治力量的努尔哈齐最终控制了所有的贸易特权，夺走了其他部落参与朝贡贸易的渠道。在与明朝断绝贸易和外交关系之前，努尔哈齐曾八次亲自率领部落使团前往明朝（见下文）。[1]

努尔哈齐的征战开始于1584年。从那之后，他迅速扩张领土，缔结婚姻联盟，征服敌对的女真和蒙古部落，强化军事机器，最终发展成为"八旗"（扎坤固山）。八旗制度的基本单元是"牛录"（佐领），由约300名士兵构成。有些牛录基于既有的氏族关系或部落关系，但也有一些牛录的设立是专门为了克服这些特定的认同，从而建立更为集中的军事组织。不管怎

---

[1] Perdue 2005, 117; Pei Huang 2011, 113–19.

样，牛录保持了族群的同质性。因此，八旗制度能够在保持文化独特性的同时，将不同的族群整合进来，包括女真人、蒙古人和汉人。[1]

牛录既是社会、经济单位，也是军事单位。牛录不仅由武备齐全的士兵（包括骑兵和步兵）构成，也包含他们的整个家庭，包含其他成年男性、女性、孩童和仆人。战争或狩猎结束后，士兵回归自己的家庭。士兵一旦加入某一牛录，就能领到月俸和一片土地，他们的家人可以自己耕种这片土地，也可以使用农奴耕种。当一个旗的女性嫁给另一个旗的男性时，她的旗籍就要跟随其夫变动。所有的民事、军务都由"牛录额真"直接监管。

到了1601年，努尔哈齐已经拥有超过40个可以作战的牛录。同年，他进行了一系列旨在将八旗制度正式化的改革，其中一些由他直接领导，另一些则交由他的近亲负责。起初仅有四种旗色，每个旗的军服颜色与他们各自的旗色相对应。骑兵戴红缨盔，每人负责三匹战马。他们的弓极为强劲，士兵本身尤为擅长将箭以全速射出。他们的箭袋能够装超过30枝箭，可以称得上是每位士兵的强大军械库。有些步兵也是弓箭手，但是越来越多的步兵开始使用火器，包括步枪和大炮。

16世纪末17世纪初，努尔哈齐还采取了几项措施，为他日益扩张的政权赋予了独特形式。比如，1599年，他命两名翻译在蒙古文字的基础上创制了满文，此前满人一直用蒙古文书写。1616年，努尔哈齐称汗，国号是"金"——这与他的祖先在1115年建立的王朝国号相同。两年之后，他大胆地发布名为"七大恨"的檄文，谴责明朝杀害他的父亲和祖父，背信弃义、滥用权力。作为回应，明王朝派遣了一支大军征讨努尔哈齐，但被努尔哈齐领导的泛女真联盟打败。[2]

1618年至1621年间，努尔哈齐的军队控制了约80个明朝卫所，他用这些卫所守卫新占领的辽东地区。辽东地区位于长城以外，东邻朝鲜（见图2.2）。1621年，努尔哈齐占领辽阳，宣告了女真人对辽东大部分地区的控制，奠定了即将建立的清王朝的基础。在此期间，努尔哈齐也对汉人家庭

---

[1] 接下来关于八旗的讨论，主要基于欧立德、柯娇燕和濮德培的著作。关于细节，见吴卫平早年的博士论文，以及 Im 1981。

[2] 关于清朝建立前女真（满族）部落与外国的关系，见 Di Cosmo and Bao 2003; Pei Huang 2011, 174–203; Purdue 2005, 109–29，中国社会科学院（编）2011，第3—88页。

进行了安置，已经有一定经济地位（以粮食数量为依据）的人得到了土地和住宅，经济实力较弱的则沦为奴隶。有时，奴仆身份父退子替，但有的则终生为奴，从事繁重的劳动。于是出现了反映这种奴役关系的术语"包衣"，其中又分为"包衣阿哈"和"包衣人"。后者有时简称"包衣"，其中一些人享有极高的地位和极大的权势。[①]

自由的汉人和女真旗人一度共同居住、一起劳作，这是融合、共居与平等的国家政策的体现。但是，经济不景气以及汉人和女真人之间的紧张关系，导致1623年爆发了反抗女真人的起义。努尔哈齐很快镇压了反抗，但是从此之后，他的政策从融合转向了隔离。旗人第一次搬到独立于汉人的居住区，并且不能踏上汉人的街道。旗人可以携带武器，但是汉人不可以。女真人对汉人的歧视一步步强化，导致1625年爆发了另一场更为严重的反抗。反抗再一次被镇压下去，但其后果是，满人对汉人临时增加了一套严格的监督管控系统，包括每十三户汉人由一位汉人庄头管理，庄头对旗人官员负责的制度。

1625年，尽管还存在汉人起义的干扰，以及明王朝进军辽东的威胁，努尔哈齐还是确定沈阳为固定的都城，称为"盛京"。在那里，努尔哈齐着手建造融合了满汉建筑和装饰传统的皇宫。然而，第二年，努尔哈齐去世，将完成宫殿建造的任务留给了他的继承人——第八子皇太极（1626—1643年在位）。

皇太极是其曾祖觉昌安的直系后代。最初，觉昌安之子塔克世的四个孙子皇太极、代善、阿敏、莽古尔泰兄弟四人共掌权力（称为四大贝勒）。但是到了17世纪30年代早期，皇太极已然汗位独尊。1629年，皇太极突破长城，占领了关内四座重要城池——滦州、迁安、遵化、永平，显示出非凡的军事才能。两年之后，皇太极利用新获的西洋大炮，攻下了当时有约14000名精兵把守的明朝军事要塞与商业中心大凌河。[②]他还设法破坏自己兄弟的名声，首先是阿敏。由于阿敏丢弃了皇太极在1629年夺取的四座城池，皇太极斥责其懦弱。皇太极接着又设法羞辱了莽古尔泰和代善。1633年，他已经掌握

---

① 包衣身份的分类令人困惑，相关讨论见Elliott 2001a, 81–84。
② Wakeman 1985, 164, 166, esp. 170–94.

了其他三位兄弟的所有军队，将其整合进了所谓的"上三旗"。

　　根据当时女真人的爵位制度，男性分十二等，女性也有类似的等级体系。爵位是世袭的，但是除了一些"世袭罔替"的爵位，其他爵位在传给下一代时会降一级或若干级。贵族定期从国家那里获得俸银和禄米，其数额与等级挂钩。他们在房屋、教育、仪仗和获得文武官职方面也享有特权。另一个精英群体是皇家禁卫军，它由三个独立的团体构成：亲军营（约15000人）、前锋营（约1500人）和护军营（约1500人）。亲军营只从八旗满洲中挑选，在皇宫内外随时随地保护皇帝。前锋营从八旗满洲和八旗蒙古中挑选，在战争和皇帝巡幸中都担任前哨。护军营负责保卫皇宫。①

　　皇太极统治的前十年，巩固了其父奠定的帝国，将辽东地区上百万汉人以及现在内蒙古的大部分地区并入其中。他延续了其父的大多数政策，但是废止了十三户为一庄的监管制度，他任用汉族士人和通晓汉语的女真人为谋士，大多数谋士都力劝皇太极效仿明朝建立一套官僚体系，包括六部、内三院和都察院。皇太极还初步设立了科举考试制度，鼓励将儒家经典及其他有益的汉文著作翻译为不断发展的满文。其中包括万历年间的一版《万宝全书》，由通晓汉文的著名旗人达海（卒于1632年）翻译完成。达海在新创建的文馆任职，他还翻译了重修刊行于万历十五年（1587年）的《大明会典》的部分内容。

　　除了利用中国文化传统，皇太极还创建了全新的女真机构，最著名的是"蒙古衙门"，最终发展为"理藩院"。这是中国历史上第一个也是唯一一个专门为处理内亚事务而设立的政府机构。理藩院的礼制明显不同于传统中国礼仪，但其实也有些相关。这些礼制包括朝见女真大汗、参与狩猎、呈送贡物等。朝见象征着皇太极凌驾于所有内亚族群之上的最高权威。皇家狩猎起源于女真人的狩猎习俗，主要是为了巩固满蒙关系。呈送贡物尽管采用的是明朝的惯例，但是明显具有内亚特色。

　　甚至在这些行政举措得到完全执行之前，皇太极已经决定，要为他的子民带来一个全新的、独特的身份认同，那将会创造一种政治、社会、文

---

① Elliott 2001a, 79ff.; CHC 9: 311ff.

化统一体的效果，使女真人与"蒙古人""汉人""朝鲜人"等同一区域内的其他主要族群拥有同样的正式身份。因此在1635年，皇太极下诏：

> 我国原有满洲、哈达、乌喇、叶赫、辉发等名，向者无知之人往往称为诸申。夫诸申之号，乃席北超墨尔根之裔，实与我国无涉。我国建号满洲，统绪绵远，相传奕世，自今以后，一切人等止称我国满洲，原名不得仍前妄称。[1]

为了加以强调，他禁止任何人再使用"女真"指称他的臣民，违者论斩。从此时起，我们可以称这一多元但政治上统一的族群为"满族"。

满族身份的标志是什么呢？一个重要而长期的符号是男性的发式：剃掉前面的头发，将后面的头发编成长长的辫子。满族妇女都是天足（汉族妇女则需要缠足）。另一项满族男女皆同的重要特征是对骑射的热爱。满族人还拥有共同的传说和共通的象征符号，尤其是柳树、乌鸦和喜鹊。[2]

满族文化认同的关键特征是萨满，不仅包括上面讨论过的"个体"的萨满和"基于宗族"的萨满，还包括以"堂子"为祭祀中心的萨满。堂子是举行仪式的场所，内中立有祭天的神杆（这和基于宗族的萨满类似），还有神亭以及各种仪式用具，包括神剑及神箭。堂子的起源我们并不清楚，较为可靠的推测是，堂子是随着东北地区的狩猎-采集部落日益定居化，并且日益将农业视作本地经济基础而出现的。尽管一般的基于宗族的萨满涉及特定的区域单位，但是堂子萨满象征着皇室的统治权力，并且涉及更多的参与者和观看者（见第七章）。[3]

语言是满族特性的另一象征，因为满文的口语、书面语与汉文之间存在巨大的语言学差异（见第五章）。在整个清代，满文一直是清王朝的"国语"，是"皇室内部进行沟通的基础媒介"。[4] 例如，清初要求参加科举的考生以及旗人、贵族掌握满文。但是，满文不是清朝唯一的书写文字，传统

---

① Elliott 2001a, 71.
② Rawski 1998, 231ff.
③ Udry 2000, esp. 26–32.
④ Crossley and Rawski 1993, 63–69.

汉字与蒙古文字使用也很广泛。事实上，到1635年，以满文、蒙古文和汉文多种文字制作文书已成为官僚体制内的定式，一直持续到清朝灭亡。然而，不同文字的版本内容并不完全一致：翻译中的错误、无心的遗漏、故意的审查，都形塑着这种三语实践的轮廓。比如，故意去真的案例之一就是，努尔哈齐的"七大恨"的萨满背景在汉文翻译中被有意遮蔽了。

1636年是满族历史的转折点。皇太极在建立起切实有效的官僚制度、训练出骁勇的八旗劲旅、发展出有效的多语种沟通体系、创造出独特的满族文化认同之后，开始准备着手进行系统性的帝国构建。作为前奏，他在1636年雄心勃勃地宣布了"大清"的建立。[1] 此时，八旗蒙古也已形成，其中一些士兵是明朝时期生活在东北的蒙古人的后代，讲蒙古语。其他一些士兵是居住在东北北部的女真人的后代，但是努尔哈齐及其族人称之为"蒙古人"，因为他们在政治上是按照蒙古方式来组织的。还有一些士兵确实来自我们现在通称的蒙古地区，他们在和女真人进行战争前后，臣服于努尔哈齐及其继承人。[2]

1637年至1642年间，八旗汉军逐渐形成。"汉军"不同于非旗籍的大部分汉人，他们和八旗蒙古一样成分复杂。有些人祖上生活在华北，后来移民到了辽东地区；还有些人可能是朝鲜人的后代。但是，有大量八旗汉军是女真人的后代，他们吸收了汉族和朝鲜族的文化元素，包括流利使用汉语。无论如何，不管是谋士还是旗人，满人统治下的所有汉人都要留满人发式，穿满人衣装，以示臣服。但是，因为汉人来得较晚，也因为他们是汉人（不同于内亚族群），汉军旗人从没有在八旗内部得到过平等的对待，甚至在1644年满人入主中原之后仍然如此。[3]

1638年，皇太极的八旗军已经征服了朝鲜大部分地区，逼迫朝鲜国王不再效忠明朝。越来越多的明军叛降而来，巩固了东西两翼，于是这位新帝再一次将注意力转向了南方。1642年，在长期围城之后，清军占领了战略要地锦州。此役加上清军在松山的大捷，极大打击了明军的士气，将驻

---

① Elliott 2001a, 402 n. 118.
② Evelskog 2006, 14ff., esp. 24–39.
③ Elliot 2001a, 77–78. CHC 9: 311ff., esp. 321–22, 342–45.

扎在军事要地山海关的明军逼入危险境地。但是，1643年9月21日，皇太极猝死，出现了暂时的权力真空。在几次紧张的商议后，由皇太极的弟弟多尔衮（1612—1650）和著名将领济尔哈朗（1599—1655）共同辅佐新帝——皇太极最年幼的儿子之一、仅有五岁的福临。福临在1643年10月8日登基，他就是顺治皇帝。

在接下来的几个月中，清朝统治者权衡着他们的军事选择，此时，他们主要的敌人吴三桂也在做同样的事情。1644年4月北京陷落之前，清朝曾经通过这位明朝将领的舅舅祖大寿向他传达了封号赐地的条件，但被他拒绝了。不过此时，这位自负的明军将领面临着在没有援军的条件下与可能更为强大的李自成交战的形势，于是他决定与清军联手，将李自成赶出北京。在给多尔衮的一封信中，吴三桂如此说：

> 王之威望，素所深慕，但《春秋》之义，交不越境，是以未敢通名……不意流寇逆天犯阙，以彼狗偷乌合之众，何能成事。[1]

吴三桂继续写道，明朝故都的惨烈局面令他"泣血求助"。他情绪激昂地说，顺应天命，帮助他"出民水火"是清朝的道德责任。多尔衮将这封信进呈给了年轻的顺治皇帝。

1644年5月27日，吴三桂率领上千名文武官员正式归顺多尔衮。而且，吴三桂同意在进攻李自成时担任先锋。在初次交战中，吴三桂的军队遭受重创，如果没有清军的援助，就要战败了。多尔衮的八旗军在关键时刻从侧翼包抄了李自成的部队，攻破了对方的阵型。"贼众大溃，自相践踏死者无算，僵尸遍野，沟水尽赤，自成奔永平。"[2] 5月31日，狼狈不堪的大顺军回到北京后，开始洗劫官府和前明官员的宅邸。6月3日，李自成在可悲的合法性仪式中仓促登基。翌日，李自成和他的军队火烧紫禁城，然后向西逃去，吴三桂的军队在其后紧追不舍。

之后的几个月中，在让疑惧的百姓确信是满族君主而非吴三桂承继天

---

[1] Wakeman 1985, 300.（引文出自《清世祖实录》卷四。——译者注）

[2] Wakeman 1985, 311–12.

命后，清朝渐渐地重建了京城的秩序。为了获得信任，多尔衮的告示强调了新政权的德行与良好意图，他承诺，归服者将会受到"录用"，而反抗者则会被处决。令旨有意吸引"有志之士"——如果他们愿意归顺清朝，那么这便"正于功名立业之秋"。在安抚的局面下，年轻的顺治帝在1644年10月30日正式登上皇位。《清实录》后来记载道："官民大悦，皆颂我朝仁义，声施万代云。"①

但是，正当满人在李自成留下的废墟中努力塑造自己作为中国文化遗产保护者的合法地位时，他们也在强化着自身"野蛮"征服者的形象。1645年年初，满人强迫汉人剃发留辫，以示臣服。这一命令激起了大量汉人臣民的强烈反抗。首先，汉人认为自己的传统发式是中国文化认同的根本特征；其次，他们将剃发视作不孝——这是剃除祖先馈赠的东西。一方面是出于对"薙发令"的怨恨，另一方面也是出于对明王朝的强烈归属感——尤其是像史可法（1601—1645）这样的忠诚将领，有些地区的汉人激烈反抗满人统治，激起了清军的屠城。② 清军在扬州、嘉定、江阴等南方城市肆意残忍地屠杀了数万名无辜的百姓，有关这些暴行的文字记载在民间秘密流传了200多年，培养着反满情绪。到了19世纪末20世纪初，这些故事得以公开散播，给清王朝带来了极大打击。③

清朝史纲：1644 年以降

与明王朝一样，深刻地影响了清王朝的不仅是前朝的制度遗产，还有雄才大略、精力充沛的早期统治者的目标与抱负。然而不同于明朝皇帝的是，清代君主必须努力应对由他们的非汉传统带来的认同问题。而且，他们处在一个日益全球化的世界，这使得他们的选择和政治决策更加复杂。总体而言，在满人统治的前200年里，他们创造性地、成功地回应了所遇到的挑战。但是之后，来自内外的复杂状况和压力令这个少数民族政权难以

---

① Wakeman 1985, 316–18, esp. n. 283.
② Rowe 2009, 22–24; Feng 1990, 170–80.
③ Dennerline 1981.

承受。

和宋元易代一样，外族统治问题给忠于前朝这样一个长期存在的问题增加了额外的一个维度。就事实而论，明朝遗民的激烈抵抗给清朝带来的威胁要远远大于宋朝遗民给元朝带来的威胁。清朝自1644年入关之后，实际上用了将近40年的时间来巩固统治。而且，更多的杰出人物参与了对清朝的抵抗。举例来说，清代大型类书《古今图书集成》（1726年）包含5000多位明朝重要遗民的传记，而宋朝遗民只有不到700位。另一方面，顾炎武（1613—1682）、黄宗羲（1610—1695）、王夫之（1619—1692）、吕留良（1629—1683）等著名明遗民都坚定地拒绝出仕清朝，却鼓励自己的子侄和弟子进入新朝为官。①

此时在北京，耶稣会士仿佛十分熟练地从仕明转变成了仕清。多尔衮还选中耶稣会神父汤若望（1592—1666）制定的历法，作为新帝顺治登基的精细仪式的一部分。这场精心安排的大典还令人惊奇地以皇帝的口吻肯定了作为摄政王的多尔衮，他的作用甚至超过了传说中的周公。年幼的皇帝还称，多尔衮尽责、正直、率真、忠诚、贤德，是"体国"之臣。②

多尔衮此时正与敌对的满族亲贵争夺最高权力，顺治帝的登基诏显然是为了加强他的政治地位。多尔衮一步步有效削弱了对手们的权威。他通常都会以顺治皇帝的名义行事，采取的具体做法就是禁止其他宗室干涉国家政务。他还正式建立了京城与各省之间的控制渠道。在1645年4月11日的令旨中，多尔衮宣布，大小各衙门都要按照明朝故例呈递奏章。此后，六部成为奏章呈递的主要机构，六部拟定奏章或向皇帝请旨。③

尽管在清朝人主中原之初，多尔衮极力宣称"满汉一体，共享太平"，但是满人仍然居于首要地位。比如，京官中的满人地位高于与他们同级别的汉人，包括内三院学士和六部尚书（见第三章）。行政处罚也因族群不同而有所区别，对满人更为有利。尽管如此，多尔衮将很多汉人官员视为心腹，比如冯铨（1595—1672）和陈名夏（卒于1654年），他甚至对"堕落

---

① Jay 1990, 261–63.

② Wakeman 1985, 848–62.

③ Wakeman 1985, 848–93.

的明朝旧习"也不再疑虑重重。他也开始任用汉族官员担任六部堂官，比如1648年授陈名夏吏部汉尚书，而谭泰任满尚书。此外，多尔衮还开始任用新科进士，充实下级官僚队伍。为了加速这一进程，多尔衮一改明朝三年一试的惯例，在1646年至1649年间举行了三次会试，共取上千名进士，其中大多数成为文官。[①]

对于多尔衮来说，军务和文官体系改革同是重中之重，他自然能认识到在中原的战略要地建立八旗驻防的必要性。对清军南下直接涉及的旗兵总数的估算很难统一，但是12万至15万似乎是合理的数字。入主中原后，1644年至1669年间，清朝当局为了解决八旗的定居、养马、放牧、农耕、墓地等问题，主要从明朝官僚贵胄那里占用了"超过600万亩土地"。据载，共计4万名旗人及其家庭"每户获得了将近36亩土地，而赐予满族高级官员的土地还要多得多"。[②]

从辽东迁徙到内地各省的清朝原初臣民都居住在"满城"中。最早设立满城的是北京、西安、南京和杭州（见图4.1）。最终，有19个地方都建立了八旗驻防，而北京是驻兵最多的（占总数的一半以上）。欧立德这样描述八旗驻防："满城既是军事堡垒，也是行政中心，还是族群聚居区，它是八旗官兵及其眷属、家奴独有的家园，是王朝在主要城市中心的高调存在，也是王朝在稳步扩张过程中的集结地。"[③]起初，只有八旗蒙古和八旗满洲才有资格守卫京畿，他们被称作"京营八旗"，有别于驻扎在地方各省的"驻防八旗"。

1644年之后的几年，京城中的旗人和汉民在生活区域上并没有严格的区隔。但是和清兵入关前辽东地区的情形一样，满汉之间的紧张关系导致了"隔离政策"的产生。1648年10月，多尔衮下令在北京分隔旗人和汉人的居住区。这道政令给不属于旗人的汉人带来了极大不便，其结果是在皇城和皇城中的紫禁城圈起了一块旗人居住区（见图3.3）。然而，虽然北面的"内城"满城和南面的"外城"汉城之间有着严格的物理分隔，但是北京城

---

① Pei Huang 2011, 83–84.

② Spence 2013, 39. Cf. Crossley 2002, 81; CHC 9: 310–311, 339; Ding Yizhuang 1992, 11–31.

③ Elliott 2001a, 93–94, 105–32.

整体上变得"满汉融合"。城里的各处大门和街道上，满文与汉文并列；在这里，可以品尝到满、汉食品；娱乐方式也包括满族的形式。汉人可以在白天进入内城，但是官方禁止其留宿。[1]

满人在京城和各省建立驻防的同时，也开始将前明的卫所系统转变成新的汉人战斗力量，名为"绿营兵"。根据军事史家罗尔纲的统计，到1686年，中国大概有57.8万绿营官兵。这些绝大多数为汉人的军队，以相对较小的组织分散在全国各地。清政府的目的是"以汉制汉"，这是中国古老的"以夷制夷"对外政策在国内的翻版。最初，清朝统治者将绿营的功能设定为警察，负责维护地方秩序、监管河道、运输粮食等，这和今天美国的国民警卫队比较类似。但是随着1683年平定三藩之乱（见下文），绿营开始担负起通常由八旗承担的军事职能。[2]

清军甫一占领北京，八旗军队和刚刚投降的明朝军队（比如吴三桂的军队）就立刻着手清除国家面对的残余的军事威胁。它们的规模或大或小，领导者有着不同的背景和经济利益。女将秦良玉（1574—1648）是值得注意的一位明朝遗民，她是四川一位土司的妻子。她和她的兄弟们接受了同等程度的教育，在军事方面才能卓越，甚至在明军中获得了总兵的高级职位。她和儿媳张凤仪率领着忠于明朝的军队抗击满人，秦良玉在北京近郊抵御满人，而张凤仪最终在河南战死疆场。[3]

多少令人奇怪的是，李自成、张献忠对清朝的威胁很快就消失了。李自成在1644年退出北京后，很快就消失在人们的视线中（关于他的消失，有几种不同的说法）。而张献忠在1647年被八旗军杀死（在秦良玉的间接帮助下）。几乎同时，清军扑灭了兰州等地的回民起义，并且成功地控制住了喀尔喀蒙古的叛乱。到了1650年，清军长驱南下，直抵广州。11月24日，广州陷落，孔有德下令在广州展开了野蛮的屠城。

同时，1644年6月19日，福王朱由崧在南京称帝，史称"南明"。但只过了不到一年时间，他就被俘获处决。其后仍有明朝宗室希望在流亡中保

---

① Elliott 2001a, 98–101.

② Bonk 2014. Luo Ergang 1984; Xu Xueji 1987; M. G. Chang 2007, 167–70.

③ Hummel, ed. 1943–1944, 1: 168–69. 关于清朝政治、军事政策的细节，见 Wakeman 1985, 1: 414–508, 2: 848–1127。

存明王朝，但是徒劳无益。南明最后一位皇帝永历帝在华南辗转流离，最后逃到缅甸，被吴三桂的军队羁押。1662年6月11日，永历帝被吴三桂绞死。

然而在海上，郑成功（1624—1662）还领导着一支强大的海军，威胁着清王朝。郑成功是有爵位的明朝遗民，也是久经沙场的海军统帅，他在17世纪50年代成功组建起一支有25万兵力、2000艘战船的抗清武装。他在福建沿海的厦门及周边地区建立了海军基地，与荷兰人1624年侵占的台湾岛隔海相望。尽管郑成功的父亲郑芝龙在1646年归顺清朝，但是郑成功仍继续抗击清军。1659年夏，郑成功率领数百艘战船和5万至10万士兵深入长江，在南京周围打败清军，包围了这座不久之前才被清军拿下的明朝首都。然而，他并没有充分利用自身的军事优势，在遭到清军的激烈反击后退回了厦门。

郑成功担心难以招架清军的进一步进攻，于是决定将荷兰人从台湾岛驱逐出去，在岛上建立自己的海上基地。他将台湾命名为"东都明京"。驱逐荷兰殖民者使郑成功现在成了民族英雄，但是在当时，他的军事行动间接地给很多人带来了苦难和不幸。比如，为了切断福建、广东两省对郑成功和其他明朝将领的支持，清政府实施了严苛的政策，要求南部沿海居民内迁，并禁止了闽粤两地的海洋贸易。沿海地区数以千计的农民和渔民因这些苛刻的举措而不幸地死去。郑成功在1662年早逝，对清朝最直接的威胁得以解除，但是接下来的几年里，他的继任者仍继续在台湾岛抵抗清朝，所以清政府的严苛政策一直持续到1669年。

与此同时，多尔衮于1650年12月31日意外死亡。这自然带来了一场权力斗争。最终，济尔哈朗成为赢家。他曾经与多尔衮同为顺治皇帝的辅臣，在湖南与明朝遗民的交战中功勋卓著。令人意外的是，12岁的顺治皇帝开始展现他个人的权威，他可能在摄政王多尔衮死前，就从他那里学到了大量治国之术。略带讽刺的是，顺治帝最早的政治手段就是鼓励朝臣批判多尔衮及其亲信，以建立自己凌驾于某些满人王公之上的至高权威。对摄政王专横而贪婪的告发随之而至，在多尔衮隆重的葬礼（1月8日）几周之后，顺治皇帝将这些控诉及其他罪状公之于众——我们可以想见，这会令京城中的大多数满汉臣民多么震惊。①

在巩固自己的权力之后，顺治帝继而推行一系列官僚系统改革，至少部分目的在于抬高自己作为贤德、仁慈的儒家统治者的形象。大多数的改革举措由留任六部的前明官员提议，并得到了顺治帝的首肯。许多人希望矫正京城和各省恶劣的官僚习气（腐败和奢靡），加强对官员的监察，改革刑罚条例和程序，支持农业发展，改善赋税征收等。尽管顺治帝在行政治理改革上取得了一些成功，但是他也容许了派系政治（主要基于地域联系）的存在。顺治时期政治生活中地缘关系的重要性有一明显体现，即进士地域背景的比较，北方与南方存在巨大的差距。②

1652年至1661年间的大多数时期，顺治皇帝堪称勤勉，相对于满官，他更倚重汉官。洪承畴任五省总督，在他的经略下，朝廷取得了持续的军事胜利。但是到了1659年，顺治皇帝开始沉湎于文化活动，尤其是中国文学、戏剧和书法，并且笃信佛教。他还迷恋一位年轻的嫔妃，日益将权力交给太监和僧人。当他在1661年2月5日驾崩（据传是因为天花）后，朝廷中掀起了另一场权力斗争，这场斗争涉及伪造圣谕，最终顺治皇帝最喜爱的一位宦官被处死。

顺治帝的第三子、年仅七岁的玄烨登上皇位（他小时候就躲过了天花这一劫），由四位年长的满族大臣辅政，年号"康熙"。从1662年至1722年，康熙帝在极其漫长的统治时期内取得了诸多丰功伟绩，凡此种种，都被中外史家以编年史的形式详细地记录了下来。

就本书的目的而言，关于康熙帝有几点内容尤为重要。首先，在他登上皇位后，以骄横的鳌拜（1610—1669）为首的四大辅臣便企图对清政府进行根本性的变革。这些辅臣公开批评顺治皇帝背离祖先的尚武之道，过分倚重宦官，他们将很多宦官机构降级或者废除，提拔满人官员担任高级职位。也许在康熙初年，他们最重要的一项成绩就是在坚实的制度基础上重设了内务府。尽管我们知道，这一清朝的特有机构在入关前就已存在，但它在1661年后才成为帝国推行政策的强有力工具，隔绝了太监对朝政的

---

① CHC 9: 73–119对顺治的统治做了概括。
② H. Miller 2013, 44–47.

影响，担负起广泛的行政职责（见第三章）。①

辅政大臣还增强了理藩院和议政王大臣会议的权力，降低了都察院和翰林院的等级，禁止旗人参加科举考试（毕竟，还有什么能比这显得更文弱呢），废除僵硬的八股文。在另一场权力游戏中，辅政大臣以拖欠赋税为由，严处江南士绅（18位汉人被处死）。作为在上层维护和巩固满族文化的措施之一，辅政大臣显然不许康熙皇帝正式学习汉文。尽管康熙皇帝在满族军事技艺和满文书写方面受到良好的教育，但据说他只能在两位心腹宦官的帮助下偷偷学习汉文。后来（1673年），他才开始接受更加系统的汉文教学。

康熙皇帝无疑对他的辅政大臣的专横行为感到怨恨，在1667年至1669年这段时期，他在一位高级御前侍卫和其他一些满汉支持者的协助下，小心翼翼、有条不紊地削弱他们的影响。在此期间，他推翻了辅政大臣们新制定的一些政策，比如禁止旗人参加科考、废除八股文等。1669年6月14日，康熙帝直接生擒鳌拜及其党羽，谴责他们专横、不忠，将其下狱。有些党羽被处死，有些被施以重罚。鳌拜死于狱中。此后，康熙帝牢牢控制了清朝的朝政。彼时，他不过才15岁。

善断而自信的康熙皇帝先是逼迫"三藩"谋乱，继而果断地予以平定（1673—1681）。这场叛乱涉及三位拥兵自重的藩王：吴三桂控制着云南、贵州以及湖南、四川的部分地区；尚之信（一位明朝降将的儿子）管辖广东和广西部分地区；耿精忠镇守福建。这些人都因为在1644年之后镇压汉人反满活动的功劳，而被清政府赐地封爵（尚之信继承了父亲的封地和爵位）。康熙皇帝没有听从议政王大臣会议大部分人的意见，而是采纳了他的蒙古祖母的建议，敦促三大藩王交出封地，回到东北。三藩以公开反叛的形式拒绝了皇帝的诏令，经过八年的痛苦战争，康熙帝才平定了叛乱，险些失去他的皇位。狄宇宙（Nicola Di Cosmo）已将一位参与这场漫长战争的八旗兵的日记翻译成英文。②

此后很快，康熙皇帝就将台湾岛置于直接统治之下（在之后的一个世

---

① CHC 9: 120–82对康熙朝的统治有准确的概述。
② Di Cosmo 2006.

纪中，台湾在行政隶属关系上属于福建省）。随后，他将注意力转向中国的北部边疆，俄国（哥萨克）移民和满人、蒙古人在那里的冲突日益频繁。针对俄国移民发起了一系列惩罚性远征之后，在耶稣会士译员的协助下，清朝代表在1689年签订了《尼布楚条约》，使中俄边界关系变得稳固、合法。这加速了后来康熙帝对由杰出的军事领袖噶尔丹（1644—1697）率领的西蒙古部落准噶尔部的战争的胜利。

在几乎无休止的战争期间，康熙帝努力将汉人精英更充分地纳入清朝政治轨道中。措施之一就是1679年京中开设的博学鸿儒科。有188位儒者受邀参加，其中30多人拒绝。但是在剩余的参加者中，有50位通过考试，并获得官职。值得注意的是，绝大部分中试者都来自江南——今天在行政区划上属于江苏和浙江。这一地区在1661年因为逃税问题而遭受了鳌拜的严厉惩罚。最终（1712年），以各省和八旗定额为基础，科举取士走向了正常化（见第三章）。

作为一位成熟的君主，康熙帝实际、朴素、宽容、谨慎，善于调和。尽管康熙帝非常不愿意打击腐败（也许是担心疏远还没有完全接受满人统治的汉人官僚），但是他褒奖廉臣，在官员任命上试图对满汉不偏不倚。他越来越倚重钦差大臣处理紧急事务，同时也在思考如何在地方一级建立稳定、高效的行政机构。在忠心耿耿的宦官和奴才，以及汉、满、蒙合作者的协助下，他始创了秘密的奏折制度。如此一来，京中和地方各省的文武大员都可以通过心腹传递文件，直接与康熙帝沟通。[①]

此外，康熙帝非常重视在清初曾消失的统治工具——巡幸。这些精心安排的巡幸被宫廷画家忠实地记录在恢弘的画作中，使清朝统治者有机会像张勉治（Michael Chang）说的那样"强化民族–王朝统治"，即在"因（文化）同化而合法与因（族群）差异而统治"之间取得谨慎的平衡。巡幸不仅展示了清王朝的恢弘气象（宣扬满人独特的尚武精神），还为公开推崇诸如法祖、无逸、勤政、亲民等美德提供了契机。1681年至1722年间，康熙帝共进行了128次巡幸，平均每年两次以上。其中有24年，他每年有100

---

① CHC 9: 167–68, 175–76.

多天在巡幸中度过，有11年每年超过200天。他的孙子乾隆皇帝（见下文）同样表现出自己能够有效地"在马背上统治帝国"。[1]

总之，1683年之后的康熙朝祥和而富足，尽管在1688年，一群被遣散的绿营兵因为希望讨回薪俸而发起了一场严重的兵变。康熙帝并没有对帝国的财政结构进行大的调整，他放弃了对江南地区拖欠赋税的追讨。打败台湾的郑氏家族之后，他允许沿海的汉族居民返回村镇，因此沿海贸易又开始稳步发展起来。诸如水利工程、赈济灾荒等公共工程运作良好，尽管在帝国各地，仍然存在收入和公共服务方面的严重不平等。

在内务府的监管下，汉族和满族包衣垄断了国家的盐业和人参贸易，以及丝织业和陶瓷业。他们还负责对某些海内外贸易征税。最终，到19世纪中叶，在京畿地区工作的包衣人数扩大到了约2万人，此外还有将近13万八旗官兵。

对后来的皇帝来说非常不幸的是，康熙皇帝在财政方面犯了严重错误：他为了显示治下的富庶，在1712年固定了地税和丁税，使清政府不得不在缺少人口增长、国内移民、农业发展数据的情况下进行税收估算。面对人均税收的缩水，户部和内务府越来越倚重非常规收入（见下文）。并且，也许是无可避免的，八旗驻防的财政状况也开始恶化。[2]

有关康熙帝的精神世界，我们知道些什么呢？史景迁的著作《康熙：重构一位中国皇帝的内心世界》按照游、治、思、寿、子等主题，翻译了康熙帝的相关诗文，一展其对诸多私人和治国问题的想法。吴秀良（Silas Wu）清晰展现了康熙帝的每日工作安排。[3]从这些和其他文献中，我们可以很容易发现，康熙帝雄才大略、精力充沛、宽宏大量、机敏睿智、勤学好问，事实上，他的好奇心似乎无穷无尽。所以，他自然会对耶稣会士在他漫长而伟大的统治期间带来的西方知识充满兴趣。

和晚明的情况一样，清初的耶稣会士在行政、教育、技术和咨政方面发挥了许多重要作用。在康熙帝统治下，耶稣会士在京城的活动变得比以

---

[1] M. G. Chang 2007, esp. 72–74.

[2] Crossley 1990a.

[3] Spence 1988; Silas Wu 1970a, 1979; Spence 1996, 1968.

前更切实而重要：耶稣会士在钦天监和京城其他衙门中供职，为版图越来越大的清朝绘制地图、绘画、雕刻、铸造火炮等器械，担任译员和谈判官，在代数、几何、天文、制图、解剖、药理等方面担任皇帝的老师。① 皇帝甚至向一位耶稣会宫廷乐师学习弹奏钢琴。

在康熙朝的大部分时期，这位皇帝都十分热情地支持耶稣会士，他对他们在科学技术方面的贡献感到满意，同时也非常赞同由利玛窦在明朝时确定的宗教适应政策（利玛窦规矩）。但是，方济各会和多明我会对耶稣会的宗教策略持批评态度，并在17世纪末18世纪初传到了罗马，促使教皇克雷芒十四世在1704年和1715年两度发布谕令，禁止使用出于实用目的的词来翻译"上帝"，并且禁止中国天主教徒祭祀祖先、参加其他"异教"仪式，包括在孔庙中举行的仪式（见第一章和第七章）。作为回应，康熙帝一气之下禁止了天主教的所有传教活动。然而，耶稣会士被允许继续在清廷中任职，但是仅仅充任技术人员和顾问。②

藏传佛教，尤其是格鲁派（黄教），是康熙皇帝感兴趣的另一种"外来"学问。自元代以来，西藏在中原统治者的心目中不仅是一块有着持久兴趣的战略地区，而且是宗教启示的源泉。满人入主中原之后不久，虔诚的顺治皇帝就邀请五世达赖（1617—1682）来京，延续了自皇太极以来优崇藏传佛教的传统。康熙皇帝自认为是忽必烈汗（1260—1294年在位）转世，在西藏事务方面发挥着日益重要的作用。六世达赖（1683—1706）的神秘消失可能和康熙帝有关，这是他拥立支持清朝的七世达赖（1708—1757）的前奏。③ 无论如何，在1717年准噶尔部占据西藏之后，康熙帝派兵驱逐，此后在拉萨留下一支驻军。几年后，清廷设驻藏大臣监管西藏事务，西藏归理藩院管辖。这些事件开启了清朝中央政府对西藏社会和政治的直接管理。

尽管康熙皇帝对藏传佛教深感兴趣，也热情接纳西方科学技术知识，但是他对中国传统文化也怀有深切而恒久的欣慕之情。这体现在诸多方面。

---

① Zurndorfer 1988b, 2004; Jami 2011; CHC 9: 156–60; R. J. Smith 2013, 173–81.

② 关于所谓的礼仪之争，见Mungello, ed. 1995。

③ Mote 2003, 877.

他确实热爱狩猎及其他满族的尚武活动，但是他留下的卷帙浩繁的汉文诗文中充满了儒家道德箴言和经典，引用了大量汉人先贤和其他历史典故，包括他1717年12月23日未曾宣布的遗诏（不同于他驾崩后被严重篡改的遗诏）。作为一位自觉的儒家式君主，他热情地吸纳圣人之教。他也支持以王翚（1632—1717，见第八章）为代表的传统宫廷绘画。此外，他支持编纂大量的中国古代哲学和文学著作，包括《全唐诗》（1704年）和《周易折中》（1715年）。

康熙皇帝弘扬中国传统文化的最伟大之举是编纂《古今图书集成》（1726年）。这部条理分明的大型类书的编纂始于1700年，它包罗了"古代文献精华，各种知识门类"，不仅是清代君臣的道德和行为规范，更是中国传统文化的一次统一而整体的呈现（见导言及第九章）。

1722年12月20日，康熙皇帝驾崩，引发了一场嗣位危机。最终，45岁的四阿哥胤禛继承大统。[1]胤禛即位后改元雍正，于1723年至1735年在位。他相当勤政，有时不可捉摸。雍正皇帝依赖精心设置但不太正式的行政网络进行统治，对统治细节极为关注，以"如海浪般汹涌的潦草笔迹"给臣子大量朱批（满汉文皆有），他"不允许任何集团完全控制某一问题或是操纵信息"。[2]雍正皇帝对流传不息的关于他篡位的流言非常敏感，他对所有潜在的敌手都保持怀疑，包括他的亲兄弟——其中三位被捕下狱，并最终死在牢中。但是，如果说雍正朝以严酷和专制皇权的膨胀为特征，那么同样可以说，强有力的道德形象和对意义重大的行政改革的真正推行也是其特点。

这种道德倾向随处可见。例如，雍正皇帝与臣子的对话总是伴有道德训诫。与此相似，他大大扩充了康熙皇帝的《圣谕十六条》，作为"乡约"制度的一部分，命地方官大声诵读，以教化普通百姓。[3]甚至可以说，皇帝非常重视"开化"南方偏远地带的非汉族群，不仅是希望在行政体制上将这些族群更充分地纳入中国政治体，也是希望从文化上尽可能同化他们。[4]

---

[1] Macauley 1998, 1–17, esp. 14.

[2] B. Reed 2000.

[3] Kuhn 1980.

[4] Elman 1991, 8. Elman 2000, 2013; Man-Cheong 2004.

关于哪种制度最适合好的政府，儒学传统中一直存在争论。实际上，恰恰在这一问题上，清初有过热烈的学术讨论。但是没有人质疑过以下这一观点，即没有好人就没有好政府。雍正皇帝非常明白这一点，上至京官，下至县官，雍正皇帝执着地挑选有才干的官员进入官僚系统。在朝中，雍正皇帝主要倚靠他的弟弟胤祥（1686—1730）和两位精明强干的汉族官员——蒋廷锡（1699—1732）、张廷玉（1672—1755）。在地方，雍正帝最有力的支持者包括著名的满族大臣鄂尔泰（1677—1745）以及汉族官员杨宗仁（1661—1725）、田文镜（1662—1732）、李卫（约1687—1738）。汉族官员陈宏谋更为年轻，他在雍正、乾隆两朝都颇有作为。2001年，罗威廉曾为他写了一本出色的传记。在以上这些以及其他卓有才干的士大夫的辅佐下，雍正皇帝进行了有力的财政改革且大获成功，在某种意义上，这是清代国家治理的转折点。①

雍正皇帝优先考虑的问题之一是改革清朝的税收体系。为了在先皇设定的限度之内提高税收，他迅速关注了普遍存在的腐败问题。雍正皇帝在财政调查中发现，地方政府的大多数开支都没有固定的预算范畴，因此清朝官员不得不寻找非正规收入，来满足他们的行政需要和个人需求。这自然会滋生各式各样的弊政，从大量摊派"陋规"到"挪新掩旧"，即把资金从一个项目挪到另一个项目。曾小萍（Madeline Zelin）指出了后一种做法的主要问题："当地方官把用于购买赈济粮的钱挪用于支付兴修堤坝的劳工的工资时，无异于赌博，他必须赌定饥荒不会在自己任期内发生，并且兴修的堤坝可以在此后几年发挥作用。"②

经过朝堂内外的多次讨论，雍正皇帝决定准允地方官员额外征收比例固定的地丁银，上交布政使，然后再重新分配给管辖范围内的地方官。这笔资金有两个名目，一是"养廉银"，一是"公费"。从公平角度讲（雍正皇帝一直关心的问题），这一重新分配机制的好处在于，省内富裕地区的一些资源可以转移到贫困地区。使税收更为公平的另一项措施是摊丁入亩。

---

① Lawrence Zhang 2010, 2013; Elman 2000, 687; 2013, 241–49.

② CHC 9: 208; Cf. Spence 2012, 72–83. 正如下文所总结的雍正朝的经济政策，更多细节见CHC 9: 209–21。

雍正皇帝鼓励开垦荒地的措施，与前几任清朝皇帝都不同。以往，大多数需要开垦的荒地都在中国内地的经济中心地带。但是在雍正时期，开垦荒地和土地登记往往集中在更为偏远的地区，那里人口密度相对较低，例如甘肃、贵州、云南等偏远省份和两广的山区。按照规定，开荒垦殖者五年之内免交赋税，三年之内不必偿还借贷。为了整顿帝国的财政制度并且实现经济领域的公平竞争，雍正皇帝施行的政策还包括一再减少地主阶层的特权，尤其是在江南地区。

雍正皇帝坚决维护平民百姓（尤其是遭受豪强地主压迫的百姓）的利益，努力消除长期存在的世袭身份，即被污名化的"贱民"群体。他还致力于在中国每一个县都设立济贫院、孤儿院、蒙学堂，将地方粮仓交由中央管辖，以实现更为公平的分配。总体而言，这些政策非常有效，尽管精英阶层继续享有重大特权（见第三章和第四章）。

在对外政策方面，雍正皇帝建树不及乃父。他将藏区东部（康区）划归雅州，以土司体制管辖。他于1727年与俄国签订了《恰克图条约》，设立了两个边境贸易点，允许俄国人在北京建造东正教堂。但是，雍正皇帝对准噶尔的惩治行动耗费了巨大财力（据估计投入了1.3亿盎司①白银），却未能取得任何决定性胜利。事实上，清军在1731年至1732年间几乎已经精疲力尽了。

尽管雍正皇帝统治风格非常严厉，但他对佛教保持了毕生的兴趣。他与僧侣关系密切，常同他们讨论禅学（见第七章）。他在皇宫中举行佛教仪式，汇集全国各地的佛教高僧，组织刻印大量佛教典籍，有时他会为这些典籍手书序文。其中一部作品是佛教经典的选集，名为《御选语录》。雍正帝的虔诚还表现在他为自己起了几个法号，比如"破尘居士"和"圆明居士"。他还为其子弘历取法号"长春居士"，赐予心腹大臣鄂尔泰法号"坦然居士"，张廷玉法号"澄怀居士"。②

雍正皇帝命令画师绘制了一组逼真的《行乐图》，共14幅，这也在一定程度上反映了他的佛教信仰。在这14幅画中，雍正帝化作了各种身份：儒

---

① 1盎司约合28.4克。——译者注
② National Palace Museum 2010.

士、高僧、喇嘛、道教仙人、蒙古贵族、波斯武士、突厥王公，甚至是着欧洲服饰、头戴假发的猎虎人。有些学者主张，雍正帝痴迷于异域服饰与风俗，直白地表露出他希望统治"普天之下"（这也是我自己的观点）；但是也有一些学者认为，这些所谓的化身肖像是一种佛教手段，能帮助雍正帝想象他的转化（可能在未来的轮回中），也隐喻着他对"人类存在本质的疑惑"。①

雍正皇帝的另一点宗教观也值得一说：他痴迷于修炼道教的长生不老术（见第七章）。事实上，有些人相信雍正帝在1735年突然死亡，正是他过量服用道教长生不老药的讽刺结果——这是有关雍正帝暴亡的几项未经证实的猜测之一。

乾隆皇帝（1736年至1796年在位）在25岁时顺利地登上皇位，他谨慎地在父亲的过于严苛和祖父的过于宽仁之间寻求平衡。② 大体来说，乾隆皇帝成功了，尽管他因为希望被视作仁慈的儒家君主，在推行雍正皇帝的改革时有些犹豫不定。

根据伍思德（Alexander Woodside）的说法，乾隆帝"很可能是中国历史上最强有力的君主"。③ 然而，他绝不是全能的。他面临的一个主要问题就是政务繁冗。白彬菊估计，在乾隆帝的漫长统治期间，各省奏报的数量可能增加了两倍，十倍于康熙末年。④ 此外，乾隆皇帝常常沮丧地发现，官员们可能会抵制他的政策。可能最戏剧性的案例就是发生于1768年的"叫魂"案，这一事件首先出现于江苏、浙江，继而波及其他省份。我们无须深究细节，这个案件最突出的一点是，当乾隆帝试图通过他的任免权威吓地方官员，从而直接干涉这一事件时，官员们用拖延战术消极抵制。同时在京城，廷臣们也劝说乾隆帝，他的不必要的干涉不仅会损害皇帝的威信，而且会破坏地方司法和其他行政程序。最终，这位大权在握的皇帝不得不放弃了他的想法。⑤

---

① H. C. Ho 2010; Huang Wu 1995.
② Crossley 1999, 223–336为乾隆皇帝的统治提供了清晰的概括。另见CHC 9: 230–309。Elliott 2009是优秀的乾隆帝简短传记。
③ CHC 9: 230.
④ Bartlett 1991, 264.
⑤ P. Kuhn 1990.

在财政方面，乾隆皇帝放弃了其父的土地开垦政策，以及将"常平仓"制度收归中央管理的努力。他还赋予士绅阶层权力，恢复了雍正皇帝所否定的多种税收优惠和免税政策。在这样的政策下，严重的经济差距再次出现。贫富之间的鲜明界线并不同于族属之间的界线，但这种差异即使在清朝全盛期也显而易见。乾隆帝积极保护包括盐商在内的特权阶层的利益，对此要负主要责任。

因此我们看到，一方面存在数量空前的巨富，包括能够为乾隆帝南巡孝敬数万两白银的富商（乾隆帝和乃祖一样，迷恋仪式性的巡回展示）。另一方面，有大量的穷人寻求救济，但是常常求而不得。1740年，乾隆皇帝听闻山东有饥民为了寻找活路，一路流浪到福建时，表示了震惊。1761年，为制止南方某些城市中的贫困旗人典当武器、铠甲、旗帜和其他军备——也许是当给受皇帝保护的一些商人，乾隆皇帝颁布了特别法令。[1]

雍正帝喜欢实干的技术官员，乾隆帝则不同，偏爱精细的美学家。他比清代其他皇帝更倾向于认为，皇帝是世界性的。从审美上来说，他的品味是全域式的，涵盖从内亚到中原，从满族文学、西藏建筑到汉人的诗文。乾隆皇帝欣赏中国传统的艺术和工艺，也赞美西方绘画技巧，尤其是才华横溢的耶稣会宫廷画师和建筑师郎世宁（Guiseppe Castiglione，1688—1766）的作品。郎世宁曾侍奉过康熙、雍正二帝，但乾隆皇帝是最赏识他的。在这种博采众长、兼收并蓄的环境中，郎世宁探索出一种新的宫廷艺术风格，融合了西方现实主义（包括线性透视）和中国传统的画法与构图。郎世宁的大多数绘画作品主题都是中国传统的人物、花草、山水、鸟兽（尤其是马，包括贡马）等，但是他也祝颂了满族文化，记录了战争、满人武士（包括皇帝）和狩猎场景。[2]

乾隆皇帝的伟大成就在于他恢弘的帝国事业，郎世宁和宫廷中的其他耶稣会画师、中国画师（以及大量的文献）对此都做了充分的描绘：乾隆帝不仅要做中原的皇帝，还要成为多元文化的泛亚洲统治者。他的父祖已经在朝这个方向努力，例如，他们认为自己既是内亚的大汗，也是中原的

---

[1] CHC 9: 239–42. Y. C. Dai 2005.

[2] Kristina Kleutgen forthcoming; Rawski and Rawson, eds., 2005.

皇帝。但是乾隆帝极大拓展了清朝的疆域，而且以对其政治、社会、经济和文化多样性的清晰认知与肯定来进行管理。创造帝国的军事行动，加上之前清朝疆域的拓展，被统称为"十全武功"。其中最重要的是平定准噶尔（1755—1757）以及在1758年至1759年间对中亚广阔地带的平定。这块区域后来被称为"新疆"（1768年）。其他"武功"包括镇压国内起义（四川和台湾）、出兵攻打中国以南的缅甸人、安南人和尼泊尔廓尔喀人。[1]

这些扩张行动（尤其在北部）"超越了种族与虚假的阶层"，将帝国的两个重要概念集合到一起：

> 第一个概念是多中心、多权力的封建原则。帝国的多种族、多语言要素通过权力等级网络被聚合起来，而皇帝努力将这种权力掌握在个人手中。大清皇帝接受并且鼓励忠诚的"土皇帝"的存在，但是通过在三个不同的都城中精心设置的程序和仪式"分割"和"区分"他们。另一个是中心化的文书行政原则。它受到科举传统的政治和文学吸引力的影响，甚至是压制。科举文化只承认根本的都城——北京。[2]

换一种方式表达，在行政上，"封建"原则通行于大清帝国，各种各样的文武制度、婚姻及其他结盟、土司制度、贸易纽带、朝贡关系等组合维系着帝国。但是在文化上，科举原则是首要的，尤其是在汉地。在1779年的一份上谕中，乾隆帝公开承认了这一点。他指出，八旗满洲、八旗蒙古的翻译人员，自小在北京长大，他们的母语已经被"时文"腐蚀了。

满人的两座功能型都城，在某种意义上象征着他们辽阔而又多少有些分裂的帝国。长城以南的北京，尤其是其中的紫禁城，反映了科举文化的特征：官方、正规、严格、文雅。偌大的京城和其中的皇宫都严格地建立在一条南北中轴线上，城中绝大多数都是汉族风格建筑，从经典中摘取的题字、碑文也以汉文为主（但紫禁城内的则为满汉双文）。相比之下，长

---

[1] 关于清代扩张战争及其影响的细节记录，参见：Di Cosmo 1998, 2003, 2006, 2010; Elliott 2009, 86–106; Lary, ed. 2007; Millward 1998; Perdue 2005; Waley-Cohen 2006。

[2] CHC 9: 242–43. 此处的"压制"可能语气过于强烈，因为清代高级官员中很大比例都是旗人，他们无须参加科举。

城以北的承德（热河）避暑山庄则是不规则、非对称的，是一座多元文化错落分布的都城。它始建于康熙朝，完成于乾隆朝。尽管充满宗教象征符号，也不乏中国经典的碑铭题字，但它彰显的是满人的尚武文化。邓如萍（Ruth Dunnell）和米华健（James Millward）认为："承德是中国北部边疆的战略要地，是清帝国实际上与象征性的中枢，满人皇帝通过承德协调与汉人、扩张中的俄罗斯帝国、内亚（即东北、蒙古及蒙古人占据之地、西藏、新疆）的关系。"[1] 他们共同主编的文集中的论文指出，满人建造承德，既是显示也是赞颂他们在中亚和内亚的扩张。因此，承德的园林、宫殿、亭阁复制并汇集了"中原、西藏和中亚的主要文化标志"。

不论清朝统治者可以多么自如地统治其等级化的多文化帝国，他们都清醒地认识到自己的身份，尤其是面对吕留良这样的明代遗民时。吕留良尖锐地斥责满人出身"夷狄"，与禽兽无异，根本不适合统治中国。[2] 何谓"夷狄"？这自然是所有清代皇帝都极为在意的敏感政治问题。但是在如何看待自身的"族属"传统和对中国的"文化"统治的关系方面，他们并不总是意见一致。比如，雍正皇帝认为，中国的文化环境能帮助满人"修文"，从而增强他们的"圣德"，舜为东夷，周文王为西夷，莫不如此。然而乾隆皇帝主张，满汉地位平等，满人后代无须为他者文明所化。[3] 他们虽然接受外族文化，却绝不表明满族文化的低劣，只是务实的选择。但是不管清朝皇帝如何看待他们与汉人文化的特定关系，他们（包括乾隆皇帝在内）都对汉人说其出身"夷狄"高度敏感，这一论调可能会危害清朝统治的合法性。

这种敏感在围绕《四库全书》（1782年）编纂工程的政治活动中体现得非常明显。这一工程始于1772年，用了20年才得以完成（见第九章）。作为代表中国丰厚的文献遗产之精华的皇室征集工程，《四库全书》说明了清代统治者对待这份遗产的矛盾心态。一方面，乾隆皇帝显然试图将其作为满人弘扬传统中国文化的不朽丰碑。另一方面，《四库全书》工程成了清理

---

① Millward et al., eds. 2004, 2.
② CHC 9: 191–93; Spence 2001.
③ Crossley 2012, 9.

非议满人乃至所有"夷狄"之书的工具。在从18世纪70年代初至80年代初的所谓"文字狱"期间，有超过2000部书被销毁，还有更多书被禁止或篡改。还有许多汉人学者因其"悖逆"之言而受到惩处。[①]

乾隆朝同时进行着另一项文化工程，旨在赞颂满人的遗产，他们推崇祖先的语言，编纂反映满族历史的文献，写诗歌颂满人故地（尤其是《盛京赋》），规范满族宗教仪式，彰显满人的尚武文化。乾隆皇帝担心旗人受到汉人城市文化的诱惑和腐化（同样见第四章），他们的满文水平随着军事技艺一起退化，于是试图向满人重新灌输族群自豪感。措施之一就是为学者提供更多、更好的满文学习工具，包括编纂字典、满文版的清代早期历史。他还支持编纂《满洲源流考》（1783年），这部书试图为满族构建历史叙述大框架，从而与金朝（1115—1234）建立切实的联系，为清朝统治提供历史依据。该书并没有删除宋代对金人"蛮夷"行为的指陈，但是没有保留明代文献中对满人的类似描述。[②]

乾隆皇帝为了将满族文化注入历史记忆及时代意识，还下令编纂了六卷本的《满洲祭神祭天典礼》（1747年和1783年）。乾隆皇帝在序言中强调，他的本意是保存和纠正本章前面所述的那类满人原本的宗教习俗。值得注意的是，乾隆皇帝担心汉文的传播歪曲了萨满祝辞，改变了其原义。更糟糕的是，在某些萨满仪式中，汉文完全取代了满文。[③]

将藏传佛教的伟大经典《甘珠尔》翻译成满文，是乾隆皇帝所实施的最重要的文化工程之一。此前，这部经典已被翻译成汉文。皇帝在序言中写道：

> 梵经……以汉译国语，俾中外胥习国语，即不解佛之第一义谛，而皆知尊亲上，去恶从善。不亦可乎？是则朕以国语译大藏之本意，在此不在彼也。[④]

① Guy 1987; Elliott 2009 117–24.
② Crossley 1987; Elliott 2001a, 46–47; Elliott 2009, 55ff.
③ Elliott 2009, 58–60. 关于满族萨满歌曲的例子，见 Mair & Bender 2011, 184–89.
④ Elliott 2009, 58.（引文出自《御制清文翻译大藏经序》。——译者注）

　　这段话表明，让满人学习佛经仅仅是皇帝在意的次要问题。但是我们可以合理地推定，这项始于1771年、耗费将近20年时间才完成的翻译工程，至少在一定程度上是出于虔诚之心的驱动。

　　乾隆皇帝信奉藏传佛教并不仅仅是权宜之计。诚然，这有助于西藏和蒙古的喇嘛教臣民将他视作藏地的神，正如有助于汉人臣民更驯服地将他视为佛教之神。但是正如白瑞霞（Patricia Berger）和艾宏展基于不同但能互相补充的论据所指出的，乾隆皇帝完全和乃父一样虔诚（也许更甚），他以狂热展示着他的虔诚。如果读过关于清廷为班禅到承德避暑山庄觐见（1779年）所做安排的记载，就会深谙这一点。班禅的队伍包括5000名僧侣，由100名士兵护送，以及近千名仆从和僚属跟随。乾隆皇帝在后勤上不计成本。在从西藏到承德的行程中的每一处驿站，清廷为其提供了2000匹新马，100头骆驼，40顶蒙古毛毡帐篷，100顶棉帐篷，座椅、坐垫及其他家具无数。此外，每日还支付巨额资金用于旅途开支。[1]

　　当班禅抵达承德时，他发现皇帝已经在承德仿照达赖的布达拉宫和自己的扎什伦布寺为其修建了行宫。乾隆皇帝的虔诚（既有信仰，也是孝顺）还表现在他为母后七十大寿铸造了9000多尊佛像作为贺礼。[2]

　　然而一位权威学者说道，"和长城之外一样，扬州、苏州、杭州同样塑造着"乾隆皇帝。[3]事实上，乾隆皇帝是如此钟爱长江流域的园林，他带着画师一同南巡，只为画下这些园林的样子，以便回到北京后仿建。虽然乾隆皇帝及其臣僚夸大了他的个人成就和品味，但是作为艺术的赞助者，整个清代确实无出其右者。

　　例如，乾隆皇帝声称自己创作了42000余首诗，其中7000余首是在他生命的最后四年中创作的。据说，他还写作了约1000篇各类文章，留下了大量的绘画和书法作品。此外，

　　　　（他）有广泛收藏艺术品的兴趣，不仅包括书籍和书法，还包括商、

---

① Everskog 2006, 1–4; Patricia Berger 2003, 33 ff. Millward et al., eds. 2004, 188–98.
② Farquhar 1978, 33; E. T. Williams 1913, 12.
③ Alexander Woodside in CHC 9: 237.

周、汉代的青铜器，宋、元、明的瓷器，甚至各朝各代的砚。乾隆皇帝收藏的古画上遍布着他显眼的宝印和题字，他的责任是"占据艺术品的顶端，即使这个过程会毁了这件艺术品"。[1]

乾隆皇帝尽力搜集艺术杰作、建造华丽的避暑山庄、支持庞大的文化工程、史无前例地扩大清朝疆域，这种种开支最终引发了严重的财政问题。更糟的是，晚年的乾隆皇帝越来越大意，授予前御前侍卫和珅（卒于1799年）巨大的权力。和珅进而开始了庞大的、有组织的贪腐行为。尽管和珅贪腐的完全程度仍待研究，但是历史学家李剑农估计，他庞大的个人财产相当于"当时清朝七千万两白银岁入的十倍"。[2]

这时清朝明显在走下坡路。八旗和绿营的状况都已恶化，几乎无药可救。似乎是为了强调清朝面临的安全问题，1796年爆发了一场大规模起义，持续将近10年，被称为白莲教起义（1796—1804）。这场起义主要由绿营镇压，并得到了地方团练和勇营的援助。[3]

出于孝心，乾隆皇帝不愿超过他卓越的祖父的在位时间，于1795年正式退位。但是他的十五子嘉庆皇帝（1796—1820年在位）直到乾隆帝1799年驾崩后才亲掌权力。嘉庆皇帝是一位聪慧、受过良好教育、精力充沛的君主，39岁的他一掌握实权，就立刻发起一系列改革，以纠正由其父在晚年的失察和对和珅的明显偏袒所造成的行政问题。嘉庆皇帝采取的关键性的第一步就是命和珅自裁。接着，他废除了和珅用来从皇室奴仆手里敛财（有时超过10万两白银）的密记处。继之而来的是对朝中大员的"猛烈清扫"，以及在帝国信息传递体制尤其是边地管理方面的种种重要改革。[4]

但是，其他减少支出、抑制贪腐的措施则并不成功。19世纪初，人口压力、通货膨胀、治水开支，以及其他一系列财政问题，促使嘉庆皇帝要他的官员更紧密地对成本超支负责，并克扣他们的养廉银，从而维持行政开支。这只会导致官僚寻找其他途径来保持收支平衡。曾小萍总结了几项

① CHC 9: 232, Cf. Kahn 1971, 136. Elliott 2009, 107–17.

② Bartlett 1991, 371.

③ R. J. Smith 1974, 145ff. Cf. Bonk 2014.

④ Daniel McMahon 2015.

不幸的后果：

> 大量合法收入来源被剥夺，地方官员开始求助于不合法的加派，强制性的捐献、陋规，银钱比价上的投机以及其他的办法来筹措经费……甚至嘉庆皇帝也被迫承认，地方官员除了依靠陋规别无选择。嘉庆皇帝没有同意任意剥削百姓，而是做出了不同寻常的决定：陋规应合法化，制定征收章程。[1]

从此时起，再也不可能有更为合理的财政管理了。经费的非正规网络成为清朝官僚体系的特征，甚至正直的官员也接受陋规。贪腐仍然是长期存在的问题，中央政府日益依靠卖官鬻爵（甚至实缺）来应付开支。[2]

尽管清朝明显处于恶性循环中，但它并不像某些学者所宣称的那样，失去了有效行动的能力。林珍珠（Jane Kate Leonard）等人的研究表明，道光皇帝（1821—1850年在位）和乃父嘉庆皇帝一样，有能力采取创新而有效的举措——至少在那些关涉"国家安全"的职责范围。例如，在1824年年末，洪水冲毁了江苏北段大运河，造成漕运瘫痪，道光皇帝"严格监督漕运事务"，采用灵活方式应对危机，他"根据江苏北部不断变化的实际情况调整措施，没有盲目遵循祖先的规矩和传统"。[3]

中国对外关系的焦点在道光朝也发生了转移。马世嘉（Matthew Mosca）写道："从整个欧亚的角度来看，在1790年至19世纪30年代之间，清朝官方战略考量最显著的特征是没有随英国势力在亚洲的崛起而调整。"但是此后不久，汉人士大夫（相对于清朝官僚）网络开始相对一致地认识到英帝国主义从海上和陆上带来的威胁，他们多多少少也谋划着调整应对策略。用马世嘉的话来说，这些汉人士大夫的作品"开始撬动清朝边疆政策的三大核心问题"：不加鉴别地收集当地数据，地理考察与战略制定不能

---

[1] Zelin 1984, 301. Dodgen 1991, 52–53.（译文参考曾小萍著，董建中译，《州县官的银两》，北京：中国人民大学出版社，2005年。——译者注）

[2] L. L. Zhang 2010; Kaske 2012.

[3] Leonard and Watt, eds. 1984, 67. Antony and Leonard, eds. 2002, 1–26. Daniel McMahon 2015.

紧密关联，关注个案和"局部"而没有更广阔的视野。[①]

同时，清王朝对内亚（包括东北）的控制也开始崩塌，这片区域越来越受到汉地文化的影响。这一过程并不是有意规划的。相反，傅礼初（Joseph Fletcher）这样解释：

> 清王朝需要充分利用汉地人才，鼓励汉人移民充实内亚边疆，尤其是在帝国的非汉边疆地区。直到19世纪，清廷才模糊地、迟滞地看到这一点。而这时，要在东北和新疆保存完整的清廷领土为时已晚。整个18世纪，清政府都在阻止汉人的扩张，但无济于事。[②]

尽管在理论上，清廷希望内亚藩部能够自食其力，但实际上很难做到。

到了咸丰时期（1851—1861），清朝已经日薄西山，走向穷途末路。接下来数十年里的西方帝国主义入侵、国内起义、数次皇位继承危机，共同给清帝国带来了前所未有的政治、行政问题。尽管我们在第十一章中会看到，同治时期（1862—1874），清朝在精明但守旧的慈禧太后（1835—1908）摄政下出现了中兴气象。同治皇帝在19岁驾崩后，慈禧太后让她年仅4岁的外甥登上皇位，是为光绪皇帝（1875—1908年在位）。尽管在他盛气凌人的姨母的全权控制之下，光绪皇帝常常显得十分弱小，但是他似乎能够勇敢、独立行事，至少在他统治的最后几年是如此。然而此时，清王朝已然大势已去。1908年，光绪皇帝神秘地驾崩，没有留下子嗣。慈禧太后的甥孙、年幼的溥仪被立为宣统皇帝（1909—1912年在位），由保守的醇亲王摄政。3年后，清朝灭亡。

---

① Mosca 2013, 232–33. cf. Isett 2007.
② CHC 10: 36.

第三章

清代的政治秩序

清帝国疆域辽阔，构成复杂。在全盛时期，其领土南至海南岛及南海诸岛，北达库页岛（在日本以北，靠近黑龙江入海口），东接太平洋，西抵咸海，面积超过1200万平方公里。然而，这片广袤的土地几乎有一半都是山地，只有10%是可以定期耕种的。将近90%的人口居住在约12%的土地上。有清一代，这片广袤土地的多样性一直是行政者面临的一个巨大挑战。用盖博坚的话来说：

> 大清帝国的版图从漠北荒漠延伸至亚热带地区，版图之内，土地或肥或瘠，人口或疏或密，有些地区必须以重兵把守，有些地区却对鞭长莫及的朝廷忠心耿耿。大清帝国的领土绝不是均质的。当然，帝国的官员也是一样，他们本来就来自不同的地域，能力各异，政见不一。中央政府的任务是将区域差异整合为单一的行政结构，是从多样化中制造同质性——至少是同质化的表象。[1]

盖博坚继续解释说，清朝的每一位皇帝都以各自的方式，为了各自的目的，通过委任不同类型的人以不同职务，成功完成了这项伟大的事业。

在帝制时代的大部分时候，中国人口总量在5000万到1亿之间浮动。清初，这个数字可能略高于1.2亿。但是，从康熙末年至乾隆朝结束，国泰民安，人口数量飙升，到1850年估计已达3.8亿，甚至可能更多。对此，马若孟（Romon Myers）和王业键简要解释了其中一种可能：

> 对奉天道义屯历史时期人口的初步调查表明，当旗人家庭经济困难

---

[1] Guy 2010, 352.

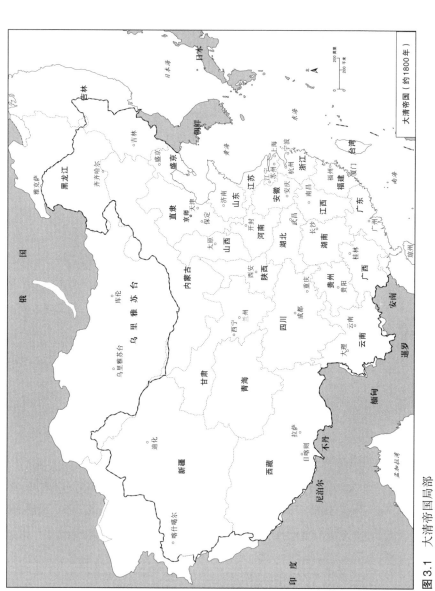

图 3.1　大清帝国局部

来源：XNR Productions

时，他们会杀害女婴。而当家庭情况转好时——如18世纪的情况——他们便停止了这种做法，这就意味着有更多的女性活到成年，相比17世纪那样的困难时期，就会有更多的早婚现象。道义屯从1774年至1804年，年均人口增长率达到了1.1%。同时，旗人的预期寿命也有所延长。康熙皇帝在1687年为皇族设立了儿科诊所……到了1750年，绝大多数满人家庭的儿童都接种了疫苗。以至于有的学者认为，"京城有超过一半的在册人口能够通过国家医疗定期接种疫苗"。[1]

毋庸置疑，这种新情况对广大人民来说都是好事，而不单单是旗人受益。但18世纪中国人口的指数级增长，造成了日益尖锐的人地矛盾、严重的经济与治理危机，以及巨大的社会压力。这种状况给中国历史的发展带来了深远而持久的影响。

在清代的大多数时期，皇帝并没有企图将中亚地区的藩部与中国内地结合为一个整体。事实上，清政府还有意封禁东北，使之成为满人专属的保留地，并谨慎地对蒙古、新疆、西藏等地分而治之，允许其有相当大的文化与行政空间。虽然这三块区域都由清朝官员监督，并受到理藩院的管理，但清政府给予了非汉族精英相当大的政治权力，并允许这些区域的地方管理机构保持不变。比如在蒙古和西藏，清廷支持两地均有的佛教等级制度，向世袭统治精英赐予尊贵头衔，并鼓励其保留原来的部落组织与风俗。新疆一直是中亚最具民族多样性的地区，虽然伊犁将军和其他文武官员将当地治理得像一个大兵营，但新疆同样存在享有极大的文化与行政自治权的地方土官。[2]

在中国内地，地理因素造成了与边疆不同但仍旧复杂的一系列问题。中国内地最基本的区域划分，是以江苏中部为界分成南、北两部分。此外，根据多多少少有些武断的省界或自然地形，还可以有其他几种区域划分。有一种历史悠久的划分方式就是按照后一种标准，将中国内地分为西北地

---

[1] CHC 9: 571. Lee and Wang 2001.
[2] 关于清朝在华南和台湾岛及中亚地区统治政策的不同点的归纳，见 Di Cosmo 1998。关于这些政策的细节，参见：Lary, ed. 2007, Millward 1998, Millward et al. eds. 2006, Mosca 2013, Perdue 2005, Power and Standen, eds. 1999, Souza 1986, Waley-Cohen 2006。

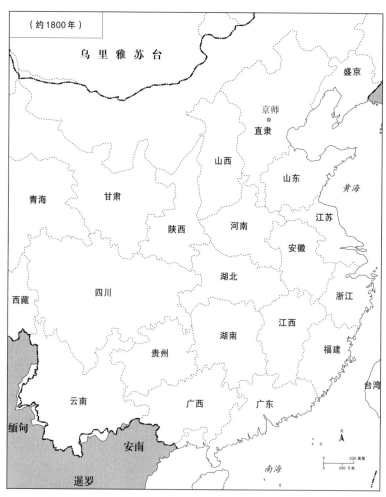

图3.2 中国局部示意图（1800年）
来源：XNR Productions

区、华北地区、华南地区、东南地区和西南地区。总体而言，这样的划分也比较符合由河道系统而定的主要经济区。

分析帝制时代晚期中国的地区差异有很多模型，[1]其中最有影响力的是施坚雅提出的九个"大经济区"的概念。这一概念跨越省界，很像我刚刚提到的中国传统区域划分。在施坚雅的框架里，"东北"大致相当于今东北三省，"华北"包括河北与山东，"西北"覆盖了黄河"几"字弯以南地区并向西延伸，"长江下游"包括苏南、皖东和浙北地区，"长江中游"包括江西大部以及几乎整个湖南、湖北和河南，"东南沿海"从浙南延伸到粤北地区，"岭南"包括广东剩下的大部以及广西，"云贵"由云南和贵州两省组成，"长江上游"主要是四川。[2]

在这九大经济区内，通常是在边疆省份和边远（相对于核心）地带，存在着几十个民族，其中绝大多数与占全国人口95%的汉人迥异。在这些民族中，人口数量最多的几个（因此也是政治上最重要的）是壮族（广西和云南）、回族（甘肃和陕西）、维吾尔族（新疆）、彝族（四川和云南）和苗族（贵州、云南和湖南）。其中一些民族由理藩院管理，另一些则由当地土司管理，尤其是西南地区一些较小的部落。[3]

有时，这些部落首领有独立的管辖权，并接受冠以"土"字的官衔。但是正如对内亚族群的政策一样，清政府更关心的是控制和稳定，而不是文化融合。因此，这些生活在中国内地、受本部落首领管理的少数民族，在语言、信仰、风俗和行政等方面享有相当大的自主权，内亚亦然。不过，非汉族群有时也确实会遭受当地汉人和国家的歧视；若出现这种情况，社会冲突或是直接叛乱有时就会爆发了。这时，清政府就更愿意通过教育和其他方式来推行"汉化"，从而实现社会稳定。[4]

---

[1] Di Cosmo and Wyatt, eds. 2003; Du and Kyong-McClain, eds. 2013; Leeming 1993; Tan Qixiang 1993.

[2] Skinner 1971, 1993; Crissman 2010; Henderson, Skinner, and Crissman 1999.

[3] Herman 1997.

[4] Rowe 2001, esp. 406 ff.; CHC 11: 211–43.

帝国统治与北京各部

　　清朝政府在其大体轮廓和许多具体的方面都以明朝为模板。皇帝位于政治结构的顶端，被称为"天子"，是中国至高无上的统治者。他是沟通天地之人，主宰人世间的一切事务，他不是神，但也不是凡人。费正清用了很多精当的词汇来形容他：皇帝是"征服者和大家长，是大祭司，是道德典范，是立法者和司法者，是三军统帅，还是文学艺术的赞助者，并且一直是帝国的统治者"。[①] 有效承担这些职责，就需要兼具英雄般的天分和能力的统治者。而正如我们看到的，清朝最显著的特点就是在17至18世纪出现了数位这样的君主。

　　清朝皇帝不单单是中国的统治者，他们还自诩为"普天之下"的统治者。这种自我认识在一定程度上可以追溯到中国长期以来的上国观念：圣王拥有无上的道德权威，统治着"率土之滨"。但是到了清代，这一上国观念又因为两种更为尚武的（非汉人的）统治概念而变得更强大了，这两种概念都深刻地塑造了满人皇帝的身份和行为。其中一种是内亚的"汗王"（khanship）概念，它因为"频繁"参与战争而长期持续，以奴隶所有权为象征，依靠部落或宗族领袖获得团体支持。另一种是佛教中的"转轮王"概念，这位宗教领袖通过世俗行为（包括武力扩张）"转动时间之轮，将宇宙带向救赎时代"。这两种概念互相增进，为清朝的统治注入了鲜明的内亚色彩。[②]

　　清朝皇帝，特别是康熙、雍正、乾隆三帝，每天都要从早到晚工作很长时间。京城与地方高级官员的奏折纷至沓来，有时一天多达上百封，皇帝需要立即阅读并批复。皇帝每天清晨都要举行朝会，制定内外政策。17世纪70年代吴三桂叛乱期间，据说康熙皇帝每天需要处理500件政务，直到午夜才能就寝。无论是公开还是私下里，清朝皇帝经常提到他们繁重的政务，以及牵涉"生杀予夺"的巨大责任。[③]

　　皇帝的大量时间都用于仪式活动，从世俗的生命仪式到庄严的祭祀天

---

① Feuerwerker, ed. 1967, 15.
② Crossley 1992; Rawski 1998, 247–48.
③ Spence 1988, 29–59.

地。皇帝在仪式活动中的角色对处理国家事务极其重要，因为正是仪式责任赋予了皇帝合法地位，增强皇室和官员对他的信心，激发普通百姓的敬畏之情。皇帝本人要进行难以计数的监察、会见、宴请；授予官职，封赐神明；与外邦订立协约；接待进贡使节；管理西藏的达赖喇嘛及海内其他宗教领袖；祭祀天地和大量次级的神明；祈求禳灾；祭祀先祖及其他皇室祖先；主持文、武殿试；他还是皇室象征意义上的族长。种种礼仪活动要求皇帝勤勉而坚定地遵循由来已久、严格规定的仪式要求。[1]

皇帝制度的一切，都是为了营造皇帝权力之令人敬畏、距离之难以企及的感觉。清代皇帝深居于高墙深壕、戒备森严的紫禁城中，其日常事务非平民百姓所能见闻。北京内城、外城中的建筑在规模和华丽程度上都不得超过紫禁城，正如整个帝国之内的任何人在服饰和其他个人用度上都不得超过皇帝。至少在中国人的心目中，紫禁城本身就象征着皇帝宇宙中心、世界之巅独一无二的地位。[2] 我们在第二章中看到，承德又是另一回事。

清代皇帝用朱笔，百官用墨笔。在朝会中，皇帝南面而坐，朝臣北面而立。只有皇帝能够自称"朕"。遇到皇帝的名字，必须避讳；任何文书中提及皇帝或者谕旨，必须另起一列，抬格书写。接到谕旨，臣下须燃香跪迎。为了祭祀已故的皇帝，专门修建了太庙。所有臣下见到皇帝都要行传统的三跪九叩礼，但是按照规定，很少有人能够目睹皇帝的真容。当时对皇帝离开皇城（也就是在北京的内外城）和巡幸地方各省的记录表明，皇帝精心营造神圣光辉、超然孤绝之感。事实上，"圣"这个字通常不加选择地与皇帝的几乎一切连在一起——从容颜、行为到愿望和个性。

然而在地方省份，皇帝严厉、可怖的凶象掩盖了其神圣而尊贵的和善形象。尽管俗语"天高皇帝远"通常指皇帝不会干涉中国人大部分的日常生活，但是皇帝及其臣僚潜在的残酷和毁灭之举，始终是地方故事的恒久主题。"血河"这个骇人的故事，讲述了皇帝对嚣张的宗族的报复；还有些故事讲述的是仁慈的地方官员就国策替百姓说情，而被皇帝惩罚。这些传说加深了皇帝喜好报复的形象——他随时准备处决任何胆敢挑战他权威的

---

① Rawski 1998, esp. 197–294; R. J. Smith 2013, 89–110, esp. 91–96; Zito 1997.
② Meyer 1978, 1991; Barme 2008.

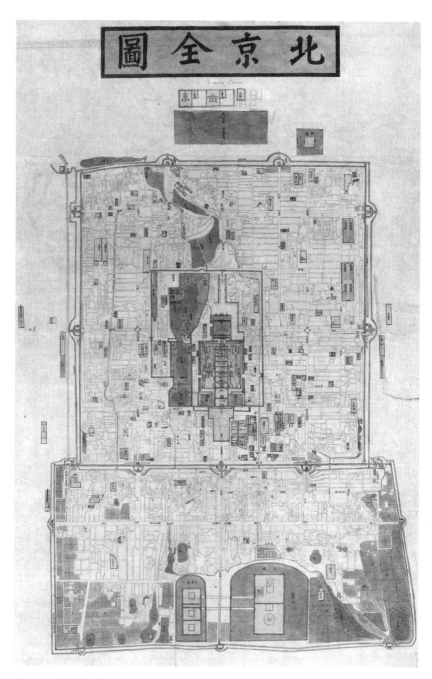

图 3.3　北京全图

　　这幅地图的制作时间为 1880 年至 1887 年间。由该图可知，方形的内城（满城）在矩形的外城（汉城）北面。内城里面是皇城，皇城环绕着紫禁城。紫禁城中主要的宫殿、衙署、寺庙以及皇宫以外的重要地标，都有汉字标注。例如，紫禁城以东以南是六部、宗人府、翰林院、理藩院、太医院、鸿胪寺和钦天监。地图的最南端是天坛和先农坛。内城北面的大片矩形区域是专门的八旗校场。

来源：美国国会图书馆地图部

群体或个人（包括仁慈的官员）。①

在理论上，皇权是绝对的——只要皇帝以德治天下。天命观（见第一章和第六章）要求皇帝对臣民负责，它赋予了百姓反抗暴君的权利，鼓励官员"直谏"。我们可以通过皇帝在紧急时刻祈求上天的语气，来衡量他对百姓的责任感。下面是道光皇帝在一场严重的旱灾中祈雨的一段祝文：

> 仰见天心仁爱。总缘臣罪日深……不能上感天心而叩鸿贶……省躬思过……抑臣……日久怠于庶政？……任官不得其当？……刑罚不得其平？……民隐不能上达与？西陲连次用兵，未免杀戮之惨而务边功与？……剿抚不当，以致民遭涂炭与？……伏祈皇天赦臣愚蒙，许臣自新，无辜万姓。因臣一人是累，臣罪更难逭矣。②

除了一般意义上的责任感，在实践中，皇帝权力还会受到政务负担、个人能力以及传统、先例、派系纷争和纯粹的官僚惰性（注意第二章中提到的"叫魂"事件）的制约。即使是最雄才大略的皇帝，在理政时也需要他人的帮助。在各省事务上如此，在京城更是如此。如果没有能干、高效的肱股之臣，那么统治者最周密的计划也有可能轻易流产。白彬菊仔细研究了皇帝的决策问题，结论是，尽管18世纪的中国君主"拥有我们通常认为属于皇帝的所有权力"，但是他们往往会咨询高级臣僚，而"不会单独做出决策"。大臣当然依靠皇帝的任命，但是"臣僚的配合对皇帝的大多数计划而言是必不可少的"。③

家族义务对清朝统治通常有深刻的影响。几乎没有哪位皇帝会草率地变更祖制，孝道是皇权政治的强大要素。皇帝对母亲的孝顺，可能会简单地以铺张、奢华的形式展示出来，比如乾隆皇帝曾带着他的母亲南巡，为她建造华美的行宫。④但是，孝道也可能导致皇太后过多干涉国事。

这一现象在清代最著名的例子就是咸丰皇帝的懿妃的崛起，她属于叶

---

① James Watson in Baker and Feuchtwang, eds. 1991.

② Chinese Repository, October 1832, 236–38.

③ Bartlett 1991, 270.

④ Guilin Liu in Er et al. 1986, 60 ff.; M. G. Chang 2007, esp. 98–103.

赫那拉氏，是同治皇帝的生母。咸丰皇帝于1861年驾崩后，懿妃变成慈禧皇太后，在已故皇帝的弟弟恭亲王奕䜣的支持下发动政变，攫取了清朝的统治权，开始垂帘听政。同治皇帝驾崩后，她操纵皇位继承，扶立自己年幼的外甥，将其收养为子，让他继承皇位。通过强迫光绪皇帝保持孝敬，慈禧巩固了自己的地位。即使在光绪皇帝成年之后，慈禧仍然利用孝道与她的养子争权夺势，活跃在朝政中。[1]

尽管清代皇帝（以及皇后、皇太后）完全接受中国皇帝制度背后的礼仪象征意义和传统价值观念，但是他们从未放弃自己的满人身份。事实上，白彬菊、柯娇燕、欧立德、罗友枝等学者的研究已经清楚地表明，清朝统治者非常希望保存他们的文化独特性，他们禁止满族妇女缠足，禁止汉人男性与满人女性通婚，尽可能地将旗人家庭从普通百姓中隔离开来，他们还在长城外保留了两座都城（盛京和承德）。他们还修改明代官服，以反映满人风尚。除此之外，清代统治者还将满语作为专门的宫廷语言，推崇某些由来已久的宗教仪式（尤其是与堂子萨满教有关的仪式），在皇室子弟中推行满文教育，在授官、法律、科举和其他许多领域给予满人优待（见第四章）。[2] 这些保持文化特性的努力，在很大程度上恰恰是由于害怕一个"对所有臣民一视同仁的完全合理化、文明化的（中华）帝国"会抹去满人身份的所有标记。[3] 这一主题反复地出现在清初皇帝的文字中。

此类种族隔离政策的有效性和严厉程度随时间而有所变化，但是它们时时刻刻提醒着满人他们作为外来者的危险境地。这种意识——尤其是处于压力之下时（例如在太平天国起义时期，即1851—1864年）——至少促使包括慈禧皇太后在内的一些统治者与中国社会中最为保守的势力结盟。原因在于，清朝统治者起初为了证明其统治的合法性，宣称自己是明代传统的捍卫者，故而也是中国文化遗产的保护者。满人的身份以及他们的文化保守主义，在清王朝的最后几十年给他们带来了非常严重的问题——如

---

[1] Yipu Xu in Er et al. 1986, 142 ff. Cf. J. Chang 2013, 145-55.

[2] 对满人特权的系统讨论，见Elliott 2001a, 175-209，参阅Rhoads 2000, 42-48。关于清代的通婚政策，见Elliott 2001a, 254-55, 339, 473 n. 91以及Rhoads 2000, 41-42。关于清代官服，见Garrett 2007, 10ff.。

[3] Perdue 2005, esp. 338.

图3.4　慈禧皇太后

　　从1861年至其去世，慈禧（1835—1908）一直是中国的实际统治者。上方横幅上的一长串文字表示的是她的徽号和尊号，"慈""禧"是其中开头的两个字。

来源：耶鲁大学拜内克古籍善本图书馆

果说尚不是不可克服的话（见第十一章）。

内务府是紫禁城内的私人微型政府，主要由皇室包衣供职，负责处理内廷日常的个人、行政、礼仪事务。我们已经知道，内务府由皇太极建立，在康熙年间迅速发展，最终在乾隆时期"定型"。1796年时，总共有职官1623名。罗友枝细致地列数了内务府执掌的"令人眼花缭乱的各种事务"，其中一些她概述如下：

> （内务府的）首要职责是管理宫廷事务。它掌管皇帝和皇室的服饰、日膳、居住、日常活动，监管宫廷建筑、安全、礼仪和内侍。但是，它的职权范围远远超出紫禁城和皇家御园……它垄断了利润丰厚的玉器和人参贸易。它管理织造局……通过年度纳贡制度在蒙古和东北部分地区收集黑貂皮、白貂皮、水貂皮和狐皮。[1]

掌仪司和广储司均是内务府下设的最重要机构。掌仪司，顾名思义，执掌内廷祭祀及其他礼仪活动（见第七章）。此外，还负责处理后宫事务，管理后宫中及紫禁城其他地方的宦官。明代皇帝养了上万名宦官负责各种行政事务，还常常授予他们实际权力；而清代的宦官数量保持在1500至3000名之间，并且处于严格的监管之下。康熙皇帝说："太监原属阴类，其心性与常人不同……即朕御前近侍之太监等，不过左右使令，家常开谈笑语，从不与言国家之政事也。"[2] 尽管如此，宦官由于常伴皇帝及嫔妃左右，仍有可能对政治产生巨大影响，比如臭名昭著的李莲英（卒于1911年）。[3]

广储司负责内务府的财务。它的直接收入来源很多，包括经营东北地区及北京周边的皇庄、人参贸易及其他贸易活动、关税和藩属国朝贡、借贷给商人、罚没私人财产。这些财富不仅以适当的方式供养皇帝、皇室及其扈从，还能不时地显示皇帝的仁慈，比如赈济灾荒、奖赏功臣。此外，广储司还为军事活动和公共建设提供资金。不过，其主要任务是维护皇室

---

[1] Rawski 1998, 179.
[2] Spence 1988, 45–46.
[3] 关于清代的宦官，参见：Dale 2000, 41–42; Rawski 1998, esp. 160–66, 181–89, 191–93。

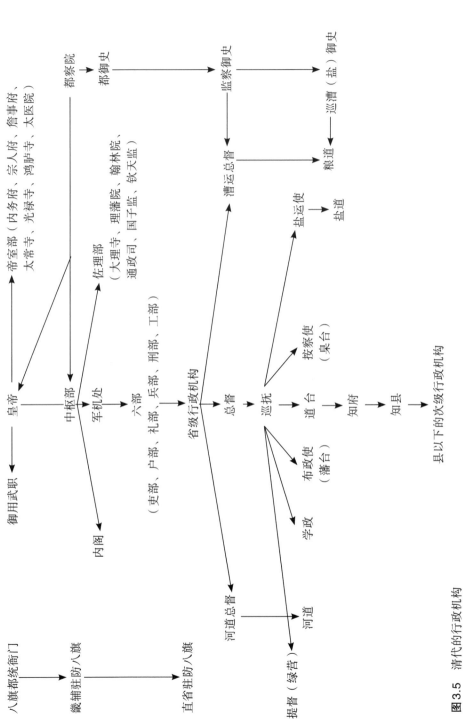

图 3.5 清代的行政机构

来源：萧一山 1962；徐中约 2000

的六库和所有财富。

还有其他一些正式或非正式的内廷机构，服务于皇帝个人、后宫和行政的需要，包括宗人府、侍卫处、值年旗。一般来说，管理皇室和八旗的机构，构成了正式官僚机构之外的另一套班子。[①]

乾隆朝及其后，军机处成为内廷最重要的咨政机构。军机处成立于18世纪20年代后期，起初是协助雍正皇帝处理军务的机构。军机处有4至12位声名显赫的军机大臣（通常是6位），他们每天至少面见皇帝一次，共同商讨各方面的帝国要务。作为皇帝最信任的官员，军机大臣可以阅读奏折、提议政策、起草诏令，可以向正式行政体系内的其他衙门传布命令，从而落实皇帝的想法。[②]

外朝由源自明代的各种机构组成。当然，在1730年军机处正式成为咨政机构之前，内阁是最重要的机构。尽管内阁的位置远离皇帝，偏处皇宫东南一角，但在乾隆朝以前，内阁学士都是位高权重的显要人物，可以出入内廷。然而自乾隆朝之后，内阁学士的权力仅仅取决于他们同时兼任的其他职位。内阁的职能变得高度常规化，从政策制定的角度来看变得相对不重要，即使嘉庆皇帝在处置和珅（见第二章）后试图限制内阁的权力和职能范围，情况依然如此。

内阁之下是吏、户、礼、兵、刑、工六部，全部依明制。这些职分互有重合的机构负责帝国中央政府的日常行政，每个部都有其相应的、一直延伸到县一级的官员梯队。甚至《大清律例》除名例律之外的六律，也是按照吏、户、礼、兵、刑、工划分的。但是六部尚书无权直接下达命令，它们之间的沟通系统常常令人绝望地互相交叉。[③]

吏部位居六部之首。它负责中央和地方2万名文官的铨选、考课、升迁、降职、调任、罢黜等事务。尽管清代人事行政极为复杂，且并不总是在体制上符合"理性"，但是总体而言，它在对全国官员的铨选、考课、处

---

① Bartlett 1985, 1991; Crossley and Rawski 1993. 关于旗兵的军事制度，见 Feng 1990, Im 1981, Wu 1969。

② Bartlett 1991; Elliott 2001b. 关于赫德对在总理衙门工作的军机大臣的亲身观察，见 R. J. Smith et al., eds, 1991。

③ Liu 1990, 33—45.

罚上，非常成功地建立了统一的标准。尤为著名的是清代精细的行政处罚管控机制，具体体现在《处分则例》中。[①]

户部位列第二，负责全国人口和土地登记，管理货币，从各省征收赋税漕粮，为官员和贵族发放薪俸和津贴，支持军事机构，审计中央和各省的库银和仓储，监管商业、手工业、国家垄断事业和驿站，还要管理与人事和司法有关的某些特定行政事务。尽管户部的职能范围很广，能够掌握详细的经济信息，但是户部和整个清政府一样，主要职责在于增加国家收入、促进稳定、维护政治权力和政治控制。孙任以都（E-tu Zen Sun）指出，户部调节和指导私营经济的能力有限，这决定了它采取合作的方式来照管与国家有战略性利害关系的事业。[②]

表3.1　对中央政府收支的估算（约1780年）

收入（部分）	
收入项	白银（百万两）
地丁银	30.00
火耗	4.60
漕项*	2.00
盐课	7.50
关税	4.00
租课	0.26
茶课	0.07
总计	48.43

*北京每年接受漕运400万石。

中央支出（部分）	
支出项	白银（百万两）
王公大臣薪俸	0.93
军费（八旗、绿营）	6.00
盛京、热河军费	1.40
蒙古、新疆王公薪俸	0.12

① Metzger 1973, Chap. 4; Cf. Kuhn 1990, 191ff.

② E-tu Zen Sun 1962–1963.

中央支出（部分）	
支出项	白银（百万两）
衙门开支、京官谷米	0.11
内阁等谷米津贴	0.018
吏部、礼部养廉银	0.015
蒙古、朝鲜入贡使臣回礼	0.010
其他杂项	0.900
总计	9.503

地方支出（部分）	
支出项	白银（百万两）
军费	15.00
薪俸	1.00
养廉银	4.22
津贴	0.20
河工堤塘	4.00
其他杂项	1.40
总计	25.82

　　上面各项收支分类（包括萧一山的）明显在各个时代重要程度不一。例如在19世纪以前，外国关税在中央政府收入中所占份额极小，而厘金则没有。另一方面，中央政府在铁路、海关服务（比如灯塔）、驻外使馆、外债方面也没有支出。

来源：徐中约2000，61-63；包含更多项目的完整表格，见萧一山1962，432-440

　　礼部尽管位列第三，但是职责极为重大。礼部下设四司，仪制司执管日常宫廷礼仪、科举考试、官服及其他身份象征方面的规范、不同等级的礼仪形式、文书形式等。祠祭司，掌吉礼、凶礼、恤典，与钦天监合作编纂时宪历（或称时宪书）。主客司，掌管高度仪式化的朝贡体系，以及官员封赏和其他多项事务。精膳司，顾名思义，负责为国宴、国祀准备膳食。在以上任何方面违背礼仪，都要受到严厉的惩罚。

　　有三"寺"与礼部关系紧密，在清代某些时期甚至直接隶属于礼部。太常寺执掌由皇帝亲自或指定代理人主持的国家祀典。光禄寺负责为特定的礼仪场合提供膳食，包括朝贡。鸿胪寺负责指导宾客在国宴中的恰当礼仪。乐部也受礼部的直接管理，这显示了音乐对于中国各式礼仪活动的核心重要性。[1]

---

[1] Lisha Li 1993; Ben Wu 1998; Yung, Rawski and Watson, eds. 1996, esp. 164–75.

兵部监管各种军事仪式，但其主要职责在于指导和维护绿营兵。它还负责大部分常规武职的选拔、罢免、调任，登记并定期检阅禁卫军，举行武举考试，确定赏罚，参与制定军事政策，管理驿传制度。尽管八旗大多数事务不归兵部管辖，但是兵部负责分配中央政府全部支出的约三分之二，在非常时期还负责协调绿营和旗兵。①

刑部与礼部形成了象征性的对立，因为传统中国只有在礼仪失效的情况下才会诉诸法律。中国法律对刑罚的强调不仅体现在刑部的名称上，还体现在《大清律例》的条文中。《大清律例》被纳入卷帙浩繁的《大清会典》及其则例、事例中。《大清律例》大体上沿自明代，正如它的早期设计者所言，条文"根据时代情况有所变化"，即删减某些"不适合"的律例，添加一些特定的满人条规（例如逃人法）。在1647年颁布的《大清律集解附例》序言中，顺治皇帝对采用《大明律》基本原理的解释非常有意思。这位皇帝指出，因为现在他的行政职责范围已经远远超过了满人故地，所以旧法已经不适用了。他认为他的子民在本质上都是"诚实的"，因此不需要复杂的律典。但是汉人人口众多，"情伪多端"，有必要采用更为精细的法律条例。②

正如《大清律例》卓越的英译者钟威廉（William Jones）所指出的，《大清律例》的法律观念基础是中国传统的"明主治吏不治民"。③换言之，律例无论怎么变化，维护的都是国家的政治和社会利益，而不是皇帝的单个子民的利益。这就解释了为什么律例中最严厉的处罚（凌迟）针对的是所谓的"十恶"，即威胁社会与政治秩序的罪行（见第十章）。④钟威廉提示了一种思考这种法律的角度，即律例是文官行政的指导，告诉他们在对国家具有法律意义的情况下应该施行何种刑罚。因此，清代官员，尤其是地方官（见下文），在处理各项政务的同时也执掌法律。他们没有受过专业训练，但他们被认为是正直的儒士，有能力做出公正的决断，维护国家

① R. J. Smith 1974, 127–30.
② Q. Zheng 1995, 311–14.
③ W. Jones 1994, 6.
④ W. Jones 1994, 34–36. 对于这些罪犯的描述在清代版本的《万宝全书》中非常显著。

利益。①

　　乾隆中期，满人至少在理论上已经接受了汉人法律的基本原则。从那时起，案件都依据《大清律例》的原则来裁断，尽管在实际做法中，旗人仍然享有大量特权。不过，满汉之间的纷争通常由地方上的"理事同知"（或称"理事通判"）裁决，后来边疆地区也逐渐设置了这一职位。17世纪80年代初设此职时，通常由汉人担任该职，但是十多年后，这一官职为满人所垄断。虽然理事同知应该做到公正无私，但是多数情况下，他们会维护旗人利益，阻止汉人的"侵犯"。②

　　当遇到重大案件，刑部通常会与大理寺、都察院会审。这三个衙门一起被称作"三法司"。一般的法律问题会经过刑部的18个司之一来处理。同户部各司一样，这些司依据地理界线划分，但是它们的职责权限却不拘于省界。刑部内还有其他一些部门负责复审案件、修订法条、管理监狱等事。③尽管中国古代法律体系没有西方意义上的"诉讼程序"，没有陪审团制度，也没有律师制度（除了雇用为社会所轻视，有时甚至被禁止的"讼师"，见第四章），但是被定罪的人还是有申诉渠道的。

　　实际上，清代申诉制度已经发展到了中国历史上的最高峰，包括极其重要的京控制度。和清代行政的其他许多方面一样，申诉制度遭受了来自18世纪人口膨胀的压力，然而欧中坦认为，与同时期的英美司法制度相比，清代京控制度仍是"值得钦佩的制度"。即使到了19世纪末王朝急转直下的时候，中国的刑事司法体系"仍包含着一套精心设计的程序和行政措施，以保证有罪者获罪，无辜者昭雪"。④

　　工部在六部中排在最末，不过它的职能非常关键。通常而言，工部负责维护所有的公共坛庙、帝陵、官方建筑、海陆军事设施、城墙、仓储、府库、公共林地、驿站以及政府建造的堤坝、灌溉系统。此外，它还负责供应军需品，为政府机构拨发必要物资（包括铜币）。在18世纪大部分时间

① W. Jones 1994, 7–28. 作为地方官判案依据的《大清律例》第386条认为，应该对那些做了"不应为"之事的人鞭打多达80下（W. Jones 1994, 359），但是这一条极少被使用。在具体案件中，地方官必须引用具体的事例。
② Elliott 2001a, 225–33, W. Jones 1994, 175–209; X. Hu 2011.
③ 关于清代牢狱，见Bodde 1982。
④ Ocko 1988, 311; Alford 1984, 1242. 关于"秋审"，见Poling 2012。

里，工部的运转非常高效。例如，大量研究表明，清政府在养民方面发挥了关键作用，政府影响人口流动、在区域间分配资源、调节水土资源利用、管理粮食流通的能力"是粮食危机和饥荒是否出现的关键因素"。但是到了19世纪，人口压力的累积效应"使国家力量无法发挥在此前时代良好的调节（或至少干涉）功能"。①

六部和其他常设官僚机构（军机处除外）一样，一直处于都察院的严密监督之下。都察院由来已久，犹如皇帝的"耳目"，为其搜集各级文武官员言行的秘密信息。尽管在理论上，御史有引导、劝诫皇帝的职责，但实际上，很多人不过是皇帝的口舌，是专制统治的工具。清代文献中充满了高尚、正直的御史，他们为了坚持原则牺牲了前程甚至生命，但是也有很多御史受到权力与野心的腐蚀，卷入有害的派系政治。而且，吕元璁等人的研究表明，清代各省的监察制度不如中国古代历史前期那样有效、独立。②

最后需要讨论的京中机构是理藩院，第二章已简单提到过。理藩院最初是为了监管与蒙古人的关系而建立的（1636年），随着帝国疆域的扩大，理藩院的职责范围也逐渐包括了西藏、蒙古、新疆。此外，理藩院还负责处理中国与俄国的"特殊关系"。俄国既不是清帝国的属地，也非入贡国。和其他中央机构不同的是，理藩院大臣总是由满人或蒙古旗人担任；据我所知，从未有汉人在理藩院中担任过高官。1860年之后，清朝在外国压力下建立了总理衙门，处理中国与包括俄国在内的西方国家的日常交往。但是这个衙门基本上是既有行政结构上的临时嫁接，没有正式的制度地位，清政府仅将其视作军机处的从属机构——尽管它变得越来越重要。③

行政整合

中央与地方政府机构之间的关系极为复杂，由与君主间不断流转的文

---

① Lillian Li 1982, 689. Lillian Li 2007; Will 1990; Will and Wong 1990; Antony and Leonard, eds, 2002.

② Adam Lui 1978.

③ Rudolph 2008.

书来维系。各省官员的信息以严格而正规的奏折、题本的形式，通过驿传制
度递往北京。寻常的题本由通政司接收，并负责校阅、抄录、转往有司和内
阁。内阁再进行票拟，上呈皇帝批复。康熙朝首次开始使用奏折，由奏事处
直接呈送皇帝，由皇帝本人亲启。尽管奏折制度极大增加了皇帝的工作负
担，但也使皇帝掌握了大量信息，可以监察百官，或是干脆绕过百官。[①]

皇帝也常常从京官和地方官员的陛见中获得宝贵信息。这种高度结构
化的会面不仅带来信息的交换，而且有助于增强皇权的光环，巩固臣子的
忠心。陛见的话题非常广泛。皇帝通常会以询问官员的家庭背景和教育经
历开头。他的问题常常围绕科举经历和学术问题展开。他甚至会要求官员
背诵某篇经典，这能展示双方的强大脑力。尽管一些对话中也有闲谈，但
是大多数都集中于诸如课税、农事、地方治理，特别是其他官员的品质等
行政问题。

督抚陈瑸在1715年12月末至1716年1月初，曾四次受到康熙皇帝的召
见，以下的简短对话是其中一次，可以反映陛见的某些内容：

> 问：有话启奏么？
>
> 奏：臣庸材，蒙天恩超擢巡抚，但湖南地方辽阔，巡抚任大责重，
> 　　臣恐不胜任，有愧地方。
>
> 上谕：湖南地方比福建何如？
>
> 奏：湖南地方人民只依田为生……湖南民生甚是艰难。福建山多田
> 　　少，民生依海采捕为活。均不易治。
>
> 问：湖南布政司是谁？
>
> 奏：阿琳。
>
> 问：做官何如？
>
> 奏：做官办事好。
>
> 上云：办事有才，心术则不可知。

---

① Bartlett 1991, 49–64, 264, 270.

后来陈瑸新任福建巡抚，最后一次觐见康熙帝。康熙帝再一次问起他行省治理的问题：

> 问：汝晓得有哪个做官是好的，不要钱，说来。
>
> 奏：做官有才，人甚多。说到不要钱上头，臣未敢冒昧启奏。容臣细访，果有真正操守好的，再具折子奏上。
>
> 上谕：汝把好的折奏来，有十分声名不好的，亦奏来。[①]

康熙帝补充说，他不会只听信陈瑸一人的说法，而会进一步调查以"知道好不好"。

大规模的正式陛见有"大朝"和"常朝"，在紫禁城的太和殿举行，虽然缺少在内廷私下会面的亲密性，但是有另外的重大功能——它象征性地确证着基于"秩序、凝聚、等级，以及中国皇帝乃神圣焦点之理念"的世界观。可以肯定，这些恢弘而又精细的仪式如同皇帝崇拜（见第七章），有助于强化司徒安（Angela Zito）所谓的"皇权的象征建构"。[②]

皇帝除了在大型朝会上发布诏书宣布喜庆的大事，还可以通过敕令、廷寄、口谕、诏书、朱批以及各种通行的文书，向百官传达自己的想法。各省官员也以类似的方式向下属下达命令，批复申状和呈文，传布章程和条例。在地方层面，绅士和识字的人通过帝国的"黄色榜文"和其他告示得知官方政策。各级政务必须加盖官府大印，官印因制作部门、使用材料、图案和字体、尺寸、名称，当然还有用印官员级别而各不相同。在某些版本的《大清会典》中，仅皇帝一人使用的宝印就多达25种。

京报和各省的类似通报是公共政策的宝贵信息来源。尽管京报在不同时期有不同的发行者，但也有前后连贯性，一是一直隶属兵部捷报处，二是包含军机处或内阁提供的官方文书。用19世纪一位见多识广的外国观察家的话说，京报"流传甚广，城市中的士绅和文人常常展开讨论"。各省有数千人从事邸报的抄写、摘录工作，因为有些读者无力购买完整的邸报。

---

① Silas Wu 1970, 132–39.
② Zito 1989, 12; Zito 1997.

中华帝国一般强调垂直沟通，京报既通过官方也通过私人流传，提供了水平沟通的宝贵渠道。①

地方正式的行政等级中，总督是最高级别官员。这一职位是清代初设的，通常由旗人担任。其管辖范围至少包括一省，通常是两省，有时是三省。在这片广阔地域内，总督监管并考察文武官员、上报行省财政、复核司法案件。总督之下是巡抚，负责一省军政事务。其职责与总督类似，不同的是巡抚还须征收关税、管理盐务、主管地方科考、治理漕运。盖博坚敏锐地注意到，清朝为人称道的行政效率在很大程度上要归功于行省治理这一新型体制。他写道：清朝"保卫边疆，征收、转运赋税，监管地方政务，管理仓储并在饥年赈灾，修缮道路、堤坝、灌溉系统，安抚地方士绅"的能力，主要是巡抚的功劳。②

布政使是巡抚的属官，主管一省财政、人口统计（每十年一次）、传布诏令，以及诸多行政、司法事务。一般的司法事务多由按察使处理，按察使还负责一省的驿传体系、官员考核，协助监督地方科考。行省的教育事务通常由朝廷专门委派的"学政"负责。学政定期巡视全省，考查儒生，决定哪些人可以进入官学继续深造，哪些人可以参加乡试。③

行省之下，基于地理分为道、府、直隶州、直隶厅和县等复杂的层级。每个省分为四至五个道，每个道包含两至三个府。道台的职责与总督、巡抚类似。某些省会也设有一名或多名道台，专职负责驿传、水利、军务、税收、漕运、盐务等。1842年之后，新开通商口岸的道台在外交事务、情报收集、军事改革和经济现代化方面发挥了极其重要的作用（见第十一章）。④

清代官僚体系的底端是知县，直接管理10万至25万百姓。知县的职责非常繁重，如同小皇帝，是所辖地方的"父母官"，担负宗教及其他仪式责任，还要主持公道、维持秩序、支持公共工程、发展地方教育，为国家收取赋税。大官"治吏"，知县"治民"。诸如黄六鸿（生于1633年）《福惠全

---

① Ocko 1973. Cf. S. W. Williams 1883, 1: 420.
② Guy 2010, 47.
③ Elman 2000, esp. 36 ff.; Elman 2013, 103–5, 235–36.
④ Leung 1990.

书》等书，透露了知县如何学习和掌握繁重而千头万绪的工作。[①]

知县同清代其他官员一样，虽没有受过法律方面的专业训练，却承担着法官的重要职责。《福惠全书》和汪辉祖（1731—1807）的《佐治药言》等书提供了诸多基本指导方针，但是鲜有具体建议。其中包含的法律原则可以总结为以下六点：（1）培养公正之心，将公正作为个人追求的目标；（2）维持清白而有意义的生活，保持正直；（3）对下属严格而不严苛；（4）献身工作，关爱百姓；（5）心思缜密，心怀怜悯；（6）寻求真相，不急于下结论。[②] 知县自然需要阅读《大清律例》和其他各种官方条例，但是他们通常只能利用个人时间。

县衙通常位于县城中，既是知县的住宅，也是其办公地点。县衙大院中，有上百位正式行政人员和其他肩负各种职责的人：县丞、主簿、教谕、捕快、胥吏、衙役，以及幕友、随身仆人和家仆。不过，这些人在声望和权力上都难以与知县相比。幕友通常享有较高的地位，因为大多数幕友也是有功名的，只不过大部分没有正式的官职，不得不做个幕僚。有些幕友专职负责刑名或钱谷，他们从专业人员那里学到了一些法律知识。根据陈利近期的文章，"清代大量刑名师爷拥有生员头衔，有些人甚至是举人、进士"。[③]

胥吏通常是没有希望取得功名或官职的普通人，他们在县衙"六房"（与中央六部职能对应）中处理日常文书工作。衙役地位低下，在社会上受到轻视，有时官方将其划分为贱民（见第四章）。他们担任皂吏、狱卒、捕快、粮差。尽管缺乏正式权力，他们在地方上却常常拥有相当大的权势；因为他们依赖非正规收入维持生活，所以常常欺压地方百姓。[④]

尽管有受到敲诈的危险，并且清政府推崇所谓的"无讼"，但是事实证明，在县一级，平民百姓甚至低层精英乐意打官司。一些人可能从《万宝全书》等日用类书中掌握了基本的法律知识。周广远的研究表明，那些决

---

① Djang 1984.
② 张维仁总结了以上要点，见Elman & Woodside eds. 1994, 310-13。另见Philip C. Huang 1998, 207-12。正如张维仁文章中清楚表明的，直到1756年之前，判狱都是清代科举考试的内容之一，此后由于科举考试不再考查具体知识而废除。
③ L. Chen 2012.
④ B. Reed 2000.

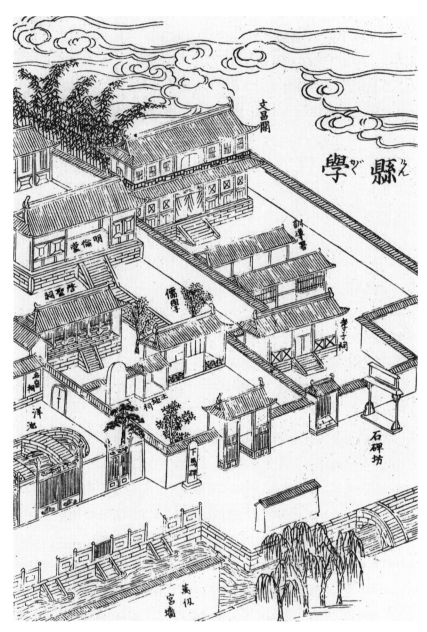

图3.6 县学

这幅图由一位18世纪晚期来中国东南部旅行的日本人所绘,展现了县学的一部分。县学不仅包括教学设施,还有宗教建筑(比如孝子祠和土地祠)。这幅局部平面图的顶部是文昌阁。文昌阁左侧是明伦堂,是所有县学的标志性建筑。

来源:中川忠英,1799年

心打官司碰碰运气的人包括"穷苦的佃农、羞怯且地位低下的儿媳、生活潦倒的年老寡妇、苦行的僧侣、伪善的乡绅"。他们的官司包括家长里短、赌博欠债、违约、性犯罪。根据周广远的研究，诉讼当事人可能出人意料地表现得肆无忌惮：

> （他们）毫无顾虑地对亲戚、邻居恶语相向；他们将强势的论辩与可怜的上诉结合到一起；他们运用一系列策略和技巧，将诉讼变成一场昂贵、激烈而混乱的游戏；在法律博弈中，他们经常求助于集体行动和上诉；他们可能用数年、数十年，甚至几代人的时间去打官司，决不中断或放弃。简而言之，诉讼人丝毫没有对公堂的羞报，反而显示出坚韧、大胆、固执、凶狠，即使最沉着的判官也会走向精神崩溃的边缘。[1]

这种情况是如何出现的？原因是什么？部分原因在于晚明以来，尤其是18至19世纪，讼师或讼棍的大增。尽管这些受过教育的法律专家没有正式的制度地位，也完全没有社会声望，但是他们通过为贫困且不识字的委托人辩护而发挥着有益的作用。有些讼师能够写状纸，还有些人发挥着更为主动的法律作用。许多讼师往来各地，其流动性使帝国当局很难控制。他们得到的报酬通常很低，至少对他们更为贫困的委托人来说是如此；他们也常常从事其他职业（比如算命）以增加收入。这解释了为什么在清代诉诸正规的诉讼，"在经济和社会方面是必要的，同时在文化上却受到憎恶"。[2]

中国县以下的行政有赖于一系列非正式机构。例如，每个乡、镇、村都有百姓公举的一个或几个"长"。然而，为了对这些行政单位施加更有效的行政控制，同时打破宗族纽带及中国社会中的其他自然单位，清政府还试图将行政之手伸向县以下的村镇地区，这包括名为"里甲"的征税和户籍制度，以及类似的名为"保甲"的地方治安制度——两种制度都以十户为一组，彼此之间互相负责。甲长、里长、保正通常是在当地拥有一定影

---

[1] G. Zhou 1995, 3.

[2] Macauley 1998, 1–17, esp. 14.

图 3.7　县官听讼

　　在此图中，我们看到县官正为跪在他面前的两人主持公道，两侧站立着衙役。

来源：中川忠英，1799 年

响力的平民，他们要定期向地方官汇报，如果玩忽职守将会受到责罚。

有清一代，上述税收制度与治安制度的效果因时因地而有较大差异。然而总体来看，从18世纪起，知县越来越多地在正式的里甲和保甲体系内指派被称为"地保"或"地方"的当地平民，以协助甚至取代里长或保长。地方官下属的这些不领薪俸的办事人员，常常综合了里长、保长及衙役的职责。他们需要报告犯罪、财产纠纷、火情、巫术及其他可疑行为，在法庭审判时担任证人，协助公共建设，辅助收税，在官方户籍登记上也有责任。和衙役一样，这些人依靠非正规收入甚至赤裸裸的敲诈勒索生存。[1] 在太平天国起义期间及结束之后，由乡绅领导的团练逐渐成为半官方基层行政机构，不仅承担保甲和里甲的功能，还具备了司法审判职能。这一发展只是进一步增强了原本已经相当强大的乡绅势力而已。[2]

虽然国家试图在县和县以上控制中国社会，但成功的行政治理——特别是在乡村——有赖于政府与地方士绅之间的非正式合作（见第四章）。因为即使有地保和衙役等人的协助，县官的权力也不可能直接扩展到其治下的数以百计的村庄，因此县官不得不依靠地方精英的威望与权威，来维持地方秩序和稳定。这样就形成了一种共生关系。乡村士绅能够保障公共安全，在平民与官府间充当缓冲者的角色，而城居官员则通过直接支持、赋税优惠，以及赞助其更高的省一级的权威，以维护士绅利益。县衙之内，中央政府任命的官员及其幕僚所代表的国家利益，与胥吏、衙役和地保等人所代表的地方利益要取得平衡。同样，县官与地方士绅之间也要取得平衡。

官员与士绅在文化上的共同之处，以及他们社会声望的主要来源，是他们参与科举考试并取得成功。用艾尔曼的话来说，科举制度在清代已经成为决定中国传统社会特征的"支配力量"。[3] 可以肯定的是，低级功名和相当一部分官职都能通过捐纳获得，尤其是在国家衰败的时期。例如，最近一项研究分析了大约1600名清朝官员的中央政府人事档案，结果显示，

---

[1] B. Reed 2000.

[2] Kuhn 1980.

[3] Elman 1991, 8. Elman 2000, 2013; Man-Cheong 2004.

19世纪有超过50%的样本通过捐纳而非科举的方式进入官僚体系。同样，艾尔曼指出了清代捐官数量的大幅增长。例如，1764年，2071名地方官中有22.4%通过捐纳得到官职；到了1871年，1790名地方官中，捐官者的比例增长到了51.2%。[1] 但是整体而言，清代科举制度还是社会阶层流动与官员升转的主要途径，也是直到19世纪下半叶为止中国人获得财富与权力的主要渠道。不过，妇女没有参加科举考试的资格，和尚、道士和其他某些社会群体也不在此列（见第四章）。

对于大多数有条件的汉人来说，清朝教育体系完全是为了通过科举考试。家庭教师、私塾、书院、学宫，都是为了实现这一目标（见第四章和第十章）。但对旗人来说，教育情况更为复杂，因为皇帝坚持要求旗人在学习儒家经典、"二十一史"等（这些经典也可以用满文学习）之外，还要保持包括骑射在内的满族传统。久而久之，清政府在京城为八旗子弟建立了一系列特殊的学校，包括国学、宗学、觉罗学、景山官学，还有八旗官学。各省的八旗子弟，如果家中有条件就进入私立学堂，否则就进入当地的八旗义学。八旗满洲、八旗蒙古和八旗汉军如果没有准备好参加正式的科举考试，还可以参加专门的翻译科考试。柯娇燕指出，他们缺乏充分的科考准备，是因为清朝没能建立普遍有效的制度让旗人接受基础教育。[2]

定期举行的科举考试对举子有着严格的要求。若想成功，男子须从五岁起就开始勤奋努力。一开始的启蒙书是《三字经》和《千字文》，随后要开始记诵总字数达43万字的"四书五经"。到了12岁左右，早慧的孩子可能已经完成了这一壮举。紧随其后，则需要练习书法、诗词创作以及不易掌握的"八股文"。长达数百字的八股文在形式上要求严格使用"对句"和"数对"（见第五章），包括：（1）破题；（2）承题；（3）起讲；（4）入手；（5）起股；（6）中股；（7）后股；（8）束股。[3] 除了掌握这些格式要求，想要博取功名者还必须熟悉经典注疏、历史典故和其他的重要典籍。发现商机的私人书商刊印了大量科举时文集，作为举子的学习捷径，但很少有人

---

① Lawrence Zhang 2010, 2013; Elman 2000, 687; 2013, 241–49.
② Crossley in Elman and Woodside, eds. 1994, 349–65; Elliott 2001a, esp. 299.
③ 关于八股文的例子，见C. Tu 1974–1975; Elman 2013, 57–59。

能够完全依靠这种方式赢得前程。

中国科举考试的过程包括一系列复杂的、层级不同的考试。通过三年两次的县一级的"童生试"者，称为"生员"，并有资格参加三年一次的省一级的"乡试"。通过乡试的称为"举人"，并有资格参加会试，博取天下士子梦寐以求的"进士"功名。通过会试的人将由礼部排出名次，并赐会试宴。

表3.2 科举的一般阶段

童生试：县试、州试、府试
岁考：考生员或秀才；各县有额定录取名额
乡试：考举人；考前需先通过科考，各县有额定录取名额
会试：考进士；各省有额定录取名额
殿试：状元；一甲之外的进士参加朝考，授予官职

来源：Elman 2000, 659，有所简化

科举的最后一步是多少有些形式化的殿试，在紫禁城的保和殿为会试前三甲举行。皇帝通常在读卷官的协助下主持此事。与之前低级别考试中简短的题目不同，皇帝所出的题目文辞精细、华丽。相应地，应试者的回答要表现出自贬的口吻，并严格按照上疏的形式。殿试结果公布后，接着是一系列庆祝宴会与仪式，这些都会提高进士的名望，并成为对其身份变化与责任的提醒。一甲前三名入翰林院，他们将在那里为皇帝履行编修、经筵和礼仪等重要职责。在翰林院供职实际上保证了他们能够在官僚体制中快速晋升。

科举考试的总体结构因时而异。清代的大部分时间里，最高的两级考试各由三场组成，每一场都持续一整天。第一场主要考儒家经典内容，第二场侧重某种议论文体（论），第三场侧重政策问题（策）。除了鳌拜专权的两年，以及1901年至1905年的无序时期，三场中最重要的一场（有时会分成两部分）都是考"四书五经"。另外一项重要的考试内容是试帖诗（八韵、五言、依唐律），始于1757年，一直持续到1898年。策问一直是清代科举的正式内容，但是通常无足轻重。而且，"策"的涵义可以非常宽泛。比如，1730年会试的第一道策论问的是"太极"的形而上学特征（见第六

章）。①

阅卷过程需要大量财力和人力。比如，1756年会试花费了4000余两银子。706名誊卷官和86名阅卷官辛苦工作了约一个月。另一方面，举子也极为辛苦。首先，他们需要在考试前一周左右到考点投牒（包括个人身份、父祖姓名，并确保不在守孝期内），购买物资。官府为举子提供米饭和粥，但是大多数人更愿意自己购买食物。一旦进入考场内，三天两夜内，他们与外界完全断绝联系。所有人都被仔细搜身，之后受到严密监视。有些号舍紧邻公厕，几乎难以忍受。所有号舍都很狭小，只有两张可以移动的木板，既是椅子，又是桌子，也是床，毫无舒适性可言。②

科举竞争是非常残酷的，因为政府严格的定额限制了每科考试的考中人数。比如会试，每次只有约300名举子能够中第。大多数省份的进士名额是15至20名，有些省不到10名，有些省多达25名。还有一定比例的名额留给满、蒙、汉旗人——通常从满到汉，人数递减。在较低层级的考试中，名额限制没有那么严格。一次考试可以产生1500名举人和多达3万名生员。尽管如此，要成为生员只有大概六十分之一的成功概率，要成为进士更是只有六千分之一的成功概率。举子通常会多次参加考试，他们通常并不奢望能在24岁前成为生员，或是在30岁前成为举人，或是在35岁前高中进士。

此外，正如清代很多在科场失意的学者所指出的，国家最优秀的人才并不总是能高中。尽管科举考试制度确实造就了一个精通文墨、文化上同质的精英群体，但是它过于看重传统、死记硬背、书法和文体，牺牲了创造性思维和独立判断力。再则，考官常常武断任性，腐败时有发生。尽管有严密的监视，但是科场舞弊并不罕见。③

---

① 清代科举考试形式的变革，见Elman 2000, 521–625, 735–37。该书中有80余张有关各个时期科举制的表格，包括名额的信息、考中的概率、考官、士子的社会出身和地理分布、主题的重要性和专门化等。
② Elman 2000, 173–213, esp. 179–88.
③ Elman 2013, 81–92; Plaks 2004.

表3.3 各省进士人数（1890年）

北京	八旗满洲 9 八旗蒙古 4 八旗汉军 7
各省	江苏 26 浙江 25 直隶 24 山东 22 江西 22 福建 20 河南 17 安徽 17 广东 17 湖北 15 四川 14 湖南 14 陕西 14 广西 13 云南 12 贵州 11 山西 10 甘肃 9 奉天 4 台湾 2
总计	328

1702年，清廷根据此前三次科考各省的总人数，将各省进士名额制度化。这一比例几乎固定下来，仅在19世纪下半叶有细微调整。
来源：《北华捷报》，1890年6月13日；参见Elman 2000, 656–57

不仅如此，中国读书人面临的问题还有，获得功名后做官的机会也非常有限。按照制度设计，持有功名的人（有清一代，其人数常常高达百万）中只有一小部分人能在帝国的2万余个文官职位中获得一官半职。进士几乎毫无疑问可以在九品官僚体制中获得一个中等职位，比如通政使司副使（正四品）、内阁侍读学士（从四品）等京官，或道台（正四品）、知府（从四品）、县令（正七品）等外官。但是举人只有可能获得最低级的官职，生员则几乎没有机会得到正式任用。大多数生员只能居于"下层士绅"之列（见第四章），享有某些特权，但是他们不得不靠"文墨"在地方官学或是私塾中任教。许多生员为了生存，成了小商人，或从事其他卑微的工作（包括讼师）。

　　尽管科举考试历经挫折、竞争激烈且名额有限，但士绅地位的诱惑和最终进入官僚体制的可能性，以及随之而来的丰厚的社会和财富回报，使得清代绝大多数读书人忠于科举制度、忠于国家。官员当然更有充足的理由维护现状。但是，颇有忧患意识的满人（数量远远不及汉人）从明朝继承了一套精细的制衡制度，并且根据自己的目的做了改进，从而毫不松懈地将行政控制权抓在自己手中。

　　皇帝的专制权力当然是对清朝官僚体制的制衡机制之一。这在18世纪达到顶峰，又在19世纪跌至谷底。孔飞力（Philip Kuhn）对1768年"叫魂"事件的叙述引人入胜，这项精彩的个案研究展示了乾隆皇帝如何利用汇报地方劣政的奏折以及他的任免之权，使官员们从对自身行政管理的自满中惊醒，改正长期存在的任人唯亲、自我祖护的做法。但是此项研究也揭示了官僚可怕的惰性——乾隆皇帝的胜利仅仅是暂时的、局部的。正如孔飞力说的，尽管官员们"可能会被震怒的皇帝一个个罢黜，但是作为群体，他们的地位是相当稳当的，他们也深知这一点"。①

　　清代制衡机制的另一个特征是，中央政府高级机构的主官由差不多同等数量的满人和汉人共同担任，地方大员也是满汉兼有。在清朝统治的最初几十年里，清朝统治者极为倚重八旗汉军在地方行政中发挥主导作用。但是此后，越来越多通过科举考试的汉人文官和满人取代了他们的角色。典型的是若汉人担任巡抚，则满人就会担任总督。在整个清代，只有四分之一的总督是汉人。这些汉人总督中，三分之二拥有进士功名，而只有不到三分之一的满人总督是进士。②

　　第三个制衡机制是利用八旗驻防维护对京师和地方的军事控制。尽管绿营军（全部是汉人）有50万人，几乎是八旗军人数的两倍，但是由多民族构成的八旗军被精心地集中安置在中国内地和内亚地区，拥有相对于绿营军的战略优势地位。当然，八旗军的首要任务是拱卫京师和东北地区，以及大运河和长江的主要交通线路，但八旗军也是制衡绿营军的一股力量。绿营军在人数上绝对占优，但是部署分散。

---

① Kuhn 1990, 231.
② Chu and Saywell 1984; Guy 2010.

此外，军事权力被谨慎地分割了。尽管总督和巡抚拥有对各省官军的管辖权，但是他们无法调动各省的八旗驻防军。八旗驻防军由将军指挥，将军常常拥有相当大的行政权力。总督、巡抚与提督共同享有对辖区内绿营军的指挥权。和文官体制一样，责任共担、权力重叠有助于行政稳定，但也常常会扼杀主动性。①

清代其他的制衡机制包括：努力平衡科举和捐官，官员频繁调动（通常三年一次，有时间隔更短），官员回避制度（如知县不能在家乡任职等）。讽刺的是，回避制度有时适得其反，因为官员在不熟悉的地方任职，只得依赖胥吏、衙役、地保，以及回避制度希望规避的那些恰恰与地方有着千丝万缕联系的人。

地方联系和双重效忠的问题，在传统中国各级政府和整个社会的各个阶层都非常明显。正如墨子刻（Tom Metzger）指出的：

> 尽管中国社会非常强调忠诚与秩序，但是中国社会仍然以背叛与诡计的显著流动模式为特征。个体常常在与集权的国家官僚机构合作和支持规模更小的、常常更为层级化的组织之间摇摆不定，这些更小的组织包括宗族、会社、派系或秘密社会，这些组织起到抑制政治集中的作用。②

清代官员被卷入庞大的非人格化的官僚体系，又缺乏针对喜怒无常的君主的制度或法律保护，所以他们和中国社会的其他人群一样，在我们通常所说的"关系"中寻求舒适和安全。

中国政治和社会生活中存在各种各样的关系。有时，它们重叠或交叉，产生尤为强大的关系网。最常见的关系包括：亲属关系、姻亲关系、世谊关系、同乡关系、师生关系或同学关系、僚属关系或同僚关系。结拜兄弟也是一种特殊的关系，两个同姓的人也会对彼此感到亲切。大多数关系都暗含上下关系，在下者表现出忠诚、服从、尊重，在上者给予保护、提携。

---

① Chu and Saywell 1984, 84ff. R. J. Smith 1974, 131–45.
② Thomas Metzger 1977, 207.

图3.8 19世纪晚期的八旗炮兵

来源：耶鲁大学拜内克古籍善本图书馆

在下者向在上者赠送礼物，自然而然会增强双方的关系纽带，这也反映着中国社会中深层次的"报"的原则。

黎安友（Andrew Nathan）指出，在传统中国，关系促进人与人之间的合作，因为它不仅划定了身份关系，而且使得每一方的行为都变得可以预测，"这不仅关乎社会礼节，也关乎一方向另一方求得什么的关键问题"。[①]反过来，可预测性与易于沟通有利于彼此之间建立信任。因此，关系作为"共享"系统高度形式化，其范畴远远超越了西方社会所谓的"熟人网络"。更进一步而言，关系意味着更为强烈的责任感、义务感与受惠感。不管面对什么问题，没有哪一位清代官员会在政治、社会考量时忽略关系（见第四章）。

传统中国社会的这种特殊文化，还有助于解释清代官僚体制内部的"有组织的腐败"。可以肯定地说，以礼物的形式从下属那里抽取赋税，应归咎于不切实际的低俸和高昂的行政花销。大多数官员的任期都很短，并且为了出仕，需要花费大量金钱。但是，另一个因素确切地说是约定俗成的送礼行为，要么是处于某种关系中的个人需要送礼，要么是希望扩展对其有用的熟人圈的人需要送礼。送礼对于官员升迁是必不可少的，但是，自愿送礼和受到威逼利诱之间的界限并不容易划清。即使是表面上正直的官员，他们的大部分收入也可能来自礼物。根据晚清一位京官的记载，他在1871年至1889年间共收入16836两银子，其中超过30%是礼物。[②]当然，对于和珅这样的人来说，这只是微不足道的一点小钱（见第二章）。于是，在乾隆末年送礼行为严重泛滥之前，雍正皇帝已经认识到"人情"无处不在将有害于善政，也就不足为奇了。[③]

中央政府混乱的财政体系，也助长了官僚体制内的腐败——用一部晚清类书的话来说就是"乱如麻"。中央政府尽管知道规定的赋税定额是否从各省收齐，但是无法知道地方官员在此之外还征收、截留了多少。这种情况连同迫切的财政需求和只关心地方的官员的预算不足，造成了普遍

---

① Andrew Nathan 1976, 47–58.
② 张德昌，《清季一个京官的生活》，香港：香港中文大学出版社，1970年。
③ CHC 9: 194. Elizabeth Kaske 2012, 217–69.

的"包税"行为（即征收额外赋税，填补支出或牟利），这常常导致滥用。精力充沛的雍正皇帝试图改革烦冗、腐败的清代税收体系，获得了短暂的成功，但最终还是没能克服根深蒂固的"关系"模式。同时，如珀金斯（Dwight Perkins）所说，中央政府赋税总额相当小，清政府"几乎令人难以置信地（财政）虚弱"，尤其是在19世纪。[①]

还有一个所有官僚体制都存在，但在传统中国尤为严重的问题，就是繁重的文书工作与五花八门的条条框框的双重诅咒。官员要么淹没在浩如烟海的文牍中，要么被各种繁文缛节束住手脚。令人眼花缭乱的大量文书在清代官僚体制中流转，每一种都反映了文书起草者的相对级别以及涉及的机构类型。按官方样式草拟文书的要求，以及责任共担、权力重叠的机制增加了文书的数量，却没有加快文书的流转。同时，严格、单调地遵守为数庞大、规定精细的典章条例，给官员带来了沉重的负担。

虽然清朝政府有着精心设计的制衡机制、"关系"文化、腐败、繁重的文书工作、监管过度等问题，但将传统中国政府仅仅视为笨重、僵化、低效的庞大机器是不对的。尽管满族统治者牢牢控制行政权力，但是清廷很显然在实际过程中给予地方官员在其辖区内相当大的自主权。此外在原则上，许多清代官员展现出了墨子刻所说的"对灵活变通的普遍道德责任"。[②]

行政调整常以经典的"变通"概念为名，并获得正当性。晚清的著名著作家反复强调，治国之道的精髓在于体量"人情"。汪辉祖（1731—1807）写了好几本有关地方治理的著作，非常有影响力，他说："法则泾渭不可不分，情则是非不妨稍借。"[③] 这意味着，官员为了正义和国家的最大利益，总是可以变通法律。

儒家道德始终是传统中国政府考虑的首要因素，在大多数士大夫心目中，这比抽象的法律和专业技术更重要。但是，清代的行政并不仅仅是一套道德说辞。行政书籍、类书以及有关治国理政的文编，都为官员提供了大量具体、实际、有价值的指导。此外，考核官员政绩的标准也是具体而

---

① Dwight Perkins 1967, 478–92, 487, 491–92.

② Thomas Metzger 1973, 23ff. Jerome Bourgon 2002, 50–90.

③ Balazs 1965, 65. Guy 2010, esp. 109–10.

实际的——不管是每年一次的考成，还是三年一次的大计（考察外官）和京察（考察京官）。"守"当然很重要，但是官员的"才"和"政"也很重要。尽管清朝政府强调道德劝诫，但是也非常重视公、详、慎。[①]

　　甚至皇帝在驾崩后，也会根据其具体的行政内容得到评价。《十朝圣训》中各个主要类别的组织是一个指标。《十朝圣训》收录了从顺治皇帝到同治皇帝的重要诏谕，将皇帝所关心的内容分类编纂，共分40个类别。以道光时期的诏谕为例，圣德、圣孝、厚风俗诸类占据了大量篇幅，但皇帝关注更多的是武功、理财、严法纪和饬边疆。[②]

　　总之，清朝政府代表了皇帝与官员、文治与武功、中央集中控制与地方灵活管理、正式权威与非正式权威、道德与法律、理想主义与现实主义、严苛与变通、人格主义与非人格化之间的平衡。这种平衡给予了清朝政府巨大的力量和持久的权力，类似的一系列平衡因素也让中国社会和经济生活有了凝聚力和连贯性。

---

① Raymond Chu and William Saywell William 1984, 12ff. and 81ff.; John Watt 1972; Chü T'ung-tsu 1962, 34–35.

② Harold Kahn 1971, 10.

第四章

社会和经济制度

盛清时期社会和经济领域最显著的特征之一，是汉人和旗人（包括满人、蒙古人和汉军）之间明确的区别。欧立德恰如其分地将后者称为"外来居民"。在汉地，汉人与旗人的数量之比有时甚至超过200比1，汉人占据绝对优势。无论如何，满人并未注意建立和维护一个精心构建的实体和文化空间，以隔离本民族与其他民族。因此，清朝政府严禁汉人移民关外，禁止普通汉族男性与满族女性通婚，最重要的是在京师和地方建立了独立的"满城"（约20处）。尽管久而久之，两个族群之间的交流（包括在内地和关外）略微打破了一点文化壁垒，但是却未根除民族差异。[①]

　　目前我们还不清楚，整个旗人群体（特别是八旗满洲）在多大程度上接受了汉人的社会价值观（亦可见第十章）。就其参加科举而言，似乎可以说他们接受了。但绝大多数旗人并不参加科举，事实上，他们是卫周安所说的"军事化的"盛清文化中不可缺少的一部分。例如，直到18世纪30年代，满文仍是朝廷中最高级别文官所使用的"首要的沟通和理解媒介"。[②]但是，汉文日渐成为高级官员和低层旗人的通用语。到19世纪中叶，大约有1.5万户汉人商户搬进曾为满人独占的北京内城做生意；到了1908年，满人只占北京内城40多万人口中的54%。[③]

　　无论在京城还是行省，旗人与汉人之间的社会经济互动如果抽离了关系，那是难以想象的。我在第三章详细讨论了这一现象的政治维度，但是它作为清代社会生活的特征之一值得深入挖掘。中国著名人类学家费孝通曾对比过传统中国的"差序格局"和现代西方的"团体格局"。他指出，前者的

---

① Elliott 2001, 89–132, 175–209. 该书清晰地描述了京师满城和各行省满城的生活，关于满汉之间的互动，见第210—233页。Rhoads 2000, 11–69. 该书出色地描绘了八旗在清朝末年的情况。关于中文资料，可参见本书第353页注①。

② Waley-Cohen 2006, 13–17; Elliott 2001, 294–95.

③ Rhoads 2000, 38.

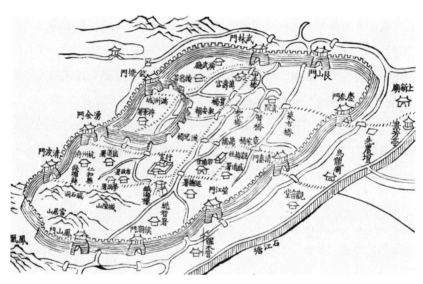

图4.1　杭州，约1780年

这是一幅18世纪的杭州地图。左上方是被城墙围住的满城，并且标有将军衙门的字样，汉城从三面包围满城。图中标注了一些重要的庙、祠，还有闽浙总督衙门、浙江巡抚衙门、按察使衙门和其他一些重要衙门。

来源：美国国会图书馆地图部

特点是"一根根私人联系所构成的网络",而后者则是"个人间的联系靠着一个共同的架子;先有了这架子,每个人结上这架子,而互相发生关联"。①

费孝通认为,这两种社会组织类型反映了两种不同的道德观念。在西方,至少在理论上,同一团体中的人接受共同的道德观念,人人平等。然而在传统中国,社会往往被认为是"由无数私人关系搭成的网络",网络的每一个结都附着一个具体的、特殊的道德要素。在这个"自我主义"而非"个人主义"的社会中,关系"是逐渐从一个一个人推出去的,是私人联系的增加"。② 其结果就是,中国社会道德"只在私人联系中发生意义",这表现在社会各个阶层。

传统中国社会关系的核心原则就是"报"的观念。"报"涵盖了社会交往中的方方面面,是极其精炼的中国送礼文化背后的原理。《礼记》有云:"礼尚往来。往而不来,非礼也;来而不往,亦非礼也。"③ 因此,中国人生活的目标就是保持人情债的平衡,避免欠别人"人情"。

人情不仅仅是感情,它指的是"人类情感"的具体社会表现,例如在适当场合送上祝贺或礼物。人情作为中国人际交往的一种"社会资本",对于搭建关系至关重要。施与恩惠(尤其是对上级)需要送礼,礼物送到就意味着好处将至。传统中国社会的人情观念根深蒂固,"即使是公事,如果某个人能从中获利,人们也认为受惠者应对促成结果的人有亏欠感"。④ 例如,清朝科举中式者与他们的考官之间关系便极为密切。

在中国经济生活中,搭建关系是保护商人的重要方式——尤其是与官员之间。但在中国,并不是所有的经济关系都牵涉人情。当经济(而非社会)交换取决于客观的市场力量时,人情就没有作用。事实上,中国商人常常远走他乡做生意,恰恰是为了摆脱"关系"的特殊压力。同样的道理,比起直接和邻居以物易物,乡民更愿意走上几里地,到集镇上充满"陌生

---

① Fei, Xiaotong 1992. Gary Hamilton and Wang Zheng trans., 71. 参阅冯尔康,《清人社会生活》,天津:天津人民出版社,1990年,第54—67页。"关系在中国"的其他相关研究包括: Gold, Thomas B. Guthrie, Doug and Wank, David eds. 2002; Hamilton, Gary 2007; King, Ambrose Yeo-Chi 1991; Kipness, Andrew B. 1996, 1997; Nathan, Andrew 1976, 1993; Yan, Yunxiang 1996; Yang, Mayfair Mei-hui 1994; J. Zhao 2000。

② Fei, Xiaotong 1992, 70.

③ Yang, Lien-sheng. 1969, 3.

④ Yang, Lien-sheng. 1969, 4.

人"、非个人的环境中做生意。

尽管中国日常生活中的特殊主义原则显著地抵制着中华帝国晚期的变化，但是社会和经济条件却并未如此。实际上在晚明时期，一系列剧烈的、影响深远的变化就已经开始发生了。这包括对外贸易中白银的大量流入、城市化的不断加速（尤其是在江南地区）、以钱代役、地区贸易和长途贸易的增长、全国性大宗商品市场的出现、地域流动的加快、识字率的提高、绅士阶层的扩大、宗族结构在规模和复杂性上的增大、地方管理的专业化，等等。[1]

这些发展导致了一系列转变，包括地方政治风气上的、个人与知识关系模式上的转变，最根本的是思维方式上的转变（见第六章）。它们还创造了新的机会结构，"改变了两性关系的质量，扩展了妇女实际担任的社会角色"。在清代，

> 随着社会城市化水平的逐步提高，尤其是在江南地区，两性共存的现象越来越普遍，在纺织作坊等工作场所，以及茶馆、酒肆等娱乐场所，女性既是雇员，也是顾客。女性藏于深闺的文化观念，在实践中越来越难以维系。与此同时，既世俗又有教养的新型职业妓女群体出现了……一种新的理想婚姻——"友爱婚姻"出现了，这种婚姻是一对具有相似教养和相同审美情趣的男女恋人的结合。这种情况又反映出女性（以及整个社会）识字率的提高……有着越来越多读者群体的小说在性问题上变得坦率，并赞扬男女之间的浪漫爱情。[2]

此外，社会流动的加速、地位差别的模糊以及人身依附关系的趋向缓和（其佐证便是雍正皇帝至少部分成功地废除了贱民制度），"引起人们想要重新确定和评估那些暗含于社会角色中的道德律令，尤其是性别方面的责任"。[3] 这些变化的不凡之处，不仅在于它们发生在显然是僵化的政治、

---

[1] CHC 8: 579–707; 9: 563–645. 关于中华帝国晚期社会和经济变化的研究见参考书目。
[2] Rowe 1992, 1–41, 8. Goodman, Bryna and Larson, Wendy, eds. 2005.
[3] Rowe 1992, 1–41, 8. Mann, Susan L. in Watson, Rubie S. and Ebrey, Patricia B., eds. 1991.

社会和经济制度框架中，而且在于尽管有这些变化，这种框架在清朝的大部分时间里从根本上讲都是完好无损的。

社会阶层

帝制晚期的中国社会是高度层级化的，地位的差别由仪式和法律词汇精心维护着。贵族处在清朝社会金字塔的顶端，其后是士、农、工、商四个主要的社会阶层。宗教人员和其他一些群体在四民之外有其特定位置。

清朝主要有两类世袭贵族：一类是宗室，即爱新觉罗氏；一类是文武功臣。这些地位崇高的群体根据其爵位等级领有特定的土地、米谷和俸禄，此外还享受某些社会和经济特权。非宗室的旗人因他们的世袭地位、特殊津贴和实质特权，在某种意义上也可以被认为是"贵族"。

按常规，所有旗人都从清政府那里领取稳定的收入，通常一年分发四次银钱和米谷。而且，他们享有许多汉人所没有的切实好处，包括残疾抚恤、赡养银、频繁的津贴、免费房屋和无息贷款。旗人不需缴税，对地方汉族文官的起诉具有豁免权。即使被捕，他们也有专门的监狱。即使被判有罪需要接受处罚，也往往从轻发落。此外，旗人走仕途要比汉人容易得多，尤其是北京的旗人（约占旗人总人口的一半），因为他们不需要通过科举考试，就可以进入帝国官僚体制——特别是在清代早期。[1]

在18世纪，尽管补助和津贴是按照各旗等级以及相应等级的八旗满洲、八旗蒙古、八旗汉军分级递减的，但是旗人家庭享有的诸多好处仍旧促使许多汉人冒称旗人身份。此外，正如前几章提到的，这些补助和津贴久而久之不断递减。最重要的是，恰恰是旗人的世袭地位成了他们家庭丰乐的障碍，因为他们不能充分利用清朝大部分时间里所发生的巨大的经济变化。除了一些例外，旗人只是军事集团地位下的囚徒。[2]

无论是否具有贵族头衔，文官在清代社会中都享有巨大的威望。如第

---

[1] Elliott 2001; Rawski 1998. 两书出色地讨论了满人的特权。另见冯尔康，《清人社会生活》，第3—7，47—49，390—399页。

[2] Elliott 2001, 305–44, esp. 311–22. Crossley 1990; Brown, Tristan G. 2013.

图 4.2　文祥

　　文祥（1818—1876），满洲正红旗人，受过儒家经典教育，进士出身。他是清朝著名官员，曾担任许多重要官职，死后被赐予世职。

来源：美国国会图书馆图片照片部

图 4.3　旗人女性

　　这些女性因其满族服饰、发式，以及为了表现缠足的外形和步态而穿的花盆底鞋而引人注目。
来源：美国国会图书馆图片照片部

三章所述，清代九品官制被分为三层：一品到三品为高层，四品到七品为中层，八品和九品是低层。每一品有"正"和"从"两级，有其特定的官服、官帽和其他官阶标志。例如，一品文官官帽顶珠用红宝石，官服胸前、后背用白鹤补服，用镶红宝石的玉朝带。而位于末位的九品文官，则用镂花金顶戴、练雀补服、银衔乌角朝带。除了官衔和等级可以使公文、家谱、祖先牌位和墓碑增光添彩，官员们还有各种各样的赏赐，包括在紫禁城骑马、佩戴花翎以及穿黄马褂。①

表 4.1

爵位官衔	岁俸银（两）	禄米（石）
亲王	10000	5000
一等公	700	350
一等侯	610	305
一等伯	510	255
一等子	410	205
一等男	310	155
正从一品文官	180	90
正从二品文官	155	77.5
正从三品文官	130	65
正从四品文官	105	52.5
正从五品文官	80	40
正从六品文官	60	30
正从七品文官	45	22.5
正从八品文官	40	20
正九品文官	33.1	16.5
从九品文官	31.5	15.8

　　如第二章所述，从18世纪早期开始，清朝官员就有名为"养廉银"的收入。所以，岁俸155两的总督（正二品）能得到13000到20000两的养廉银，从而可以保持清廉。类似地，位于官僚体系末端的岁俸45两的知县（正七品），根据其任职地区的不同，能得到400到2000余两的养廉银。即便如此，各级政府的预算外行政支出仍导致了"陋规"的长期存在。尽管"陋规"受到地方习惯的制约，但是往往会导致权力滥用。
来源：徐中约 2000, 62

　　政府的法令区分了适用于官员、士绅和平民的礼仪规范。尽管在中国社会层级中，官员高于士绅，但实际上二者有相当程度的重叠。例如在婚

---

① Brunnert, H. S. and V. V. Hagelstrom 1911, 490–514. 关于服饰，参见 Garrett, Valery M. 1990; Garrett, Valery M. 2007.

丧仪式上，第一层级的仪式规定只适用于七品及以上官员；低阶官员的适用仪式等同于第二层级，即士绅。此外，在地方上的公开仪式中，拥有进士或者举人功名的人（上层士绅）地位等同于七品官员，从而也被包括在第一层级里。

显然，拥有较高功名的人在社会地位上至少同低阶官员一样尊贵。即使是地位较低的生员或是"监生"这类通过捐纳取得的资格，也享有社会声望和大量特权。作为一个阶层——无论是上层还是下层，士绅均有特殊的称谓、服饰和其他等级标志。有功名者，着金银织锦以及华美绣服；根据法令，平民是不可以穿戴这类衣饰的。士绅在法律上也受到优待（包括免除肉刑以及不得被平民传为证人），免服徭役和免除丁税，最重要的是很容易进入官场，这反过来又会带给其更多的好处和优待。

但是，社会声望不一定要通过功名去获得，关系也有着决定性的作用。魏斐德（Frederic Wakeman）通过一则有趣的寓言，向我们展示了在传统中国，精英文化的共同特征如何为进入官场提供机会，进而提供了掌控权力和运用权力的钥匙。他设想了一场发生在王氏和陈氏之间的土地纠纷，前者是"一位富有却未接受过教育的江苏农民"，后者则是一位士子，并且"他的曾祖父在60年前是部院官员"。尽管陈氏自己并没有取得功名，故而也不是士绅阶层的正式一员，但是"他年轻时读过'四书五经'，现在仍然每天花三个小时在他的小书斋里相当雅致地亲手批阅《易经》"。每个星期都有一个下午，"他要在县城附近的庙里和八位好友相聚。大家一起煮酒论学，在薄暮之际交换诗词或者欣赏某位朋友的画作"。

陈氏在政治上很机敏，他利用同这些人的私人关系解决了即将到来的官司。他的第一步是找到合适的"中人"——他的诗友圈的一员，与知县是"同年"。这位朋友"次日喝茶的时候非常高兴地向知县介绍了陈氏这样有修养的客人。此后的一天，陈氏与地方官以茶会友"，两人相谈甚欢：

> 知县对《易经》也相当醉心，对陈氏关于这部经典的见解印象深刻。当陈氏打算离开的时候，他询问是否有此荣幸能够赠送知县一幅小小的画作："古玩商称这是一幅宋代绘画。当然不是。不过这幅临摹品非常

图4.4　清朝官服图案

　　上面四张所谓的"补子"，每种都包含一个动物图案，代表了文官最高的四种品级。右上角的仙鹤是一品文官，右下角的锦鸡是二品文官，左上角的孔雀是三品文官，左下角的鸿雁是四品文官。

来源：中川忠英，1799年

图 4.5　李鸿章

　　李鸿章（1823—1901）是晚清最杰出的汉族官员之一。和文祥一样，李鸿章也拥有进士功名，并担任过许多重要职位。然而不同的是，李鸿章发迹于地方，他先是任巡抚，后来任总督。他的腐败人尽皆知。

来源：耶鲁大学拜内克古籍善本图书馆

图4.6　北京杨家

　　这张照片展示了一位被摄影师约翰·汤姆逊（John Thomson）称作"杨先生"的晚清官员及其大家庭。他的长子站在他的身边。大部分女眷身着汉族服饰，只有一位戴着满族头饰。二楼的匾额上写着"云中之阁"四字。
来源：耶鲁大学拜内克古籍善本图书馆

精致，我想大人可能会乐于欣赏小人手中的这幅小画。"知县愉快地接受了，两人在最好的时候话别了。

当王氏发现，"他即将面对的官司中的对手竟然是知县家里的座上客时，他认识到了自己是多么愚蠢，并完全放弃了官司"。之后，他亲自拜访陈氏，"为有损他的声誉而道歉"，最后还卑躬地奉承了一句："大人不记小人过。"[①]

第十章将会更加详细地展现学术精英的社会生活。眼下我们仅需知道，士绅奢侈的生活方式需要巨大的花费，其内容包括豪华的宴会、众多的仆人以及书籍和艺术品收藏这种昂贵的爱好。幸运的是，大多数中国精英都能轻松地获得足够的资财。张仲礼估算，有时士绅阶层的人均收入约是平民的16倍，其他一些学者也提到了士绅和大众之间的"巨大收入差距"。[②]

与传统认识不同的是，士绅阶级不单是地主精英。尽管大部分拥有功名的士绅都生活在乡村，且很多都是舒适地居住在乡间宅院中的地主，但是到了18世纪早期，士绅阶层（尤其是下层士绅）的关键经济基础，已经从田产变成了通过经理地方事务获得的收入，比如调解法律纠纷、督管学校和书院、管理公共工程和福利事业、组织团练以及代征代缴赋税。上层士绅还能从与商人的商贸合作中获利（见下文）。对那些首先是地主的士绅来说，与官府勾结使他们能够以比中下层农民低得多的税率来缴纳赋税。

清朝精英的妻女们的优越地位不仅在于她们享有伴随其家庭地位的财富、人脉和法律特权，也在于她们常常能够拥有普通大众无法享有的教育机会。尽管女性没有资格参加科举考试，但是有大量女性受到了良好的古典教育，长于读书、写字和作画（见第八章、第九章）。一些妇女带领汉族军队抵抗盗匪、叛军或外国侵略者，她们中至少有一些人——特别是林普晴（1821—1877）——还扮演了积极的管理角色。很多妇女协助她们的丈夫经商，另外一些则成功地经营着自己的事业。如导言所说，近年来许多

① Wakeman in Crowley, James, ed. 1970, 13–15.

② Chang, Chung-Li 1962, 372–78. Rozman, Gilbert et al. 1981, 122. Zelin, Madeleine in Lieberthal, Kenneth et al., eds. 1991, 46, 55.

才华横溢的学者极大地增进了我们对中华帝国晚期"女性文化"的认识，其中包括性别界限是如何建构的，以及随着时间变化而由此产生的争议。

季家珍（Joan Judge）明确提出了造成这种争议的一个主要原因，即德与才的二分。她注意到：

> 从16世纪晚期开始，中国妇女的识字率逐步提高……这个基本的文化结构定义了何为值得尊敬的女性。当时"男子有德便是才，女子无才便是德"的说法很流行，将男子之才定义为公共福祉的最高形式，并且对政治秩序的复制至关重要，而女性之才被认为会干扰家庭生活，且不利于社会秩序的复制。从16世纪末到20世纪初，德才二元论也一直出现在关于女学之范围和内容的争论上，但是争论的要点也发生了改变。起初，反对女性接受教育的人声称女性不可能德才兼备。然而到了18世纪，争议的核心不再是女性是否应该发展她们的才情，而是她们的才情应该如何被展示出来。[①]

在第十章和第十一章，我们将会看到这个复杂的问题在清朝精英文化中是如何表现出来的。

遗憾的是，有关清代其他社会阶层女性的生活和成就，我们掌握的资料极少。即便是农家女诗人贺双卿的传奇故事，也无法得到完全证实。她的声名全赖懂得欣赏她的男性文人史震林（1693—1779），才得以被记录下来。虽说我们可以读到她的诗词，却无法断定她确实存在过。贺双卿也许只是思想丰富而又有点反叛心理的史震林的杜撰。[②] 但不管怎样，我们可以肯定，在湖南省西南部的江永县，非精英阶层的女性创造了一种独特的女性文字——女书，她们用这种华美的诗韵表达了对所生活的世界的复杂而又高度性别化的看法（见第五章）。

在传统中国社会，士阶层之下有三个庞大的平民阶层。根据中国由

---

① Judge, Joan 2001, 768–69.
② 关于贺双卿，参见Elsie Choy 2000; Ropp, Paul S. 2001。关于贺双卿所作之诗，参见Chang, Kang-i Sun and Saussy, Haun eds. 1999, 453–65。

来已久的次序，分别是农、工和商。他们的社会分布因时因地而有差别。20世纪初一份针对华北18个县、涵盖450万人的调查显示，3%的人口属于士阶层，2.5%的人口属于工阶层，4%的人口属于商阶层，其余的人口属于农阶层。另一方面，像汉口这样商贸繁荣的城市，可能总人口的30%属于商，50%属于工，5%属于士，5%属于农，还有10%的人口属于"边缘群体"。[①]

在任何一个特定的环境中，各个阶层的个人或家庭都可以依其具体的职业、收入、生活方式和地方威望被进一步细分。例如有时候，家产丰厚的人即使没有受过教育，也可能享有一定的地位和特权；有时候，"义民"会被政府认作"义官"，并得到一定的特权，作为对他们慷慨为国解囊的承认。同样，正直而高寿的老人会得到官方认可和社会尊重，称为"寿民"，最终成为"寿官"。因此，在一些地方仪式上，富有和高寿的平民可能和受过教育的精英一样，享有殊荣和尊重。[②]

农在传统中国社会平民阶层中位列第二，他们在帝制晚期占了全国人口的80%，常常受到剥削，也很少有人受过良好的教育。农民长时间在田间耕作，靠天吃饭，他们鲜有机会进行有效的社会流动，许多人都处在维持生存的最贫困的边缘。由于没有长子继承制，个人的田产被不断地分割成小块田地：在中国北方每户平均最多拥有20至30亩地，南方每户大约有12至15亩地。这样大小的田地差不多能够养活五口之家，但是它们可能分散在村子附近的几个不同地方，所以难以有效耕种。在整个清代，大约有30%的中国农民是佃农；还有20%的农民是小地主，为了维持生活，他们还得额外租地耕种。在中国南方，土地租佃尤为常见，但即使是在乾隆盛期的华北，据说仍有至少四分之一的农户没有土地。由于土地面临的巨大压力和资金的普遍匮乏，所以地租很高，农村借贷年利率达到40%或更高。[③]

大量的地方志、官员回忆录和清代的其他文献都证实了中国农村生活的艰苦和残酷。我们可以听听清初山东郯城知县口中的县情："窃照郯城，

[①] Rozman 1981, 151. Rowe 1989, 29–38.
[②] Ho, Ping-ti 1962, 20–21, 80. 关于庶民生活，参见王尔敏，《明清时代庶民文化生活》，1996年。
[③] 关于对中国清代农村环境的更全面的描述，参见：CHC 9: 612–16, 632–36; Hsü, Immanuel C. Y. 2000, 63–69; Spence 2012, 12–16, 76–78; Rowe 2009, 96–99. 徐浩，《十八世纪的中国与世界：农民卷》，沈阳：辽海出版社，1999年，提供了中西方农村生活的比较视角。

图4.7　插苗

来源：中川忠英，1799年

弹丸小邑，久被凋残。三十年来，田地污莱，人烟稀少。极目荒凉之状，已不堪言。复有四年之奇荒，七年之地震，田禾颗粒无收，人民饿死大半。房屋尽皆倒坏，男妇压死万余。"这位知县随后说道："鸿待罪郏东，轻生者甚多，而郏为最甚。地方凋瘵，百姓贫苦，原不知有生之乐。"① 在这种情况下，农民经常有溺婴的行为，许多人还不得不将自己或者家人鬻身为妓、为奴。

当然，年景并不总是那么坏，而且即使在同一时期，农民的生活水平显然也会因地而异。清初，专业种植向之前农业不发达地区的扩张，为这些区域的农户带来了新的经济机会。比如，桑叶种植原本集中在浙江、江苏和广东这些制丝大省，后来迅速扩展到了四川、湖南和湖北这些新的农业地区。同样，四川和台湾加入了福建和广东的行列，成为蔗糖的主要产区；烟草种植从江苏、浙江和江西向北扩展到了山西、陕西和四川。与此同时，米、棉等更多的传统农产品继续在长江下游地区，这个中国最富裕、农业产量最高的地区蓬勃发展。②

无论是出于抱负还是为了生存，越来越多的小农开始从事家庭副业以补充家庭收入。对他们来说，从为不断增长的手工业提供原材料到投身其中，这是相对简单的一小步。事实上，农村小作坊和农户主导了许多商品的生产过程，从酒、油、糖、烟草到棉衣、皮具、铁器以及其他日用品。家庭手工业也是中国大部分丝、茶生产的动力。农妇在家庭工业和田间劳作中起到了重要作用，这提升了她们的经济重要性，也提高了她们的家庭地位。③

"农"这个说法包含了广泛的农村居民。当地条件和个人经济情况显然会影响务农者的看法，并且在很大程度上决定了他们参与仪式活动和精英日常喜好的程度。农民很少能享受符合绅士价值观的奢华，更不用说士绅的生活方式了。④ 尽管如此，我们还是可以在中国农民生活的仪式中找到很多明显的精英观点的特征。一个显而易见的迹象便是，农民为了达到婚嫁

---

① Spence 1978, 10–11, 14.
② 更多关于中华帝国晚期农业生活的研究，见参考书目。
③ Bray, Francesca 1997; Bell, Lynda S. 1999; Feng 1990, 153ff. Zurndorfer, Harriet T. 2011, 701–38.
④ 见欧达伟对农民谚语的启示性研究：David Arkush in Liu, Kwang-Ching, ed. 1990。Feng 1990, 10–19.

丧葬的仪式要求，普遍愿意债台高筑。这些做法"通过效仿地方精英，而将中国平民百姓与民族文化紧密地连在一起"。[①]

工在传统中国社会阶层中位居第三。尽管从理论上来说，他们的社会地位低于"农"，但是他们的人均收入常常和农民差不多，或者更高一些。顾炎武引用过一位晚明学者的话："农事之获利倍而劳最，愚懦之民为之；工之获利二而劳多，雕巧之民为之；商贾之获利三而劳轻，心计之民为之。"[②] 甘博（Sidney Gamble）针对1807年至1902年北京地区工匠收入的开拓性研究显示，尽管工价变化巨大，但是按照常规，非熟练工的日收入是他们三餐花费的1.5倍至2倍。举例来说，在1877年至1887年间，非熟练的木匠和泥瓦匠一天的工钱是160文，因此其中有约100文是花在三餐上的。熟练工自然挣得更多。

有很多职业群体都属于"工"，例如木匠、泥瓦匠、陶匠、金匠、棺材匠、裁缝和珠宝匠等手艺人，丝、棉、茶、纸、食用油、家具和蜡烛等商品的制造商，还有屠夫、剃头匠、医生、算命先生、磨刀匠、厨师、女佣和媒人等服务业者。搬运工也属于"工"，因为即使是农民，也会尽可能避开这类"低下"的体力活。"工"既可以是个体户，也可以长期受雇于士绅家庭、商人家庭或者国家。大部分个体工匠都会加入类似于"行会"的职业团体（见下文），但是这些组织和西方的工会几乎没有共同之处。这些行会的目的在于为其成员提供一种团结感和各种形式的互助，但是它们几乎没有任何政治独立性。

莫克莉（Christine Moll-Murata）、宋建昃和傅汉思（Hans Ulrich Vogel）合编的《清代匠作则例》一书，从具有启示性的官僚视角展现了清代工匠的劳动，并且特别聚焦在规定了"生产用品的技术、材料和资金"的匠作则例上。[③] 这些则例还包含诸如工时、工价等问题。该书各篇的作者们讨论的工程项目包括在大火后修复紫禁城，以及颐和园、宗教寺庙和城垣的日常维护。书中讨论的其他匠作活动还包括刻书、水利、保养军械、铸钱、

---

① Cohen, Myron 1991, 117–19.

② Beattie, Hilary 1979, 180.

③ Moll-Murata, Christine, Song, Jianze, and Vogel, Hans Ulrich, eds. 2005, 9. Feng 1990, 291–306.

图4.8　街景
　　这幅照片描绘了一些常见的活动，如算命和剃头。算命先生摊位前的招牌说明他精于《易经》卜卦（见第五章）和测字。请注意他的顾客的缠足。这似乎是一张摆拍的照片。
来源：耶鲁大学拜内克古籍善本图书馆

海运和内陆运输。总而言之，这些详细的研究揭示了清朝官僚实践的另一层面，让我们了解到工匠的工作条件以及他们增进各自利益的机制。

　　至少在理论上，"商"位于传统中国四民结构的最低一层。由于在官方文献中总显得唯利是图、善于钻营，大多数中国商人长期缺乏安全保障。作为一个阶层，商人没有命令官僚服从的权力，一旦没有官方的支持，他们的生意也不可能做大。清代文人笔下的商人大致主要分为三类：普通经商者（坐贾）、中间商（牙人）和富裕的货运商（客商）。卑微的街头小贩身处商业光谱的一端，几乎无法做到收支相抵，而处在另一端的帝国晚期的丝、茶、盐大商户们，经常能积累庞大的财富并且拥有巨大的影响力。①

　　清朝的商业政策并不像许多学者所说的那样，属于压制和干扰。在大

———————
① 关于清代更为广泛的商业活动，参见：Hamilton, Gary 2007; Kwan, Man Bun 2001; Lufrano, Richard 1997; Mann, Susan L. 1987; Metzger, Thomas 1970; Rowe, William T. 1984, 1989; CHC 9: 576–77, 585–85, 588–91。

多数情况下，清朝政府不会干预地方市场，这促使商人们自我监管。在清初，这种政策具体表现为向那些协助国家管理贸易、获得商业财富的个人发放"牙帖"。这些牙人也为商人提供服务，并使用他们的牙帖控制地方资源以获取私利。后来随着经济的发展，地方精英负责征税，作为回报，他们取得了监管地方市场运作的权力——依然出于他们的经济利益考虑。这是精英更为直接地参与地方社区财政管理的几种方式之一。在19世纪中叶，清朝政府的财政危机迫使其比以往更依赖商业税（尤其是名声不佳的厘金）；皇帝的回应又是向当地商人组织寻求解决问题的方法。[①]

显而易见的是，士与商之间的界限在理论上虽然非常清晰和明确，在实践中却越来越难以划分。在整个清代，特别是在19世纪，官员和士绅家庭积极参与仓储、放贷、典当以及各种利润丰厚的批发零售行业。因此，商业化越来越将商人和士绅融合成冉玫铄（Mary Rankin）所说的"一个充满活力、不断扩大的精英群体，他们的权力基于土地占有、贸易、高利贷和功名的不同组合"。何炳棣写道，在清代，"官员与富商间的社会差别，比中国历史上任何时代——除了蒙元以外——都更加模糊"。[②]

此外，富商总是能够使用他们的财富来获取尊贵的士大夫地位。他们或是捐纳以获得功名（有时候是实缺），或者自己（或培养他们的儿子）读书参加科举考试。汉人士子沈垚（1798—1840）在评论明清时期商人获取功名的途径时，略为夸张地写道："古者士之子恒为士，后世商之子方能为士……天下之势偏重在商，凡豪杰有智略之人多出焉。"[③]

由于获得精英地位没有有效的屏障，所以商人们无意挑战现存的儒家社会秩序。正相反，他们支持这种秩序，即所谓的"贾为厚利，儒为名高"。魏斐德写道：

> 他们（富商）大肆仿效士绅的举止，惹人注目地一掷千金，使更多的生产性投资化为乌有，重申了文人雅士文化的霸权地位。当时有一个

---

① Mann, Susan L. 1987; Zelin, Madeleine in Lieberthal, Kenneth et al., eds. 1991, 53ff.
② Rankin, Mary 1986, 7; Ho, Ping-ti 1962, 81–86.
③ Yü, Ying-shih 1993, 142–43.

特立独行、出手阔绰的"盐呆子"……在设计精巧的玩具、太湖石和珍禽异兽上耗费巨资。然而这只是对士绅风尚的扭曲理解。所有这些豪奢之家中，盐商出身的马氏家族不仅主持了18世纪最著名的文化沙龙，资助着当时许多著名的艺术家，还拥有一座私人藏书楼，里面存放着许多让乾隆皇帝都艳羡不已的珍本。①

通过联合，尤其是通过教育，清代各个阶层都存在社会流动——其可能性肯定要比德川时代的日本更大。何炳棣推测，整个清代几近40%的进士来自祖上三代从未产生过官员或举人的家庭。但是艾尔曼指出，何炳棣的数据"忽视或者低估了那些有旁系亲属或者姻亲担任官员的平民的数量"。② 换句话说，拥有合适的亲属和其他关系的平民就有了巨大的优势。尽管如此，直到1905年科举考试被废除前，中国所有社会阶层的人都被它的诱惑所深深吸引。

甚至农和工都渴望着科举考试带来的社会流动性。诚然，绝大多数人都不可能接受考试所必需的正规教育。在传统中国，这些教育几乎都是私人的，大部分人都没有这份财力。如同第三章简要叙述的那样，私塾、地方书院和孔庙都和精英教育紧密相连，它们或是通过束修、私人捐款，或是通过政府补助而正常维持。士大夫和富商家庭自然是这些教育机构的主要受益者。③

然而与此同时，清代的贫苦人也有一些接受教育的机会，主要是靠乐善好施的人或地方团体，有时是官府设立的义学和社学。虽然这些学校的设立在一定程度上是为了向社会下层（包括少数民族）灌输意识形态，但是它们也为潜在的学术人才提供了成功的机会。显然，中国有很多小霍雷

---

① Wakeman 1975, 51; Rowe 1989, 56ff.

② Ho, Ping-ti 1962, 90–91, 107–11; Elman 2000, 240–56.

③ 关于清朝时期的教育机会，参见：Elman and Woodside eds. 1994; Elman 1991, 7–28; 2000, 2013; Gu, Ming Dong 2005; Rawski 1979; Charles P. Ridley. 1977; Woodside, Alexander 1983; Yu, Li 2003; Zurndorfer, Harriet T. 1992. 关于女性受教育情况的研究，参见：Ho, Clara Wing-chung 1995; 1999. In Zurndorfer ed. 1999, 308–53; Ko, Dorothy 1994; Liu, Fei-wen 2004; Mann, Susan L. In Elman and Woodside, eds. 1994: 19–49; Martin-Liao, Tienchi in Anna Gerstlacher, et al., eds. 1985; Qian, Nanxiu 2005; Qian In Fong and Widmer eds. 2010; 2013, 2015; Zhan, Heying Jenny and Roger W. Bradshaw 1996.

肖·阿尔杰（Horatio Alger Jr.）①式的成功故事，足以让一个令人信服的社会神话不朽。在牟复礼颇为理想主义的表述中，"对社会流动的积极可能性（也许甚至高于社会流动的实际统计发生率）的信念，使得文化生活的不同等级保持着连贯和一致——即使在质量和特性上不是完全一致，因为每一个等级都是其下面一个等级积极模仿的对象"。②至少如此看来，科举考试是保存和传播中国儒家文化遗产的有力工具。

除了前面讨论的"四民"，另外还有几个社会群体也值得关注。首先便是普通的僧人和道士，人数约有数十万。在帝国晚期，佛教和道教几乎失去了所有曾经拥有的经济和制度权力，只有一些重要的寺庙道观还保有可观的土地和大量的僧人道士（四五百人）。清代内地绝大部分的宗教建筑都是比较简陋的。

由于缺乏财政资源，佛寺和道观除了偶尔举行宗教法事、庆祝宗教节日和留宿信徒，几乎不能提供任何社会服务。尽管有些寺庙道观拥有图书馆甚至印刷设施，但是它们并没有在中国教育系统中发挥重要的作用。事实上，佛经甚至无法进入中国古代的学校。在中国社会中，佛教僧人和尼姑的主要功能是在祖先崇拜中参与各种仪式和祭祀，还要分别关心男女信徒的某些其他宗教和个人需求。这些服务所得加上香客的捐赠，维持着佛寺和道观的运行。大规模的寺庙和道观还会从拥有的土地中获得食物和租金。

与西藏、蒙古和关外的情况（见第七章）相反，中国内地的僧人、道士和尼姑道姑们几乎没有什么社会地位，更谈不上正式的政治影响力。③除了方丈，中国大多数宗教人员似乎都不识字，也没有文化。他们中的大多数人出身低微，相当多的人在小时候被卖给或者送给了寺院。1739年乾隆皇帝发布的一道上谕表达了皇帝对中国大部分宗教人员的轻视：

---

① 19世纪美国儿童小说家，作品大多讲述穷孩子如何通过勤奋和诚实获得财富和成功。——译者注
② Mote, Frederick in Buxbaum, David and Mote, eds. 1972, 13-14; CHC 9: 488-91。冯尔康《清人社会生活》第43—47页提供了一些清代来自穷乡僻壤的学子们通过取得科举考试的功名从而位居高官的例子。
③ 关于清朝尊崇藏传佛教的信息，参见：Campbell, Aurelia 2011; Elverskog, Johan 2006, esp. 1-4, 47-48, 75-78, 103-23, 134-46; Samuel M. Grupper, 1984; Dan Liu, 2010; Rawski 1998, 244-47, 251-58, 261-63, 267-68, 271-72。

往昔帝王之治天下，每有沙汰僧道之令。诚以缁黄之流，品类混杂，其间闭户潜修，严持戒律者，百无一二。而游手无藉之人，借名出家，以图衣食，且有作奸犯科之徒，畏罪潜踪，幸逃法网者，又不可以数计。[①]

寺庙道观的规定通常很严格、详细，但是显然很少得到遵循。如果僧人道姑觉得无法忍受清规戒律，也能非常容易地还俗。鉴于寺庙道观的社会构成和保护性环境，它们偶尔会成为赌徒、小偷和流浪汉的避难所以及愤世者的集合地，也就不足为奇了。北京郊外的西山上有一座保明寺，其丰富的历史就说明了异端信仰和行为是如何能够在"正统的"制度下生存的。[②]

尽管出于"劝人为善、戒人为恶"（嘉庆皇帝语）的目的，清政府在意识形态上愿意容忍佛教和道教，但是它非常惧怕中国内地组织性宗教的潜在政治力量。因此，它对中国僧侣的生活强加了许多限制，包括限制宗教人员规模、官方批准的寺庙道观的数量，以及宗教活动的范围。方丈、僧人、道士和尼姑都由礼部颁发度牒，受到国家的间接监管。清朝政府的行政法令里面包含了一套完整的宗教等级和权威体系，这就授予了宗教机构一定的合法性，但是与此同时又使宗教机构从属于国家和官僚系统。清朝地方政府从各州县德高望重的方丈、道长中选出执掌宗教事务的官员，佛教为僧录司，道教为道录司。这些人是中国世俗权威和正规的宗教神职人员之间的主要联系。

清代另一个十分重要但不受尊重的社会群体是世袭的绿营军。与最初仅仅作为战争机器的八旗军不同，绿营军承担了各种不同的任务，且常常包括非军事任务。绿营兵除了要满足国防和国内安全的需求，还要押送国家赋税、漕粮和人犯，守卫仓储、陵寝和城门，负责驿传，并随时准备承担其他指定的任务，例如为公共工程服劳役。但对于军队和朝廷来说不幸的是，普通士兵的军饷、技艺和士气都很低。中层及以上武官可以像文官系统那样定期调转，而普通士兵只能终生和家人一起生活在指定的驻防地。这种安排的好处在于，将士兵置于一种受到控制的社会约束环境中。但也

---

① Chen, Kenneth 1964, 453; Yang, C. K. 1961, 189ff.
② Li, Thomas Shiyu and Naquin, Susan 1988, 131–88.

图 4.9　佛教僧人
来源：耶鲁大学拜内克古籍善本图书馆

正是这种情况，会孕育特权利益，让军饷微薄、受到剥削的士兵可能为了养家糊口而去寻找非军事类的工作。

　　绿营军官从武举中式者中选出，在程序和等级上与文榜相似。但武举考的是武艺，对文艺要求不高。尽管武举出身也能为官员带来缙绅身份，但是他们受到士子的轻视，也未必能在军队内部晋升。事实上，清朝军队中的大部分军官都不是武举出身，而是一级一级晋升上来的。武官同受人尊崇的文官一样，也被分为九个品位，每个品位都由不同的顶戴、补子和其他官位标志来区分。

　　随着 18 世纪晚期八旗和绿营军的日渐衰落，被称作"勇"或者"勇营"的雇佣军队开始肩负起清朝的主要军事重担。这些军队组织高度依靠个人忠诚，通常由文官统领指挥。勇营军相对训练有素、薪酬丰厚，并且深受儒家道德观的浸染。虽然地方官员和他们的幕僚在这些雇佣军的管理和财政方面享有相当大的行政自主权，但是他们无法逾越朝廷的影响范围。皇帝任命官员和掌控全国财政的权力不减，防止了清代"军阀主义"的出现。①

①　R. J. Smith 1974; Liu and Smith 1980; CHC 11.2: 202–73.

在社会的最底层——至少在清初——是有别于"良民"的几个"贱民"群体。这个低贱的、在统计学上微不足道的群体（至少相对于占主导地位的汉文化来说）①包括各种各样的奴婢（比如徽州的佃仆）、乐户、娼妓、罪犯、衙役，以及特定地区的贱民，例如上海的苏北人、长江丘陵地区的棚民、江苏和安徽的丐户、浙江的堕民（或惰民）以及广东的疍户。这些社会群体遭受着不同形式的歧视——从单纯的偏见到不平等的法律待遇。在雍正朝实行"贱民脱籍"政策之前，这些贱民和他们的后代都不得参加科举考试，也不能和普通平民自由通婚。②

通常，《大清律例》认为贱民低于平民阶层，如同平民低于士绅阶层。所以，同样的罪行，贱民对平民犯罪将比平民对贱民犯罪受到更严厉的责罚，平民和士绅之间也是如此。这些条款适用于所有情况下的所有关系，涵盖从身体伤害（包括死亡）到盗窃、诅咒、通奸和跨阶层婚姻。例如，《大清律例》针对贱民，对诸如"良贱为婚姻"（第115条）、"良贱相殴"（第313条）、"奴婢殴家长"（第314条）、"奴婢骂家长"（第327条）、"良贱相奸"（第373条）等都有详尽的处罚。③根据礼法，罪犯和受害者之间的相对阶层地位几乎总是量刑的一个因素。

然而，尽管在清朝的大部分时期，贱民等群体的法律地位受到压制，但是个人仍有不少上升的机会。同宫中身份低微的宦官一样，某些奴婢获得了实权。皇室的家仆"包衣"就是如此。例如富裕且著名的曹寅是康熙皇帝的侍读，而且是深受信任的眼线。许多官员的家人、长随亦是如此，例如衙役，他们利用自己和官员之间的紧密关系，庇护私人利益或者施展权力。许多这种仆人获得了大量非法权力，以至于被人们直接称为"堂官"。

---

① 驻防旗营里的奴隶和男性旗人的比例可能低至8比1，参见 Elliott 2001, 227–30。关于清朝家奴、国家奴隶、旗下仆从和其他类似奴隶的人群的研究，参见 Rawski 1998, 166–78。

② 关于这些群体，见冯尔康，《清人社会生活》，第28—40页。CHC 9: 493–502展示了清代不同类型的奴隶之间极其细微的差别，并认为雍正时期的"解放运动"并不彻底。

③ Jones, William C., trans. 1994, 133, 297, 311, 352. 对这些犯罪的惩处通常很严厉。例如，如果奴隶诅咒家主，会被处以绞刑；如果奴隶打了家主，即使家主没有受伤，打人者也会被砍头。

中国社会经济组织的形式

上一节所描述的社会群体，在复杂的关系网络中日复一日地运作着。这些关系的背后既有国家的正式组织和城乡的各种行政系统外的非正式组织，也有宗族和核心家庭。清朝政府对这些非正式组织的态度非常矛盾，在支持的同时又觉得可疑，并且始终强烈倾向于集体责任的观念。

从理论上来说，"国"不应害怕"家"，因为家被誉为整个中国社会的典范。毕竟，皇帝是臣子的君父，州县官被认为是"父母官"，中国人总体上是一个"大家"。在清朝政府看来，家庭系统的问题在于，它与国家竞争其成员的忠诚，从根本上影响了政治、社会和经济关系的运行。

中国家庭系统背后的哲学和宗教预设，将会在随后的章节中得到更全面的讨论。现在，我们只需勾勒出这个系统的根本特征。中国家庭的组织是等级式的、专制的和父权制的：

> "家长"和"当家"是两个典型的角色。前者是年长的男性，也是家庭面对外部的正式代表；后者掌管家庭和收入。尽管这两个角色有着明显的差别，但是在小型家庭里，父亲通常身兼两职；随着他逐渐年迈以及家庭规模的扩大，"当家"这个位置往往由某个儿子接管。兄弟们平等享有家庭财富——所有权的主导形式，但是只要还未分家，他们也就有义务共享他们的收入。分家的一个关键因素就是在兄弟间分配家产，其他还包括为新家庭以及经济独立的家庭安置独立的厨房。[1]

中国家庭生活（以及整个社会生活）的主题是"从属"：个人从属于群体，年轻人从属于年长者，女性从属于男性。反映特定身份权利和非对等身份义务的亲属称谓是极其精确的，较常使用的约有80个。在同心圆中不断向外延伸的五服制度，规定了家庭中的仪式责任，也影响着国家的法律判断。

---

[1] Cohen, Myron 1991, 116. Feng 1990, 135–70.

表 4.2　五服制度

等级和服期	代表的关系
1.斩衰 （三年）	男子为父母 妻为夫和公婆 妾为夫
2.齐衰 （一年或少于一年）	男子为祖父母，为伯叔父母，为未嫁姑，为亲兄弟，为未嫁姐妹，为妻，为子，为长子妇，为侄子和未嫁侄女，为长孙 妻为未嫁侄女，为夫之侄子和未嫁侄女 已嫁女为父母和祖父母 妾为夫之妻，为公婆，为子（嫡子和众子，包括己出之子） 男子为高祖父母、曾祖父母也属于齐衰，服期较短
3.大功 （九个月）	男子为已嫁姑，为已嫁姐妹，为兄弟之妇，为堂兄弟，为众子妇（非长子妇），为侄妇，为已嫁侄女，为众孙 妻为夫之祖父母、伯叔父、众子妇、侄妇、已嫁侄女、众孙 已嫁女为伯叔父母，为未嫁姑，为兄弟，为姐妹，为侄子，为未嫁侄女 妾为己出之孙
4.小功 （五个月）	包括男子为伯叔祖父母，为兄弟之妇，为未嫁祖姑，为堂伯叔，等等
5.缌麻 （三个月）	包括男子为曾伯叔祖父母，为未嫁曾祖姑，为已嫁祖姑，为族祖父母，为未嫁族祖姑，等等

　　最后两个等级特别复杂，所以在上表中大幅简化了。以上所有类别的联系都是通过父系血缘关系构成的，因此"堂亲"仅指父亲兄弟的儿子，而不是父亲姐妹的子女。而且，丧服实际上是晚辈对长辈的责任，反向则不成立。
来源：翟楚、翟文伯译，《礼记》（1967 年）

　　由于缺乏成熟的保护性民法和商业法[①]，由血缘、婚姻和收养所缔结的亲属关系是中国传统社会中最紧密和最可靠的关系，尽管这些关系与核心家庭相去甚远。因此，在城乡的许多事业里，裙带关系是一种普遍的现象。但是我们不能想当然地以为，财政决策仅仅基于诚信和仁慈的家长作风。即使是在家庭内部，经济现实（包括日益激烈的土地竞争带来的家庭劳动力多元化）往往使家庭必须拟定详尽的书面契约，以便平稳而有效地管理

---

① Bourgon, Jerome 2002, 50–90; Huang, Philip C. 1998, 2001; Liang, Linxia 2007; Zelin, Ocko, Jonathan and Robert eds. 2004.

家庭财产。在家庭中使用的这些契约，与中国社会经济生活的许多其他领域所使用的口头和书面契约是类似的（见下文）。值得注意的是，《万宝全书》等大众类书非常注重各式各样的书面契约，包括购买、出售、土地租赁、牲畜等其他商品的合同。

清代的核心家庭平均约有五口人，在理想情况下，这是一个自给自足的社会经济单位。在传统中国，同一屋檐下居住着三代或三代以上的大家庭相对罕见，基本上仅限于那些能供养许多非生产性家庭成员和大量仆人的富裕的士绅阶层和商贾大户。四五代人同堂的家庭享有很高的社会声望，有时还会获得国家的礼法认可，比如被赐予高大华丽的牌坊。

无论是核心家庭还是扩展家庭，都希望亲属和睦相处。照顾老弱的责任主要在家庭，家庭也以此规训和控制家庭成员。社会价值通过下面这样的非正式的家训得到传播和加强：

> 顺父母，和兄弟，亲宗党，教子弟，
> 慎婚姻，肃闺闱，惩习讼，戒嫖赌，
> 立户长，修祠堂，置祭田，保祖墓。[1]

清朝政府要求精英和平民都要遵循的更为正式的家礼，也加强了这些社会价值。中国家庭系统的巨大力量恰恰在于它与宗教和世俗生活的多方位的关系。

这种关系的复杂性可以从祭祖实践（也称为祖先崇拜，参见第七章）中一窥堂奥。在帝国晚期，家庭内的祖先祭拜在中国已经成为一种普遍文化现象。律例要求，即便是出家人也必须遵守为父母服丧之礼。在儒家、佛教和道教思想的影响下，祖先崇拜对中国家庭系统的支撑不仅体现在巩固社会关系、强化身份义务上，它还在社会各个阶层培养了一种非常保守的遵循先例的思想。家庭中的重要决策——无论是由农民还是皇帝制定的——都需要祖先的"同意"，所有重要的社会活动都要象征性地与祖先"共享"。

---

[1] Furth, Charlotte in Liu, Kwang-Ching, ed. 1990, 187.

图4.10 真容图
　画中男子正在跪拜祖先的肖像。注意蜡烛、鲜花以及供奉的食物。
来源：中川忠英，1799年

图4.11 祖先牌位

　　图中父亲带着他的儿子去检查为某些特殊情况下的集体祭祀所准备的丰厚祭品。祖先牌位放在图中最上方的壁龛中,牌位正前方香炉里还没有燃香。

来源:中川忠英,1799年

　　清朝政府的政策和祖先崇拜的做法关系紧密。一方面，国家亮出了祖先崇拜中最引人关注的问题，利用消极的制裁来维护秩序。例如，起义的首领可能会被满门抄斩或者祖坟被毁。肉刑（身体受之于祖先）和流放（远离家庭和家乡）等刑罚，显然是为了阻拦犯人尽孝道。另一方面，国家积极支持祖先崇拜，这是儒家信仰的一部分。官员遇到父母去世，需要丁忧至少三年（对旗人的要求远远没有这么严格）。《大清律例》甚至规定，被判死刑的罪犯如果父母已经亡故，又是家中独子，就可以得到大幅减刑，并且留在家中继续尽祭祀的责任。

　　儒家家庭价值观还以其他重要的方式减轻法律刑罚。例如，家庭系统内根据五服来量刑。这些关系基于长幼有序和夫尊妻卑的原则。因此，如果儿子殴打父母（一亲等），无论受伤与否，均处斩刑。但是如果父母殴打儿子（二亲等），则不予治罪，除非儿子死亡。同样，如果妻子殴打丈夫（一亲等），杖一百。但若是丈夫殴打妻子（二亲等），则不受罚，除非造成明显的伤残，且妻子本人告官。也许《大清律例》中最令人瞠目结舌之处在于：家庭中的从属成员如果控告在上者，即使情况属实，仍将受到刑罚。儿子诬告父亲，处绞刑；若是指控为真（除了谋反），儿子仍将受杖一百、徒三年的处罚。[①]

　　史景迁对"王氏之死"的生动再现，说明了清代影响法律判决的一些社会变量。在这个著名的案件中，任姓男子杀了他那和另一男子通奸并私奔的妻子王氏。然后任某试图将这次谋杀归咎于高姓邻居，后者之前在一座庙中曾与任姓男子就王氏一事发生争执并打了他的脸。史景迁概述了知县黄六鸿对这起案件的判决：

　　　　按照清朝的法律，任某和他的父亲因为诬告无辜的人杀人而应该被判处死刑。但是黄六鸿发现有很大的减刑余地。首先，任父对犯罪的经过一无所知；其次，任父已经七十多岁了，而且任某是他唯一的儿子；第三，任某没有孩子，如果任某被执行死刑，那么任家的香火势必就断

---

① Bodde and Morris 1967, 37–38, 40–41. Jones 1994, 66 ff., 123 ff., 268 ff., 278 ff.（译文参考布迪、莫里斯著，朱勇译，《中华帝国的法律》，南京：江苏人民出版社，2010年，第33—36页。——译者注）

了；第四，王氏不守妇道——她背叛了她的丈夫，所以本来就该死；第五，任某确实在寺庙被高某打了，而高某不应该打任某。

　　判决的结果就是任父被判无罪，任某没有被判死刑，而是重板杖打，并长期戴枷。高某被勒令支付王氏的丧葬费用，这样既安抚了王氏的亡魂，又教育了高某"在气急败坏时不要打人"。①

　　中国仪式和法律中所表现的家庭关系自然地延伸到了"宗"和更大的"族"，二者都反映了中国核心家庭的社会假设和组织原则。"宗"可以定义为具有极强的团体特征的父系亲属集团；"族"这个说法则不太精准，通常指的是由许多亲属集团组成的团体组织，其中这些组成单位之间的血缘关系"极为疏远并且很有可能是虚构的"。②为了方便起见，我在这里使用"宗族"这一更具一般性的说法，来指代这两种团体亲属关系。

　　中国的宗族在规模、结构和影响力方面差异甚大，最大的宗族可能有多达上万名成员，并且拥有巨大的共同财富。中国东南地区的宗族组织往往是最大、最发达的；长江中下游地区的宗族同样组织严密，分布广阔；而北方的宗族则不太发达且分布稀疏。宗族的社会角色在不同地域之间存在着很大的差异，这再自然不过了，但无论是在单姓宗族村还是多姓宗族村里，亲属关系结构总是影响着乡村生活的领导者和基调。③

　　宗族组织基本上由负有名望的士绅家庭主导，但是包含所有社会阶层。宗族承担了核心家庭和简单的大家庭力有不逮的社会责任。这些责任包括提供福利、维持地方秩序、鼓励经济合作以及保障宗族成员的教育机会。宗族的教育功能尤为重要，既在于延续社会流动的观念，又在于推行正统的社会价值观。

　　族塾靠族产支撑，让贫穷的读书种子有了接受正规教育的机会。其办学动力可能部分在于儒家的利他主义，以及想要落实儒家"有教无类"的

① Spence 1978, 138.（译文参考史景迁著，李璧玉译，《王氏之死：大历史背后的小人物命运》，上海：上海远东出版社，2005年，第113页。——译者注）
② 关于亲属的术语，参见：Ebrey, Patricia B. and Watson, James eds. 1986, 4–10; Feng, Han-yi 1967。
③ 冯尔康的《清人社会生活》提供了有关中国家庭和宗族生活的重要概述。有关此主题的英文著作，请参阅参考书目。

格言。不过更为通常的原因可能是团体的自身利益。毕竟，科举中第会给整个宗族带来声望和财富，投资各个社会阶层的读书种子无疑是一项明智之举。值得注意的是，一些宗族明确规定孤儿和贫穷的宗族成员享有教育优先权。总之，族塾为传统中国社会的弱者提供了最好的正规教育机会（见第十章）。

宗族不仅是简单地提供正规教育的机会，它还是向宗族内各个社会阶层传播精英价值观的重要工具。其主要方式便是精英为了教导所有宗族成员而编写的宗规。宗规以儒家思想为主体内容，强调家庭价值、乡里和睦、仪式、恭敬和自律。大部分宗规都从儒家典籍、理学著作、圣谕和其他谕示性文献中引经据典。尽管清政府明令官员、绅士和贤良长者定期向老百姓宣讲圣谕（这是"乡约"体系的一部分），但是这类活动显然常常流于形式，收效甚微——特别是在19世纪。不过毋庸置疑的是，至少在宗族内部，定期在宗族集会上宣讲宗规，是向平民传达正统价值观的更为有效的方式。

刘王惠箴的研究表明，宗规常常对正统儒家价值观做了调整，从而使之更贴近中国日常生活的现实，尤其是平民的观点。例如，她发现许多宗规都是儒学、佛教、道教和民间宗教的创造性混合物。一些条规建议族众阅读佛教或者道教书籍，另一些则援引佛教的权威来施加惩罚，还有一些条规甚至允许将佛像放在宗祠中祖先牌位的旁边。通过这类形式的调整，宗规如同白话小说一般，成了精英文化和大众文化之间的便利的交汇点。[1]

宗族之所以能保持团结，遵守宗规，部分原因在于宗族有权力惩罚族众，包括训斥、罚钱、暂停特权、体罚、除籍甚至死刑（尽管从法律上讲，只有国家才能处死个人）。族长通过公开的宗族集会，向族众施加巨大的社会压力，谴责不当之举，奖励那些遵守宗规的人。功德可能会得到公开宣扬，并被记录在特定的《族贤录》中，或者由宗族上报官府，请赐匾额或者牌坊。这类匾额和其他表彰都会展示在定期举行宗族集会的宗祠的显眼之处。

集体的祖先崇拜毫无疑问会在宗族内部带来强烈的传统感、凝聚力和一致性。宗祠通常是最大、最显眼的宗族建筑，它不仅仅是一个集会场所，

---

[1] Liu, Hui-chen Wang 1959.

更持续且有力地提醒着人们往者与生者、过去与现在之间的联系。祖先们的牌位按照辈分有序地层层排列在宗祠祭坛上，有时多达上千个。围绕着牌位的是祖先们留下的匾额和道德训诫，以鼓舞后人走正道、知进取。在这种环境下，许多集体的宗族祭祀和仪式都在重要的时刻举行，例如出生或者结婚，以及一些重要节日。用杨庆堃的话来说，这些仪式以及随后举行的宗族宴会"有助于族众存续对传统的记忆和对集体的历史情感，维持道德信仰，巩固群体的凝聚力。通过这些仪式以及所有成员的汇集，宗族不断地重申着它的自豪、忠诚和团结之感"。[1]

国家承认宗族在推行正统价值、提供社会服务、维持地方秩序上的积极作用。但是与此同时，它又对组织严密的非正式的共同体心存戒备。因此一方面，清政府很乐意旌表那些有功德的宗族成员，鼓励宗族编纂宗谱，修建祠堂、族塾和义田。另一方面，它又要求官府认可的族正（不要和族长混淆）向州县官汇报各自族内事务，从而尽可能地使宗族变成地方保甲制的附属物。

最终，清朝政府既无法直接控制中国的宗族，又无法控制中国的乡村。这并不奇怪，因为宗族和乡村通过各种关系和忠诚紧密相连，它们并不完全受官僚系统操纵。然而，皇帝和地方官从未停止限制宗族的政治和经济权力，严密监控宗族的社会活动。尽管宗族组织作为自我管控机制有着诸多优点，但是中国血缘关系的个别主义可能给国家带来巨大的政治问题。例如19世纪中叶浩大的太平天国起义导致了大约2000万人的死亡，而其根源恰恰在于华南地区普遍的宗族冲突（见第十一章）。

许多宗族争斗以及更普遍的社会矛盾，都出自经济原因。争议常常围绕着土地所有权、水权和相关的农业资源问题展开。在传统中国，耕地始终是一种稀缺、珍贵的资源，对耕地的竞争非常激烈。清朝官方将土地登记为几个类别，包括民田、旗田、屯田、庄田、祭田等。实际上，中国大部分土地都是私有的，并且为了征收赋税而分为20多个不同等级。清朝的土地所有制建立在普遍的自由买卖基础上，因地而异，主要取决于生产力。

---

[1] Yang, C. K. 1961, 40–43, 52–53; Rowe 1998, 378–407.

诸如土壤、气候、交通运输以及与市场的距离等因素，都会影响所有形式、耕种方式和对副业的依赖程度。

如前所述，由于国家倾向于将经济管理尽可能地留给私营机构，也因为知县一般都支持契约文书，所以在清代，规定经济和社会责任的契约通常都采用书面形式。即使在一些偏远村落，契约文书也支配着财产的买卖和租赁、土地权的分配、劳动力的雇佣、资源的集中和再分配，以及人口买卖和雇佣，等等。因此，尽管古代中国的"法治"观念薄弱，但是仍尊重某些法律文书。用孔迈隆（Myron Cohen）的话来说，整个帝国的人们都"通过契约来建立、维持和断绝关系，这不仅在家庭生活中有效，而且在更大的社会环境中也是如此。因此，对契约的工具性使用可以说是中国人行为的一个基本特征"。旗人与汉人士绅、商人、工匠以及农民的交往，也是普遍的中国"契约文化"的一部分。[①]

地主土地所有制在中国南方尤为盛行，其原因不仅在于南方的土地更为高产，更在于富裕的宗族共同拥有大量的财产。正如我们所了解的，中国没有长子继承制，私人土地往往很快被拆分（契约在此过程中也同样奏效），但是集体享有的财富使得很多宗族获得并保持了他们的经济实力。当然，这种经济实力可能带来激烈的宗族斗争。因此，乾隆皇帝在1766年的一道上谕中说：

> 粤东随祠尝租，每滋械斗顶凶之弊……建祠置产，以供祭祀瞻族之资，果能安分敦睦……何尝不善？若倚恃族蕃赀厚，欺压乡民，甚至聚众械斗……其渐自不可长。[②]

针对宗族滥用财力，清朝政府决定加强官府对宗族的监控，惩罚族长，甚至重新分配宗族田地。

中国的地主，无论是个人、宗族还是其他实体组织，都以金钱或实物

---

① Cohen, Myron Cf. Zelin, Madeleine in Lieberthal, Kenneth et al., eds. 1991, 40; Naquin and Rawski 1987, 230. 关于满人如何使用契约的研究，参见 Brown, Tristan G. 2013。
② Hsiao 1960, 354–55.

形式收取地租（见表4.3）。这些地租可能超过产出的50%，而官方的土地税平均只有大约5%到10%。在中国南方，定额租制和普遍较长的租期激励佃户改进农业生产，但是在北方，劳动力投入的增加也只是使农业产量和人口增长长期保持同步而已。[①] 地主剥削佃户的情况因时因地而异，但是一般来说，这种情况在王朝衰落时期和土地竞争最为激烈的地区最为严重。在清朝绝大部分时期，在外地主非常少见，农民和士绅、佃户和地主离得非常近，这使他们之间有着融洽的感情。[②]

表4.3　土地租佃的估计

省份	19世纪80年代自耕农（%）	佃户（%）	20世纪20至30年代佃户家庭占农民家庭的百分比
直隶	70	30	11
河南			20
山东	60–90	10–40	16
山西	70	30	16
陕西			18
甘肃	70	30	18
江苏	30–90	10–70	30
安徽			43
浙江	50	50	41
湖南			41
湖北	10–30	70–90	37
江西			39
福建	50	50	42
广东			49
广西			26
四川			53
贵州	70	30	44
云南			35
全国			32.1

关于19世纪初直隶土地买价和河南地租的估计，参见Naquin 1976。
来源：C. L. Chang 1962; Esherick 1981

---

① CHC 9: 512–22, 614–15. 该书提供了一个土地租佃契约的例子。在这份契约中，15%的产值归于地主，另外85%的产值属于多个耕种者。
② Skinner, G. William 1971, 270–81. 关于清朝晚期的在外地主的增加，见CHC 11: 11–13。

虽然士绅和平民之间的直接社会交往极少，但是这两个群体日常都在以集镇为中心的繁荣的农村市场体系中活动。在中国内地分布着4万多个这样的集镇。这些集镇又与更高层级的市场以至主要的商业城市相连。每一个基层集镇都是市场的"细胞核"，一般有15到25个村庄，每个村庄平均约有100户人家（500人左右）。这样一个"基层市场社区"的面积有50多平方千米，集镇方圆3至5千米内的村民可以毫不费力地前往每三五天举行一次的周期性市场。相较于官府登记、许可并且征税的较高层级的市场，较低层级的市场通常都是些没有执照的小商小贩，他们自我管理，自行收税。尽管基层市场上的大多数商贩（包括农民）可能都是流动的，但他们通常还是有一些稳定的部分，包括饭馆、茶馆、酒肆，还有出售诸如油、香烛、织布机、针线和扫帚之类日用商品的店铺。基层集镇通常也有一批手艺人，也许还有一些加工本地原材料的工场。[①]

根据经济史学家许檀的说法，早在1800年，当时中国集镇的数量已经是明代中期的两倍了。在盛清时期，最大的商业中心城市人口超过了3万，大量的商人、牙人和店主在那里"做生意，利用那里的大型服务业网络，包括茶铺、酒馆、钱庄、税关、旅店、当铺和其他贸易机构"。这些巨大而繁荣的市场上流通着200多种不同的商品。在中国的某些地区（例如江南地区），略大于村庄的市镇发展迅猛。这些地方"有永久性的市场，吸引着其他地区的牙人和商人来这里购买产品，并转销更远的市场"。[②]

根据施坚雅的说法，基层市场社区是"中国乡村主要的创造传统和承载文化的单位"。每隔几天，"定期举行的市集将体系中的村民吸引到这个社会行动的中心，进而促进了村与村之间文化的同质化"。基层集镇是乡村中超越家庭的宗教生活、娱乐、社交和解决冲突的主要焦点。市场社区有助于整合地方的社会群体、统一度量衡和语言。在某些方面，这只会增强中国根深蒂固的地方主义；但是在另一些方面，正如施坚雅所言，市场社区促进了精英文化在大半个中国社会的传播。[③]

---

① Skinner 1993, 581–83.

② CHC 9: 582.

③ Skinner 1993.

这一论点的一个重要依据，就是士绅文化在几乎所有市镇的优越地位。地主（或其代理人）定期在集镇和佃农们打交道，在赶集日，许多士绅领袖以及有志于成为地方领袖的人都会在他们中意的茶馆"开庭"，公开断案，解决当地的问题，例如来自不同村庄的农民之间的纠纷。施坚雅认为，士绅阶层"以其政治地位充当着市场社区中的实际领导者"，在传统中国社会中，几乎所有的农民、小工匠和小商贩都从属于这套政治系统。许舒（James Hayes）等人的研究有力地证明，乡村可能在行政上是自给自足的，但是只要村民参与了传统的基层市场体系，他们就几乎不可避免地受到士绅文化的影响。[①]

在较高层级的商贸中心，特别是高墙环绕的城市，城市生态似乎表现为两个主要的活动领域——商人和官绅。士绅和官员往往居住或工作在衙门、孔庙和其他教育中心内或附近，而商人往往住在交通要道附近，在地点选择上更多地取决于交通费用而非消费者的便利。我们很难知道八旗驻防的20多个中心城市里满汉之间商业互动的全部情况。但总的来说，这些驻防城市中的大型"旗人市场"似乎已经成为"地方经济的积极因素"。[②]

但是从满人的角度来看，存在两个主要的问题。其一是汉族商人在为旗人家庭提供商品和服务时，常常在金钱上占他们的便宜；其二则是经济兼文化的问题：根据满文文献，汉族商家诱使旗人陷入举债度日的落魄生活。让我们看看下面这段直言不讳的批评：

> 汉人从四面八方涌来，寻求利润；他们在士卒每日集合的地方、在大街小巷开设各种各样的商店，他们把纯朴的旗人诱进他们的商店，喝酒吃肉，赊账即可。旗人即使不敢去逛妓院，也会离开家中的妻儿，带着无用的仆人，外出放纵食欲。[③]

此人继续指出，当汉族"商人"前来向旗人收债的时候，他们往往会

---

① Skinner 1971, 272–77. 关于乡村治理，见 James Hayes 1977；比较 Ronald G. Knapp, ed. 1992。
② Elliott 2001, Chap. 2, esp. 219–25.
③ Elliott 2001, 222. 关于满汉之间更普遍的商贸互动，见中国社会科学院（编）2011，特别是第168—198页；另见 T. Brown 2013。

图 4.12　北京城的一条主干道

　　街上有些人在做生意，但是大部分人看上去似乎都在聊天、放松、睡觉或者围观游戏（可能是棋类）。其中一些人是乞丐。

来源：耶鲁大学拜内克古籍善本图书馆

"厉声尖叫"来"恐吓和羞辱旗人"。如果倒霉的旗人碰巧资金短缺，这些汉人绝不会怠于围堵他们，剥去他们的衣服，还会偷走他们的武器和装备。

　　当然，故事还有另外一面，因为旗人也可能制造问题。例如在 1729 年，西安副都统秦布奏报当地旗人"付少拿多，短斤少两，勒掯逞强于民人"。[①] 士绅和官员自然都试图远离这些破坏性活动和影响，无论它们是由民人还是旗人引起的。

　　官府禁止商铺过于靠近地方衙门，以免"破坏其威严"，这凸显了清代城市中商人和士大夫活动范围之间理论上的差别。然而事实上，富商和士大夫共同的商业和文化利益，又缩小了中心城市里这两个活动范围之间的差距。而且，虽然中国城市的生活方式和娱乐类型都不是基层集镇可以相比的，但是帝国晚期中国文化的一个显著特征便是不存在明显的城乡差异。即使在 20 世纪初期，"帝制晚期政体和社会的综合特征依然存在……社会变

---

① Elliott 2001, 224.

迁也还没有在现代都市和乡村之间产生不可弥合的差距"。① 当然，罗威廉的主张也有道理，即港口城市汉口在许多方面更像一座早期近代的欧洲城市，而不是传统的中国城市，因此它与周边乡村的生活方式差异也相对较大。他还认为，汉口的"许多社会特征与整个帝国的（其他）重要商业城市是一样的"。但罗威廉本人也认识到，汉口在清代的常规行政层级中并无一席之地，并且在许多其他方面也是独树一帜的（或至少是不同寻常的）。②

相较而言，大多数中国城市与早期近代的西方都市几乎毫无相似之处。其中的一个不同当然就是中国城市深深植根于阴阳和五行相生的宇宙象征主义（见第六章、第七章）。另一个不同是中国缺乏像西方城市那样偌大且重要的宗教建筑。还有一个不同是中国的社区普遍缺乏阶级划分。而且，和早期近代欧洲不同的是，中国人口增长主要在农村，而不是城市。另外一个重要事实是，中国建筑都无法依据特定的时代风格来明确其年代。"在传统中国，对一个在城市街头溜达的人来说，他眼中的当下并不会挑战过去……传统中国没有一座城市有一个罗马式或者哥特式的过去，在古典复兴的爆发中被淹没；没有一座城市有维多利亚的梦魇，在咄咄逼人的机能主义时代受人鄙视。"③

在整个清代，只有约四分之一的士绅拥有永久性的城市住宅。虽然担任官员的士大夫精英必然居住在城市，但他们中的多数人来自乡村，并且会在致仕后回到家乡。除了一些商业城市，例如扬州、汉口以及后来的上海，城市和乡村的精英在基本家庭结构、住房、服饰、饮食习惯、交通和一般文化风格上没有根本区别。许多著名的学术中心都位于乡村地区，许多大型的藏书楼和艺术收藏也是如此。首都和各省精英的文化生活之间没有很大的鸿沟，同样，城市和整个乡村之间也没有明显的文化距离。差异确实存在，但主要是程度和强度上的不同，而非类型上的不同。

然而，我们确实能够看到精英对城乡关系有着一组对比鲜明的态度。

---

① Rankin, Mary 1986, 242–43; Skinner ed. 1977, esp. 103–19, 258–61, 508–10, 609.
② Rowe 1989, 15–18, 83–87, 176, 345ff. 关于中国城市生活的近期研究，参见巫仁恕，《优游坊厢：明清江南城市的休闲消费与空间变迁》，2013年；赵世瑜著，王宏等译，《腐朽与神奇：清代城市生活长卷》，2014年。
③ Mote, Frederick in Skinner, G. William, ed. 1977, esp. 114–17.

为官时，士大夫往往强调城市的教化功能；致仕后，他们又看重乡村的纯粹。从制度上来说，精英一方面主要服务于公共利益，另一方面主要服务于私人利益。因此，一位士绅可能在外地成为一名正直廉洁的知县，却在返乡后利用自己在官场的影响和社会地位获取税收优待、保护亲属利益。正如魏斐德所言：

> 地方社会组织……体现了相反的原则：融入帝国体制，脱离帝国自治。两极之间的来回摆动创造了中国社会的统一，它不是通过消除矛盾，而是以有利于整体秩序的方式平衡这些矛盾。这种平衡是通过类似于儒家在法律干涉和完全放任之间的折中这样的理想来表达的。①

类似的平衡，我们还可以在清朝政府对待城市地区团体组织的方式中看到。中国城市中的宗族关系相对较弱，因为许多（甚至是大多数）有影响力的城市居民都只是暂居者。然而，还有其他社会实体也具有相似的组织原则，发挥了相似的作用，并向国家提出了相似的问题。清政府自然试图去控制它们，但是可想而知，并不完全成功，尤其是到了19世纪清朝国力大幅减弱时。

这些组织中最重要的就是行会和宗教团体。② 行会有许多令人眼花缭乱的名字：行、会馆、公所、帮等。其中一些仅仅具有职业关系（商贸、工艺或者服务业）；有些是以同乡关系为基础的商业组织；还有一些主要是用来接待来自家乡的士人、官员或者商人的暂居住所。甚至还有为旗人服务的会馆。对清代城市的研究不仅一再揭示了这些中心城市存在非常多样的协会组织，也揭示出这些组织在19世纪承担了日益繁多的相对于官和私的公共职能。

行会如同一个自治组织，在许多方面都和宗族类似。例如，商业行会通过规范化的制裁、罚款和除名的威胁来管理其成员（个人或商号）；它们赞助商业活动，监管商业行为，协调成员之间的纠纷，尽可能地抵抗官方

---

① Wakeman and Carolyn eds. 1975, 4.
② Skinner ed. 1977中包含有关这些机构及其相关机构的大量资料，接下来的讨论主要建立在这本书的基础上。

的过度压力。重要的是，行会规章常常通过控制价格甚至质量来阻止外人介入、限制竞争，从而保持稳定的经济环境。行会的收入可能来自公有土地和房屋的捐助、租金收入、存款利息、罚款、会费和税收。

行会具有许多重要的社会功能，其中一些只面向以契约形式加入行会的成员，包括为陷入困境的个人和家庭提供经济支持，为死于异乡的人举办葬礼、提供墓地，以及赞助宴请和其他庆祝活动。此外，行会和其他团体——有时是联合起来——还经常为更大的城市社区提供服务，例如地方治安、消防、救灾、慈善（孤儿、老人和穷人）、医护、教育和地方防务。他们的种种作为与农村和城市地区由宗族和独立士绅支持的社会服务并行且加以补充，这些服务远比一般预想的要更加广泛。①

对于这些行会组织的自我管控和社会服务，清朝政府自然是称赞和鼓励的。然而与此同时，它也竭力限制行会的势力范围，做法之一便是监督并且试图直接控制中国经济活动的某些领域。其主要的手段是一套正式和非正式的许可证制度。这一制度使得清朝官僚对私人业主和行会有了垄断权力，从而可以收取费用。有时，这些垄断行为是正式而全面的，例如广州的公行垄断着对外贸易；有些则是局部的，视私人关系和非正式协议而变动。垄断心态在中国经济生活中普遍存在。费正清的话令人印象深刻："对新企业来说，为新产品争取市场的动力远远小于……花钱购买官方许可从而控制市场的动力。中国的传统从来不是制造更优良的捕鼠器，而是要获得官方的捕鼠垄断权。"②

清朝政府依靠行会的协助收取商业税，而行会则依靠官方支持取得商业成功。尽管中国大部分贸易和行业的详细章程以及这些领域内的纷争调停，都由商人和工匠组织负责，但是行会由国家颁发许可，受到官员监管，并且总是容易受到官方的剥削。即使没有官方的压力，行会还是经常请求地方当局查验他们的规章，偶尔帮助他们强制执行这些规章。毫无疑问，参与贸易的城市士绅时常担任商人和官员之间的中间人，帮助缩小官商之

---

① 关于清朝慈善事业的概述，见CHC 9: 546–50。实例研究参见Smith, Joanna Handlin 1987, 1998。

② Fairbank 1992.

间的观点差异。

城镇中的寺庙往往和行会以及会、堂等共同利益组织密切相关。无论是因为亲缘、宗族、地缘、业缘、学缘、信仰，还是为了简单的互助而聚在一起，这些社会群体都会供奉特定的神，保护自身的特殊利益，也增进在这些神灵具体"管辖范围"内生活和工作的人们的普遍福祉（见第七章）。这类宗教供奉的一个共同的焦点是土地公。对土地公的崇拜既涉及一定程度的社区参与，也涉及一定的特殊利益：附近的行会、会和堂常常共同负责地方上的祭祀和土地庙的日常维护，还要共同负担地方治安、街坊扫洒、仪式合规以及偶尔的娱乐活动，例如演戏和摆宴。这些城市组织的宗教活动比宗族组织中的祖先崇拜更有效地超越了中国社会的个别主义，但是并非不存在危险。

朝廷密切关注着会和堂的宗教活动。从清朝政府的角度来看（通常都是事实），"合法"的会、堂与以同样名目运行的具有颠覆性的秘密社会之间只有一线之隔。在清代，中文里还没有和西方"秘密社会"概念等同的说法。传统上用"教门"和"会堂"来表示有潜在威胁的政教合一的异端崇拜。在这种用法中，"教门"主要是指中国北方以农民为基础的宗教组织，"会堂"则主要是中国南方以城市和乡村中丧失地位的人为基础的、具有政治目的的组织。

通常来说，中国秘密社会所持有的某种形式的宗教、政治或社会异见，与既定秩序相去甚远。当异见变为不忠时，这些组织的成员就会被判定为"邪"和"匪"。《大清律例》第162条规定，邪教"为首者绞，为从者各杖一百流三千里"。尽管一些群体看似特别危险，例如千年末世信仰者、反满的白莲社（第162条中明确提到），但异端只是一个相对概念——清朝政府对其定义实际上更多地是从政治和仪式角度出发，而不是意识形态或神学角度（见第七章）。[①]

我们显然不能低估一些教派组织的颠覆性，尤其是三合会和白莲教。然而在传统中国，即使是最异端的组织也很容易被教化。孔飞力警示我们，不要"出于假设的意识形态差异而把正统和异端划分得过于泾渭分明"；魏

---

① R. J. Smith 2013, 103–5; Liu, Kwang-Ching and Shek, Richard, eds. 2004. Feng 1990, 49–95.

斐德仿佛在强调孔飞力的观点，他认为，朱元璋从教派领袖到明朝开国皇帝的转变，很可能"因反叛的异端思想和儒家正统思想之间的某些意识形态相似性而变得容易"。[1] 这种意识形态上的亲缘性，包括共同的仪式符号和假说，可能有助于解释王朝体制面对频繁的教派起义时的忍耐力。

无论如何，在清朝的鼎盛时期，其社会制度运行总体上是高效的。当然，并不是每个人都能从这些制度中获得同等的利益。即使是在盛清时期，平民也经常向政府请求救济。国家对"非法活动"任意和过度的干涉引发了大量的抗议。[2] 但是总的来说，传统的土地制度和市场结构中似乎有着非常大的地理和社会流动性，精英和平民之间也有非常多的融洽交往。将各地商人汇聚到共同中心的市场和集市"促进了贸易地区间地方系统的文化交流"，而成功学者的远游"增强了他们社会和文化能力，也扩大了他们返回家乡后可以利用的文化语库"。农民在广阔的地方市场社区中，接触到了来自其他村庄以及城市的习俗、价值观和外来规范——这些文化元素"不仅来自其他小传统，也来自帝国精英的大传统"。与许多其他传统的"农民社区"相比，中国乡村的地方系统在王朝鼎盛时期是非常开放的。乡村和城市地区出现了大量的社会和文化一体化现象。[3]

但是在王朝衰落期，中国的地方社区开始变得封闭，先是出现了对外来文化的抵抗，随之而来的便是经济封闭。地方社会变得越来越军事化，精英和平民之间的紧张也在加剧。一种"大难临头各自飞"的心态开始蔓延开来。随着士绅阶层权利的扩张，城市和乡村、士绅和平民之间的摩擦也越来越多。地主开始逃离农村奔向更为安全的城市，将收租权交给了租栈。在这种情况下，地主和佃户曾经的融洽关系再也无法维持下去。社会服务的质量和数量可能都在下降。国家更加无情，或许也更加随意地使用强制力。这是19世纪和20世纪初西方人在中国遇到并描述的不幸状况。但事情也并非一直如此。[4]

---

[1] Kuhn, Philip 1990, 165, 176. Wakeman 1977, 207.

[2] Hung, Ho-fung 2011.

[3] Skinner 1971, 270–81.

[4] Lamley, Harry 1977. 然而此文告诫我们，社会的紧张局势甚至是暴力活动不一定总是伴随着王朝的衰落。关于这个论点的部分佐证，参见Hung, Ho-fung 2011。

第五章

语言和符号

清朝的"官方"语言，即满语、汉语和蒙古语（某种程度上还包括藏语），反映了清政府有意而为之的文化多元主义。从实用角度来说，每一种语言都是一种政治工具，是治理这个庞大而复杂的帝国的一种手段。但情况不仅如此。多种语言的使用也使清朝统治者接触到了不同的文化传统，能够用不同的思维方式看待他们的世界，从而在不削弱自身强烈的民族认同感的同时，增强他们的"文化涵量"。这就是关于"汉化"的争论经常误入歧途之处。满人并没有简单地成为"汉人"。事实上，他们坚持不懈地捍卫自己的尚武传统，一直强烈批评汉文化中的"柔软"一面。[①] 但是，他们也的确借鉴了中国文化中他们认为有用的和有趣的方面，就像当今世界的人们融入全球文化潮流一样。文化并不是一种零和博弈。

的确，随着时间的推移，大部分旗人都失去了读写满语的能力。事实上，这也是清代前期几位皇帝（特别是乾隆皇帝）一直担忧的。但是，正如我们已经看到（并将再次看到）的，乾隆皇帝是中国艺术，包括绘画、书法和诗歌的热情赞助者和践行者。人们经常忘记的是，皇帝同样继承了各种各样的内亚文化传统——不仅仅是他们自己的满族传统。例如，乾隆皇帝喜欢藏族艺术和建筑，信奉藏传佛教。而且，他不仅熟练掌握汉语的读写，也具备满文和蒙古文的读写能力，他还会一些藏语和中亚语言。多语言现象如同文化多元主义的其他形式一样，并不表示乾隆皇帝失去了他的满族认同。

尽管本章主要聚焦于中国内地的汉语使用，但我们应该知道，包括汉语在内的清代所有语言都在不断地互动和演变，通过有趣而复杂的方式互

---

① Elliott 2001a, 167–71, 210ff. Spence 1988, 44.

相借用。① 米华健提供了一个有趣的例子——"怀柔远人",说明了清帝国的四种主要语言在一个常用的古代汉语词汇上是如何交叉和重叠的。"怀柔远人"通常是指中国对待那些从远方来到中国的外国人的政策。米华健的分析清楚地指出,多语言的满人可能有意地将"怀柔"一词暧昧地理解为"珍视""抚慰"以及"驯服"来自远方的人。②

关于汉语和帝国内其他语言在清朝统治时期究竟如何演变的研究相对较少,但是我们知道,在中国历史的更早(及之后)阶段,汉人借用了不少来自中国境内外其他语言的词语和表达。例如,"萨其马"(sacima)等一些满文词语通过音译进入了汉语口语和书面语。还有证据表明,满语可能也影响了汉语中某些语法形式的发展。③ 尽管汉人和满人根据不同的原则给孩子取名,但我们知道,有些汉军旗人也采用了满人名字——即使他们预见到会被清朝当局责难。④

大量非旗人文武官员以及清代的许多耶稣会士及其他传教士都学习满语。另外,《万宝全书》等19世纪的中国类书中,有一些特殊的"门"包括了满语词汇,这些"门"按照常规以主题分类。例如,在1828年版《万宝全书》中,"天文门"中的天、日、月、星、云等汉字后面都有其对应的满文。类似的条目还出现在"地理门""时令门""衣服门""身体门""营宅门""器用门""饮食门""果品门""军器门"等之中。《万宝全书》没有说明为什么要包含满文,但是我们有理由推断,编撰者认为这在汉满社会和经济互动中具有一定的价值。

基于同样的原因,汉语词汇也会进入满语,特别是在受汉人商业和聚居影响的地方。⑤ 在满人入关之前,著名的翻译家达海(卒于1632年)修改了正处于发展中的满文,以便纳入某些重要的汉语发音。这使满语更容易从汉语中借词。其中某些借音源自汉语中的官衔、度量单位、专有名称、

---

① Crossley in Elman and Alexander Woodside, eds. 1994, esp. 340–48; Gimm, Martin 1988, 77–114; Schmidt, P. 1932; Söderblom Saarela, Mårten 2013, 2014.

② Millward Undated [c. 2010].

③ Norman, Jerry 1988, esp. 113, 218ff.; Ramsey, S. Robert. 1987, 217. Bartlett, Beatrice S. 1985. Crossley and Rawski 1993; Wadley, Stephen A. 1996.

④ Elliott 2001a, 241–45.

⑤ Elman and Alexander Woodside, eds. 1994, 341; Schmidt, P. 1932; Söderblom Saarela 2013, 2014.

行政术语等词汇。例如，汉语中的"公"在满语里变成了 *gung*，汉语中的"夫子"则变成了 *fudzy*。

同样的过程也发生在借用汉语中的哲学词汇上。例如，汉语中常用的"孝顺"在满语中变成了词根 *hiyoosun*。根据韩语、日语和越南语借用汉语词汇的情况，在满语中遇到基于汉语读法的发音时，我们往往可以假设，该借用词在满语中原本没有令人满意的表达。[①] 在清朝的某些时期（尤其是在乾隆时期），清廷试图剔除满语中那些借自汉语的词汇，但是并未奏效。[②]

中国内地独特的"女书"的发展是创造性的语言顺应的另一种表现。这种表音文字反映了"湘南土话"的一种地方形式，其大约1000个字的基本音节库中包含了大量的非汉语词汇。女书中过半字符来自汉语，有几十个字符基本没有变化。但是其中绝大多数借用词都只是采用了其语音，而不是语义（见下文）。19世纪这种书面语言的出现，为湘南妇女提供了一种表达她们思想和情感并且完全回避男性的独特工具。让人毫不意外的是，女书歌谣中的许多主角都是既强壮又能干的女性。[③] 有人可能会补充说，女书和中国其他地方一些族群所创造的书面文字有着某些相似之处，例如贵州水族图文并茂的"水书"。[④]

汉语影响满族文化的最重要方式是翻译。如第二章所述，早在入关之前，努尔哈齐和皇太极已经认识到需要将某些汉语作品翻译成满文。这是四译馆的早期职能之一。[⑤] 被翻译成满文的作品中最为重要的是"四书五经"，其中当然包括神圣的《易经》。《易经》长期以来被认为是"第一经"，没有任何一位清代学者（无论是满人、蒙古人还是汉人）能在不掌握这部神秘而晦涩的作品的情况下拥有显要的智识地位。毫无疑问，耶稣会士白晋（Joachim Bouvet，1656—1730）之所以能够成为康熙皇帝亲密且信任

---

① Hess, Laura E. 1993, 403; Huang, Pei 2011, 240–42.

② Crossley and Rawski 1993, 63–102, 82–83.

③ CHCL 2: 397–99总结了这些民谣的主题。另见高银仙等编，《女书：世界唯一的女性文字》，台北：妇女新知基金会出版社，1991年；Idema, Wilt, trans. 2009；McLaren, Anne 1998；Silber, Cathy 1994.

④ British Library collection titled "Shui archives in Libo, Guizhou"。关于中国其他的民族文字，参见Ho, Cindy 1997.

⑤ Crossley 1991, 38–70.

的顾问，原因之一就在于他们对《易经》有共同的兴趣。[1]

　　《易经》的六十四卦虽然不是正式的语言，却在整个帝制时代对中国的思想和话语产生了深远的影响。它通过数字符号、丰富的隐喻以及"曲而中"的话语等来释义。清代许多汉人（及满人）学者都写过与《易经》有关的书，《易经》现存许多满文版本，有些上面还有大量的手写注释。学者们就文本的各个方面进行了无休止的争论，为了探求更深层的涵义，他们仔细检视了每一个字和每一卦。虽然对《易经》的阐释往往有其背后的学术思潮（见第六章），但是大多数清代知识分子的目的不仅仅在于语文学方面，因为他们都在一定程度上相信，《易经》是理解整个宇宙的关键。所以，他们都毫不犹豫地相信孔子"韦编三绝"的故事。

汉语的鲜明特点

　　和清代政治、社会制度一样，汉语也体现了中国传统文化的多样性和统一性。一方面，汉语口语包含至少六种互不相通的地区方言，每一种地区方言又包含许多地方话或者说土话。另一方面，任何掌握了汉语的人都能够读懂汉字，而不论他或她说的是什么方言。随着时间的推移，总的来说，汉语的统一性要多过多样性。在清代的各种地方方言中，最普遍且最重要的是官话。清代中国至少70%的人讲的是各种口音的"官"话，直到今天仍是如此。正因如此，本书中的汉字音译均依据的是官话发音。清代其他主要的地方方言，按照使用人数降序排列依次是：吴语（分布于江、浙二省）、粤语（又称广东话）、湘语（湖南方言）、客家话（主要在广东、广西和福建南部）、闽南话（厦门方言）、赣语（江西方言）和闽北话（福州方言）。根据语言学家徐世荣的一篇文章，从整体上来看，这些方言之间语法差异约达20%，词汇差异约达40%，而发音差异则达到约80%。[2]此外，它们在声调的使用上也大不相同，官话有四种，广东话则有九种。

　　在清代，官话在中国北部、西部和西南地区占主导地位。但是即使在

---

[1] R. J. Smith 2013, 173–83.

[2] De Francis, John 1984, 63.

非官话地区（主要是浙江、福建、广东和广西等省），士子们也具有学习官话的充分动力，因为官话是中国官场的通用语言。康熙皇帝曾命令广东和福建的总督设立学校，教习官话，以便这些地区出生的官员在觐见时能进行更有效的沟通，久而久之，整个清代官学系统仅招收精通官话的人。但是包括上述办法在内的种种措施，都没有解决地方上的口头交流的问题。由于回避制度，官员们通常不会说他们任职地的方言。因此在整个帝国内，法律诉讼均使用官话，这就产生了一个尴尬的结果：地方官的言辞常常需要"译员"翻译成当地方言，而反过来，当地人的证词也需要翻译成官话。

尽管存在一些地域特性，但汉语口语的语法规则是相同的。汉语口语的基本语义单位是单个音节，其中有一些本身就有语义，另外一些需要和其他单音节结合才能表意。每个音节（只有少数例外）都有对应的汉字，不过理解日常对话并不需要认识这些汉字。汉语方言的共同特征是，它们不会受人称、时态和数字的影响而发生变化。同一个词既可以是名词、动词，也可以是形容词，这取决于它们在句中的位置。因而，语境和语序是至关重要的。

官话中只有400多个不同的读音，导致了大量的同音异义字。即使有四声调加以区分，还是有许多词的读音和声调完全相同。幽默的中国语言学家赵元任只用了一个读音shi，就写成了一篇90多字的小短文《施氏食狮史》。尽管文字写得非常清楚，但当大声朗读时，则令人完全云里雾里。通过使用各种语言手段，包括将相关联的词素（比如"衣"和"服"表示同样的意思）组成标准的复合词（"衣服"），汉语同其他任何成熟的口语一样，能够完整清晰地表达几乎所有的想法。尽管如此，中国人一直都重视汉语的模糊性、音乐般的节奏和音调，以及绝妙的押韵和双关。

毫不奇怪，中国学者有音韵学的长期传统。在清代，音韵学研究蓬勃发展，从研究《诗经》和《易经》等经典的韵开始，逐渐转向各个时代和不同地区的语音演变，最终发展到分析人类语音本身。清代大部分杰出的音韵学成就都是在戴震（1724—1777）和段玉裁（1735—1815）这一学派影响下实现的，而这一学派的批判质疑和缜密研究在思想脉络上源自顾炎武（1613—1682），其著作包括影响甚巨的《音学五书》。

音韵学只是清代语言学广阔的研究领域的一个部分。虽然有一些重要的研究主要关注言与音，例如戴震的《方言疏证》，但清朝学者关注的主要焦点还是在文言文上。从周朝到清朝，这种书面语言一直是中国文化传统代代传承的主要载体。在整个帝制时代，精通古文实际上定义了中国精英。没有任何一种特质比其更受重视，能带来更大的声望或者社会效应，也没有哪一种特质能比其更为紧密地与道德修养和个人情操联系在一起。在大多数中国知识分子的心中，"写"即"文"。

文言文是指周代哲学经典文本中的极其精炼、令人回味无穷的写作风格，尤其是儒家的"四书五经"，当然也包括其他影响深远的诸子百家经典，因此也被称为"古文"。关于这种古老的书面语言和早期汉语口语模式之间的确切关系，还存在着相当多的争议。但我们可以肯定地说，最迟从汉代起，一直到20世纪，"雅"的文言文和"俗"的白话文之间始终有一道巨大的社会鸿沟。[1]

尽管白话文和文言文使用的都是汉字，但其方式不同。卜德（Derk Bodde）举了一个恰当的例子（见"孟子见梁惠王"）。他比较了《孟子》中的著名文言文段落和其对应的白话文版本，展示了二者之间巨大的句法和文体差异。例如，描述同一件事，文言文只需要24个字，而白话文需要38个字。而且，这两个版本只有13个共同的字，其中5个还是人名。除了这些名字，文言文中所有的字都是单音节字。相较之下，白话文为了在对话中清晰地传言达意，使用了5个双音节复合词。[2] 文言文之所以在帝制时代有着巨大声望，部分原因就在于它并不用于日常会话。

孟子见梁惠王

《孟子》原文：

孟子见梁惠王。惠王曰：叟不远千里而来，亦将有以利吾国乎？

---

[1] Bol, Peter K. 1992, 84–107; Hanan, Patrick 1981, 15; Shang, Wei 2014b.
[2] Bodde, Derk 1991, 21–22.

对应的白话文:

> 孟子谒见梁惠王。惠王说：老先生，您不辞千里长途的辛劳前来，那对我的国家会有很大利益吧？

在清代，同以前各个朝代一样，汉字具有一种神奇而神秘的性质，这可能是源于它们在上古被用作甲骨和青铜器上的铭文。许多清朝学者将汉字追溯到备受推崇的《易经》。文字受到崇敬，以至于任何写有文字的东西都不能轻易地丢弃，而必须仪式性地烧掉。晚清时期，见多识广的丁韪良（W. A. P. Martin）谈道：

> 中国人对汉字简直可以说是崇拜。按照他们的说法，创造文字乃是惊天动地的大事。在任何情况下，他们都不会用脚去踩字纸；为了促进这种崇敬，惜字会雇人走街串巷地去收集废纸，并以祭祀一般的庄严肃穆将它们放入祭坛中烧掉。[1]

这些祭坛被称为"惜字塔"，几乎在传统中国的每一座城市、城镇和乡村都能找到，如今只有一小部分被保存了下来。

其他许多例子也可以说明中国人对文字的特殊崇敬。在清代，官员可能会因为奏折上的一个错字而遭到贬谪。使用讳字或带有模糊影射意味的字而导致严重政治和个人后果的事不胜枚举。例如雍正年间，江西乡试主考官查嗣庭（1664—1727）因为选取"维民所止"作为考题而被下狱。因为其中"维""止"二字，形似年号"雍正"二字去掉了头。于是，这句《诗经》中的话被解读成想要将皇帝斩首。查嗣庭死于狱中，尸体被枭首示众。[2]

在清代通俗文化中，写下来的文字具有神奇的力量。写下祷词并烧掉，被认为是与神灵沟通的最灵验方式。家里或者工作场所会张贴护身平安符，上面通常只有一个寓意积极的字（或者一组字），例如"进""安""富""福"

---

[1] Martin, W. A. P. 1881, 196. Des Forges, Alexander 2006, 139–55.
[2] Hummel, Arthur, ed. 1943–1944, 1: 22.

等。在农历新年，几乎家家户户和所有商铺都在门前张贴吉祥的春联，其愿望和护身平安符是一致的。另一方面，许多中国人相信，一张写有"杀"字或者写有某种毒药、疾病、凶兽或者邪灵的纸，实际上都能够害人。①

书法作为一种艺术形式的名声，提高了中国书写文字的价值。除了春联，各种各样的书法在传统中国社会随处可见，包括官衙、寺庙、商铺、住宅和园林。人们通常用写着文字的牌位而不是画像追怀过世的祖先，书法卷轴装饰着每一位士绅的书房。对书面文字的尊崇甚至可以解释清代对各种书面合同的极端依赖，从雇工、土地分配到关于嫁娶、纳妾和收养的协商（见第四章、第十章），无不如此。

从学术的角度来看，清代知识分子将文言文视为"通往圣贤经典的大门"，并且全身心地投身其中。除了音韵学著作，在清代获得繁荣发展的还有关于古代字典（例如《说文解字》）的语言学研究，清代也出现了新的字典和其他词源学、语文学研究工具。其中一项非凡的成就是康熙皇帝于1710年敕令编撰、五年后成书的《康熙字典》。这部字典在接下来的两个半世纪内一直是公认权威的汉语字典，其开篇序言引自《易经》：《易传》曰，上古结绳而治，后世圣人易之以书契，百官以治，万民以察。"②这句引文证实了自古以来中国书写文字的政治重要性。

中国学者一般认为，汉字分为六种主要类型：（1）象形，（2）指事，（3）会意，（4）形声，（5）假借，（6）转注（每种类型的例子见下文）。顾立雅（H. G. Creel）指出，许多被归为假借和转注的字可能也属于其他一个或多个类型，这两个类型本身"太过含糊，中国学者争论了近两千年，即使对其适用基础也没有达成一致"。③然而，成中英认为，这两个类型所表现出来的语音借用和语义扩展的原则，反映了中国书面语言表达深刻和多维哲学意义的固有能力。④

---

① R. J. Smith 1991, 202.
② Wilhelm, Richard, trans. 1967, 335. Lewis, Mark E. 1999, Chap. 5, 6.
③ Creel, H. G. 1936, 97.
④ Cheng, Chung-ying 1973, 1–17. Elman 1984, 213ff.

中国文字的类型

（1）象形：人、口、囗、日、月、子、宀、手

（2）指事：上、下、至、高

（3）会意：木（树木）、斤（斧子），以及二者组成的析（"劈开"或者"分析"）

（4）形声：言（"语言"，为形）、公（"公共"，为声），以及二者组成的讼（"诉讼"或者"论点"）

（5）假借：萬（形似"蝎子"，因为读音为 wan，所以又用作"万"）

（6）转注：布（因为是一种交换单位，所以引申为"货币"）

　　中国文字最大的类别是形声字，有时候也称为表音文字。《康熙字典》里大约90%都是这种字。形声字由表示意义的"意符"或部首（通常原本有其字义）与一个"声符"（通常有其单独字义）组成。"声符"表示字的发音方式，而部首则表示字的表义类别。这些类别包括动物（人类和其他哺乳动物、爬行动物、鸟类、鱼类，以及龙这样的神兽）、身体部位、矿物、自然现象和物理形态、结构、器皿、描述性词汇（颜色、形状、气味等）和动作。[①]

一些常用的部首

　　一、二、大、女、山、弓、心、木、水、火、玉、目、竹、糸、羊、肉、色、艸、衣、虎、行、言、车、门、雨、青、飞、食、首、马、鸟、鱼、鼎、龙

　　全部214个部首并不都能同样地帮助我们了解某个汉字的基本类别，但是多数都相当可靠，有时候非常具有启示性。例如，部首"舟"和声符"方"组合在一起，是"舫"。同样的声符和"言"字旁合成后是"访"，和户字旁组合在一起是"房"。使用同一个声符的例子还有很多。

---

① T'sou, B. K. Y. 1981, 1–19.

中国社会各行各业对汉字的构造都很敏感。哪怕在《康熙字典》这样的字典中查找一个字，也需要知道它的部首，因为所有的字都是按照部首分类，又根据除部首外的笔画数排列的。即使是在日常会话中，听上去模糊的姓名或者概念也可以通过说明文字的组成来解释清楚。例如，"双木"表示"林"姓。对清朝学者而言，这种对文字构成的敏感度因其对语文学的浓厚兴趣而得到提升。虽然大部分部首和声符看上去不再像实际的物体，但是《说文解字》这类古代字典所给出的词源，常常促使学者以这种方式思考它们。更多的"通俗"的词源也同样如此，还有着帮助记忆的作用。

"拆字"是学术中普遍的，同时也是更为通俗的文字分析方式。"拆字"就是将文字分解为各个组成部分，在语文学之外它还有其他许多用途。例如，算命先生常常用"拆字"来预测未来。顾客可以从预先提供的文字里选取一个字，也可以自己写一个字，然后算命先生就会根据这个字部首和声符之间的关系，或者这个字和其他有着相似形状、读音或者部首的字之间的关系给出解释。①

拆字也出现在游戏和谜语中。例如，谜面"富由他起脚，累是他领头"，谜底是"田"。因为"富"的底部是"田"，"累"的顶部也是"田"。绰号也可以从丰富的语言中产生。例如著名学者袁枚（1716—1798），因为姓氏"袁"的读音和"猿"一样，所以他有诨名曰"猕猴（猢狲）"。②

小说家在创作自己笔下的人物姓名和地名时，非常讲究部首和声符。因此我们看到，关于白话小说之"读法"的书，都会通过"拆字"来解释书中人名或者姓氏的意义。一个例子就是《红楼梦》中刘姥姥的孙子"王板儿"。晚清评论家张新之告诉我们，王板儿的"板"字代表了"春天"的意思，因为"板"由部首"木"和声符"反"组成，即为"木返"，也就是春天。③

在晚清，文字分析甚至被用作一种论证方式。因此我们看到，有人从"士"和"工"这两字的结构来解释士和工之间的社会差异。"工具人器而

---

① R. J. Smith 1991, 202–4, 216–18, 226–29, 250–52.
② 清代学者蒋敦复在《随园轶事》中称袁枚前身是"天河老猿"。蒋绍壬《两般秋雨庵随笔》中记录了赵翼曾戏称袁枚是"递回巢穴，逐猕猴仍复原身"。而袁枚的徒弟刘霞裳在他的诗作中称其师是"猢狲"（一双孔雀一猢狲，相伴船头共作群），袁枚将这首诗收入《小仓山房诗集》。——译者注
③ Rolston, David L., ed. 1990, 338.（参见张新之，《妙复轩评石头记》——译者注）

已，故上下皆弗达。""（士）志于道者，故达其上也。"[1] 如果不了解汉字的独特性质，就无法理解这种表述方式的说服力。

虽然《康熙字典》号称有大约5万个字，但是在清代，掌握其中十分之一左右就可以具备实际的文字水平。实际上，周代重要经典的文字基础，仅仅是2500个核心汉字。尽管"四书五经"的字数总和超过40万字，但是《论语》只有2200个不同的字，而《春秋》只有约1000个。

精通古文从来就不等于认识大量的汉字，而是在于充分理解某个字在时间长河中所积累起来的丰富的意义和关联。不幸的是，对该语言的学习者来说，古文中一些最常用的字常有着最广泛的可能含义。例如"经"，可以表示"纵线"（与"纬"相对）、"经度""身体经脉""管理""经过、经历或经受""经常或标准""典籍"，甚至还可以表示"上吊自杀"。"尚"可以表示"犹或还""尚且""尊崇""胜过""当、值""执掌"等。哲学词语的含义尤为丰富。

更复杂的是，古代汉语中有大量的词语有两种或更多的词性（名词、动词、副词、形容词等），这取决于语法。例如，"上马"可能是指"骑到马背上"，也可能是指"一匹好马"。而"马上"可能表示"在马的上面"，或者引伸为"立刻"。古语"明明德"中的"明"就有两种不同的词性，第一个是动词，第二个是形容词。同样，儒家古训"君君臣臣父父子子"中，第一、三、五、七个字是名词，而第二、四、六、八个字用作动词。

然而，这种语法功能的范围绝对不是随意而为的。古代汉语取决于语序规则，在某些方面类似于英语。标准的句子结构是主语-动词-宾语。形容词通常位于它修饰的名词之前，副词在它所修饰的动词之前。只要语境清晰，即使古文没有音调变化，也不会产生什么语法问题。但是对于不谙此道的读者来说，情况并非如此。尽管古文中的语法是为了表示动词的语气、名词的数量等，但是用某位权威人士的话说：它们的使用"没有必然的规则"。

此外，古文通常没有标点。虽然有些字可以表示逗号、句号、问号和

---

① 王安石，《字说》。Bol, Peter K. 1992, 232.

感叹号等，但它们常常模糊不清，也缺乏一致性和系统性。没有明确的标点，中文固有的暧昧性被进一步放大，这就导致即使是标准的经典文本，也常常有很多种不同语法的读法。因此，阅读这些文本非常依赖注疏和字典。这些注疏和字典也有助于识别和解释古书中丰富而深奥的历史和文学典故，以及某些字在不同的哲学或其他语境中大量的专业含义。

总之，要想掌握经典，除了死记硬背和集中辅导，别无他法。从专门的儒学启蒙书（见第十章）开始，学生们就囫囵吞枣、抑扬顿挫地背诵文章。随着这些文本得到详细讲解，学生们会进一步学习更加复杂的内容。通过这种方式记忆了大量不同的古典文献后，学生们领会到了包含在广泛的范例资料中的文字的特定形式，这些形式都不可磨灭地铭刻在他们的头脑中。学写汉字也需要同样艰苦的方法。在长年累月的艰苦努力下，有抱负的学子最终习得了走上学术道路的必要能力。

古文的节奏和对称性能促进对文本的记忆。每一个字的发音都是单音节，每一个字不论笔画多少，在文本中都占据相同大小的空间。因此，每个字都是一个方便的音节。这自然就促进了中国人比其他文化群体更能用两极对立的方式来思考和写作。世界知名的语言学家赵元任说："我还斗胆设想，如果汉语的词像英语的词那样节奏不一，如male跟female（阳/阴），heaven跟earth（天/地），rational跟surd（有理数/无理数），汉语就不会有'阴阳''乾坤'之类影响深远的概念。"[①]

但是"阴阳"和"乾坤"（在《易经》的卦象中，乾坤对应着阴阳）只是大量的双极中的两个例子。许多（甚至是绝大多数）双极都与阴阳直接相关，阴阳表达了中国的核心观念，即任何观念与其对立面都是相辅相成的。因此《说文解字》说，"出，进也"，"乱，治也"。距离是"远近"，数量是"多少"，重量是"轻重"，长度是"长短"，等等。占有或存在可以用"有无"来表示，在汉语里，经常可以看到双极并举——古今、本末、异同、得失、沿革。在这种二元论表述中，我们可以发现对"对立关系"而非西方式的（亚里士多德式的）各自特质和"同一律"的特有关注。[②]

---

① Bodde, Derk 1991, 31–42, esp. 34; Rosemont, Henry Jr. 1974, 81.

② Chao, Yuen Ren 1976, 289. Bodde, Derk 1991, 42–55. Granet, Marcel 1934, 56–82, 115–48.

有两件事似乎值得关注。首先，就中国的大部分双极而言，对立、矛盾和二分之类的描述都会招致误解，因为包含双极的词通常意味着对立互补或循环交替。第二，双极词的大量使用——尤其是在古文和哲学中——显示了对抽象概念的独特态度，即抽象概念往往用具体的词语来表达（实体化），而不是像印欧语言传统那样，用一个新的抽象术语来辩证地解决。我在本章还会回到这个问题。

汉语写作中双极词盛行的一个标志，就是它们频繁地出现在古文中。例如，《易大传》的前80个字中，约有12个鲜明的阴阳式的词，包括男女、日月、天地、尊卑、动静、吉凶。在中国典籍乃至整个中国文学史上的所有重要作品中，都分布着许许多多这样的双极词。在帝制时代，人们还汇编了双极词表，以便写作时参考。清代文书中有时会连用多达六组双极词来达到效果。

双极词之重要性的另一个标志，是它们常被用作《钦定古今图书集成》等类书的类目。例如在明伦汇编的各典中，我们可以找到诸如"好恶""宾主""师弟""祸福""贵贱"等部名。在理学汇编的各典中，有几十种常见的双极词作为部名，包括"义利""善恶""感应""体用""知行""名实"和"刚柔"。①

双极不仅在语义上具有重要意义，而且在美学上也非常有吸引力。好的文章需要两极并举。下面三个例子选自影响深远的《近思录》：

> 盖阴阳之变化，万物之生成，情伪之相通，事为之终始，一为感，则一为应。循环相代，所以不已也。
>
> 所谓定者，动亦定，静亦定，无将迎，无内外。
>
> 义与利只是个公与私也。才出义，便义利言也。只那计较，便是为有利害。②

值得注意的是，上述第三个例句用"义"代替了原本的"仁"，从而

---

① Chang, Tung-sun 1952, 203–26, 214–15, 222–23. Cf. A. Graham 1989, 397–99.
② Chan, Wing-tsit, trans. 1967, 27, 39, 195. Bodde, Derk 1991, 42ff.

生成一个更让人满意的并置概念，即"义利"。在翻译的文本中，上述这些表达常常显得虚弱，无法令人满意。但是对于中国读者来说，这些字、词、句不仅优美，而且令人信服，因为他们对其所有意义和关联都了若指掌。

中国古典文学同样强调表现于双极词的那种韵律和对称。在被清代大学者阮元（1764—1849）认为是中国"文学法则"奠基之作的《文心雕龙》中，关于对偶的章节有如下文字：

> 《易》之《文》《系》，圣人之妙思也。序《乾》四德，则句句相衔；龙虎类感，则字字相俪；乾坤易简，则宛转相承；日月往来，则隔行悬合。虽句字或殊，而偶意一也。[1]

在作者刘勰（约465—562）看来，这种对偶如同生物生来就有成对的四肢一般理所当然。

在刘勰所区分的四种对偶中，他最看重的是反对偶。他举例如下："钟仪幽而楚奏，庄舄显而越吟。"反对偶中的两个部分都是思乡之情的自然流露，而且作者很自然地假定读者对其中每一部分的历史背景都很熟悉。[2] 事实上，中国影响最大的文字类型——从简单的启蒙读物到最精炼的诗歌和散文——都采用某种对偶的格式。并且毋庸置疑的是，如果没有对偶，在科考中就无法写出一篇好的"八股文"。四字短句尤为常见。中国绝大多数固定表达或成语，无论是源自经典、诗歌或是通俗文学，都由四个字组成。这种四字短语不但在《诗经》《易经》等经典著作中尤为普遍，而且在中国许多俗语中也比比皆是。实际上，文言文的简练、对称和韵律使之非常适用于俗语，有助于连接儒家精英和中国大众之间的精神世界。

文言文的简练和语法灵活性，有时会被拿来与现代电报和报纸标题做比较，但也仅此而已。在中国，韵律、诗性联想以及表达简洁并不是为了方便，更是文学目的。中国文人经常乐于为了风格而牺牲精确性，这启发我们在智识之外也要靠直觉去理解他们的作品。尽管清代学者区分了学和

---

[1] Shih, Vincent, trans. 1983, xlix, 368–69.
[2] Shih, Vincent, trans. 1983, 373.

思、博和约，但是理学的"理性主义"总体上并没有能够让理性自觉地站到直觉之上。事实上，中国思想家经常表现出对后者的偏爱，也许部分原因在于文言文的简洁、精妙以及联想鼓励人们凭借直觉去达到最深刻的理解。葛瑞汉（A. C. Graham）正确地注意到，中国人通常最欣赏"格言警句式的语言"，即"用最少的文字传达最复杂的思想，《道德经》（见第六章）就是最佳的例子"。[①]

语言和文化

关于中国传统的认识和思维模式，古文还能告诉我们什么呢？它当然为有关精英阶层的社会态度提供了重要线索。例如我们可以看到，古文中的亲属称谓极其丰富，这表明中国人普遍对家庭关系非常关注。公元前1世纪时的字典《尔雅》中，收录了上百个专门的亲属称谓，其中大多数在英语中都没有对应词。后世的同类书，包括清代钱大昕（1727—1804）、梁章钜（1775—1849）和郑珍（1806—1864）等人的作品，一直特别强调家庭关系的高度精确的称谓。甚至杭世骏（1696—1773）和钱坫（1744—1806）等学者的方言著作，也极为关注亲属称谓及其变体。清代类书《钦定古今图书集成》中有两大典——氏族典和家范典，共占全书1万卷中的756卷。虽然这些资料并不都与亲属称谓直接相关，但是这确实表明了家庭对传统中国社会的核心意义。

中国亲属称谓强调基于年龄和性别的社会差别的重要性。例如，古代的（事实上也包括近世以来的）中国文人永远不会简单地称呼另一个人为"cousin"（表亲）。他总是要使用一个更精准的称谓来区分男性和女性、父方亲属和母方亲属，以及相对的年龄。因此中国有八种不同的堂（表）亲，父亲那边比自己年长的同辈男性是堂兄，比自己年轻的同辈男性是堂弟，母亲那边比自己年长的同辈男性是表兄，以此类推。

内亲和外亲也有类似的区分。外亲更进一步分为母党、妻党和女党。

---

① A. C. Graham in Dawson, Raymond, ed. 1964, 54–55.

这种身份差别准确地保存并体现在第四章中简要讨论的五服关系中。当然，服丧的仪式要求在实际情况中可能会有所修改或者被忽略，特别是在涉及远亲或者长辈悼念晚辈的时候。然而，尽管人们可能并不总是严格遵守仪式，却极少忘记亲属关系。

其他语言证据也证实了中国社会中亲属身份的特殊意义，以及个人从属于更大的社会团体的原则。例如，卜德写道，"西方人把名放在姓前，表示他的自我意识"，而中国人恰恰相反。卜德还写道，"西方人在说和写的时候，会径直使用'我'和'你'"。而中国人（主要指过去，现在比较少了）往往避免使用这样直接的称呼，而是使用迂回的第三人称，例如"敝人"（谦辞）、"先生"或者"阁下"（敬辞）。[①] 传统中国常用的敬辞有"令""尊""贤""贵"和"大"，无论是家内还是家外都会使用。"愚"和"小"是常见的谦辞。其用法自然随着人际关系而变化。因此，男人提及自己妻子的时候可能会说"贱内"，而来客则会说"尊内"。

我在第八章、第九章和第十章中会更全面地讨论性别问题，这里值得一提的是，有相当一部分女字旁的汉字带有明显的贬义，包括奸、妨、妒、奴、媚。当然，女字旁的字也有带有正面意义的，但是绝大多数都与传统女性的身体素质、角色和关系有关。在口语中，这些关联并不明显，就像英语单词"sissy"（女气）一样。但是正如我试图指出的，中国文化整体上比西方文化更注重文字的构成要素。因此，这样的关联无论是褒义还是贬义，都和意识紧密相关，至少对于清代的识字者来说是这样的。

中国文字还有很多其他方面也反映了基本的文化态度。例如，张东荪指出，中文在伦理术语和概念方面的词汇极其丰富，这表明中国人一直在思考道德价值观念。冯友兰认为，"天下"和"四海之内"等传统上对世界的表达，都明显地反映了以大陆为中心的观点，这和古希腊非常不同。张光直通过对早期中国文本和术语的复杂分析提出：中国人"可能是全世界最重视饮食的民族"。然而总的来说，对中国语言及其文化内涵的研究仍处

---

① Bodde, Derk 1957, 65.

在起步阶段，尤其是在西方。①

另一方面，中西方学者都已经广泛并热烈地讨论了古文和形式哲学之间的关系。很显然，中国的语言和思想之间有一种相互支持和相互充实的关系。然而有人可能会说，古文对中国哲学的发展之所以产生了特别显著的影响，不仅是因为文言文是一种历史悠久的活语言，更可能是因为汉字本身具有引人注目的视觉特征。②

尽管中国语言的模糊性可能鼓励了直观式的理解，但是汉字的表意起源同样可能促使人们更喜欢具象、描述而非抽象——至少在形式哲学的论述中是如此。虽然这一假设引发了激烈的讨论，但很多学者都注意到，文言文在表达抽象概念的时候相对较弱。③ 因此，"真"（与"假"相对）字往往被理解为"真的"，而不是抽象的"真"。（葛瑞汉说得好，"中国哲学的中心是道，而不是真"。）同样地，"人"往往是指普遍意义上的"一个人"或"人们"，而不是抽象的"人"。"希望"很难从"一系列指向具体对象的期望"中抽象出来。④

然而这并不是说，中国人缺乏抽象思维的能力。我认为我们可以说，中国哲学家倾向于用具体和特殊来表示抽象和一般。成中英谈到，《易经》是这种特殊的态度或者取向的特别恰当的例证。在《易经》高度精炼的符号系统中，哲学原则"体现在事物的具体实例及其关系上"。从一个不同的角度来看，我们可以说，具体事物和特定语境中呈现或展开的普遍或抽象的原则对中国人来说最为重要。这一观点有助于诠释中国哲学的实践取向，以及诠释为何在中国普遍缺乏那种为炒作而推断的现象。而且这也与陈汉生（Chad Hansen）的观点一致，他认为中国语言的理论和西方的不同，强调规则而不是描述。⑤

中国哲学的另一个显著特点（前文已经提过）可能也要通过文言文来

① Chang, Tung-sun 1952; Fung, Yu-lan 1948, 16; K. C. Chang 1976; Hansen, Chad 1992, 14 ff., esp. 30–32; Sung, Margaret 1979, 416–36; T'sou, B. K. Y. 1981, 1–19.

② 对中国语言的简明研究，见：郭锦桴，《汉语与中国传统文化》，北京：中国人民大学出版社，1993年；沈锡伦，《中国传统文化和语言》，上海：上海教育出版社，2004年。

③ Hansen, Chad 1992, 33ff., esp. 53–54.

④ Bloom, Alfred 1981; Elman 1983, 611–14; SCC 7.2: 108–9.

⑤ Arthur Wright in Wright, Arthur, ed. 1953, esp. 287; Nakamura, Hajime 1971, 177–90.

解释，即尤为强调各种关系、联想、类比或关联思维。中国思想家历来对本体论范畴（即柏拉图式的普遍共相和亚里士多德式的本质论）不太关注，而更关心对事物、事件和概念之中、之间关系的分析。周有光认为，汉语中对词语关系的强调"可能与中国生活和文化中许多方面的关系思维有关"。我们前面提过成中英以《易经》为例来说明中国的关系思维，其他如张东荪、李约瑟（Joseph Needham）等中西方学者也通过古代经典表达了同样的基本观点。①

中国重视阴阳的"两元相关律名学"（借用张东荪的提法）当然和西方古典的亚里士多德式逻辑不同。然而，这并不意味着中国人缺乏"有逻辑"的说理能力。中西方许多权威学者已经用大量的文献证据证明，在某些类型的中国哲学论述中，逻辑严密是可能的，甚至是非常突出的。②尽管如此，中国语言的结构、与之相关的美学以及中国人对关系思维的偏好，的确使得某些形式的论证比其他形式更有吸引力和说服力。比如，这就可以解释中国人对类比论证的强烈偏好，以及在各种类型的哲学写作中数字范畴和关联的广泛使用。

尽管阴阳二元论是中国关系思维的核心，但是中国的大部分数字范畴都涉及比"二"更大的数——多数是奇数（阳数），尤其是三、五和九。因此我们发现，中国哲学写作以及日常话语中反复出现三皇（通常是伏羲、神农和黄帝）、三教（儒、释、道）、三纲（君为臣纲、父为子纲和夫为妻纲）、三从（女性从父、从夫和从子）等。清代总计有300余种不同的数字关联，从"二、三"到"百、千"，仅数字"三"的关联就有70多种。这些范畴不仅反映了某些重要的关系，而且是一种方便的哲学"简称"。就像阴阳概念相互关联一样，数字以高度形式化的表达指示了等级和次序。③

关联思维以及中国语言对对称和韵律（以及双关语的魅力）的强调，有助于解释四字哲学定义的普遍性——"仁者人也""义者宜也"和"政者

---

① Bloom, Alfred 1981; Cheng, Chung-ying 1971, 213–35; Elman 1983; Hansen, Chad 1992, esp. 52; Graham, A. C. 1989, esp. 395–98.
② Yu-kuang Chu in Meskill, John Thomas ed, 600. Tung-sun Chang 1952, 211–17; Graham 1986; SCC, esp. 2: 279ff.
③ Graham, A. C. 1989, 75–105, 137–70, 389–401, 406–28.

正也"。罗思文（Henry Rosemont）认为，这种表达的优点在于它们既能让中国的思想家"保持通用术语及其相关表述的语义丰富度，又能在有必要阐述其中某个特定意义时拆解文字——无论是否具有逻辑明确性。"[1]

《易经》鼓励"在相互关联的符号中发现相似的规则、概念和思想，并将它们综合成为更加复杂精密的形而上学或者伦理学观点"，在古代语言中非常突出的关系或联想过程于此至关重要。[2] 在后面各章，我们会讨论《易经》在中国宇宙论、伦理学、占卜和大众宗教中的地位，但是在这里，我们关注的是作为中国语言的补充系统的《易经》，或者用怀特海（Alfred N. Whitehead）的术语来说，我们关注的是作为"象征指涉"的《易经》。[3]

《易经》在中华帝国晚期的权威性很少得到充分的认识。不过，让我们看看著名的《近思录》中的话。《近思录》被誉为"公元后第二个千年远东地区最重要的哲学著作"，其有言曰:《易经》"为书也，广大悉备，将以顺性命之理，通幽明之故，尽事物之情，而示开物成务之道也"。[4] 清代大学者王夫之同样写道:

> 周易者，天道之显也，性之藏也，圣功之牖也。阴阳、动静、幽明、屈伸，诚有之而神行焉。礼乐之精微存焉，鬼神之化裁出焉，仁义之大用兴焉，治乱、吉凶、生死之数准焉。[5]

在整个清代，《易经》仍然是一部权威几乎不可撼动的神圣著作，它不但是人们行为的道德指引，也是概念和指涉的丰富资源。

根据孔子的观点，"书不尽言，言不尽意……圣人立象以尽意，设卦以尽情伪"（《易大传》）。[6] 换句话说，《易经》的卦爻象征着宇宙中风云变幻的现象或者结构，并且如果得到正确解读，就具有解释的价值。这些卦爻

---

[1] Mayers, William 1874, 293–360; Bodde, Derk 1991, 64ff.

[2] Rosemont, Henry Jr. 1974, 87.

[3] Wei, Tat 1977, xxx.

[4] Cheng, Chung-ying 1997. 该文很大程度上利用了怀特海的看法。见Jullien, François 1989中关于古汉语和《易经》"逻辑进程"的研究。

[5] R. J. Smith 2008, 3–4.

[6] R. J. Smith 2008, 40; 1991, 2008, 2012a.

图5.1 乾卦和坤卦

这单独的两页来自一本清代版本的《易经》，并有朱熹（1130—1200）的评注。右边页面的第一部分解释了文本的早期演变。然后是乾卦，在卦名正下方有四个大字，是卦辞和爻辞。下面的小字是朱熹长篇评论的开头几个字。左边页面则介绍了坤卦，包括卦辞和较长的爻辞（27字）。同样地，小字也是朱熹长篇评论的一部分。大字和小字注释这一组合，同样适用于每一行系辞以及"十翼"。

来源：朱熹，1893年

和汉字一样，是一种明显的视觉沟通媒介，有形但不明确，包含了多种可能的意义层次，也包含了许多累积下来的典故和联想。不过和大多数汉字相比，卦爻具有更多的抽象含义。

《易经》的基本内容是六十四卦，每一卦都有一个卦名，旨在表明其基本象征意义。大多数卦名都表示物、行为、状态、情况、性质、情感或者关系，例如："井""鼎""归妹""履""随""观""蒙""泰""否""需""讼""蛊""谦""贲""大壮""豫""中孚""兑""比""同人""咸"。[1] 每一卦都由六根爻线任意组合而成，"—"为阳爻，"– –"为阴爻。每一卦有象辞，每一爻有系辞或者爻辞。

"象"是对每一卦所代表的整体情况的简略说明。附加词（也称为台词）依次描述一个卦中六行爻中的每一行，通常代表一个过程，从开始的阶段（第一行，在卦的底部），到发展的阶段（第二行到第五行），再到结

---

[1] R. J. Smith 2013, 15–17.

图5.2　八卦

束或者过渡的阶段（第六行）。这些线也形成一对，分别命名为"三爻"，且并置于每个六爻卦中。其中有八种重要三爻组成的卦。根据《易经》的理论，对各种相关联的线或爻、单卦和卦的阐释，以及对这些卦象在某种特定的具体情况下经历和表现出来的变化的认识，都将阐明人类经验的结构，并在占卜的过程中启示未来。

　　所谓的《易经》"十翼"，传统上归功于孔子，但其实是错误的。十翼进一步阐释了基本文本，并且赋予了它更多的象征性和多层次的意义。通过其丰富多彩的类比、隐喻和其他意象形式，这些诗意的评断从卦的单独的爻、单卦的构成以及卦与卦之间的关系等方面，阐明了卦的结构和意义。进而，它们还为《易经》提供了一个道德层面，以及一个基于阴阳五行原则和复杂精密的数秘术的坚实的玄学基础（见第六章）。在清代，《易经》的玄学和数秘术通过算命、历书以及《河图》《洛书》等数字排列图案向社会的各个阶层传播。

　　虽然《易经》的基本假设一直是其所有卦之间的互相作用或者相互关系，但是其象征指涉的最重要的两项，显然就是六十四卦中的前两卦——乾卦和坤卦（见图5.1）。在最基本的象征层面上，乾卦和坤卦分别代表了微观世界中的天和地，以及生殖能力和阳、阴的潜能。这两卦作为阴阳概念的种类，自动地假定了这两套互补对立事物相关联的所有属性，包括暗与光、雌与雄、静与动以及偶与奇的数字关联（见第六章）。此外，乾卦和坤卦还取得了其构成三爻的许多关联。乾卦的诸多属性包括圆、灵动、挺拔、红色和金属的切割能力。与此相反，坤卦则与方、睿智、平面、黑色和大车的运输能力联系在一起。[1]

----

① 更为完整的对应清单，参见 R. J. Smith 2008, 41-43; 2012a, 64-70。

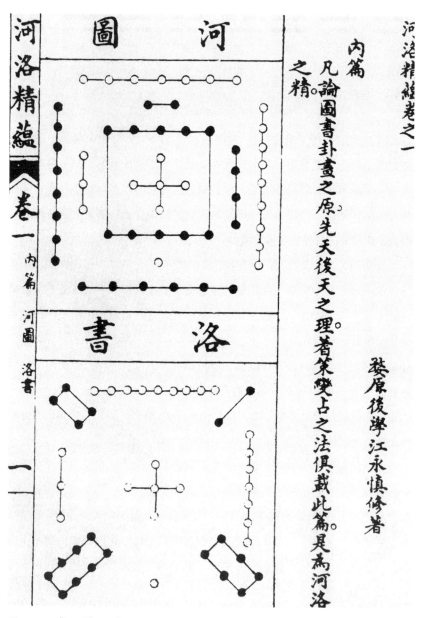

内篇
凡論圖書卦畫之原先天後天之理著策變占之法俱載此篇是爲河洛之精。

婺原後學江永愼修著

图5.3.1 《河图》和《洛书》

这两种光（阳）和暗（阴）点的不同形态所代表的数字和大量的宇宙变量有关，包括五行和八卦。对许多（但并非全部）清朝学者来说，这两部文献代表了对所有现象进行数值解释的基础。

来源：江永，1744年

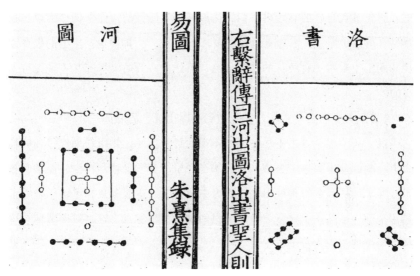

图5.3.2　另一个版本的《河图》《洛书》
来源：朱熹，1893年

随着时间的推移，乾卦、坤卦和从中衍生出来的其他六十二卦，逐渐成为丰富多彩的符号宝库，类似于符号逻辑中的变量。作为各类物体的替代品，六爻卦、单个三爻卦以及甚至单爻都具有广泛的阐释价值。例如，冯友兰写道："凡是满足刚健条件的事物，都可以代入有乾卦卦象出现的公式里；凡是满足柔顺条件的事物，都可以代入有坤卦卦象出现的公式里。"从最基本的层面上讲，这意味着谁若想知道如何为君为父（一种阳的关系），就应当查阅乾卦所讲的；谁若想知道如何为臣为子（一种阴的关系），就应当查阅坤卦所讲的。[1]

当然，正如我在别处详细讨论过的，向《易经》寻求深刻的见解和指导的过程，无论是在占卜还是在一般学习的过程中，通常都比这复杂得多。《易经》恰如其分的结构、阴阳式的对立面调和、晦涩的语言、多样的符号、层叠的意义，以及爻、卦以及原卦（三爻卦）和成卦（六爻卦）之间错综复杂的关系，除了头脑简单的人，谁都无法简单地解释。正如康熙皇帝曾经说过："我从未厌弃过《易经》，并将其用作占卜和道德准则之

---

[1] Fung, Yu-lan 1948, 168.

书。我告诉我自己的宫廷讲官们，你们唯一不能做的一件事就是不要把这本书看得过于简单，因为里面有许多言外之意。"① 即使借助主要的经典注释和两千年来对《易经》的精深研究，对任何一卦的解释都几乎是无穷无尽的。

《易经》中的文化意义几乎延伸到中国传统生活的每一个领域。首先，它提供了一个似乎取之不尽、用之不竭的符号宝库，并用它来代表和解释人类经验的几乎每一个领域，从艺术、音乐和文学批评到科学、医学和技术。其次，从哲学的角度出发，它为中国传统宇宙起源观和宇宙学确立了概念基础，也确立了大多数空间和时间讨论的出发点。它也对中国传统思想长期强调"变"重于"有"、"物"重于"事"、"关系"重于"本质"做出了重要的贡献。②

《易经》为中国众多的思想家提供了不可或缺的词汇，从儒家和法家到佛教徒和道教徒无不如此。张岱年的《中国古典哲学概念范畴要论》最早于1989年出版，其中有相当一部分内容涉及《易经》中的哲学概念，我们将在第六章和后面的章节遇到这些概念。这些概念包括：太极、神化、易、变化、动静、机和象。此外，张岱年的其余大部分著作都关注《易经》中的核心术语，例如天、道、理、气、阴阳、五行、生、反、命、精神、形上和形下、同异、和以及一系列其他道德和认识论概念。③

《易经》对中国审美生活的重要性明显地体现在几个相关的领域。从艺术上来说，《易经》促使人们关注自然和自然过程，并且提供了一种象征性和分析性的词汇，这种词汇如同在哲学中一样，在艺术和文学中也非常实用。以清朝初期的画谱《芥子园画传》为例，作者运用《易经》中的词汇和数字符号来描述梅树的构图。他告诉我们："花属阳……木属阴。而故各有五，所以别奇偶而成变化。象以六爻，故有六成。梢者，梅之所自备。象以八卦，故有八结。"④ 我们也可以找到许多代表着学者们对《易经》思索

---

① Spence 1988, 59.（译文参考史景迁著，吴根友译，《中国皇帝：康熙自画像》，上海：上海远东出版社，2001年。——译者注）
② R. J. Smith 2008, 220–21. 下文许多讨论都来源于此书第九章。另见 R. J. Smith 2012a "结语"。
③ Zhang, Dainian 2002, esp. 178–219.
④ R. J. Smith 1991, 122–26. 卦象作为一种装饰图案在手工艺品中随处可见。

结果的中国绘画和素描。此外，《易经》还影响了音乐、舞蹈、建筑和插花等许多体现其他审美快感的社会活动和职业。

在中国文学批评中，也充溢着《易经》的象征主义。例如第二十二卦贲卦象征着美、优雅和形式的简约，而第十六卦像卦象征着能量、热情和情感。第四十三卦夬卦象征着果断而批判的决断，而第三十卦离卦象征着逻辑的清晰。第一卦乾卦通常代表创造力和灵性，而第二卦坤卦则表示被动的智能。因此我们发现，伟大的清代诗人袁枚将自己长久以来专注于景观园林的原因归结为"贲于丘园"；章学诚在一篇颇受赞誉的对汉代史学的批评文章中，将司马迁的作品描述为"圆而神"，而对司马迁的继任者班固的评价则是"方以智"。[①] 在以上两种情况下，学者们所使用的批评词汇都一字不差地取自《易经》。

清代的学者也使用《易经》来解读中国最伟大的一些小说（见第一章、第九章）。例如，道士刘一明（1734—1820）认为，如果不能理解书中各部分中同一个卦的不同象征意义，就无法完全欣赏《西游记》这部小说。一位名叫文通的晚清旗人认为，《水浒传》中几位主要人物和源自《易经》的卦象直接相关。而张新之在著名的《红楼梦》的评注中，特别强调卦象和人物性格之间的关系，如关于贾宝玉的四个姐妹的章节：

> 元春为泰，正月之卦，故行大。迎春为大壮，二月之卦，故行二。探春为夹望，三月之卦，故行三。惜春为乾，四月之卦，故行四。然悉女体，阳皆为阴。则元春泰转为否，迎春大壮转为观，探春夬转为剥，惜春乾转为坤，乃书中大消息也，历评在各人本传。[②]

《易经》也是直接的文学灵感来源。例如，著名的评论家刘勰告诉我们，《易经》不仅为中国传统文学，尤其是诗歌常用的对偶提供了一个典范，而且它也是几种主要散文类型的特定的源头，包括论、说、辞和序。从汉代到清代，中国学者就《易经》撰写了数千篇文章，其中许多文章连同以

---

① R. J. Smith 2008, 222.

② R. J. Smith 2008, 226.

《易经》为中心的各种铭文、奏议、谍文和韵文作品一起，都在《钦定古今图书集成》有关《易经》的大量章节中占有一席之地。此外，《钦定古今图书集成》的编纂者们还汇集了34首诗，均为从3世纪到17世纪中国一些最杰出的学者撰写的有关《易经》的诗歌。（见第九章）①

在中国的社会生活中，《易经》除了在占卜方面的广泛应用，还具有特别的影响力。从中国的大量日记、回忆录、书信和类书中可以看出，几乎所有的六十四卦都能运用到人事中。其中最常用的是第一卦乾卦，在传统上象征着男性的统治地位；第二卦坤卦表示女性的顺从；第六卦讼卦为打官司；第七卦师卦为军事；第八卦贲卦为联合与一致；第十卦履卦为谨慎的行动；第十五卦谦卦为谦恭；第十六卦豫卦为藉慰或满意；第十八卦蛊卦为腐败；第二十一卦噬嗑卦为刑法；第二十四卦复卦为回复；第二十五卦无妄卦为不虚伪；第二十六卦大畜卦为大积淀；第二十八卦大过卦为大大超过；第二十九卦坎卦为危险；第三十二卦恒卦为坚持；第三十三卦屯卦为倒退；第三十五卦晋卦为等级的提升；第三十六卦明夷卦为不被欣赏；第三十八卦睽卦为分离或疏远；第四十三挂夬卦为突破；第四十四卦姤卦为社交；第四十五卦萃卦为人民团结在贤明统治者的周围；第四十六卦升卦为一位好官的功业；第四十七卦困卦为苦恼；第五十卦鼎卦为人才的培养；第五十三卦渐卦为缓慢而稳定的进展；第五十五卦丰卦为繁荣；第五十六卦旅卦为旅游和异乡人；第五十九卦涣卦为涣散；第六十卦节卦为节制；第六十一卦中孚卦为国王的权势；第六十三卦既济卦为完成；第六十四卦未济卦为一切尚未完成。②

当人们想要通过《易经》的指导做出人生的选择时，他们只需要查阅《易经》里的相关卦象，然后将卦辞和爻辞记在心中即可。举个简单的例子，让我们从极具影响力的宋明理学著作《近思录》中摘录一段使用了近50个不同卦的段落，以说明各种社会和政治主题，例如在"致知"一卷中，我们能读到：

---

① 笔者已经翻译了一些这样的诗歌，见 R. J. Smith 2008, 223ff.。
② Ho, Peng Yoke 1972, 26–29; SCC 2: 315–21.

　　知时识势，学易之大方也。大畜初二，乾体刚健，而不足以进。
四五阴柔而能止。时之盛衰，势之强弱，学易者所宜深识也。[①]

　　换句话说，凡是用"大畜卦"做政策决定的人，都应该仔细考虑一下
以第四和第五爻为代表的阴爻的反对势力的强弱。对有关爻辞的详细的隐
喻性解读（这里分别是童牛之牿和豮豕之牙），将进一步阐明相关情况，包
括其隐患和可能性。

　　《易经》在中国法律中也发挥着作用。虽然在任何朝代的法令中，
六十四卦都没有发挥重要的作用，但是它们中的一些被认为适用于法律事
务。例如，第二十一卦噬嗑卦强调了中国法律对刑罚的重视："噬嗑，亨，
利用狱。"但是这一卦的卦象至少还具有一定的灵活性："雷电，噬嗑；先王
以明罚赤法。"第六十一卦中孚卦的象辞告诫人们："择上有风，中孚；君子
以议狱缓死。"第六卦讼卦主要是指民事冲突和官僚问题，部分卦辞为"窒
惕"，讼卦的象辞则指出"讼不可长也"。[②]

　　《易经》甚至也开始被用于描述和分析中国人的性生活。根据高罗佩
（R. H. van Gulik）具有开创性的《中国古代房内考》一书，中国的方术和
春宫画册通常都会引用《易经》的段落以表明性行为的理所当然："天地絪
缊，万物化醇，男女构精，万物化生。"[③] 六十四卦中最具有性的象征意义
的是第六十三卦既济卦。既济卦为下离上坎，即下方是象征"火""光"和
"男"的离卦，上方是象征"水""云"和"女"的坎卦。其他的一些卦也
被用作性术语的解释，比如第二十三卦剥卦代表反复申明床的意象。当代
道教专家王明认为，第三十一卦咸卦指的是前戏。王明指出，咸卦的爻辞
不仅仅是指"感应"，而且还是"软和柔"与"强和硬"之间的互动，并且
"结合在一起"。他还指出，爻辞有一个明显的从下向上的过程，从脚到腿
肚、大腿，到脢和肩胛背部，然后再到"辅颊舌"。[④]

　　《易经》在中国科学史上的地位是一个争论不休的问题。英国著名历史

① Chan, Wing-tsit, trans. 1967, 111.
② R. J. Smith 2008, 234–35.
③ Lynn, Richard John 1994, 85.
④ Ruan, Fang Fu 1991, 16–17.

学家李约瑟就此问题，曾毫不犹豫地指责《易经》阻碍了中国科学的发展（他指的是西方的历史发展模式）：

> 我们恐怕不得不说，尽管五行和阴阳的理论对中国科学思想的发展是有益无害的，但是《易经》这种精致化了的符号体系几乎从刚一开始就是一种灾难性的障碍。它诱使那些对自然界感兴趣的人停留在根本不成其为解释的解释上。《易经》乃是一种把新奇事物搁置起来，然后对之无所事事的系统……它导致了概念的格式化，几乎类似于某些时代在艺术形式上所出现的那些格式化，它们最后使得画家根本就不去观看自然界了。[1]

同样，另一位杰出的中国科学史专家何丙郁曾经写道："假如中国科学家完全满足于从《易经》思想体系中能找到的解释，那么他们就不会再去探索数学公式和科学研究的实验验证了。"因此他认为："以这样的观点看待《易经》体系，你就会把它当作抑制中国科学思想发展的因素。"[2]

我们很容易就能理解为什么李约瑟和何丙郁会持有这样的观点。事实上，只要浏览一下李约瑟的巨著《中国科学技术史》任意一卷的目录，我们就能发现《易经》几乎对自然界的一切都做出了某种解释。[3]《易经》所涉及的领域不仅包括我们现在所知道的数学、生物、化学、物理和医学，还包括其他科学知识的领域，比如地理学、地形学和制图学。血液的颜色和流动、甲壳类动物的解剖、中国各地人的体质、针灸和穴位、化学和炼金术反应、地震的性质、音调以及其他许多事物，都是用三爻卦或六爻卦来解释的。[4]

有时，以《易经》为基础的解释主要由已确定的相关性和关系构成。因此，明代早期学者王逵可以自信地说："人之目上睫动，下睫静，为观卦

---

[1] SCC 2: 336.

[2] Ho, Peng Yoke 1972, 23–39.

[3] SCC 2: 292, 304–40; 3: 56–59, 119–20, 140–41, 464, 625; 4.1: 14, 16; 4.2: 143, 530; 4.3: 125; 5.3: 51–53, 60–66, 69–74, 128, 201, 217, etc.

[4] R. J. Smith 2012a, 220.

之象，有观见之义。巽风动于上，坤地静于下。"用类似的联想逻辑，我们就能很容易地理解为什么第六十三卦既济卦可以被用来描述性的生理学：其象征火的主卦离卦和象征水的客卦坎卦分别指的是男性的性反应，即热得快，冷得快，以及女性的性反应，即热得慢，冷得慢。[1]

但是，三爻卦和六爻卦都不仅仅是单纯地象征着相关的功能，它们还能够通过具象方式"控制"时间、现象和情况，就像"力场"一样。有些六爻卦被认为是施与者，有一些被认为是接受者；有一些包含运动，另一些则不动；有一些鼓励聚合，另一些则鼓励瓦解；有一些有发展，有一些则倒退。三爻卦也有相似的属性，无论是在先天八卦的成对对立，还是在后天八卦的有序推移。[2] 在这种观点下，符号和实质是无法区分的。举个简单的例子，在图5.4中，我们看到了1721年宇宙图的一部分。在这张图中，三爻卦按照后天八卦的顺序排列在圆圈的外面。圆圈代表天，而地则是正方形。三爻卦分别在其所占据的八个主要方向的空间中施加着有形的力量。

在微观层面上，清代的医生李延昰（1628—1697）解释了这种宇宙关联是如何作用于人体的。这里他所讨论的是在评估手部穴位时，需要考虑一些特定的三爻卦，它们基本按照后天八卦的顺序排列，但又与五行相关联：

> 北方为坎，水之位也。南方为离，火之位也。东方为震，木之位也。西方为兑，金之位也。中央为坤，土之位也。试南面而立，以观两手之部位。心属火居寸，亦在南也。肾属水居尺，亦在北也。肝属木居左，亦在东也。肺属金居右，亦在西也。脾属土居关，亦在中也。

李延昰的假设是，身体的每个部位都被包裹在一个刺激和反应的特定网络中，在这种情况下由位置决定，并且以八卦中某一卦的指向性能量为标志。许多相关的领域都有类似的假设，例如从炼金术和针灸到治疗性导引和冥想实践（见第七章、第十章）。[3]

---

[1] SCC 2: 329–35; Yang, Li 1998, 322ff.

[2] SCC 2: 322–26.

[3] Yang, Li 1998, esp. 21–35, 197–214; R. J. Smith 2008, 107, 185–86, 235–37.

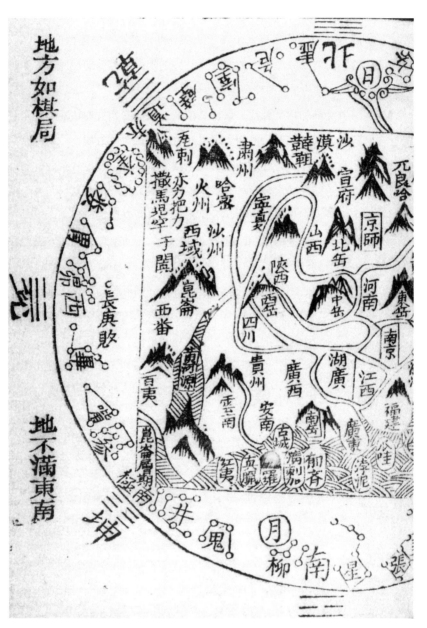

图 5.4 中国的宇宙图（局部，1721年）

除了展示八卦中的五卦，这个部分描绘了被称为"宿"的特定星座所施加的影响。这里所展示的部分代表了北京以西的整个世界。左下角的文字中提到了一些群体，比如"红夷"（欧洲人）和一个通用的类别"百夷"。

来源：经大英图书馆董事会、大英图书馆东方和印度事物收藏处许可复制（编号15257 a 24）

现在让我们回到《易经》是否阻碍了中国科学的发展这个问题上。席文（Nathan Sivin）激烈地抨击了上述李约瑟和何内郁的观点，揭示了他们论证中的错误。其中一个错误在于，他们把仅是对一种文化的早期状况或风俗习惯的描述与一个原因（或必要条件）混为一谈。换句话说，就是"指责早期科学影响了后期科学的发展"。再者，假设后来没能发生的科学革命是抑制因素的结果，也就是说，"以某一时期缺少某种现代的东西为由，来解释以后未能达到现代化的原因"。[①] 席文解释道：

> 人们想从中国科学家那里找出一个要建立数学公式和实验验证的共同倾向将是徒劳的；如果难以证明这种趋势持续地发展到某种地步，如果没有确凿的证据说明若无《易经》，中国科学家将会"进一步前进"的话，那么从现代生物学中借用抑制作比喻就大可不必了。[②]

席文接着说道："遗憾的是，《易经》中那些饶有趣味的术语，在系统地叙述广泛的人类经验（即使现代科学也难以包罗万象）时是如此有力，在没有人下功夫透彻理解它的时候，却被当成一种障碍一笔抹煞。"

我想更多地关注一下席文的观察，他努力地控诉"将世界科学史转变为欧洲成功的传奇，而且其他人失败了，或者至多是其他人的成功是有缺陷且短暂的，直到现代化的救赎的到来。"[③] 这类称赞和指责的方式的局限性非常明显，尽管实际上不可能避免这样和那样的比较。事实上，席文认为，中国在17世纪经历了一场真正的"科学革命"，在某些方面可以和同一时期开始于西方的科学革命相提并论。他写道：

> 大约在1630年，西方的数学和数理天文学开始传入中国，但是其形式在当时一部分欧洲国家已经过时——那里已经允许读者接触现代知识。几位中国学者迅速响应，他们着手改革中国研究天文学的方法。他们大

---

① Sivin, Nathan 2005, 57.

② Sivin, Nathan 2005, 12.

③ Sivin, Nathan 2005, 57.

刀阔斧而又持久有恒地矫正了人们应该如何去理解天体运动的观念。他们改变了关于哪种概念、工具和方法是至关重要的看法，于是几何学和三角学基本上取代了传统的数值或者代数演算……中国天文学家第一次开始相信，数学模型可以解释和预测各种天体现象。这些变化相当于天文学中的一场概念革命。[①]

然而，席文指出：

（中国的"科学革命"）与当时欧洲正在进行的科学革命相比，远不如后者轰轰烈烈。它没有爆发成一场改变人们对自然的传统认识的根本革命。它对于有关天文问题的一切内容，以及天文演算对最终了解大自然和人同自然关系的意义这样一些传统观念并不表示怀疑。最重要的是，中国科学革命直到涉及地球上的一切现象时，才扩大到天文中数和度量的领域……外国天文学著作中内含的新价值观没有取代传统的价值观，而是使其永存下来。[②]

席文接着说道：

科学革命同政治革命一样，是在改朝换代时爆发的，而17世纪的中国发动科学革命的人却坚定地信奉他们的文化中占统治地位的价值观……如果我们要在中国找一找这样的人，在他们看来，科学不是维护传统的手段，一个业已确证的事实在价值上胜过千百年传统观念的总和；我们要到19世纪末才能发现他们——当时他们成了中国的第一代现代科学家。[③]

在我看来，席文的观点非常重要。在16世纪和17世纪，欧洲的科学发

① Sivin, Nathan 2005, 13.
② Sivin, Nathan 2005, 62–65.
③ Sivin, Nathan 2005, 19–20.

展逐渐超出了教会和国家体制的控制。但是在帝制时期的中国，国家对于中国人生活的各个领域的潜在干预以及现有的酬赏结构（最显著的是科举制度）基本上没有受到挑战。因此，直到清朝晚期，当清廷的软弱和无能暴露无疑的时候，中国基本上仍没有将科学（或者其他知识分支）用于革命目的的动机。耶稣会的科学和技术只服务于国家利益。

同样，在本土知识领域，如宋应星在晚明出版的《天工开物》（在第一章中简要讨论过），不是被遗忘就是屈服于清朝政府的利益。《古今图书集成》和其他由国家资助编纂的类书的编纂者们"蚕食"了《天工开物》，而不是将其奉为圣典。他们基本忽视了宋应星以"气"为基础的玄学，以及他的兄弟对明朝的忠诚和宋应星自己对北方"蛮夷"的无声批判。正如薛凤在对《天工开物》的研究中指出的："18世纪中国学者在非常有选择地接触《天工开物》，无论是在思想上还是政治上。他们不是调整其架构以符合传统的知识分类路线，就是有意识地使用其内容以满足他们的需要。"①

艾尔曼在2005年出版的《科学在中国，1550—1900》一书的英文书名，就反映了他（和薛凤）富有成效的解释立场：在17世纪和18世纪，睿智的中国学者并没有试图模仿欧洲科学；他们有自己的议题，并且在恢复和扩大天文、数学和地理等"失落"的中国传统领域方面，取得了令人印象深刻的成果。这一时期的学者还创作了大量有关自然科学的有用的文献，题材包括植物、动物和人。② 但是正如席文所说，这个新信息并没有产生任何政治、社会和经济的变革，也不可能产生变革。这就解释了为什么尽管中国的天文学在17世纪和18世纪取得了惊人的进步，却对国家资助的占星术几乎没有任何影响。

现在让我们回到《易经》，来了解一下中国科学史为何会以那样的方式展开。事情其实非常明显，《易经》的结构和象征意义为其提供了一个广泛的认识论选择；事实上，它提供了一个几乎拥有无限的解释可能性的领域。其实我们并不惊讶于中国学者没有把《易经》引向西方所希望或期望的那

---

① Schafer, Dagmar 2011, 263.
② Elman 2005, 2009; Hostetler, Laura 2001; Nappi, Carla 2009; Schafer, Dagmar 2011; R. J. Smith 2008, 235–40. Waley-Cohen 1999; Zurndorfer, Harriet T. 2004a.

样。的确，在明清时期，西方的数学吸引了许多中国学者，但他们基本上并不是像牛顿那样用数学来解释自然现象。[1] 当然，他们也接触不到牛顿的科学，因为1773年耶稣会的镇压"使得微积分在工程学和物理力学中的作用这一从欧洲传递来的消息延迟了将近一个世纪"。[2]

正如席文、艾尔曼和薛凤等人所强调的，明朝晚期突然爆发了对科学探索的兴趣，并且一直延续到清代。黄宗羲（1610—1695）、王夫之（1619—1692）、方以智（1611—1671）和江永（1681—1762）等学者调研了包括医学、数学、声光、磁性、水力在内的诸多技术课题。他们倡导物理实验，并且开发了复杂的论证方法。方以智和江永对数字在解释自然关系和过程中的作用特别感兴趣。此外，两人还都有丰富的西方数学的知识。但是与此同时，他们对自然界的认识却受到了《河图》和《洛书》所体现出的守旧的数理思想的深刻影响。事实上，方以智明确地告诉我们："以此河洛象数为一切生成之公证。"[3] 江永也持有同样的基本观念。但是，这些思想家往往被认为是明末清初"考证学"的代表（见第六章）。

其他因素也在影响清代中国科学探究的进程。例如，在17至18世纪，中国学者既没有能够启发同时代欧洲人的宗教信仰，也不相信所有的现象最终会揭示出它们的秘密。正如席文所说："自然进程编织出了一种永恒的关系模式，但是这种模式太微妙且太多元，以至于我们无法通过所谓的实证研究或者数学分析来完全理解。"[4] 因为人们的目的是有限且实际的，科学的解释仅仅表达了对该模式的部分且间接的看法。

中国的科举制度强化了这种知识倾向，还强调了朱熹对经典的理想主义和高度玄学的阐释。正如金永植（Yung Sik Kim）所明确指出的那样，朱熹的学术虽然涉及面非常广，但是他并不推崇方法论的严谨性、一致性、实验性，甚至包括直接和持续的观察。朱熹虽然涉猎广泛，但是他对空间、时间、物质、运动等方面的理论揣测不感兴趣。因此，他的"科学"是"一种彻底的'常识性的'自然知识"，"覆盖了世界上的一切"，但是几乎

---

[1] R. J. Smith 2008, 239–41; 2013, 44–46.

[2] Elman 2006, 3.

[3] R. J. Smith 2008, 141, esp. 240.（引自朱伯崑，《易学哲学史》第三卷。——译者注）

[4] Nathan Sivin in Ropp, Paul S., ed. 1990, 169–70.

没有解释。①

可以肯定的是，正如艾尔曼最近指出的那样，到18世纪晚期，中国考纲已经开始反映出对汉学学派和"考证学"的专注，及其对古代文本严格的科学分析、对宋学的敌意和对沿袭的宇宙学的某些元素的抨击。但是，正如艾尔曼自己所承认的，那个时代的学者们仍旧是坚定的"道德普遍主义者"，他们仍然相信《易经》等经典是最重要、最有终极价值的知识库。②尽管某些被指定的"自然科学"或自然之学（包括天文学和数学），在某些时期的科举体制中曾占有重要地位，但是总的来说，道德和治国之道仍占据了大多数中国学者的注意力，并且在考试中占有最大的比重。

在20世纪，并且直到今天，许多中国学者已经认为《易经》的某些特征可以兼容"现代"科学。因此，当代的一些学者（例如杨力），以和清人方以智及江永一样的论调，主张《河图》和《洛书》之数乃是宇宙万物的"起源系数"。唐明邦则声称核物理学的原子结构形式、分子生物学的基因编码以及线性代数的八阶矩阵都和《易经》的逻辑有关。③尽管这类思想本质上仍然是相互关联的，但是对于长久以来习惯了现代科学在某种程度上绕过中国观念的中国学者来说，这种思想仍然是令人满意的源泉（见第十一章）。

但事实却是，20世纪之前的中国科学从未经历过牛顿的经典力学，它既注重直接观察，又强调数学化的假设。尽管当伟大的哲学家、数学家莱布尼茨（1646—1716）在17世纪末通过一位到过中国的耶稣会传教士了解到《易经》的二元结构时，他为之深深着迷，并受到了启发，但是中国人自己却并没有将卦发展为计算数学的想法。因此，在帝制时期，《易经》的数字象征仍然属于命理学范畴，而且可能除了焦循（1763—1820）等一些著名《易经》学者的作品，从来没有真正意义上的数学。④

最后，许多学者认为，文言文对中国科学思想的发展有着负面的影

---

① Kim, Yung Sik 2000, esp. 295–309.
② Elman 2009, chap9. Ng, On-cho 2003, 37–61.
③ 关于杨力和唐明邦的论述，引自 R. J. Smith 2012a, 222–23。
④ R. J. Smith 2013, esp. 183ff.

响。[1] 李约瑟认为这一论点缺乏根据，尽管他指出，前现代的中国人有一种
"不幸的"倾向，即把古代词汇用于科学概念，而不是发展新的科学术语。
他认为部分原因在于中国无法像西方（欧洲）科学家那样，依靠希腊文、
拉丁文和阿拉伯文的原始资源。[2]

塑造中国科学轮廓的另一个与语言有关的因素，可能是学者们倾向于
通过积累现有的权威资源的引文，然后按照一定的时间或者主题顺序（不
一定是分析顺序）将其组织排列，从而创作文本。

这种方法不仅是中国大多数类书的特征，也是许多哲学甚至"科学"
小册子的特点。其中著名的例子包括沈括的《梦溪笔谈》和顾炎武闻名遐
迩的《日知录》。尽管这种借助积累和传播的传统学习方式固然对沈括和顾
炎武等人创造性的思维发展并无阻碍，但总的来说，它似乎抑制了概括和
假设的学识习惯。[3]

郝若贝（Robert Hartwell）在讨论传统中国经济思想时，得出了类似的
结论。他指出，帝制晚期的学者有一种"惊人"的习惯，即平等地对待抽
象顺序和分析意义大相径庭的陈述。用他的话说：

> 中国人通常不区分……逻辑表述的不同模式之间的相对价值……无
> 法区分不同的概念化秩序，严重地限制了将经济学说的单独想法整合进
> 解释系统的可能性，并且阻止了对科学进步至关重要的抽象概念的扩展。
> 部分原因是因为习惯使用历史类比法……但主要原因是忽视了有意识地
> 寻找一般假设的结果。[4]

芮沃寿（Arthur Wright）详细讨论了中国历史上外来概念的倡导者所
面对的翻译问题，包括从六朝时期的佛教僧侣到清代的耶稣会士和其他基
督教传教士。诸如汉字的语义之"重"等因素，无论是作为概念物还是仅

---

[1] Hart, Roger 2013, 12–20, 57–60, 68–75.
[2] Bodde, Derk 1991, esp. 88–93. 李约瑟在"总结和反思"一章中提到了中国语言的"强大的逻辑结构"。SCC 7.2: 89.
[3] Bodde, Derk 1991, 82–88; Sivin in Daojing Hu, ed. 1982, 91–93.
[4] Bodde, Derk 1991; SCC 7.2: 108–9.

在音译中使用，往往都会屡屡影响外国思想的原始含义（见第十一章）。在他看来，中国的古文字并没有为外来思想的独立成长提供一个特别肥沃的环境。而它却的确有助于"驯化"具有潜在破坏力的外来学说，从而促进中华文明的凝聚力和连续性。[1]

古代语言在另外两个重要方面也促进了文化连续性和凝聚力。首先，它建立了中国的现在和遥远但未被遗忘的过去之间的直接语言学联系。因为古代经典和当代文献都是使用同一种基本文字所写成的，所以清代学者在知识上可以理解领会过去的两千年里中国的任何作品。这种语言仍然具有生命力，并且是长期且不可缺少的文学传统和文化遗产的一部分。其次，这种书写跨越了空间，给中国带来了巨大的文化统一性。因为每一个汉字都包含基本的意义和联想，无论它如何发音，文学语言都超越了方言，而许多方言都是相互不可理解的。因此，汉语的发展无法和拉丁语的衰落以及欧洲各国语言的兴起相类比。但是只有一个荣耀的事实，那就是直到19世纪，日本人、韩国人以及越南人都继续使用文言文作为主要的书面交流方式。当然，这件事只会助长中国早已根深蒂固的文化优越感。

---

[1] Arthur Wright in Wright, Arthur, ed. 1953, 286–301. Hart, Roger 2013.

第六章

思想方式

帝制时代晚期，中国思想最显著的一个特点就是突出的折中主义，能够包容不同的、有时看似矛盾的观念，而没有多少冲突之感。这种融合能力在明清时期的一个生动反映就是"三教合一"一词，意即儒、道、佛三家学说合而为一。所以，尽管为了方便阐述，本书对思想和宗教的论述分为两章，但实际上这两者是密不可分的。

不过，我们也不要高估清代中国不同思想流派间的契合程度。即便我们暂时搁置"宗教"而单独谈论儒家哲学，[1]但依然显而易见的是，满人统治中国的这两个半世纪里，思想潮流发生过重大的变化。这些潮流表现为儒家思想各种相互独立的"学派"，常常以地域认同、荫庇关系和血缘纽带为基础而招致坚定的崇奉者。艾尔曼写道，有时候，"学派仅仅是一个模糊的逻辑范畴，其成员或上承同样的经学传统，或在地理空间上距离很近，或有私人关联，或有学理共识，或有相似文风，又或兼而有之"。但另一些时候，对一个学派的界定又意味着"认可其群体的发展谱系，或解释特定地域所特有的学术活动的中心问题"。[2]

虽然中国思想生活的范围在清代不断发生着变化，但我们还是能够确认几种基本的关系，种种变化都发生在这些关系当中。如同明代大部分时期的情形一样，清朝统治者通常也支持朱熹的理学（程朱理学）作为其官方正统。程朱理学强调忠于君主、道德修养及正面范例的力量，18世纪初，康熙皇帝授命官员萃取其精华，纂成一部非常有影响力的科考纲要——《性理精义》。有观点认为，名目繁多的儒家学说仅仅是"狭隘的形而上的思

---

① 一些西方学者更喜欢将"Confucianism"说成"Ru Learning"（儒学）。"儒学"这个术语长期被中国人用来指学术上对孔子及其早期门徒的思想理念的偏好。但我认为，这对非专业学者来说并不会造成混淆。

② Elman 1981, 4–5; CHCL 2: 157–62, 220–29, 247–56. 对清代思想的概述，可参见陆宝千 2009，罗光 1996 和王尔敏 2005。

索"。伍安祖（On-cho Ng）对此并不同意，他指出，儒学在清代绝大多数时期，即使对其最热忱的支持者——如地位显赫的官员李光地（1642—1718）——而言，仍是一种至关重要的思想力量，清代为其提供了发展和争辩的空间。[1]

所谓的"桐城派"学者，集中在安徽省桐城县，他们也接受朱熹的道德理想主义，但是尤为强调古文，视之为"义理载体"。[2]这一学派像其他不那么强调文学取向的程朱理学拥护者一样，对考证学持怀疑态度——如果不是怀有十足敌意的话。考证学的倡导者们打破旧习，在17世纪下半期一跃而为富庶的长三角地区的"国家精英"。这些具有创造力的考证学学者熟稔文献学方法，极富热情地追求"实事求是"，他们主要致力于校勘考订，不过如我们在第五章中看到的，其中一批人也从事科学探究。他们的研究动摇了儒家经典的某些正统解释，甚至让一些既有文献的真实性成了问题。尽管对考证学总体的"颠覆"作用尚存争议，但毫无疑问的是，这一学派以关键的方式影响了清代的思想生活。[3]

在18世纪，清代学者通常认为考证学就是汉学，这是因为其思想奠基人顾炎武和阎若璩（1636—1704）否认宋明理学，而尊崇更古老的汉代文献。宋明时期的著作——大多数西方学者称之为"新儒学"（neo-Confucianism）——不仅包括程朱理学，还包括更加强调直觉的心学，其代表人物为陆九渊和王阳明。但严格说来，汉学指的仅仅是以惠栋（1697—1758）为首的吴派所推动的一种思想运动，他们主要研治东汉的文献。而那些倾向于西汉文献的学者则被称为"今文学派"。

今文学也可以称作"公羊学"，处在宋学与汉学的思想边界上。它的产生，源于中国早期历史上的一场争议在18世纪的复起，即某些以汉字的古代形式（"古文"）写成的儒家经典的真实性问题。东汉以来，古文经被确立为正统，取代了西汉时期今文经的地位。但是，阎若璩等清代考证学家开始系统论证某些古文经是伪造的，从而引发了关于一些议题的激

---

[1] O. Ng 2001, esp. 6–12. Elman 2000, 163–72, 481–625.
[2] CHCL 2: 257, 336–42, 422–27.
[3] Elman 1981; CHCL 2: 336; Guy 1987, esp. 201–07.

烈辩论，诸如孔子在中国历史上的地位，以及制度变迁在儒家传统中的作用等。

顾名思义，"经世学"将实际的为政理事作为关注焦点，既排斥宋学的道德主义极端，也反对汉学空疏论学的极端。18世纪时，经世学派已是一支颇具活力的思想力量，到了19世纪，王朝的衰败要求实事求是地解决中国面临的紧迫问题，经世学从而又迅速获得了强劲动力。清代经世学派的一个重要中心就是湖南著名的官学岳麓书院，这里有上千年的历史，走出了一大批19世纪的杰出人物，包括贺长龄（1785—1848）、陶铸（1779—1839）、魏源（1794—1857）、曾国藩（1811—1872）、胡林翼（1812—1861）和郭嵩焘（1818—1891）等。①

包括魏源和龚自珍（1792—1841）在内的一些有经世取向的学者，对今文经学也有长期的、浓厚的兴趣。但直到19世纪晚期，今文经学的进步潜力才完全显现出来。当时，具有改良思想的今文学倡导者康有为（1858—1927）及其弟子梁启超（1873—1929）站到了清代政治和思想生活的舞台中央（见第十一章）。康氏在精神上接受的今文学方法的一个核心特征就是"社会道德上的实用主义"，不满于对儒家思想做句读式的枯燥解释，而更热衷于自由的"意识形态"理解。②

清代还出现了许多其他的儒家思想流派。有些产生于某些特异的个体主义者，如公开反对虚浮之学的颜元（1635—1704）及其著名弟子李塨（1659—1733）。另有一些则从著名学者阮元和曾国藩的折中主义思想发展而来。中国思想的合流趋势使得像曾氏这样的士大夫能够既尊重桐城派的文学与道德主张，同时又看到汉学的长处，能够接纳经世派，寻求解决王朝行政问题的方法，甚至能够为了达成理想的孟学目标而去采用本质上属于法家的办法。像同时代或更早些的许多考证派学者一样，曾国藩思想的一个特点就是强调"礼"——不仅是社会习俗、礼制和仪式，还包括法律和制度——视之为中国复杂的儒家传统的一个基本特征。③

---

① McMahon 2005. Zurndorfer 1992. Hummel 1943–1944中详述了所有这些人物。
② 关于康有为和梁启超，见H. Chang 1971。此处对康氏方法的描述，引自H. Chang 1971, 23。
③ H. Wilhelm 1951; K. Chow 1994.

尽管清代学者呈现出了思想上的多样性，但是仍有重要的共同之处，这在很大程度上是因为他们中的绝大多数都在科举考试中金榜题名。为了科举应试，他们要学习相同的经典书籍，掌握相同的基本方法，运用同样的评价标准和观念范畴来表达自己的想法。私学的教育重点可能与官学有些许差别，但是我们可以看到，清代精英教育的实际目的就是科举中式。年轻时候为了这一目标而死记硬背，会让绝大多数学子留下深刻的印象。

余英时、杜维明等一些学者曾指出，某些儒学流派间的差别常常被过分强调。譬如，宋学与汉学在哲学领域，宋学与经世学在实务管理上，甚至宋学与阳明心学在道德原则和知行关系上，都有着重要的关联。尽管今文经学在政府改革上的主张通常比经世学派更加激进，但是二者关注着许多同样的行政问题。[①] 总而言之，正如狄培理（William de Bary）所说，儒家思想中存在于学问与公职、学术追求与自身修养、沉思与行动、审美（或形而上的）活动与现实追求之间的主要对立关系，都不应该看成是相互矛盾的，而应看成是"动态统一的"，这是中国思想生活的生命力和调适力的来源。[②]

中国的思想世界

在详细探讨儒家和道家哲学之前，我们也许要先回顾一下传统中国思想的一些整体特征。我们必须再次牢记，学者们从未对此有过一致看法。不过从总体上讲，清代思想家们表现出了对伦理与人际关系的持续关注，和对自然与自然过程的浓厚兴趣；他们有着文化特性和优越性的观念，深刻认识传统并尊重传统；他们在哲学话语上普遍更喜欢旁推侧引，而不是和盘托出；他们强调具体实在，而不是完全的抽象；他们非常倚重官僚层级、类比和"二元对立相关的逻辑"作为方法，去组织和理解庞大的人类经验。

---

① W. Tu 1989; Y. Yu 1975. Elman 1991; Metzger 1977, esp. 13–15, 50ff.
② de Bary 1975, 11.

与自然过程的调和促进了有机的宇宙观的生成。阴、阳这两种宇宙力量不断相互作用，产生了所谓的"五行"，即与木（茂盛）、火（热）、土（稳定）、金（锐利或坚固）、水（冷）相关的五种性质。五行在不同的情况下有不同的结合方式，它们以"气"的形式显现，而气构成了万事万物，包括有生命的和无生命的。阴阳和五行不仅会影响气的产生和组成，它们还支配着时间。五行相生相克，循环往复，无始无终。

中国人认为宇宙是一个规律的、自足的、自主的整体，自发生成，永恒运动。宇宙万物都属于一个由种种物体和力量交互作用构成的和谐有序的等级体系，在这个等级体系里，"同类"之间相互调和、相互感应、相互影响。因此，同步性（事件在空间和时间上的一致性）就不是一种简单的因果关系，而是一种有根有据的原理。不过，宇宙万物的和谐合作与共时互动并不是某种外在的至上意志或权威所引起的。相反，它产生于一种自然的、统一的宇宙模式或过程，即"道"，道使得万事万物都遵循其本性的内在指令。所以我们看到，即便是中国神话故事中传奇的"开天辟地者"盘古，也从未被视为逻各斯或造物主，更不用说闪米特人、基督教和伊斯兰教传统中那种无所不能、无所不知的上帝了。

中国缺乏外在于宇宙的人格化造物主的观念，它所发展出的宗教生活方式导致了对一神教和神学绝对主义的排斥；制度性宗教力量微弱，而弥散性宗教（比如祖先崇拜、国家对天的崇拜、行会等组织中的行业神崇拜）普遍发展；中国也未能发展出西方那样的拟人化、有效力的邪恶观念。佛教及其他外来信仰体系的引入，以及后来儒家形而上学的周密发展，都没有改变中国宗教生活的这些基本特征（见第七章）。不过，理学却提出了一个永恒不朽的原动力的观念——"太极"，或者说"理"。太极自发且持续地生出宇宙中的阴、阳之力，而且也是理想形式的来源（及总和）；气要围绕着理，才能组成万事万物。到了帝制晚期，精英们对太极这一形而上学概念的兴趣大大消退了，但这一观念仍然是清朝官方意识形态的一个构成性特征，并且牢固地存在于大众心中。

而且，阴阳作为一种观念范式的使用，在整个传统中国生活中并未减少。阴阳互根的观念，通常足够说明宇宙的创造和变化。阴、阳这两个具有特定价值意涵的术语，仍然能够用来容纳几乎所有的二元并列概念——从色空、理气、体用等深奥的佛家或理学概念，到明暗、冷热、干湿、软硬、曲直、进退、男女等简单却重要的两极概念。中国人往往很自然地将任何现象都分成两个不等但互补的部分（见导言和第五章）。

重要的是要记住，阴阳总是被看成一组相对的观念。作为创生力量，它们总是处在不断流转之中，它们彼此孕育，又互相"掌控"着对方的发展。即使它们属于具体的评价范畴，但它们从来不是绝对的。《道德经》强调了这一基本特点："故有无相生，难易相成，长短相形，高下相倾，音声相和，前后相随。"[①] 可以说，阴和阳不是具体的事物，而是关系的类别。任何物体或者现象，在一种关系中都可以被说成是阴，又可以在另一种关系中被说成是阳。所以，在绘画和书法语汇表里，毛笔这种工具都被认为是阳，因为它要主动地用墨汁。然而，毛笔相对于墨客（或者就墨客的创作而言）的阳，又可以被认为是阴；尽管墨水在纸或帛上是黑色的（阴），但相比于"被动的"纸或帛，它又显示出阳的一面。

哲学观会影响对阴阳关系的认识，因为一位思想家认为是积极的东西，可能在另一位思想家看来是消极的。例如，张伯行（1652—1725）在评注《近思录》中关于复卦的章节时论道："阳为善。"道家的观点则相反，他们认为"曲则全"，"圣人终不为大，故能成其大"。[②] 张伯行以道家的消极被动与儒家的激进主义做比较，当然在某种程度上是正确的。但是他鲜明的观点掩盖了两个重要细节。第一，儒家常常在社会环境中格外强调"曲"，并且通过道德模范去推动一种治理观，这从很多方面看都是非常被动的（阴）。第二，情况总是不断变化的，尽管张伯行认定力量总是能够占据上风，但大部分中国人（包括儒家和道家）都认同《易经》的基本前提，即变化就是阴阳交替。"刚"不可避免地要让位于"柔"，即便这仅仅是暂时的。

---

① W. Chan 1963, 140; Mote 1990, 400–01.
② W. Chan 1967, 11; W. Chan 1963, 151–52, 169.

表6.1

阴阳的相关性			
阳	阴	阳	阴
明	暗	动	静
热	冷	生	死
干	湿	进	退
火	水	伸	缩
红	黑	盈	亏
昼	夜	直	曲
日	月	刚	柔
春夏	秋冬	圆	方
男	女	南	北

五行的相关性				
相关性	木	火	土	金	水
动物	狗	羊	牛	鸡	猪
器官	肝	心	脾	肺	肾
数字	3，8	2，7	5，10	4，9	1，6
颜色	绿	红	黄	白	黑
方位	东	南	中	西	北
情绪	怒	喜	思	悲	惧
味道	酸	苦	甘	辛	咸
阴阳形态	阳中有阴（或少阳）	阳（或太阳）	半阴半阳	阴中有阳（或少阴）	阴（或太阴）

五行和阴阳一样，在中国思想中被用来表示宇宙运动和概念范畴。同阴阳一样，五行中的运动模式也在不停转换、循环变化。不过，五行的顺序和它们相互更替的过程则要视情况而定。

根据《易经》所示，时间逐渐被看成人类活动的一个场或容器，而阴阳转化的观念是传统中国时间概念的核心。实际上，阴阳范式本身起源于早期对自然循环往复之节奏和规律的一种认识，较明显的是昼夜24小时交替和夏热冬寒两极间的季节变换。中文用"时"来表示时间，它最初的意思是"播种的时节"，而且从未完全失去其季节性、周期性的特定含义。

"及时"对各个阶层的中国人、对日常生活的各个方面都具有核心意义。新王朝建立后，两个最重要的仪式行为就是"调整历法"和"校准时间"。掌控时间和掌控空间一样，都是帝国合法性的关键指标。国家历法（时宪历、时宪书）中的吉时、凶时，让清朝官员在一切凡俗或神圣的活动中都有了具体参照；通行的历书（通书、历本、黄历等）在中国民间也发挥着类似的作用（见第七章、第十章）。并且，占卜这一普遍行为也都是为了选择合适的时间。在平时生活中，滴漏将日夜划分为12个时辰，阴历将一年划分为12个月（闰月的调整可以弥补阴历354天和阳历365天之间11天的时间差）。更长范围的时间一般以各个朝代和年号的线性次序来衡量。

总的来说，传统中国的人们通常从循环而不是严格的线性视角去看待时间。这个循环周期可以长至佛教所谓的"四劫"（每一个都以数百万年、数十亿年乃至数万亿年计），也可以短至中国本土传统中的60年或60天。甚至各个朝代都被看成宏观的自然生命，有着生、长、衰、死的生命周期，这很像上面提到的佛教的成、住、坏、空四劫。相比于基督教、伊斯兰教和犹太教传统，这种时间没有一个固定的起始点，尽管中国大众传统有时会将人类活动的起始追溯至传说中的黄帝建立政权的公元前2698年。

邵雍（1011—1077）受佛教的启发，推出了一种以129600年为周期的永恒循环理论，影响广泛，这便于调和关于人类历程的循环观点和对古代中国黄金时代的普遍认识。根据邵雍的理论，当前这个循环始于公元前67017年，在公元前2330年即传说中的帝尧时期发展到顶峰。但是，人类社会目前已经在衰退，并且会继续衰退下去，一直到公元46000年所有生命都消亡。公元62583年，世界将会终结，而一个新的循环将会开始。王朝历史作为整个宇宙过程的一部分，也遵循着循环模式。由此可见，阴阳在有序和无序、兴盛和衰败之间显著地转化，既是自然的，也是无可避免的。

但是中国人也相信，历史环境取决于人的行动，因此，王朝衰败通过有德者的齐心协力至少能够暂时得到遏止。这种现象被称为"中兴"。中国历史上仅有为数不多的几次中兴得到记载，晚清时期战乱频仍的同治朝就有过一次中兴（见第十一章）。尽管大部分中国思想家都不同意渐进意义上的历史演化观念，他们仍会受到强烈的感召而行动起来，效仿历史先例和道德模范去改善社会。即便不是精英阶层的人，也都很了解那些古代贤人的故事。像《万宝全书》这样的综合类通俗书籍，通常在"人纪门"下，都会简要介绍中国历史上的各个朝代。这种简洁的序时性概要主要关注皇帝和其他重要历史人物，包括上古神话时代的贤君——当然，人们并不认为他们是虚构的。

精英阶层中，主要有两类历史学家。第一类是那些将写史作为个人兴趣的人（几乎所有中国学者都有这番兴趣），他们都不是史官。有些人因为对历史学家技艺的精熟而成为无可争议的著名学者，尤其是清代的章学诚（1738—1801）。章学诚特别值得提及，不仅是因为他的学术成就，而且还因为，他与同时代的大多数学者不同的是，他认为女性能够和男性一样恰如其分地书写历史。在他看来，为编纂备受敬仰的官方史书《汉书》发挥过主要作用的著名女性历史学家班昭（约49—约120），丝毫没有什么可感到怪异的。[①] 第二类历史学家是那些作为国家职员来写史的精英，他们在著名的翰林院下的国学院或京师各有关衙门工作。这种征聘任用之法，是清朝统治者逐渐延揽万斯同（1638—1702）这样不愿出仕的汉人学者的一种途径。[②]

从理论上讲，中国所有的历史以往都被看成道德故事，反映的是儒家价值观念下的"褒贬"标准。后朝为前朝所修的官史尤其如此。历史不仅仅是对过去的叙述，也是对现在和将来的恰当行为的指引。清代学者赵翼（1727—1814）在他著名的《廿二史札记》开篇这样写道："经者治之理，史者治之迹。"[③] 其主张在于，皇帝和官员都能够，也应该从过去的人物和事件中吸取经验教训。所以在中国，历史先例拥有一些在西方属于法律和逻辑的权威。

中国传统的王朝历史延续了汉代伟大的历史学家司马迁（前145—前86）所留下的总体范例。虽然26部正史（包括《清史稿》）中，没有哪两部是完全相同的，但是它们大部分都由四部分组成：本纪、表、志、传。其中，志和传特别能够说明历史的传统分类。我们可以带着这些关注，简要地看看最后两部传统的王朝历史——《明史》（修于1678—1739年）和《清史稿》（修于1914—1927年）。

在多卷本的史书中，礼仪、音乐、历法、天文、河渠、食货、刑罚、

---

① SCT 2: 57–60; Mann 1992.

② CHC: 9: 148–49.

③ Arthur Wright in Gottschalk 1963, 38.

五行、地理、艺文、职官、舆服、科举和军事是最重要的志。最重要的传则是那些关于忠臣、儒生、后妃、博士、隐者、墨客、贞妇、孝子、顺民的。有些差别是很明显的，比如《明史》的传对太监、皇亲和叛乱者有特别的关注，《清史稿》则新增了关于交通和邦交的志。当然，这些差别可以用两个朝代所面临的历史情境的不同来解释。①

我们可以看到，《明史》完全没有深入讨论明朝与女真人，亦即后来的满人的关系，特别是满人称臣纳贡的附庸角色。《明实录》这样的史料中有很多关于女真人和明朝关系的信息，包括从万历年间（1573—1620）开始的冲突，但是《明史》的纂修没有使用这些材料。然而，清朝的纂修者们利用了很多早期满文文献。此外，尽管官方正史公开强调德行，但是实际政治会左右某些特定内容。②

传统上，对外关系在王朝正史中并没有特殊地位。不过，对"蛮夷"的论述在正史的各个部分（特别是传）中，却时有出现。③多数情况下，中国是从军事安全与（或）贸易的角度观察外国人，而不是将其视为一个具有独立族群利益的客体。清朝大多数时期都和先前各个朝代一样，对外国人的了解零碎而模糊。这导致了马世嘉所说的"地理不可知论"（geographic agnosticism），也就是"（关于外部世界的）有些说法可能受到追捧，另一些可能受到质疑，但是不可能被完全接受或排除"。④结果就是，尽管不少清代地理学者和民族学者都付出了极大的心血，想要准确地了解外国的土地和人民，⑤但直到19世纪中叶，包括大部分官员在内的知识分子几乎都没有真正了解清帝国之外的世界。事实上，帝制晚期精英和大众百科全书一个共同的突出特征在于，它们在刻画和描述蛮夷时，多多少少都不加区分地混合了"真实"与明显的荒诞成分。⑥

中国人对边疆和境外的世界观，是经过与国内的外国人数个世纪的广泛交流而发展形成的，它建立在一个本质上不可动摇的观念基础上，即中

① Y. Han 1955, 196–203.

② T. Wilson 1994.

③ "Other" 对应的中文术语，见 W. Fang 2001; Fiskesjo 1999; Smith 2013, 202, n.42。

④ Mosca 2013, 26.

⑤ Hostetler 2001.

⑥ 例证可见 R. J. Smith 2012b, 2013。

国相对于其他国家的文化优越性。史华慈（Benjamin Schwartz）注意到，"随意翻阅各种（中国）百科全书及其他文献中对蛮夷的论述，都可以看到其中对五伦、'三纲'……以及礼制的强调，这为区分蛮夷和华夏提供了绝对的标准"。[①] 总的来说，外国人离中国文化的"教化"越远，就越有可能被说成是狗和羊。只有击败他们，或赐予其饮食，或对之进行"羁縻"，他们才会顺从。不过这里必须强调，整个帝制时代，中国外交政策是非常复杂的。中国的战略和行政需要、对外在威胁的反应、蛮夷本身的态度和行动，当然还有皇帝的期望，这些都影响着中国的外交政策。

从理论上讲，中国人的世界观是消极的：中国人期望外国人完全出于对中华文化的敬仰才倾心于中国。事实上，历史记载中充满了对"慕义向化"的外国群体或个人的称赞。武力仅仅是中国处理对外关系时可资利用的最后一种手段。不过我们已然看到，清朝的对外政策，同汉、唐等中国历史上其他王朝一样，是非常开放进取的。我们还看到，清朝各个阶段都曾集合力量致力于中国本部非汉族群的"文明化"。

中国在对待外国人上的理论与实际的差距，在所谓的朝贡体系中表现得尤为明显。围绕这一概念有许多争论，有些学者已经放弃了这一概念——这很大程度上是由于某些人对其历史意义概括得过于笼统。但是，中国数百年来确实存在一个朝贡体系，它本身具有一套精细的语汇、制度、礼仪和表现。包括会典、通礼、实录在内的诸多清代官方文书，都清楚记载着朝贡制度的言辞、规则和政策。

朝贡体系的基本特征还反映在大批视觉媒介中，包括地图、百科全书、历书，以及皇帝授命编纂的十卷本《皇清职贡图》（1761年）。清代的朝贡制度还在大量宫廷绘画中得到赞颂，包括由乾隆朝两位杰出画家——姚文瀚（生卒年不详）和张廷彦（1735—1794）所绘的宏伟庄严的《万国来朝图》。这些视觉和文献资料现如今大多数都非常容易从网上或出版物中获取。[②]

朝贡体系对于君主的重要性自然依局势而有所不同，它从来都不单单

---

① Fairbank 1968, 277–78.
② R. J. Smith 2012b. 关于朝贡体系之争论的概述，参见 R. J. Smith 2013, 10–11, 78–81。

是中国处理对外关系的一个机制。不管怎么说，它仍是清代政策制定者极其重要的参考框架，反映着对外国人和对外关系的看法，鉴于满人的"异族"起源（即便在1644年后，许多朝鲜人和日本人仍然视满人为蛮夷），这是极为有趣的。显而易见的是，清朝统治者保持着自己非同寻常的多元文化主义，在内亚可汗、佛教转轮王和古老的中国朝贡体系宗主的身份认同之间并没有什么冲突——这是皇帝宣称广有"天下"的最明显表现。

从历史来看，中国人视朝贡体系为周朝古老的社会政治秩序的一种扩展。它设定了一种对外关系的等级结构，其中中国地位最高，位置最为中心。种种关系都基于封建授权和忠于职守的原则，中国是天子，其他国家是封臣。依据清代朝贡的规则，非汉族的统治者得到正式任命和贵族等级，相应的还有一块官印。反过来，他们进献象征性的贡品，以时呈送贺表和悼词，按照清朝历法确定交通日期，遵循清廷要求的恰当礼制。忠诚的进贡国会得到皇帝回赠的礼物和帝国的保护，也会被授予某种在边境或首都的贸易特权。[①]

这就是朝贡体系的基本理论，事实上也是其实际运作的方式。但正如我在前面表明的，朝贡体系是很灵活的，清朝的政策制定者像他们2000多年来的前辈一样都是务实的。当军事衰弱时，中原王朝不得不用贡品来贿赂蛮夷，并对中华秩序的理论假设做出其他让步。例如，1138年，为了与金朝达成和平，南宋建立者不得不屈辱地向金人称臣。

即使在强盛时期，朝贡体系也是非常灵活的。比如，卫思韩（John Wills）指出，康熙朝在对待荷兰和葡萄牙的外交使节时，就能够基于国内政治和战略利益做出务实的决策——尽管他突出强调了，帝国对"远人"的威严在表面上是无可撼动的。1793年，乾隆皇帝在接待英国特使马嘎尔尼勋爵时，又展现了类似的灵活性：虽然马嘎尔尼拒绝遵循下跪的礼制（三跪九叩），但乾隆帝还是会见了他。在马嘎尔尼访华期间，清朝当局一直视之为朝贡使团，并照此接待他们。他们接受了英国的"贡品"，又回赠了礼物，

---

① 相关细节可见Fairbank & Teng 1941，以及R. J. Smith 2012b。中文学界对这一体系的某些看法，可参见曹雯2010，甘怀真2007，黄一农2007以及李云泉2004。

不过还是拒绝了英国人常驻外交使节、扩展贸易的要求。[1]

总的来说，中国思想家们并不特别在意外交关系上理论与实际的差距。比如赵翼就认为，"义理"在外事实践中需要做出调整。他写道："义理之说与时势之论往往不能相符，则有不可全执义理者。盖义理必参之以时势，乃为真义理也。"[2]

儒家道德原则

何炳棣曾这样论及清朝："在清朝之前的中国历史上，我们从未看到现在学生所说的儒家规范、习俗、价值如此深入地渗透，如此广泛地被接受。"清朝皇帝热心支持儒学，在官方仪式中给予孔子前所未有的尊崇，包括在北京两跪六叩以及在孔子故里曲阜行叩首之礼。清朝皇子的教育严格遵循儒家既定的方式，科考体系当然也牢固建立在儒家经典注疏的基础上。劳伦斯·凯斯勒（Lawrence Kessler）告诉我们，18世纪初康熙朝结束时，"满人统治的国家和汉人谨守的儒家价值系统和谐地融合在了一起……在圣王的统治下，儒家关于国家与学术大一统的理想似乎就要实现了"。[3]

与之前一样，清代一个人的知识取向通常受到如下几个主要变量的影响：（1）个性与家庭背景；（2）教育经历；（3）个人与王朝的命运；（4）职业考虑。政治因素尤其重要，它决定着在某个特定时期某种思想流派的活跃程度，但是某个人持某一既定观点，则完全取决于他的职业考虑。比如说，等待官方任命的年轻学子和贵族一般会强调宋学理念，这只是因为他们希望对朱熹思想的精熟掌握能让他们个人得到晋升。另一方面，在职官员可能会公开支持新儒学的道德原则，但实际上却从经世学派中寻求行政指导。而致仕官员则愿意沉溺在纯粹的学问和沉思的生活中研习《易经》，可能还会探讨受到官方压制但仍十分受欢迎的王阳明思想、道家思想甚至佛家思想。

---

① Wills 1984; Hevia 1989. Huang Yinong 2007; R. J. Smith 2012b, 78–84.
② Fairbank 1968, 277–78.
③ Ho Ping-ti 1967; Kessler 1976, 169.

尽管清代儒家思想范围广阔，但我们仍可以发现，各主要流派或多或少有某些共同特征：（1）对形而上学相对缺乏兴趣；（2）基于宇宙可知论的理性主义观念；（3）极其尊崇过去；（4）对"社会中的人"的人文关怀；（5）重视治理中的德性以及个人价值与政治价值的关联；（6）坚信全人类的道德可完善性；（7）儒家基本原则具有最高权威；（8）普遍轻视法律。牟复礼如此解释最后这一点的意义：

> 像中国这样的文明，规范观念仅仅来源于人（又或道教，来源于自然），法律几乎没有它在其他文明中所具有的重要地位。其他所有文明都是基于超越理性、不可撼动的上帝之法来掌控所有人类和国家，执行着它们的纸面上的禁令。中国没有任何神职人员去执行神圣的法令，甚至统治者也不会去施行神法或类比于人与神法之间的民法。①

清代中国思想的重心在礼（礼仪或更为一般意义上的社会习俗规范），而不在法。正如孔子所说："道之以政，齐之以刑，民免而无耻。道之以德，齐之以礼，有耻且格。"②

儒家传统的传续依靠大量的经典文献和注疏，特别是"五经"和"四书"，以及其他一些著作。"五经"分别是《易经》《诗经》《尚书》《礼记》和《春秋》，"四书"分别是《论语》《孟子》《大学》和《中庸》。其他一些重要文献包括《周礼》和《仪礼》这两部关于礼的著作，以及《左传》和《公羊传》这两部《春秋》的注解。③

不同的流派遵奉不同的经典和注疏。比如，宋学一派基于"正统的"《左传》来获得对《春秋》的理解，而今文经学派则从《公羊传》中获得启发和指引（这主要是因为《公羊传》是汉代流传下来的唯一一部完好的《春秋》今文传）。与此同时，"纯粹的"考证学派倾心于《礼记》和《仪礼》，他们将"礼"视为矫正宋代新儒学"堕落"和"低劣"学说的方法。

---

① Buxbaum and Mote eds. 1972, 15.
② CC, *Analects*, 146; CC, *Great Learning*, 364.
③ 这些重要著作的英译版本可参见参考书目。

甚至有些学者研究官方并不提倡的荀子思想。荀子关于人性本恶的理论，与孟子那种可能并不广受认可但流传甚广的性善论是尖锐对立的。

《易经》这样的著作引起了诠释热潮。除了上面提到的基于儒家几个主要"流派"的注疏，在易学这一特定领域内也有不同的解释传统。其中最突出的两个分别是形而上导向的象数学派和道德导向的义理学派。此外，甚至还有更多的解释可能。清代著名学者黄宗羲曾指出："九流百家借之（指《易经》）以行其说。"这些思想传统不仅包括儒家的各个流派，还包含了佛教和道教的传统。据《四库全书》的编纂者所言，解释《易经》就好比下国际象棋：没有哪两局棋是一样的，解释存在无数种可能。①

尽管"五经"均涉及儒家道德，但它们是从不同角度切入的。虽有过于笼统之嫌，但《易经》为情境伦理描绘了一幅宇宙图景；《尚书》和《春秋》主要集中于褒贬的问题；《诗经》和《礼记》指导着恰当的行为。"四书"主要着眼于个人内在的道德生活的展开。当然，"四书"还包含了许多精神智慧、一些英雄和小人的历史案例，以及大量对恰当行为的导引。但在根本上，它们论及的是自我认知和自我修养的问题。这也是宋代的朱熹及其学派将"四书"整合成古典教育的专用宝库时所考虑的主题。1384年以降，"四书"在科举考试中的地位总体上高于"五经"。

"四书"所包含的价值是密切相关的。成中英恰如其分地指出，儒家崇尚的主要德行必须"放在彼此的关联定义中去理解……由一可以推及其余"。细致研读"四书"，就可明白此言不虚。尽管这些关系并不总是清楚分明，但并不因缺乏系统阐述而失去其重要性。但同时我们应该记住，同"五经"一样，程朱正统并没有避免清代学者在"四书"上出现观点的严重分歧。②

帝制晚期儒家价值体系的核心在于"三纲"：君臣之间（或更宽泛地说，是君民之间）、父子之间和夫妻之间。这就是所谓"五伦"的前三条，其他还包括兄弟关系和朋友关系。"三纲"的概念可以追溯到汉代大儒董仲

---

① R. J. Smith 2008, 2012.
② Cheng Chung-ying 1973, esp. 97; Makeham 2003; Slingerland 2006; Van Norden 2002. 这些著作在对《论语》的评注中表达了丰富的观点。

舒，他写道："君臣、父子、夫妇之义，皆取诸阴阳之道。君为阳，臣为阴，父为阳，子为阴，夫为阳，妻为阴……王道之三纲，可求于天。"[1]

在这三种关系中，夫妻关系被认为是最基本的。孟子说："男女居室，人之大伦也。"《易经·序卦传》说，人类所有的其他关系都要从夫妻关系中产生：

> 有天地，然后有万物；有万物，然后有男女；有男女，然后有夫妇；有夫妇，然后有父子；有父子，然后有君臣；有君臣，然后有上下；有上下，然后礼仪有所错。[2]

所以，整个儒家社会和道德秩序都是建立在夫妻的自然关系基础上的，这也就假定了不平等、附属和服从。孟子曾说："以顺为正者，妾妇之道也。"[3]

一些清代学者——特别是钱大昕（1728—1804）——认为，婚姻是人为安排而不是自然结合，故而是可变的。于是，离婚也未必是不恰当的。同理，黄宗羲挑战了"宇宙性君权"是"三纲"之一部分的观念，其理由是：君臣关系是世俗的、实用的，因而也是可以改变的，这要视情况而定。[4] 不过，不管是钱大昕还是黄宗羲或是其他的重要学者，都不认为亲子关系是可变的。

孝，以及随之而来的悌，处于儒家思想的核心位置。孟子说过，孝是最大的善行，也是其他一切善行的基础。《中庸》有云，"不顺乎亲，不信乎朋友矣"，"不信乎朋友，不获乎上矣"。《孝经》同样说道，古代贤君"以孝治天下"。《论语》也明确指出，孝和悌是仁的根基，而仁则是仁、礼、义、智、信这"五常"中最崇高的。[5]

让我们更为细致地检视这"五常"，特别是其中的"仁"。清儒认为，

---

[1] Fung, Yu-lan 1948, 196–97.

[2] CC, *Mencius*, 125; R. Wilhelm 1967, 540.

[3] CC, *Mencius*, 346. 关于儒家思想中女性地位的分析，参见 Rosenlee 2006; Mann 1997, 2007, 2011b 以及参考书目中提到的诸多女性研究著作。

[4] Rowe 1992, 17; H. Chang 1987, 5–7, 99–100, esp. 184–87.

[5] CC, *Mencius*, 264–65, 309; CC, *Great Learning*, 370. SCT 1: 325–28. 研究中国传统中孝道的重要意义的著作有：陈金樑与陈素芬 2004，胡缨 2009，柯启玄 1999 和李惠仪 2008。

仁是一种普遍存在的、广阔无边的德行，实际上，它孕育并包含了其他所有德行。陈荣捷对"仁"的发展史的深入研究使我们确信，到了帝制晚期，"仁"这个概念已变得至关紧要。他告诉我们，仁"能够阻止一切的恶，它是所有德行的根基，并包含了所有德行，'苟志于仁矣，无恶也'"。孔子说，仁就是"爱人"；孟子将仁等同于人性本善，这表现为恻隐之心，即无法承受他人苦痛的同情心。在大多数清代学者看来，仁是统合儒家思想的"一个理路"，是所有人类行为的道德原则。[①]

"己所不欲，勿施于人"这条著名儒家格言产生了许多负面作用。不过显而易见的是，几乎所有儒家学者都明白，这则"金科玉律"的积极面和消极面是同时存在的。清代注疏家刘宝楠（1791—1855）多次阐释，我们应当"己所不欲，勿施于人"，但也要"己之所欲，施之于人"。刘宝楠也认同朱熹和大多数帝制晚期思想家的看法，认为"忠"和"恕"分别是个人心灵与这种心灵推及他人的充分发展，这反映了儒家责任感的积极面。正如《论语》所说："夫仁者，已欲立而立人，已欲达而达人。"[②]

但是这并不意味着，所有人都应该得到平等的对待。相反，儒家所说的"仁"是"爱有差等"，也就是说，爱自家庭而外有着等级变化，且特别集中于有德之人。从儒家立场来看，像古代哲学家墨子所鼓励的"兼爱"是不可能的，因为不管是从亲属关系还是从社会地位上看，人都是不平等的。根据儒家观念，不同的关系应采用不同的价值取向。因此，孟子告诉我们："父子有亲，君臣有义，夫妇有别，长幼有序，朋友有信。"[③]

在正统观念里，仁是良善治理的关键。《大学》有云："尧、舜帅天下以仁，而民从之。"又云："未有上好仁而下不好义者也，未有好义其事不终者也。"儒家的治理从不意味着由民治理，但它一定是为民而治，它还假定，统治者的道德修养会为"天下"带来和平与安宁。正如《礼记》所说：

---

① W. Chan 1955, 297-98, 305.

② W. Chan 1955, 300; CC, *Analects*, 194. 在此处及后文引用儒家经典时，为了意思清楚和前后一致，我对文本做了些许修改。

③ CC, *Mencius*, 150-51, 195, 241, 313-14; Chai and Chai 1967, 1: 63, 2: 92ff., 257-60. CC, *Analects*, 143, 147, 161, 169, 193, 208, 211, 250, 323, 354.

尊贤则不惑，亲亲则诸父昆弟不怨，敬大臣则不眩，体群臣则士之报礼重，子庶民则百姓劝……柔远人则四方归之。[①]

但是，儒家政治理论还存在一个更加"现实"的侧面，它从《荀子》和《周礼》这样不那么理想主义的著作中寻找行政智慧。《周礼》常为中国过去的激进改革家所援引，它为土地的公平分配、公共安全、救荒、仲裁乃至刑事司法等制度提供了大量历史先例。当需要调和孟子对"仁"的理想主义式重视和清代政治生活的严酷现实时，像袁守定（1705—1872）这样的士大夫会说，清代法典是建立在《周礼》基础上的，不过它的目的是实现孟子所说的仁慈和正义的价值观念。[②] 总之，我们可以发现，许多清代学者的儒家理想价值中，都包含着对法律、奖赏和刑罚的非儒家式的强调。

处于德治与法治之间且更接近前者的，是礼仪之治。《礼记》告诉我们："礼者君之大柄也，所以别嫌明微，傧鬼神，考制度，别仁义……故治国不以礼，犹无耜而耕也。"17世纪时的御史陈紫芝有言，"经世安民莫大乎礼"，这代表了许多清代官员的看法。魏象枢（1617—1687）也向清初的统治者建言："教化为朝廷之先务，礼制为教化之大端"。[③] 通过合适的礼仪，皇帝不仅能够证实自己作为天子和尘世统治者的地位，而且他和他的臣子还能借助道德典范促进国内的社会和谐。至少，这就是儒家的统治理论。

在中国伦理生活中，仁和礼是一组创造性的张力，相互促成了彼此的意义或表现形式。杜维明认为，在实际社会环境中，礼是仁的"外在形式"。孔子也曾说过："人而不仁，如礼何？"但在另一个语境里，这位圣人又说："克己复礼为仁。"当被问及如何才能实现这一目标时，孔子答道："非礼勿视，非礼勿听，非礼勿言，非礼勿动。""三礼"（指《仪礼》《周礼》和《礼记》）常常细致入微地描述了君子所应有的恰当的举止。清代的礼制书也是如此。[④]

---

① Chai and Chai 1967, part 4, sec. 12–14; CC, *Analects*, 299; CC, *Mencius*, 307.
② Watt 1972, 96–97.
③ R. J. Smith 2013, 93.
④ CC, *Mencius*, 356; CC, *Analects*, 250; CC, *Great Learning*, 422. 另见 R. J. Smith 2013 第3章引杜维明文。

秦蕙田（1702—1764）的集大成之作《五礼通考》（262卷）指明了中国礼仪活动的标准分类：吉、嘉、宾、军、凶。[1] 他用了绝大部分篇幅来说明吉礼（祭社稷、祭宗庙、祭先祖等）和嘉礼（如帝王的婚礼、国家的飨燕、平民的婚礼），分别有127卷和92卷。军礼包括军事征讨、狩猎、官方巡幸，仅有13卷。宾礼占据了同样大的篇幅，包括从朝贡使团和宾客到日常社会交往的礼仪。凶礼（主要是丧礼）共计17卷。类似的篇幅划分亦可见于论述清代礼制的其他文集汇编，包括清代的会典。

阅读"四书"及其他文献，我们就能清楚地看到，中国人认为礼仪对于孝行和家庭的整体和谐是至关重要的。礼连同乐、诗等其他典雅形式，有助于自我修养和个性的建立。帝王和君主遵循了礼，就会赢得社会各个阶层的尊重和敬畏，促使他们正确行事；礼作为举止得体的一种标准，约束了个人，维护了社会差异。孟子说："无礼义，则上下乱。"《礼记》概括道：

> 夫礼者，所以定亲疏，决嫌疑，别同异，明是非也……修身践言，谓之善行。行修言道，礼之质也。[2]

仁强调利他、同情和互惠，代表了儒家的理想主义动力，而礼则是仁的结构和具体表达。

"义"这一美德通常指的是责任、正义和恰当的行为。只有根据前面所说的两种儒家价值，我们才能理解义。一般来说，它是一个整体性的原则，同时也是道德判断的标准。在有些情况下，义可以被解释为合宜的行为。与礼一样，它假定了正确行为的客观的、外在的标准，但像仁一样，它又有主观的、内在的成分。用一个比较机械的比喻来说，义就好比一根弹簧，调控着仁和礼之间的张力。它同时是一种普遍的、独特的价值，呈现着仁的实质和礼的形式。《论语》有云："君子义以为质，礼以行之，孙（逊）以

---

[1] C. Y. Lin 2004.
[2] CC, *Mencius*, 150–51, 195, 241, 313–14; Chai and Chai 1967, 1: 63, 2: 92ff., 257–60. CC, *Analects*, 143, 147, 161, 169, 193, 208, 211, 250, 323, 354.

出之，信以成之。"不过，义也允许在特殊情况下偶尔舍弃礼。孟子曾举过一个很著名的例子，尽管礼要求男女授受不亲，但如果一位男子的嫂子落水了，这位男子却不伸手援救，那么他就是"豺狼"了。在这个例子中，义消减了礼，却彰显了仁。[1]

"四书"通过多种方式来界定"义"。孟子常常结合仁来探讨义，他对比了义与利，认为行义举才是勇，尊敬长者也是义。"四书"常常将仁与孝结合起来，将义与忠或悌结合起来。仁体现着恻隐之心，义则体现着羞恶之心。在很多方面，义接近于儒家理念中的"良知"。简单地说，义就是知道该做什么，不该做什么。孟子在提出道德规劝的时候，反复强调了"耻"的重要性。[2]

"智"在"五常"中居第四，它对于义的完全展露是必不可少的。从正统儒家观点来看，智是唯一值得掌握的一门学问。在不同的语境中，"四书"将"智"界定为对孝悌的认识，对赞成和反对的判断，以及辨识人才的能力。孟子指出："不仁、不智，无礼、无义。"这表明，智和仁一样，是体现于其他（外在）德行的一种内在德行。尽管孟子认为，所有这些德行都是人与生俱来的，但是《大学》指出，有些人天生具有这些道德修养，而有些人则需要通过后天学习——宋代理学也肯定这一点。孔子曾说："唯上知与下愚不移。"[3]

"信"在"四书"中得到了突出的阐释，且常常与忠、恕、诚等其他德行结合在一起。其中，"诚"值得特别提及。《大学》将诚说成是"天道"，也许对诚最好的解释就是忠于自己、言行一致，充分发展自己的天性并旁及其余。就此而言，诚类似于上面提到的忠恕。《中庸》有言："诚者自成也……诚者，物之终始。不诚无物。是故君子诚之为贵。"并进一步说："至诚如神。"[4]

---

[1] CC, *Analects*, 299; CC, *Mencius*, 307.

[2] C. Y. Cheng 1972; CC, *Mencius*, 202. 尽管儒家普遍鄙夷"利"，但Richard Lufrano 1997却展示了帝制晚期中国的"中间商人"如何根据自己的目的，采用正统儒学并不赞同的方式调适着儒家道德。

[3] CC, *Analects*, 318; CC, *Mencius*, 204–5, 402, 459; CC, *Analects*, 151, 204–5, 212, 225, 260, 313–14; CC, *Mencius*, 303.

[4] CC, *Doctrine of the Mean*, 395, 412–19; CC, *Analects*, 139, 141, 153, 202, 224, 256, 265, 267, 295–96, 319, 331; CC, *Mencius*, 303.

君子如何才能做到"诚"和"自成"呢？这个过程始于格物致知。《大学》说道：

> 古之欲明明德于天下者，先治其国。欲治其国者，先齐其家。欲齐其家者，先修其身。欲修其身者，先正其心。欲正其心者，先诚其意。欲诚其意者，先致其知。致知在格物。[1]

儒家学者对"格物"有过多种多样的解释。朱熹主要将其视为"格理"；王阳明将其看作对"正心"的努力；考证学派的凌廷堪（1757—1809）认为，格物指的是对礼仪的学习；而颜元理解的格物是"实学、致用"。但不管对"格物"一词有什么样的解释，儒学家的终极目标都是发展自己的天赋，并推及其余。自我完善包含着自省，以及在读书、静坐和纵情于礼俗、艺术（尤其是音乐、诗歌、绘画和书法）之间取得平衡。当然，这种融合因学派、因人而异。[2]

检视清代百科全书《古今图书集成》中关于儒家行为的子类目可以发现，其中有丰富的内容涉及儒家如何处理自我修养的问题。除了上面提到的一些基本方法，自我完善还可以通过"穷物格理""滋养心灵""注重根本""节制欲望""修正错误""保持敬畏"等来实现。儒家还强调"适时"，强调求真时"个人经验"的价值，以及"知行合一"的重要性。

"四书"中列举了大量例子，来说明"君子"应有的个人特质。君子（按例来讲，女子也可以成为君子）应当是善良、勤勉、聪慧、博学、周到、开明、公平、仁慈、正义、慷慨、虔诚、恭敬、文雅、可靠、坦率、庄重、谦逊、勇敢的，君子慎于行，讷于言，热爱学习而且乐意教导他人。"君子素其位而行，不愿乎其外。"孔子甚至说出了他在道德修养上成为圣人的粗略蓝图："吾十有五而志于学，三十而立，四十而不惑，五十而知天命，六十而耳顺，七十而从心所欲。"[3]

---

[1] CC, *Great Learning*, 257–59.
[2] W. Chan 1963, 19, 84–85, 659, 707–8; Smith & Kwok, 1993, 190–91.
[3] CC, *Analects*, 146–47, 179, 251, 253, 259, 271, 273, 274, 279, 292; CC, *Mencius*, 185, 265, 455, 458–59; CC, *Doctrine of the Mean,* 388, 428.

孔子始终关注"中庸"，亦即思想、情感和行为上实现完美和谐、平衡的一条中间道路。孔子说："君子中庸，小人反中庸。"《中庸》说道："君子和而不流，强哉矫！中立而不倚！"那么，君子如何才能做到中庸呢？圣君舜帝提供了范本。舜喜好询问，细思别人的话，隐去别人的坏处而宣扬别人的好处。"执其两端，用其中于民。"①

这提醒我们，在儒家观念中，个人成圣远远不够。正如内在的、主观的仁需要在礼中客观展现，自我修养也需要在公开服务中得到展现。因为儒家的目标是社会和谐而不是个人救赎，所以自我实现不可能与服务社会分离。儒家的要求是"内圣外王"。如果君子能做到完全的诚意正心，那么他应该像孔子那样成为素王，并远播自己的良好影响。

尽管清儒普遍缺少对形而上学的兴趣，却很难避免思考人世间道德原则和宇宙之宏大结构（比如"道"）的关系。依据正统新儒学的观点，这二者是一回事。换句话说，朱熹的基本预设就是，人性之理就是他原本的"仁"。于是，所有人的"理"都是一样的。让他们的外在和德行产生差异的，是他们在"气"上的不同禀赋。朱熹说："禀气之清者，为圣为贤，如宝珠在清冷水中；禀气之浊者，为愚为不肖，如宝珠在浊水中。"孔子早就说过："性相近，习相远。"后来，孟子也洞见到，天生的仁可能受到"饥渴之害"。如我们所知，荀子则认为人性本恶。②

但是，正统理学认为，恶来源于私欲，以及个人体质固有的其他反常冲动。所以，恶是一种道德失衡，与个人出身的具体条件相关。从理学的角度看，道德修养的目的就是通过读书和自省来改善一个人的"气"，让"理"放射光芒，从而纠正这种失衡。理学相信，人心有这种转化的能力。

包括王夫之、顾炎武、黄宗羲和颜元、李塨、戴震（1723—1777）在内的一批清代思想家都反对理气二元论，认为理离不开气，气中也没有与生俱来的恶。他们不满于朱熹试图将人的天赋秉性同他的体质区分开来，及其对"人欲"和"天理"的对立。李塨这样表明他的立场："通过共情和通感，才能完全认识'道'。"戴震的论调也相同："将'己'等同于

---

① CC, *Doctrine of the Mean*, 383–84, 386, 388, 390, 391, 393, 395–96.
② Cf. Y. Fung 1948, 301. CC, *Analects*, 318; CC, *Mencius*, 465.

私欲……圣人绝无此种看法。"① 简而言之，对这些思想家而言，形而上的
"道"与实在的"气"是一回事。恶并非源自人的体质本身，而是源自"外
在的"影响，比如自私和愚昧。战胜恶，需要勤于道德修养，排除有害的
欲望。②

　　尽管诸如阴阳、理气、道气这样的概念反复出现在中国哲学对话中，
但孔门后学所使用的二元概念绝非仅仅如此。理学家尤其热衷于用"体用"
来解释他们的观点，包括"理一分殊"的基本观念。"体"代表着事物或情
况的内在、持续、根本的性质，而"用"指的是实用的、变动的、次要的
表现。

　　和阴阳范式一样，"体用"的框架也有非常多的运用方式，而且这两
个概念通常暗示着它们之间的相互依存，以及"体"相对于"用"的优越
和居先地位。虽然考证派学者将体用观直接溯源至禅宗（见第七章），但是
持有各种不同思想取向的儒家学者仍然开放地使用它。在现实层面上，体
用框架被用来区分问题的根源与其表现。所以，有官员会问："消除一地盗
匪，恰当的方法是什么？是采取严厉的巡警措施，还是靠合理的经济措施，
让老百姓发现没有必要靠劫掠谋生？"在伦理学范围内，一个人的慈悲之
体可能有别于他的正直之用，而一般的儒家道德之体也可能有别于治理和
制度之用。在一个更高的形而上层面上，体可以等同于理，而用等同于气，
抑或天意是体，而命运是用。③

　　"天"也是中国哲学中具有中心位置的一个概念。在中文里，"天"至
少有五种不同的意思：（1）相对于地的物质的、有形的天；（2）一个掌管天
的拟人化的神；（3）一个非人的命运主宰者；（4）等同于英文中的"自然"；
（5）包含道德原则、对应人之德性的一个无形的论题存在。在理学话语中，
"天"有多重意义，不过普遍缺乏人格或拟人性。

　　对帝制晚期的大多数儒家学者而言，天表示着"充满生灵和美德"，这

---

① 以上两处引文均据英文直译。——译者注
② On-cho Ng in Smith & Kwok eds., 1993, 41, 48; Elman in Smith & Kwok eds., 1993, 63; W. Chan 1963, 714.
③ C. K. Yang in Nivison, ed. 1959, 142–43; W. Chan 1963, 14, 141, 159, 267, 323, 344, 358, 368–69, 401, 403–4, 414–15; Y. Fung 1952, 2: 363, 366, 369, 375, 619; Black 1989, 94ff.

等同于宇宙之道，或者朱熹理学中的太极观。正统观点认为，天是一个独立存在的道德实体，赋予万物各自的天性。天的意志在于，万物生灵都要依照各自的天性来生存。天有力量降下自然灾害或其他天象，来表达对人类行为的不满；甚至当皇帝无德，不配君位时，天也会收回授命。孟子说过："天视自我民视，天听自我民听。"老百姓有权反抗高压统治的观念，直至20世纪仍存在于中国王朝政治的中心，在1912年清朝灭亡后我们仍能听到其回响。①

　　清代儒家学者同其数世纪以来的前辈一样，在天、地、人之间看到了本质上的统一。《中庸》说，至诚者可以"赞天地之化育"，由此而与天、地并列为三。《易传》有言："《易》之为书也，广大悉备，有天道焉，有人道焉，有地道焉。"参照《易经》，人就能"与天地相似，故不违。知周乎万物，而道济天下，故不过……乐知天命，故不忧"。②

　　还有一个关键概念是"命"。虽然这个字有时意指天命、道或人的禀赋，不过对于儒家的"命"，我们最好理解为由宇宙永恒变化的自然过程发展而来的一系列或一组注定的运势。正如我们所见，这些运势是由《易经》中的六十四卦及组成卦符的爻来表示的。通过求卜于《易经》，建立与天的精神联系，学者不仅能够判断道和宇宙变化的方向，而且还能想出应对一切局势的合适的儒家谋略。因此，人不仅能"知命"，而且能"立命"。用清代大儒唐鉴（1778—1861）的话说就是："知命者育道，倚命者害道。"③所以，儒家的宿命观并没有减损人的自立性，尽管它有时被用来解释个人的失败和不幸。

　　中国传统社会中的各个阶层都很关心宿命，但并不是每个人都有充裕的时间和金钱，去悠然地学习《易经》及其背后的形而上学原理。绝大多数人没有受教育的机会，也没有领会儒家伦理之精妙的意愿。在经济允许的范围内，清代的平民百姓也会在婚姻、家庭生活、祖先崇拜上尽力遵循基本的精英价值观念（见第十章）。不过，要说他们中的绝大部分人更倾向

---

① CC, *Mencius*, 357; CC, *Doctrine of the Mean*, 383; Needham 1956, 2: 562-64.
② CC, *Doctrine of the Mean*, 416; CC, *Mencius*, 119, 208-9, 359, 362, 448; R. Wilhelm 1967, 295, 351.
③ R. J. Smith 1991, 95; 1991, 10, 14, 33, 35-36, 42, 173-74, 177ff.; 2013, Chap. 1, 5.

于道家哲学却是令人怀疑的，因为正如列文森（Joseph Levenson）所说："逃离文明的乐趣仅仅属于文明人。"[①] 中国农民或许太接近土地了，太接近自然的残酷无常了。

道家的奔逸与想象

至少对于精英来说，儒家强调社会责任的阳面与道家重视遁入自然的阴面是平衡的。对几乎所有清代学者而言，儒家思想即便不是一种生活信仰，也至少是一种生活方式；道家思想则不同——至少从其哲学形态上看（见后文）——本质上，它是一种心态。它为拘于社会责任而感到厌世的儒学者们提供了情感和思想上的"排气阀"。老子（公元前6世纪）、庄子（公元前4世纪）等道家大哲的著作清新而富有诗意，时常很幽默，且几乎总是充满悖论。他们赞赏弱者，相信事物的相对性，提倡精神的释放，最重要的是，他们追求融入自然。道家的实体象征都是阴的：水、女性、孩童、空谷，还有未经雕刻的木材（"朴"）。

在最近的20年里，道家研究有了爆炸式发展，其基础不仅是对新文献的发掘与分析，还有对整个中国哲学传统的根本性再思考。这样的研究产生了一些非常有趣和多样的学术成果，比如陈汉生（Chad Hansen）的《中国思想的道家之论》。发现由道家激起的对传统中国哲学的重新评估，我们当然不该感到惊讶，因为道家最基本的刺激一直是挑战权威，质疑传统观念。另一方面我们应该记住，清代对道家思想的普遍理解恰恰是陈汉生所责难的某种"权威"方式。[②]

绝大多数情况下，中国学者严格区分道家和道教。一些西方学者反对这种区分，他们认为，道家思想是一个包含着双重取向的连续统一体的一部分。他们说的不无道理。[③] 道家书籍的总汇（即《道藏》）当然就没有做这样明显的两分。而且，像道家炼丹术（旨在追求长生不老）这样的行为

[①] Levenson 1964, 511.

[②] 在线可以阅览研究中国道家思想的大量著作，包括陈汉生的书。W. Chan 1963, 136–210; SCT 1: 77–111, 263–68, 381–90. 其中对道家著作的翻译均很出色。

[③] Kirkland 2004, esp. 1–19. 张成权2012思考了其一般区别。

（见第五章、第七章），在早期道家哲学典籍中也有其渊源。这些丹书的很大篇幅都是可以被称为"魔术"的东西，不过它们也包括沉思和道德修养的内容——这与儒家和佛家传统没有什么不同。尽管如此，我仍相信，本书将"哲学"（思想）与"宗教"（实践）分开是有其根据的，只要我们承认：宗教反映思想，哲学催生实践。

　　道教哲学的内涵体现于两本古典著作——《道德经》和《庄子》。道家的基本思想是自然、无为。老子说："为无为，则无不治。"① 以此为支撑，这位道家圣人表示：

　　　　我无为，而民自化；我好静，而民自正；我无事，而民自富；我无欲，而民自朴。②

　　不过，这位圣人并不是一位儒家式的典范，依循道德上的天和地来行事。事实上，《道德经》（通常认为是老子所作）说得很明确："天地不仁，以万物为刍狗。"③ 以此来看，自然并无偏爱，也没有儒家那样的区别对待。

　　老子的宇宙论和本体论像他的伦理观一样简单："反者，道之动；弱者，道之用。天下万物生于有，有生于无。"庄子用他一贯的诡辩又阐释了这一点：

　　　　有始也者，有未始有始也者，有未始有夫未始有始也者。有有也者，有无也者，有未始有无也者，有未始有夫未始有无也者。俄而有无矣，而未知有无之果孰有孰无也。今我则已有谓矣，而未知吾所谓之其果有谓乎，其果无谓乎？④

　　庄子之妙趣与诡辩的最著名一例是或许是下面这个梦：

---

① W. Chan 1963, 102.
② W. Chan 1963, 162, 167.
③ W. Chan 1963, 141.
④ de Bary et al., eds. 1964, 1: 70. Cf. W. Chan 1963, 185–86.

昔者庄周梦为胡蝶，栩栩然胡蝶也，自喻适志与！不知周也。俄然觉，则蘧蘧然周也。不知周之梦为胡蝶与，胡蝶之梦为周与？周与胡蝶，则必有分矣。此之谓物化。[1]

庄子既而尖锐地反对区分我与物、虚与实。

道家相对排斥儒家所包含的那些绝对价值。例如，我们可以看看庄子如何探讨"然"与"非"：

以趣观之，因其所然而然之，则万物莫不然。因其所非而非之，则万物莫不非。知尧、桀之自然而相非，则趣操睹矣……盖师是而无非、师治而无乱乎？是未明天地之理、万物之情者也。是犹师天而无地，师阴而无阳，其不可行明矣。[2]

这样的观点令儒家感到恼怒；然而，他们却不得不钦佩庄子的洞见及其观点的影响力。比如：

道恶乎隐而有真伪？言恶乎隐而有是非？……物无非彼，物无非是。自彼则不见，自知则知之。故曰：彼出于是，是亦因彼。[3]

又如：

因是因非，因非因是……彼亦一是非，此亦一是非，果且有彼是乎哉？果且无彼是乎哉？彼是莫得其偶，谓之道枢。[4]

庄子继续说道：

---

[1] W. Chan 1963, 190–91.

[2] de Bary et al., eds., 1964, 1: 69.

[3] de Bary et al., eds., 1964, 1: 69.

[4] de Bary et al., eds., 1964, 1: 69–70. Cf. W. Chan 1963, 182–83.

> 可乎可，不可乎不可。道行之而成，物谓之而然。恶乎然？然于然。
> 恶乎不然？不然于不然。物固有所然，物固有所可。无物不然，无物
> 不可。

老子陶醉于戏言和悖论，但他仍是这个世界的孩子，关心着政府治理和人类事务，以及生命的享受和保存。所以他告诉我们："圣人之治，虚其心，实其腹；弱其志，强其骨。"他信奉的首要原则是"无为"：

> 天下多忌讳，而民弥贫；民多利器，国家滋昏；人多伎巧，奇物滋
> 起；法令滋彰，盗贼多有。[1]

庄子显然缺乏老子这种缓和的改良主义。用朱熹的话说，"老子犹要做事在。庄子都不要做了，又却说道他会做，只是不肯做"。[2] 可以想见的是，孔门后学都会谴责他追求完全自由的主张。但是，王叔岷在对《庄子》的批判性研究《庄子校诠》中指出，庄子事实上既不是一个自我中心的人，也不主张逃避和放纵。他的理想只是做个"真人"：

> 独与天地精神往来，而不敖倪于万物。不谴是非，以与世俗处……
> 上与造物者游，而下与外死生、无终始者为友。其于本也，弘大而辟，
> 深闳而肆；其于宗也，可谓稠适而上遂矣。[3]

庄子另一个吸引人的幻想是将道家圣人描绘成：

> 奚旁日月，挟宇宙，为其吻合，置其滑涽，以隶相尊？众人役役，
> 圣人愚芚，参万岁而一成纯。万物尽然，而以是相蕴。[4]

---

① W. Chan 1963, 141–42.
② W. Chan 1963, 177–78.
③ W. Chan 1963, 177. Mote 1990, 399 讨论了王叔岷的观点。
④ R. J. Smith 1994, 152; Cf. W. Chan 1963, 189.

道家在很大程度上是一种"自然"哲学。儒家强调"他"，道家往往强调"我"。儒家追求智慧，道家甘于无知。儒家尊重礼仪和自制，道家肯定自发行为，跳脱人为制约。儒家看重等级，道家强调平等。儒家重"文"，道家贵"质"。儒家眼中的天地美德，在道家看来仅仅是任意的标签。

老子强调了儒道之间的本质差异：

> 大道废，有仁义；慧智出，有大伪；六亲不和，有孝慈；国家昏乱，有忠臣。绝圣弃智，民利百倍；绝仁弃义，民复孝慈……见素抱朴，少私寡欲。[1]

简言之，这就是道家的启示。

在政治异见者看来，这种观念可能是极其危险的（见第七章）。[2] 不过总体上看，儒道之间有着充分的密切关系，保证了二者哲学上的持续互动。双方都从《易经》中寻找鼓励和启发，都使用阴阳框架来阐发自己的观点，都珍视与自然和谐为一的理想（尽管一方假定了宇宙是道德的，另一方认为与道德无关）。两家都主张万事万物是相互联系的，都以各自的方式提倡谦卑、守拙、朴素，以及最重要的，克服私欲。此外，尽管帝制晚期道家哲学并无杰出的倡导者，但是儒学者们却找到了不少与其观点相合的道家观念。比如，《近思录》非常赞同庄子所说的"其耆欲深者，其天机浅"。而且，《庄子》中的许多话（如"无不将也"）被理学家所引用，以表达他们对自主、自然、公正等观念的尊崇。[3]

总之，儒道无疑能够交相共存。前者赋予中国人的生活以组织和目标，后者鼓励自由和创造。多数清代学者都有良性的精神分裂症。正如狄培理所说，许多儒学者都认为，人对天的回应及个性的实现，并不限于社会责任。他写道，在参与社会活动和政治活动之间，

---

① W. Chan 1963, 148–49.
② Liu & Shek, eds. 2004, 29–72.
③ W. Chan 1967, 274; W. Chan 1963, 196.

　　还需保持一部分的自我……不屈从于国家或社会的要求。对理学来说，这些审美、精神或"超道德"的关切（唐君毅语），就代表着这种自由空间。日记、诗文、饱含沉思的游记、书画、艺术鉴赏等，都是其表达渠道。①

　　对这些活动起鼓励作用的主要是道家思想，即便儒家深信，以上这些活动成果反映的是道德价值。

---

① de Bary, ed. 1975, 10, 94.

第七章

宗教生活

清代的宗教生活尤其丰富多彩，这在很大程度上归功于满人的多元文化政策。自元朝以来，可能没有其他任何时期对宗教能如此开放、包容。诚然，清代皇帝不会容忍任何对政治权威的挑战，但是只要宗教活动没有实质性的威胁，它们就是被容许的，可能还会得到支持。第二章已经指出，萨满教对旗人生活的各个方面都具有重要影响，尤其是在努尔哈齐创制了国家萨满祭典之后。对藏传佛教的赞助也是源于努尔哈齐的倡导。满人入主中原之后，努尔哈齐的继承者们积极扩大对宗教的影响力。这与明初的皇帝没有什么不同。明初的统治者也迅速树立宗教权威，控制既有的宗教场所。

罗友枝详细讨论过满人参与的各种形式的宗教活动，包括从皇室资助的国家萨满教，到藏传佛教和汉地佛教，到清代内廷融合了"萨满教、道教、汉地佛教、藏传佛教和民间宗教传统"的"私人仪式"。这三种崇拜形式目的不同，但是又彼此相关。罗友枝恰如其分地总结说："如果说国家祀典关乎统治权威，宗教赞助关乎政治，那么私人仪式则关乎作为扩大化家庭的宫廷。"[1]

满人最为独特的宗教活动是萨满教，尤其是祭天（亦即"皇天上帝"）。这种崇拜形式源自金、元两朝的先例，不过随着时间的推移，汉人习俗不断影响着这些仪式。主要的祭祀场所是堂子（见第二章）。在盛京沈阳，堂子位于皇宫之东，而在北京，堂子位于皇宫东南。参与国家萨满祭典的是宗室以及满人文武大员。萨满仪式由内务府所属的神房精心组织。神房有183名萨满，皆为女性，每日祭祀祝祷，大祭的仪式包括舞蹈、咏唱、牺牲，根据节庆周期性举行，此外每天还要进行朝祭和夕祭。这些女性萨满

---

① Rawski 1998, Chap. 6–8, 264. Charles Joseph de Harlez 1887, 61–172.

都是从爱新觉罗氏高官的妻子中挑选出来的。[①]

清廷对藏传佛教的赞助有着不同的动机。藏传佛教的"转世"观念使清朝统治者不仅能像之前的蒙古统治者一样，宣称自己是某个佛的"化身"，而且可以宣称自己是过去的伟大帝王的转世，比如蒙古武士、元朝皇帝忽必烈汗。通过这种方式，清帝能够将东北和内亚地区的人民更充分、更容易地纳入多元文化的清帝国。但值得重复强调的是，满人对格鲁派（黄教）的支持既是真正的宗教信仰，同时也是出于帝国的实际政治需要。从清代统治者的仪式安排上可以清楚看出这一点，在紫禁城高耸的城墙之内有大量的礼佛仪式。[②]

在中国内地，精英与大众的宗教信仰活动相互交织，形成了庞大且内涵丰富的制度性崇拜与个别崇拜网络。法国汉学家马伯乐（Henri Maspero）曾经称，中国宗教包含着"杂七杂八、闻所未闻的一群神灵——不可胜数的乌合之众"。但是，英国人类学家弗里德曼（Maurice Freedman）在混乱背后看到了秩序。他断言："（中国）所有的宗教争论和仪式差异，都是在一套包含基本概念、符号和仪式形式的共同语言中展开的。"作为回应，后来的一批中国学家重申了马伯乐的立场。比如，姜士彬主张："中国宗教行为中的任何统一性都非常抽象，以至于毫无意义。"[③]

为了调和这两种看似对立的观点，华琛（James Watson）认为中国宗教允许"在总体统一的结构中存在高度的不一致"。据华琛所言：

> 中国文化体系……允许外人可能认为的混乱的地方多样性的存在。尤其在仪式领域，区域性和亚族群文化也有巨大的展示空间。这一体系非常灵活，那些自称中国人的人鱼与熊掌可以兼得：他们既能够参与统一的文化，同时也能发扬当地的、区域的特色。[④]

---

① Rawski 1998, 234-44. 该书第269页写道："随着萨满祭司在宫廷中的式微，祖先祭司取代了其地位。"
② Rawski 1998, 231-70; Grupper 1984.
③ Maspero in Thompson 1979, 55; Freedman in Wolf 1974, 37ff., Johnson 2009, 9-11.
④ James Watson in Lieberthal et eds., 1991, 74.

但是，这些仪式展现究竟有没有反映华琛所说的高度的文化统一，仍然是有待热烈讨论的开放性问题。[1]

在思考统一性与多样性时，我们不能忽视的是，中国的宗教活动在历史上也经历过重大转变。比如在上层，包括满族萨满和汉人官祀在内的国家仪式，随着皇帝个人态度和政治侧重的转变也发生了变化。[2] 无论是对根深蒂固的佛教和道教，还是对藏传佛教、伊斯兰教、犹太教和基督教等根基稍浅的信仰体系，帝国政策同样在变化。[3] 同时，不管是西北地区的穆斯林伯克，还是拉萨的达赖喇嘛，或是罗马的教皇，这些宗教领袖的观点和举措常常对帝国宗教态度的形成起到关键作用。例如我们知道，清前期的皇帝已经准备容许西方基督教传播，但是教皇的干预使得儒家礼仪演变成了政治问题（见第二章）。

在地方各级组织中，从"宏观区域"到单个的村镇，变动的政治、社会、经济形势自然会影响礼仪形式和民间宗教活动的发展。比如，明清易代之时，士绅通过地方宗族支撑自身衰颓的地位，这对全国各地的佛教丧葬仪式产生了重要影响。相似但效果不同的是，社会变迁加上大众虔敬和官方宗教政策的变动（不利地）影响了长久存在的马援信仰（伏波信仰）在清代的发展。[4]

历史环境也影响了宗教文献的书写。比如，包筠雅的研究表明，在17至18世纪，为了回应精英的新的考虑，比如对社会流动的管理甚至抑制，"善书"的内容及其作者的身份发生了变化。她认为，在明清易代及18世纪时，宗教意识的变动"大体上是随着当时精英利益的发展而发生的"。尽管她的研究并没有延伸到晚清时期，但很显然，宗教和思想生活仍相互交织地持续发展。比如我们看到，19世纪中国内政外交的不稳定导致了"文人佛学"的活跃，包括龚自珍、魏源和康有为在内的一大批经世之才和今文学家引领了这股风潮。[5]

---

[1] Sutton 2007; Snyder-Reinke 2007, 177ff.
[2] E. T. Williams 1913, 15–17, 21–23; Cf. Edward Farmer and Romeyn Taylor in K. C. Liu, ed. 1990. I. Clark 2014.
[3] Atwill 2005, Israeli 1980, K. Kim 2008, Leslie 1986; Goldstein 1999–2000, Pollak 1980.
[4] Brook 1989; Sutton 1989.
[5] Brokaw 1991, 157ff. esp. 162, 232–233; S. W. Chan 1985.

尽管时间和空间上的差异是无可否认的，但是弗里德曼和华琛的观点仍旧有其道理。事实上，中国宗教生活中存在"共同语言"，包含用阴阳及其对应物来表达的语汇、对官僚政治的隐喻和模型（包括仪式领域）的广泛使用、通行的崇拜形式（鞠躬、焚香、烧纸）、符的广泛运用、相同的象征符号（特别是吉祥的红色）、哲学上的折中主义，等等。

国家祭祀

武雅士说："从对人们长期的影响来看……（古代中国政府）是我们所知道的最有能力的政府之一，因为它以自己的形象创造了一种宗教。它对人们想象力的牢牢控制，可能是帝国政府尽管存在很多缺陷但依然长久存续的原因之一。"这一观点值得称道。在很大程度上，中国传统宗教组织是中国官僚政治行为之基本设定的镜像。这里指的不仅是可以料想的国家仪式和祭祀，还有制度性的佛教、道教甚至民间宗教。所以，满人像采用明代行政制度和惯例那样，迅速地采用了明代的基本宗教仪式，这是不足为奇的。但同时，他们也修改了一些仪式、制度和做法，以适应他们自己逐步发展的政治需要。[1]

和之前的明王朝一样，清朝政府经常在其超自然官僚体系中加封或贬谪各种神祇，召请僧人和道士为国家念经、供奉，从民间宗教众神中拔擢神祇进入官方宗教体系，册封作为正统价值观之表率或是拥有利于国家之超能力的凡人为神。王斯福（Stephen Feuchtwang）发现了中国宗教生活中的一套辩证法：

> 官员接受民间宗教中的神，并将其官僚化，而大众崇拜的神要么像有神力的官，要么是有神力的官方神。民间宗教中的神是流动的，他们的身份可以互相转化，他们的功用可能是普遍的，他们有法力让人和自然本身蜕变、融合。这些神在官方宗教系统中被标准化、等级化，细微

---

① Arthur Wolf in Wolf, ed. 1974, 145; Rawski 1998, 197ff.

的区别以及仪式和崇拜的分离将他们彼此分开。①

除了单独由内务府负责的满族萨满，清代的国家祭祀主要分为三等：（1）大祀，（2）中祀，（3）群祀或小祀。各级官员要根据固定的仪式惯例完成精心安排的典礼。钦天监负责卜日，礼部、太常寺（有时包括皇帝自己）会为典礼选定吉日。相似的过程也发生在清代官方历书选定吉日凶日时，这些历书要分发给京城和各地的文武百官。参与国家祭典的官员还会从专门的仪式用书中得到指导。

不同层级的国家祭祀通常都要求沐浴、斋戒、叩拜、祝祷、焚香、燃烛，供奉珍馐、瓜果、酒食，并且奏乐，摆好仪式姿势。这些行为被认为可以净化心灵和身体，取悦神明。妇女通常不参与国家祭祀，只有一个例外，即由皇后亲自祭祀先蚕娘娘螺祖（亦称蚕神）。根据《大清会典》，官方宗教仪式有几项特定的目的。祭祀某些神明只是出于感激和尊敬，另一些神明是为了他们能够带来福祉和保护，还有一些是因为他们卓越的文治或武功。也有一些神明，祭祀他们是因为担心如果不适当安抚他们则会招致灾难。

但在这些相对特定的目的背后，也存在更为一般化的考量。其中之一是证明宇宙秩序，公开展示皇帝在其中的地位。另一个是强化身份差异，进而维护社会秩序。还有就是巩固国家的声望和政治权威。因此，由世俗官僚而非另外的宗教人士执行的官方宗教仪式，可以被看作意识形态控制的有力工具。19世纪的礼仪手册《簧宫敬事录》的序言很好地诠释了官方宗教行为的混合动机："香与祭品可格神明与鬼神。玉、丝、铃、鼓可示祭礼与祭乐……敬德与颂善（通过礼拜活动）可诚民成俗。"② 换言之，官方宗教既控制神明，也控制人民。一些官员轻视他们所主持仪式的精神层面，尽管如此，他们还是执行这些仪式。

最令人敬畏的大祀是皇帝本人在冬至和新年（自1742年始）举行的祭

---

① Feuchtwang in Skinner, ed. 1977, 607. 下文中很多有关官方宗教的讨论都来自王斯福。R. J. Smith 2013, Chap. 3; Rawski 1998, Chap. 6; Zito 1997.

② Feuchtwang in Skinner, ed. 1977, 591–93.

图7.1　天坛

　　天坛的圆形构造象征天，三层代表天、地、人一体，栏杆和台阶等其他部分都包含数字九——阳数之极。

来源：耶鲁大学拜内克古籍善本图书馆

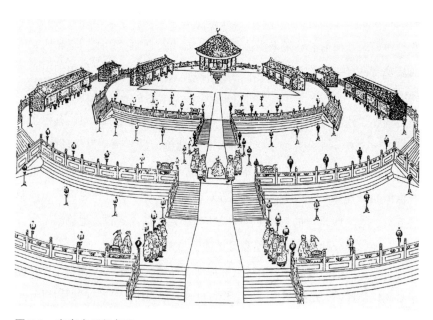

图7.2　皇帝在天坛祭天

　　这是一幅极大简化了的祭天图，出自一份作者不明的中国文献。事实上，皇帝的卤簿非常庞大。在这幅图中，皇帝跪在用满汉两种文字书写的"皇天上帝"神牌前。在主殿两侧，是供奉众多神牌的配殿，有先皇、祖先以及范围广泛的自然神（五行、日月、风雨、山川等）。

来源：卫三畏，《中国总论》，1883年

天典礼。《礼记》有言："祭天以上帝为最尊。"与大多数中国祀典一样，颜色、形式、数字、位置、音乐和祭品等都具有极大的象征意义。献给天的玉石和丝绸的颜色是蓝绿色的，祭坛的形状是圆形的（阳），相关的数字是九（也是阳）。相应地，祭祀时要演奏九首乐。皇帝面北，这与他通常的朝向相反。当时对这一复杂仪式的记载描述了庄严肃穆的宏大场面——祀典前夜，浩大的卤簿从紫禁城出发前往天坛。[1] 宗室、高官以及其他官员陪同祭祀，两侧摆放着祖先和各种自然神的牌位，皇帝以祝文和祭品敬拜"皇天上帝"牌位，整个过程中有数百名参与者奏乐、行礼。

祭地由皇帝于夏至日在方形（阴）祭坛上亲自举行，在诸多方面和祭天很像。在此祀典上，供奉的玉石、丝绸都为黄色，奏八首乐，皇帝面南。尽管祭祀天地表达了显而易见的阴阳象征意义，但是建造祭坛时以及皇家仪式诸方面对数字"三"的使用，加上皇帝在太庙中祭祀祖先和配享太庙的显要人物，才预示了天、地、人"三才"的象征性的统一。北京另一项重要的大祀是祭社神和稷神。同样，数字和颜色有重要的象征意义，数字为"五"，颜色与五行相配。

京城的中祀包括祭地方社稷、日、月、风雨雷云山川诸神，以及历代帝王、先农、圣人、功臣、贤良、烈女。1907年之前，祭孔属于中祀，之后升为大祀。省级的中祀包括前文提到的除历代帝王和自然神之外的各种神明，对孔子和其他贤良的祭祀在文庙中举行。

群祀在从北京到各县的每一级治所中举行，主要的祭祀对象是地方的保护神，最常见的有关帝、文昌、三皇、火神、龙神和城隍。群祀也包括对"厉"的祭祀，如果得不到安抚，这些孤魂野鬼可能会构成威胁。值得注意的是，人们相信这些"无人照管的鬼神"会将人间的不道德或违法行为报告给城隍，继而城隍会将信息转达给同级的清代官员，由其展开官方调查和惩戒。

根据《大清会典》，官方宗教中的神有一个恰好类似于帝国行政结构的等级秩序。县级崇拜从属于府级，以此类推，直到帝国首都。地方社稷等

---

[1] Townley 1904, 93–97.

地方神祇的神牌上不仅写着他们的名字，还写着符合其各自行政等级的官衔。有些神得到了皇帝封授的爵秩或者其他殊荣。

在所有官方神明中，县城隍的地位尤为重要。通常，每一位新任地方官在上任之前，都要在当地城隍庙中独居一夜，向城隍报告并献上祭品，通常还要向城隍立誓为官清正廉洁。一份誓词写道："予倘怠政，奸贪，陷害僚属，凌虐下民，神其降殃至三载。"其他的誓词还请求城隍帮助治理，给予力量以增强个人道德。[1]

作为县令在彼世的对应者，城隍不仅管理当地的亡魂（包括"厉"），还有责任配合县令，为所在的县带来秩序与繁荣。晚明的一段碑刻铭文清楚地交待了城隍的这一责任：

> 从京城到府、县，各地都建有城隍庙。地方长官在阳世治理，阴间由神来统治。这两种权威关系紧密。明太祖皇帝敕封京都及天下城隍神（1370年），分为京师城隍（明灵王）、都城隍（王）、府城隍（威灵公）、州城隍（灵佑侯）、县城隍（显佑伯）五个等级。城隍的神力显灵于各处，嘉奖善行，惩治恶行……因此为人世带来很多福祉。民众向城隍祈求风调雨顺，免受自然灾害。[2]

当灾祸来临时，地方官要用像下面这段清初的请愿文所显示的激昂热情向城隍寻求帮助：

> 惟神与吏，咸有事于兹土。则遇灾而御，有患而捍。神之灵也，吏之职也。今兹三农在野，百谷未登，昨岁遗蝗，孳生在地，二麦之受其荼毒者，几半于郊外矣！……民不能御灾，而吁之吏，吏不能为民御灾，而祈之神。[3]

---

[1] Feuchtwang in Skinner, ed. 1977, 601; Zito 1987.

[2] 转引自杨庆堃，《中国社会中的宗教》，1961年，第156—157页。（引文出自《望都县志》，1934年，卷2。——译者注）

[3] Spence 1978, 49–50.（引文出自黄六鸿，《福惠全书》。——译者注）

图 7.3　城隍庙
　　这张图只展示了城隍庙的一部分，表现的是只有获得功名的人和官员才可以参与的官方祭祀。
来源：中川忠英，1799 年

　　祝文暗示道，城隍预见到了百姓和官府的需要，也深感同情，所以城隍怎么会不把百姓和官员的祝文转呈天庭呢？城隍就像其他行政官员一样，同级或是下级向他发出请求，他再请求自己的上级（实际上是接受其命令）。

　　城隍的官员特征不仅体现在他向更高层的超自然权威传达信息的行政责任和作用上，也反映在他的人物形象和周围环境上。尽管在官方宗教仪式的开放式祭坛上，城隍只是一块神牌，但是在城隍庙中，城隍是有肖像的。城隍庙非常接近官衙的样式，城隍身穿官袍，两侧通常有相貌凶恶的师爷和衙役。而且，城隍几乎总是由已故官员担任，由皇帝任命，具有一定任期，按照官僚系统的惯例通常是三年。一般认为，在官方宗教的神灵等级中级别越低，"人性"就越多。

　　像城隍这样的神虽具有神力，但并非无所不能；他具有特定的行政责任范围，和人类官员一样，他们既非一贯正确，也不是两袖清风。他们会接受凡人的"贿赂"，也可能受到世俗或是超自然等级体系中上级官员的惩处。人们还相信，像城隍这样的神性官员有他们自己的家庭，包括父母、妻子、妾室和子女。和其他大多数主要宗教传统（也许满族萨满除外）一样，中国各种正统形式的宗教趋向于强化传统的性别角色与区别。[①]

　　城隍信仰代表了官方宗教与民间宗教之间具有象征意义的交点。官方祭神往往举行庄严肃穆的仪式，只有官员和获得功名的人才能参与。这些活动有助于增强普通民众眼中国家的合法性，以及维护地方的身份差异。但是，民间信仰城隍没有这样的目的，也不牵涉如此明显的区别。人们向城隍祈求各种恩惠（特别是身体健康），城隍寿诞以及一年三次出巡时的庙会，是传统中国社区生活中最盛大、最令人瞩目、最热闹的公共活动。每当这时，城隍庙及其周围总是人山人海，爆竹声声，锣鼓喧天，人们在此贸易、表演、贩卖食物、焚香祝祷。在官方宗教严肃的仪式中是见不到这些特色的。

　　将民间宗教中的某些神明（比如土地公）视作超自然的县下行政官员是很自然的，至少我认为有一定合理性。城镇或乡村的领袖、保甲或里甲

---

① 有关中国宗教的性别问题，参见：X. Kang 2006, Snyder-Reinke 2007, Chap. 3, 4; Sangren 1987, 74, 135-36, 148-56, 183-84, 198。

图7.4　请城隍神郊祭

城隍神每年三次的出巡之一。城隍坐在轿子中，前后簇拥着乐队、灯笼队、标旗队和其他侍从。

来源：中川忠英，1799年

的甲长管理县以下的行政单位，最终向县官负责。同样，在超自然的官僚分支体系中，土地公管理独立的行政区域，最终向城隍负责。和一般的县下行政官员一样，土地公服务于所在地而非宗族。尽管绝大多数土地公并不存在十进制的划分，但有证据表明，至少有些县下神灵世界的组织方式和目的与保甲相同。例如，广东佛山的一部乡志有如下记载：

> 凡各乡人民每百里一百户内立坛一所，祀五土五谷之神。每岁春秋，二社里长莅厥，事土神位于坛东，谷神位于坛西。祭毕会饮，先令一人读誓词，文曰："凡我同里之人，各遵守礼法，毋恃强凌弱，违者先共制之，然后经官。婚姻丧葬有乏，随力相助，如不从众，及犯奸盗诈伪一切非为之人不许入会。"[1]

---

[1] 转引自杨庆堃，《中国社会中的宗教》，1961年，第98—99页。（引文出自《佛山忠义乡志》，1923年，卷8。——译者注）

这份誓词及之后的祭祀，在邻里的社会和道德秩序与地方神明之间建立起具体的联系，表明精神制裁可以用于巩固世俗规范。

不管土地公所在的是城市、集镇、乡村还是更小的区域，它的职责包括"监管"这一区域的鬼魂，向城隍报告他管辖区域内老百姓的活动。土地公治下的人们向他祈求保护和福报，并忠实地向他报告近期的生育、婚姻、死亡和其他大事。不足为奇的是，土地公在更大的社区中会有地位之别，有一些被视作其他一些的指定代表。

在将清代社会政治制度和超自然秩序进行类比时，假设某些神明之于城隍就如同中国社会的士绅阶层之于官僚系统也许并不牵强。例如，武雅士指出，在当代的中国台湾，许多传统宗教活动仍然存在，仪式专家和非常关心寺庙事务的人通常会区分两种神明：一种是"师"，即官员，最有名的是城隍和土地公；一种是"夫"，即"智者"，这一类在台北盆地的三峡镇有好几位神明，包括天上圣母，官方赐封曰"天后"，老百姓称之为"妈祖"。[1] 虽然这个类比并不完美，但是它表明了城隍这类官方宗教系统中的低层神明，与扮演非常重要的社会角色的非官方神明在地位上具有相似性。有能力的士绅可能最终会在常规的官僚系统中找到一个职位，同样，超自然社会秩序中的智者也有可能被纳入官方宗教系统。妈祖信仰在清代非常兴盛。

县官常常发现，祭拜官方与"非官方"的众多神明是很必要的。根据《大清律》，如果官员祭祀不属于朝廷认可的神明，则会被处以八十大板。但是当灾祸来临时，地方百姓常常要求县官祭祀任何可能有用的神。汪辉祖是18世纪一位很有见地的士大夫，他在担任县官期间，所在县的忧心的百姓曾经一下子把20多幅神像送到他的官衙，要求他向他们求雨。他以这些神明是异端为由拒绝了他们，但是他表示，如果不是他早已赢得百姓的信任，那么他的拒绝可能已经酿成骚乱。[2]

杰弗里·斯奈德-让克（Jeffrey Snyder-Reink）的《旱魃：中华帝国晚期的国家祈雨与地方管理》一书表明，汪辉祖拒绝供奉"异端"之神的行

---

[1] Arthur Wolf 1974; Laurence Thompson ed. 1973, 196–201.
[2] Tung-Tsu Chu 1962, 165; Balazs 1965, 63–64; Johnston 1910, 134–35.

为是个例外而非常例。他认为，事实上，在干旱时期主持祈雨仪式就像在饥馑年份管理朝廷粮仓一样，都是地方官的重要职责（见第三章）。但是，尽管清代国家管理机制在分发粮食等事上形成了大量标准化的做法，在统一祈雨行为方面却成就甚微。用斯奈德–让克的话说就是，2000多年来一直处于形成之中的祈雨仪式，"在时间上早于清王朝的建立，在很多方面也取代了它的权威"。结果产生了许多供奉神明与安抚百姓的策略，包括从社区斋戒、官方祈祷到显然属于异端的仪式，例如"投掷虎骨于龙穴中，埋蛙，聚蛇，造土龙"。① 官员们甚至会掘出被认为吸走了一地雨水的尸骨。

简而言之，清代官员常常被卷入超自然的世界，而他们经受的儒家经典训练几乎无法给他们提供切实的指导。让我们回到我在本书导言中引用的佛山天后宫里的石刻铭文：

> 都邑政令所及，有人道为之纪纲，则鬼神不必赫然昭著，唯不平而后见焉。

在很多情况下，清代官僚的世界中看似没有足够的可以感知到的正义，使得鬼神难以迫近。事实上，康豹（Paul R. Katz）有力地论证说，宗教在形塑中国法律体系的某些特征上发挥了重要作用。②

通常对大多数中国人而言，一位神明的官位，或至少说他与俗世或超自然等级秩序中官员的关系，比其可能拥有的宗教身份更加重要。但是，宗教身份也并非无足轻重，尤其是在非官方的制度性宗教内。在转向纷繁复杂的中国民间宗教之前，让我们先来简要考察清代"正统"的佛教、道教的主要特征。

佛教与道教

在这两种宗教学说中，佛教更具思想魅力，拥有更多的寺庙、僧人和

---

① Synder-Reinke 2007, 81, 184. Paul R. Katz, 2009.

② Paul R. Katz, 2009.

俗家信徒。尽管在晚明时期，道教得到了皇家的大量支持，但是在清代却受到了一些打压。我们在第二章中提到过，清代皇帝除信奉传统汉传佛教外，还是藏传佛教的虔诚信徒。在康、雍、乾三位皇帝的大力支持下，北京翻新或修建了共32座藏传佛教寺庙，在其他地区，几十座汉传佛教寺庙被改造成了喇嘛庙。1744年，雍正皇帝的潜邸改为喇嘛庙，即雍和宫，成为藏传佛教中的"黄教"在北京的宗教中心。从18世纪到19世纪中叶，里面常有五六百位满族、蒙古和西藏喇嘛。[①]

　　清帝还在承德修建了11座喇嘛庙，在山西五台山建造了宏伟的藏传佛教建筑群。最重要的是，至少是出于对管理内亚的考虑，满人在蒙古、新疆和中国其他边疆地区建造了上千所寺院。这些宗教场所成为分散化的游牧社会中"事实上的中央集权式机构"。据估计，在乾隆时期，蒙古地区30%以上的男性是生活在寺院中的喇嘛。值得关注的是，七所规模最大、最有实力的寺院被确定为旗级单位，不同于驻守在内亚各地的世俗的八旗。寺院首领扎萨克达喇嘛以世俗官员的方式行使行政权和司法权。[②]

　　清代对中国内地既有的佛道寺院（清初大概有8万座）的控制，采用并调整了明代的监督机制。且如第四章所指出的，这些控制机制总的来说十分有效。此外，佛教已经与王朝达成了妥协。它成功适应明清之际政治环境的例证之一，就是频繁使用诸如报忠寺、护国寺这样的寺名。另一例证是广孝寺这样的寺名，结合佛教弃决血亲关系的教义来看，这尤其显得令人吃惊。同时，居士佛教也证明，佛教非常适应中国的社会和思想环境。有学者指出，佛教之所以能在清代繁荣发展，恰恰在于它"不要求根本脱离它所生存于其间的社会系统"，佛教的"积极有为多于沉思冥想，道德伦理多于神学教义，肯定世界多于否定世界"。[③]

　　尽管清政府一直对异端教派潜在的反叛心存忧虑（见下文），但是相对而言，对佛教哲学和神学的思想魅力却不太担心。的确，诸如《近思录》等官方认可的理学作品强调："学者于释氏之说，直须如淫声美色以远之。

① Rawski 1998.
② Rawski 1998, 244–63. 关于承德（旧称热河），见刘怡玮，《政权的汇整：清代热河的离宫型皇家园林》，第6—82页。Stephen Hart Whiteman 2011.
③ K. Greenblatt in de Bary, ed. 1975, 131–32.

不尔，则骎骎然入其中矣。"① 大多数清代学者不会以反对儒家来支持佛教，尤其是在他们盛年之时。只有到了暮年，或是处于社会严重动荡之时，才会有大批士人全心全意倾心于佛家学说。

盛清时期，著名学者彭绍升（1740—1796）在年近30岁时，放弃了儒家仕途的大好前程，成为居士。尽管他成长于反对佛教的考证学派的活跃地区，并且在20岁前即考中进士，但是他越来越倾心于佛教，并且成为著名禅师实定（1712—1778）的弟子。最终，他作为向世俗宣扬佛学的一流学者而为人所知。然而，彭绍升并不是以反对儒家来弘扬佛教，而是倡导佛儒一致。正如谢克（Richard Shek）的解释，彭氏为儒家圣人披上佛教的外衣，"把他们描述成带着救赎启示的菩萨"。②

其他清代学者发现，可以通过儒家视角调适佛学思想。比如，章学诚提出了相当普遍的（同时在心理上令人满足的）论点——佛教"其本原出于《易》教也"。他还主张，不能简单地因为佛教神话故事不能以字面意思理解就轻视它们。"至于丈六金身，庄严色相，以至天堂清明，地狱阴惨，天女散花，夜叉披发，种种诡幻，非人所见，儒者斥之为妄。"但是，章学诚坚称，这只是佛教用象征来说明教义，即如《易经》所言"龙血玄黄"。最后，章氏宣称，绝好的佛经接近"圣人之道"。③

用儒家方式阐述佛教概念的更为实用的案例，出自下面这则晚清时期的族规：

> 佛曰：如果欲知前世，那就看看今生的苦难；如果欲知来世，那就看看今生的所为。这是非常精辟的道理。然而，佛家所说的前生和来世源自它们六道轮回的观念。而余以为，前世就是昨天之前发生的事，亦即祖父与祖先；来世就是今天之后发生的事，亦即子孙后代。④

以此来看，佛教和儒家至少是同一种伦理行为的两面。

---

① Chan Wing-tist trans. 1967, 283.
② 见谢克关于彭绍升的精彩文章。Shek in Smith and Kwok, eds. 1993.
③ Nivison, ed. 1959, 76, 126–27.
④ Hui-chen Wang Liu in Nivison and Wright, eds., 71–72.

那么，佛教的基本观念是什么呢？佛教的基本教义是四谛：（1）苦谛，生命是在短暂而悲苦的世界中的生死的不断轮回；（2）集谛，苦的根源在于人的私欲；（3）灭谛，要消除苦就要消除私欲；（4）道谛，消除私欲有"八正道"。因此，佛教与儒、道一样，一直思考着如何减少有害欲望的问题。[①]

"八正道"包括正见、正思维、正语、正业、正命、正精进、正念、正定。信徒要遵循"三藏"及其他佛经中阐发的教义，才能达到道德和智识上的境界，从而实现"悟"。在大多数情况下，佛教的道德建立在具体的社会价值观上，比如爱、慈悲、勇气、忍耐、自律，以及尊重生灵万物，但佛教的智识境界是"四大皆空"。

佛教的"悟"暗示了一种超越性的理解，即能够认识到"幻象的面纱"（即错误地认为存在永恒的和"本质"的自我）背后的"真谛"。当这种认知产生时，"错误的感官分辨与人的激情（贪、妒等）之间的纽带就断开了，于是我们就不再被表象存在的洪流裹走"。这种存在的洪流和不断的变化，亦即人们常说的生死轮回，基于业因或曰因果观念。"业"的字面意义是"行为"，但是这个概念包含思想与行为，暗示因果关系。根据佛法（经极大简化过的），每个众生（有情）在现在和过去积累的业决定了他的未来。佛家认为，重生有几个不同的层次（神、人、动物、虫豸等），这取决于"善"业与"恶"业（即好的思想行为与坏的思想行为）之间的"净差"。

于是，悟带来与真谛的合一、与驱动着"俗谛"的痛苦的因果之链的割断。在梵语中，这种状态叫作"涅槃"，字面意思是"灭"。涅槃的状态就像火焰熄灭或是水滴融入汪洋，起初人们认为它是"难以理解、难以描述、难以想象、难以言喻"的。然而在大众看来，涅槃等同于天上的寂静。大乘佛教尤其持此观点。大乘佛教是印度佛教的一支，其发展与严持戒律、相对贵族化的小乘佛教（即上座部佛教，大乘佛教贬称其为"小乘"）是相对的。

尽管大乘佛教认为自己才是承载佛法的"大车乘"，但它能够容忍其他信仰体系，包括小乘佛教，贬称其为"小车乘"，意指其在某种程度上是

---

① 有关佛家四字真言及其他信条，见SCT 1: 413-20。对其他中国佛教文本的优秀翻译，见SCT 1: 421-536; Chan Wing-tist ed. 1963, 336-449。

有效的，但终归是次等的。这种相对的强调是一种权宜之计，为大乘佛教内部，也为其广阔教义之外的不同层次的理解提供了空间。大乘佛教强调通过信仰和善行获得救赎，它比小乘佛教更富同情心，也更能为他人着想。它包含更多的仪式，也有更加严密的形而上学。大乘佛教假定宇宙由无限多的世界构成，历经无限多的宇宙时期。在这些世界中，有无数的天、地、神（全部是佛的显身）——这些更容易被普罗大众理解。涅槃能超越所有这一切。考虑到大乘佛教的折中精神、仪式主义和多神论，就不难理解它为何能在中国、蒙古、朝鲜、日本、越南等地站稳脚跟。

在中华帝国晚期，大乘佛教主要有四支宗派：天台（法华）宗、华严宗、净土宗、禅宗。[①] 中国人常说："天台宗和华严宗重（形而上的）教义，净土宗与禅宗重实行。"[②] 这既说明了中国传统思想的调和能力，也表明了大乘佛教的通融态度。大乘佛教多数宗派以《妙法莲华经》（简称《法华经》）作为共同的经典，这是一本引人入胜的经书，融合了哲学、神学、历史和民间寓言等元素。和《易经》一样，《法华经》不是用抽象的术语表达观念，而是用具体的形象和生动的象征。

天台宗宣称《法华经》是天台宗的经典，但是并不能做到真正垄断。天台宗将"真理"分为三层，每一层都以"法"或者身心的"存在"为中心（一心三观）。第一层为空观，一切心法都没有独立的本体，故空。第二层为假观，法的存在只是暂时的、从属的。在这个范围，有十种显现的存在，有佛（"觉悟者"）和菩萨（为帮助其他人得"悟"而推迟涅槃的"觉悟者"），也包括人、兽、虫。第三层是中观，法既是空的，又是暂时的，唯一的真实是纯然的心性，所有的现象都只是暂时的显现。

华严宗代表了中国佛教形而上学的巅峰。它的中心宇宙观是万物"同时共存、相互交织、相互关联、互渗互入"。这种看法基本上与天台宗的观点一致，也与中国哲学总体上的有机特征相合。事实上，华严宗对宋代理学形而上学的发展起到了很大作用。根据华严宗的理论，一切缘起之法皆

---

① 相关详细论述及其他佛教流派和教义，包括三论、唯实、禅宗，见SCT 1: 433–536。另见参考书目。
② SCT 1: 436.

具六相，六相两两互补：（1）总相与别相，（2）同相与异相，（3）成相与坏相。在阴阳类型中，每一个特性都暗示着与之相对的一面。用中国佛教关于金狮的著名类推来解释：

> 师（狮）子是总相，五根差别是别相。共从一缘起是同相，眼耳等不相滥是异相。诸根合会有师子是成相，诸根各住自位是坏相。（《金师子章·括六相第八》）[1]

但最终，当一切感觉都被消除，"真"就会显现出来，一切就会变为没有差别的整体。主体与客体不再有区别，俗世中事物虚假的"自性"让位于本无自的认识。让我们再一次引用《金师子章》中的段落：

> 见师子与金，二相俱尽，烦恼不生。好丑现前，心安如海。妄想都尽，无诸逼迫。出缠离障，永舍苦源。名入涅槃。

禅宗喜谈"悟"，对于形而上学思辨兴味寡然。禅宗是中国佛教独有的教派，毫无疑问，部分原因在于它与道家的密切关系。禅宗对艺术家和读书人有极大的吸引力。禅宗强调人心中的"佛性"，认为佛教通常必备的经文、供奉、称念佛名等都是不必要的。相反，它主张凭借直觉开悟。这种对通过禅坐直接理解真谛的强调，同样见于明代大儒王阳明的思想中（见第一章、第六章）。王阳明在思想上的对手即认为王阳明是"伪装的佛教徒"。

禅坐几乎对中国有闲阶层的所有人都有吸引力，儒释道皆然。但是禅宗通常要求有禅师进行指导——正如管佩达（Beata Grant）指出的，禅师可以是女性。禅师的主要作用不是给予理论指导，而是让信徒打开内心，凭直觉认识真谛。为达到此目的，禅师会采用各种手段，特别是对身体的震动，比如棒打或大喝一声，还有令人费解的偈语、典故、名为"公案"

---

[1] Chan Wing-tist ed. 1963, 407.

的对话。最有名的公案是无疑是"只手之声"。此类语录是为了让思维摆脱惯常的束缚，使信徒认识到真谛无法被概念化或是清晰表达出来。这些方法为有效的禅悟打下了基础。[①]

尽管禅宗的基本目标是"直指人心，见性成佛"，但是禅坐也会涉及智识思考。"悟"分为顿悟和渐悟。通常而言，南派强调顿悟，北派强调渐悟。矛盾的是，"不立文字"的禅宗在帝制晚期却产生了大量的文献，以晦涩的注疏来解释前代禅宗大师们同样晦涩的语录。在清代，这种相当学术化且有些僵化的禅宗仍有一定影响力，但是在很多情况下，它更像中国精英的思想游戏，而非对"悟"的严肃追求。

清代最受欢迎的佛教教派是净土宗。总的来说，这种折中的学说既避免了禅宗紧张的脑力训练，也不像天台宗和华严宗那样强调经典和教义。[②]净土宗的中心关照是通过信与善获得救赎。其奖赏就是在由阿弥陀佛（即无量光佛）掌管的西方极乐世界中重生。中国人对这片美丽、迷人、安宁的土地的描述有多迷人，对"地狱"的描述就有多可怕，因为逝者的"灵魂"在重生以前要经受诸般折磨，这取决于他们生前所犯下的罪行（如不孝、不尊重长者）。[③]

对于净土宗来说，"信"就是称念佛名，"善"既包含践行佛教传统美德，也包括不做"十恶"——杀生、偷盗、邪淫、妄语、两舌、恶口、绮语、贪欲、嗔恚、邪见。一般的观点认为，信仰阿弥陀佛不仅给人救赎的希望，还能免受恶鬼、野兽、火灾、强盗等各种威胁。女性菩萨观音（起初为男性形象，"观察世间音声觉悟有情"）是阿弥陀佛的主要助手，作为保佑女性（包括送子）的神而广受崇信。值得注意的是，晚清的慈禧太后积极宣传自己是观音的化身，甚至在宫中扮演观音并照相。[④]

中国佛教的"万神殿"中，其他重要的神明还有药师佛、弥勒佛（未来佛）、文殊菩萨、普贤菩萨和阎王。然而，这些仅仅是无边无际的大乘宇

① Beata Grant 2008; Sharf in Furth, Zeitlin and Hsiung, eds. 2007.
② 然而，净土宗确实产生了专门的文献集成，见SCT 1: 481–91。
③ 对十殿阎罗及西方极乐世界的描述与说明，见Wieger 1913, 345–91, 397–98。
④ Y. H. Li 2012. 有关观音的论述，参见Barbara Reed in Cabezon ed. 1985。

宙中众多佛陀、菩萨、罗汉以及其他神明中的一小部分。[1]

值得注意的是，清代有相当多的寺庙结合了禅宗与净土宗的修行方式。这通常意味着，这些寺院中既有禅堂，也有供称念佛名的地方。但是，寺院可能在同一个堂内允许特殊的"禅净合一"的形式。尉迟酣（Holmes Welch）解释说："两宗的目标都是'无我'。净土宗的'一心不乱'与禅宗的'禅定'并没有本质区别。"据说，著名的禅宗高僧虚云大师（1840—1959）说过："过去、现在、未来，三世的一切诸佛传的是同一佛法。释迦牟尼与阿弥陀佛所提倡的佛法并没有真正的区别。"因此，他建议那些无法禅定的弟子称念佛名。[2]

在讨论道教之前，我们先说一说藏传佛教格鲁派（即黄教）。前面讲过，藏传佛教的所有宗派都基于大乘佛教的思想。格鲁派产生于15世纪，尤为注重中观学。[3] 从哲学上来说，格鲁派旨在以高度成熟而复杂的形而上学否认俗谛（世俗谛）和真谛（胜义谛）之间存在重要差别，从而调和这两种概念。换言之，对于格鲁派来说，世界上的现象既非根本上存在，也非世俗意义上的不存在。[4]

在实践上，藏传佛教不仅要敬拜佛龛，也采用深奥的密宗（金刚乘）仪式。这些仪式包括口诵真言和心作观想，是为了让信徒获得宇宙力量，达到身心转变，从而在大乘佛教与小乘佛教之外找到通往涅槃的途径。[5] 在清廷的支持下，蒙古与汉地的宗教实践元素逐渐进入藏传佛教中。比如，在嘉道时期，中国的武神（神格化的历史英雄关羽）也成了藏传佛教的神。[6]

众所周知，道教对佛教制度的借鉴非常多。陈荣捷甚至说，道教"大量模仿佛教，尤其是在神职人员、宫观、图像、仪式和经典方面"。尽管佛教对道教的文化影响非常深，但道教却不只是"汉化"的印度舶来品的苍白映射。道教不仅在仪式和象征符号上与佛教相差甚大，而且其宗旨与佛教强调的"轮回"背道而驰。尽管道教有丰富多样的信仰和实践，但其

---

[1] Karl Reichelt 1934. Katrina Bugge trans., 174–99.

[2] Holmes Welch, 1967, 398ff.

[3] SCT 1: 436–40; Rawski 1998, 244ff. 在中国，中观论奠定了三论宗的基础。

[4] Daniel Cozort 1998.

[5] Jeffrey Hopkins 1980.

[6] Rawski 1998, 259.

目标主要不是为了通过消除"念"打破因果之链，而是达到某种特殊的超越，这体现为知晓和控制超自然环境的能力。尽管道教和道家都认为人与自然是有机的，但是道教仪式和个人修行（冥想、膳食、医药、拳脚和性）不仅是为了找到一个人在宇宙秩序中的位置，而是为了获得一种宇宙力量。道教提供的不仅是精神释放，它还许诺长寿、刀枪不入，可能还有永生。[①]

中华帝国晚期，道教主要分两支：北派全真道和南派正一道。全真教兴起于宋代，是对禅宗的回应。全真教道士和禅宗信徒一样，崇尚清规戒律，他们独身、食素、禁酒。全真教的中心位于北京白云观。正一教的精神源头可以追溯至汉代晚期，它的中心在江西龙虎山。正一教的首领是世袭的张天师，有时他会被误认为是道教的"教宗"。在晚明和清初，张天师具有相当大的宗教权威，但是之后大大削减了。尽管如此，正一教在帝国晚期仍享有相当于道教各派"仪式首领"的地位，在19世纪中叶以前一直受到清廷的大力支持。[②]

正一教道士与全真教道士的生活方式非常不同。正一教道士可以结婚，他们居家生活，也无须遵守清观戒律（除非自己选择），除了特殊的斋戒，他们可以吃肉饮酒。他们主要依靠符咒而非膳食来自存，他们在中国传统社会中的主要活动是卖符、算命，为普通百姓举行各种宗教仪式（见下一节）。随着正一教在清代的衰落，全真教在一定程度上得到复兴，直至今日，全真教仍然是中国最主要的道教教派。[③]

和佛教一样，道教有着数量庞大的思想和实践主题，这些主题至少与某一个道教主流教派存在联系。除去一些仪式方面的不同，大多数道教教派的基本观念都是相同的。这些观念是从《道藏》（相当于佛教的"三藏"）这部卷帙浩繁的道教经典中提取出来的。在《道藏》中，《玉皇经》和《三官经》是最重要的经典，全真教和正一教的仪式中都会使用。尽管《道藏》中的经、学、史论述的都是宗教教义、仪式、符箓、法术、赞诗和传说等，这套丛书中也收录了伟大的道家哲学家的经典著述。

---

① W. Chan 1969, 419. 有关道教及其相关文本的英译本，参见SCT 1: 392–414, 899–916. 有关各类与道教有关的著述，请见参考书目。
② Saso 1978, 52ff.; Kirkland 2004, 168.
③ Kirkland 2004, 169–71.

道教的世界观反映在《道藏》中，它以阴阳五行的宇宙起源论和宇宙进化论为基础，要比佛教的表达更加明确。根据《道德经》中的名句，不可名状、作为本源的"道"生出"一"（太极或混沌）——这显然启发了后来新儒家的宇宙论观念。一生二（"阳"），二生三（"阴"）。这三种力量在道教中体现为"三清"：（1）元始天尊，象征元始之气；（2）灵宝天尊，象征人之"神"；（3）道德天尊，象征人之"精"。三清生五行（在传统中国神话中对应着五帝），五行生万物。

了解阴阳、五行和《易经》的象征体系，对于理解道教的"炼丹术"至关重要，道教"炼丹术"不是为了像西方那样将普通的金属炼成金子，而是为了强身健体、延年益寿。因为道教将人的身体视作微观宇宙，所以他们的"内丹"和"外丹"都基于阴阳、五行、八卦的相互关系。"内丹"包括呼吸精气、阴阳双修法和其他形式的身体修炼方法。"外丹"需要用化学物、药物和草药。事实上，中医也是如此。医师和道士都寻求宇宙力量在人体内的和谐平衡，并且都认为人体的各部位与整体之间存在一体的关系。因此，炼丹术与针灸的基本原则和目的在本质上是一致的（见第十章）。

清代最著名的炼丹家是刘一明（1734—1821），他是全真道龙门派的第十一代宗师。刘一明年幼时学习儒家经典，在一次重病痊愈后转而学习道教，最终不仅成为著名炼丹家，还成为著名的医学家。刘一明写了很多广受赞誉的书，包括以道教学说解读《易经》的《周易阐真》（1796年）和影响深远的道教内丹书《修真后辩》（1798年）。玄英（Fabrizio Pregadio）翻译了《修真后辩》一书。[1] 该书极好地介绍了道教的道德和冥想实践，全书是由刘一明和一位弟子的一系列问答构成的。尽管刘一明的自我认同是道士，并且以炼丹家身份获得盛名，但是他试图以《中庸》（见第六章）为基本文本融合三教。在他看来，统一的思想不仅表现为儒家的中庸，也表现为佛教的"一乘"和道教的"金丹"。

和大乘佛教一样，道教的价值体系深受儒家的影响。事实上，中国所

---

① 关于《周易阐真》，见 R. J. Smith 2008, 186–87；关于《修真后辩》，见 Pregadio 2013。

有的正统教派和许多反正统文化的群体都赞赏诸如忠诚、守信、正直、守职、孝道等儒家美德。佛寺和道观中的课程设置常常也包含儒家经典。通过善书、宝卷等地方宗教小册子，儒家价值观也渗透到普罗大众中。伊维德（Wilt Idema）翻译了两本19世纪的这种小册子，它们的内容都围绕着观音的生平展开。这部优秀译本的引言强调了两部中文作品中较长一部的内容与欧洲中世纪圣女的生活的异同。①

与其对长生不老的追求一致，但同时受到佛教轮回观念的影响，道教发展出了一套计算功过的系统：善行可以益寿，恶行则要折寿。这个不仅尊崇儒家道德，并且也考虑了佛教对众生的关心的计算体系，到了明清时期已深植于道教的思想与行为中。和佛教一样，道教崇拜为数众多的保护神，不仅包括三清、五帝，还有诸如玉皇大帝、文昌帝君、西王母、八仙等神仙和日月星辰等自然对象，以及历史人物和身体部位。

民间宗教

道教神明与佛教以及国家崇信的神明一样，都是中国大众的公共财产。尽管有些神明被大众清晰地划入佛教系统或者道教系统（或者兼属佛道），另外一些神明得到官方宗教精英系统的大力支持，但它们都是一个庞大而流动的国家、区域、地方神明网络的一部分——普通信徒可能向其中的任何一位神明求助，同时也相信其他神明。

中国民间神祇通称"神"。这些神灵由画像或神位（或两者兼有）来表示，它们是神化了的人、物或自然力量。它们都具有"灵"。有一些神有自己专属的祠庙，其他的则被一起供奉在一座庙中。除了明显的折中主义，这个广阔的宗教世界的重要特征就是功能性的组织。用杨庆堃的话来说：

> 在民间宗教生活中，支配大众意识的是神明的道德和灵验功能，而不是对宗教信仰边界的圈定。甚至有些国家寺庙中的神职人员也说不清

---

① Idema 2008; Brokaw 1991; CHCL 2: 399–412.

自己究竟属于何教。几百年来，不同信仰的神明融合进同一个神谱，造就了以功能为导向的宗教观念，使宗教认同的问题降低到了次要地位。[①]

例如，道教徒宣称城隍是道教的创造，然而城隍庙里的十殿阎罗壁画则证实了佛教的影响。但对于官府和普通百姓来说重要的是，城隍是地方官，负有极为重要的职责。

杨庆堃详细记录了传统中国民间庙宇的功能特征。他对八个代表性地区的近1800座主要庙宇进行了调查，尽管有些数据来自20世纪二三十年代的出版资料，但是他的调查反映了可能盛行于清代的分布模型。杨庆堃将这些庙宇分为五种功能类型，揭示了如下信息：33.7%的庙宇供奉的是与社会长治久安和政治秩序（宗族、社区及国家）稳定有关的神；22.7%的庙宇供奉的是维持普遍道德秩序的神（天上的和冥界的）；8.1%的庙宇供奉的是具有经济职能的神（行业神等）；1.1%的庙宇供奉的是保佑安康的神；3.8%的庙宇供奉的神关乎大众的和个人的福祉（包括"驱魔神""福神"，以及非专门的神）。其他庙宇（30.6%）是寺院和尼姑庵，绝大多数（接近九成）属于佛教。[②]

杨庆堃强调这种功能分类有一定的误导性，因为中国的神承担着广泛的责任，人们拜神可以出于多种原因。因此，专门供奉健康神的寺庙比例很低，并不能说明人们不在意身体健康。事实恰恰相反。不过，因为中国人相信大多数神祇都能够恩赐健康、去人疾病，所以在这种特定的情况下，保佑健康的功能特征就没有那么重要了。另一方面，有些特定功能在个别地区可能是非常重要的。比如，海神和天后在沿海地区有着特殊的意义。靠近广州的佛山以烟花炮竹而闻名，当地有将近一打寺庙供奉火神。

总体而言，全国最普遍的神往往是那些被归为某种制度性宗教的神。但是，无论是否得到制度上的支持，人们都从官僚体系的角度看待大多数神明，因为这是迄今为止几乎每一个中国人去想象重要力量的最自然的方式。神的官位越高，力量就越大，尽管庞大的民间诸神的权责次序并不如等级秩

---

① C. K. Yang 1961, 25.
② C. K. Yang 1961, 7–10.

序井然的官方宗教中那般分明。而且，正如史华慈所说："用官僚体系来隐喻精神世界并不一定会带来那种看法，即神仙官僚总是支持人间官员。"[1]

中国士庶认为，所有的神都隶属于天，是天的臣仆。然而非常典型的是，"天"在民间宗教表达中常被人格化为"天帝""天公""玉皇大帝"等。尽管民间宗教中渗透着来自精英文化的概念和术语，但它只是精英文化的变体，而非它的直接复制品。不仅"天"这样的抽象概念得到人格化，其他概念也经过转化，以便更贴近普通人的社会观念。因此，虽然精英的自然观和宇宙论强调和谐与秩序，但民间更看重冲突与混乱。精英的宇宙论关注阴阳的互动更迭，而民间宗教却看到了阳（神）与邪恶的阴（鬼）之间的永恒斗争。

人们认为这种斗争是自然且无可避免的。民谚有云："天地间无物不具阴阳，阴阳无所不在，则鬼神亦无所不有。"然而，神鬼之间的斗争通常并不代表善与恶的宇宙力量之间的大战。不同的是，神鬼之间的关系被认为类似于清政府与盗匪、乞丐等社会破坏性因素之间的关系。从一般意义上看，中国大多数宗教活动（不管是国家祭祀还是地方仪式）的目的，都是祈求神控制或压制鬼。比如，道教的"醮"明显是为了驱阴（黑暗与死亡）复阳（光明与生命）。[2]

鬼是一切灾祸和痛苦的原因，包括意外、疾病、死亡，以及不孕、荒歉和先天缺陷。人们相信鬼会占据或诱骗人，会偷东西，会捉弄人。鬼可以是无形的，也可以幻化成人或动物的样子。尽管鬼似乎无穷无尽，但是它们主要出没于阴界，包括暗处、地下、水域，以及僻静之所。很多鬼被认为是未能安息的亡灵，还有些是有害的自然力量，皆非善类。中国古代农民的超自然世界和真实世界一样，都可能是令人恐惧的地方。

供奉香烛、酒食、银钱或其他祭品能够安抚鬼。此外也有各种驱鬼的方法，包括使用钟馗和姜太公等驱魔神的名字或画像，佩戴桃符或是由其他有效材料制成的护身符，张贴八卦符或是写有天地阴阳字样的符咒，使用剑、匕首、棍棒、长矛等兵器，或是其他象征"阳"的物品，比如喧闹

---

① B. Schwartz 1985, 379.
② Saso 1989, 1991; Plopper 1926, 78.

之声、火焰、鲜血、镜子等。许多保护性物品都与中国精英的学术生活紧密相关，如儒家经典或黄历中的几页或抄本、文字、毛笔、官印等。

驱鬼仪式需要大量物品，比如上文提到的那些，还有符咒。有一些仪式能够由普通人单独或是共同完成，但是大多数都需要"专业"的宗教人员参与，包括和尚、道士、灵媒、巫师、术士、占卜者，有时需要多人配合。人们相信这些人具备特殊的能力，能够识别与鬼有关的问题根源，制定成功的驱鬼策略。

驱鬼的主要方法是在符咒上写下神对鬼的命令。禄是遒（Henri Doré）这样描述这种神奇的办法：

> 符咒是公文，是指示，是禁令，来自神明，由执行神令的人发挥其超凡力量……作为公文……符咒的结尾同中国的圣旨一样："急急如律令。"……符咒的效力与其他法令和指示一样，主要取决于下达者的法力。[1]

尽管符咒通常与道教活动有关，但是佛教僧人也会使用符咒，还会在庙宇中售卖符咒以获利。符咒不仅能在任何可能的情况下用于驱鬼，还可以用于更正错误（例如平反冤狱）、满足逝者的需求和利益。

各种宗教人员关于激活和使用符咒的记载丰富多彩，但并不是每一种有关鬼神的活动都高度戏剧化。比如，以《易经》、星占、相面、测字、抽签、释读等技术为基础的公开占卜，就是较为沉闷的仪式。风水学亦是如此。风水以宇宙之气的阴阳流动观念为基础，阴阳之气在每一区域的流动影响着人的运势。这些流动受到多种星象的影响，包括体现于地形的"星气"。风水先生的任务是在大量地形与星象变量的基础上，计算出安置阳宅（家宅、寺院、商铺与官衙）与阴宅（坟墓）的最佳位置。

从宫廷到乡野，中国社会各个阶层中都有风水先生的身影。他们在城市规划中扮演重要角色，影响军事策略，在葬礼事宜上尤为重要。[2] 不管出

---

[1] Doré 1914–1933, 3: iii–vi. 高延的书中载有与中国民间宗教有关的丰富信息。De Groot 1892–1910, 1903, 1912.

[2] 有关风水理论的细节及风水行为的普遍性，参见 Feuchtwang 2002; Meyer 1978, 1991; R. J. Smith 1991 Chap. 4; Aylward 2007; D. McMahon 2012; Paton 2013; Yi Ding et 1996。

于什么目的，最吉利的位置都是阴阳之气的恰当交汇处。借用19世纪一位博学的西方风水学者的话来说：

> 任何地方，青龙（阳）在左（面朝南）而白虎（阴）在右，就应该有风水宝地……在龙、虎形成的夹角上……可能找到适合安葬或定居的风水宝地。我之所以说"可能"，是因为除了龙、虎的交汇，还需要所有天地元素的宁静和谐——这会影响这个特定地点，需要通过观察罗盘及其指示的数值比例以及检视水流走向来确定。①

罗盘是一种精巧的仪器，直径约10至20厘米，有一根指向南的磁针，还有一系列由象征符号围成的同心圆。杰弗里·迈耶（Jeffrey Meyer）这样描述罗盘：

> 如图所示，罗盘的圈层始于中心的内圈层②，紧接着是地盘，外围是先天八卦盘，最后是后天八卦盘。中国用来处理空间和时间的几乎所有象征符号都在这些圈层上：先天八卦盘和后天八卦盘上的八卦与六十四卦、十天干和十二地支……五行、阴阳、二十四山方位、九星、二十八星宿……四季、四方……一个太阳年中二十四个十五日周期，一年中七十二个五日周期。这些元素以不同的组合相互关联，因此在三十八层中反复出现。③

罗盘并非总是如此复杂，但是全都设想地形和星象之间存在整体性关系。

罗盘通常与通行的历书配合使用（见第一章、第九章和第十章），因为两者的基本设定都是某些星或星宿，与阴阳、五行、八卦及其他宇宙变量一样，在人间事务上起到关键作用。中国社会各个阶层都相信这种假设，

---

① Eitel 1873, 18.
② 称为天池或海底。——译者注
③ Meyer 1978, 148–55. Feuchtwang, 2002, 37–49.

并且通过各种仪式加以表达，包括官方祭天、道教仪式和风水占卜。因此在实践上，通俗的星占术将正统儒家对命运本质上属于自然主义的解释复杂化了（见第六章），更不用说佛教的因果报应说、道教的功过格以及诸如"气运"这样神秘的、缓慢变化的宇宙力量了。

风水先生在传统中国社会中拥有相对较高的地位，但是一直受到官绅的批评。不过，这种批评并不是直接针对一般的风水理论，因为正如上文所示，社会各个阶层都接受风水的基本设定，都以各种各样的方式运用风水学说。学者和官员反对的是某些特定的风水堪舆做法，因为这些行为造成了社会紧张（争夺风水宝地），或导致葬礼延迟（严重破坏葬礼仪式）。最重要的是，他们谴责不属于正统精英的宗教人员对中国大众的控制。这种担忧激起了许多中国精英对民间宗教行为的批评。

传统中国家庭反映了上述复杂的宗教世界。他们的生活离不开僧人、道士、算命先生等宗教人员，他们得到众多神和保护人的保护。大多数家庭（至少在中国南方）都在门前立社祭祀居家土地神，上方是供奉天官的神龛，灶台旁供奉灶神。财神可能位于大厅或主屋中，和观音以及其他守护神一起受到供奉。甚至清代皇帝也会祭拜其中一些神明，比如皇家在坤宁宫中祭灶神，其仪式与汉人的非常接近。[1]

但是在几乎所有中国家庭中，宗教生活的焦点都是祖先牌位，牌位自然是放置在主屋中的。在中国社会，祖先祭祀是第一位的，个体祭祀和群祀是次要的。汉人自是如此，满人的情况也越来越相同。罗友枝指出，清代皇帝不仅始终注重在太庙和奉先殿（不那么正式的皇室祠堂）中公开展示孝道，而且在更为私密的处所祭拜祖先，比如在养心殿、承乾宫、毓庆宫和乾清宫等地。在那里，他们以汉人的方式在祖先的画像和牌位前燃香。在祖先的寿诞和忌日，还会献上特殊的祭品，唱诵佛经。[2]

在清朝统治者和汉人臣民看来，没有什么仪式和制度比祖先祭祀更有利于稳固宗室，继而维护社会秩序的稳定。祖先祭祀的基本假设是：逝去

---

[1] Rawsik 1998, 265. 关于中国家庭，见Knapp 1986, 1989, 1990, 1999。

[2] Rawski 1998, 285–90. 罗友枝指出，有一些皇室祖先得到后人的偏爱，这和汉族祖先祭祀中的情况差不多。

的家人的灵魂由两种主要元素构成，阴的部分称为"魄"（与墓穴相联），阳的部分称为"魂"（与牌位相联）。根据一种通行的看法，这些基本部分变成了三个独立的"灵魂"，每一个都需要相应的仪式：一个随着肉体进入墓穴，一个前往十殿阎罗并最终重生，另一个守在家中正堂祖先牌位旁。如果没有通过祭祀得到安抚，魄可能会变成鬼，但是人们通常认为自己祖先的魂魄不会变成鬼。假使得到恰当的祭祀，自己的祖先自然会变成神。

在传统中国，祖先祭祀普遍包括丧礼和祭礼两个方面。丧礼包含精心设计的哀悼仪式，尽管各地的具体方式有所不同，但有一些主要特征是一样的。根据通常的顺序，包括：（1）通过哭号或是其他表达悲哀的方式公开报丧；（2）死者亲属根据五服关系（见第四章）穿着白色孝服；（3）仪式性地擦洗尸体；（4）生者将食物、钱财和其他象征性物品转移给逝者；（5）为逝者准备并安置牌位；（6）延请礼仪专家，包括僧人和道士；（7）奏乐，安抚逝者的灵魂；（8）入殓；（9）把棺材送离社区。这些基本的程序也适用于清代皇室的丧礼。[①]

在中国大多数地区，丧礼的结束以奉着棺材和牌位的出殡队伍及其后的丧宴为标志。但是，逝者并不会马上入土。社会地位较高的家庭（包括皇家）常常把棺材放在家中数月甚至更长时间，以示对逝者的尊重（也许是要根据风水的推算结果，等待吉时下葬）。[②] 在任何情况下，不管出殡和丧宴什么时候举行，逝者的家庭总是会在仪式中竭尽财力，以展现他们恰当的孝道（以及在社区中的地位）。然而，死去的孩童通常没有隆重的葬礼，因为他们的早夭本身就被视作不孝的行为。

祭礼主要分为两种：日祭（或两月一祭）和周年祭。祖先的灵位按照辈分摆放在家中正堂，堂前定期燃香。牌位前烛火常年不熄，象征着祖先永远留在家中（见图4.10和图4.11）。家庭中每个成年逝者的忌日都要举行周年祭，需要供奉食物，家庭成员要根据年龄和辈分参加祭礼。在重大节日期间以及诸如出生、婚嫁等家庭重要场合，也都要祭祀祖先（见第十

---

① James Watson in Watson and Rawski, eds., 1988, 12–15. 罗友枝讨论了皇室丧礼，见Rawski 1988, 228–53。
② Rawski in Watson and Rawski, eds., 1988, 234–35.

章）。相似的仪式也会在清帝陵寝的享殿中举行，有些陵寝位于北京城东北方向125千米处（清东陵），还有些位于北京城西南方向150千米处（清西陵）。

在正统儒家看来，祖先崇拜本质上是世俗仪式，并没有宗教含义。哀悼和其他仪式无非是"人之情感的表达"，表达了对逝者的爱与尊敬，同时也培养了孝顺、忠诚、诚实的品德。用中国人的话来说，祖先崇拜是"崇德报功"的标准方式。儒家士绅祭祀祖先，是因为这是恰当的行为，很少有人如此做是为了"事鬼"。

这种态度与理学鼓励给予超自然现象理性、世俗的解释的一般取向是一致的。比如，在理学著作中，民间宗教中的"鬼""神"被明确表达为"阴""阳"的抽象力量。官方宗教至少在一定程度上被解释为敦促大众践行儒家孝道的手段。地方志中有关宗教的章节常引用孔子的这句话："圣人以神道设教，而天下服矣。"甚至精英家庭延请僧人、算命先生和其他宗教人员，都可以被辩解为是习惯、妇女的嗜好或是对祖先尽孝的保险——万一佛教对身后的通行解释碰巧是对的呢。①

但是，理学的"理性主义"止于何处，民间的"迷信"又始于何处呢？尽管民间宗教反映了信徒的社会面貌，它在很多方面仍然是"对世界的相同（精英）理解的变体"。中国士人的"天"可能是遥远而超脱于个人的，但是它可以和玉皇大帝及其臣僚一样，本着同样的精神——如果说基本方式不同的话——褒奖儒家美德，惩罚恶行。民间口传文献中的预兆和复仇鬼魂，在王朝正史中有其超自然的对应物。星象和占卜的宇宙原理——更不用说许多特殊的宗教信仰和行为——对于中国社会各阶层来说都是一样的，一如人们普遍以官僚的角度看待精神世界。

进一步而言，相关证据强有力地表明，在精英看来，"神""鬼"并不能简单等同于抽象的"阴""阳"力量。甚至可以说，践行官方祭祀、社区宗教和家庭祭拜的仪式在精英和普通大众身上唤起了很多同样的情感，尽管这一证据在很大程度上是印象式的。至少，对连锁仪式的意识令中国社

---

① C. K. Yang in Fairbank, ed. 1957, 227; Welch 1967, 181–85.

会各界感觉到了共同的利益和文化目的，此种感觉还受到共同的象征元素（建筑、文字、颜色、数字、植物、动物、神明、文化英雄等）以及共同的行为（奏乐、焚香祷告、鞠躬、叩头等）的强化。

当然，民间宗教中存在与清代精英观点不甚和谐的异端传统。华南的兄弟结拜组织三合会、华北的以佛教为本的白莲教各教派，都挑战着中国社会风俗，两者都以强烈的千禧年崇拜为特征。伊斯兰教、基督教等一神教教义中也包含千禧年元素，并因对宗教权威的忠诚高于对国家的忠诚而对儒家秩序构成威胁。在第二章和第四章中我们能简略看到，这些宗教团体的起义给清政府造成巨大困难。虽然我们要记住白莲教起义（1794—1804）、杜文秀起义（1856—1873）和太平天国起义（1851—1864）等大规模起义的原因是多方面的——多数是社会经济方面的原因，但是清代中国道教、佛教、伊斯兰教、基督教中某些教派的千禧年信仰也是不可低估的。[1]

在太平天国起义中，裹着基督教外衣的千禧年主义尤其具有威胁性。起义者崇拜非中国的神，向基督寻求援助与救赎，推崇基督教的价值观，攻击儒学、佛教和道教，提倡社群主义和男女平等，致力于消除纳妾、缠足、祖先崇拜等长期存在的社会习俗。[2] 但是，他们也对中国传统的观念和做法做出了很多让步。比如，他们使用儒家、佛教和道教的概念、习语和典故，秉持利用仪式区分等级地位的传统观念，尊崇儒家在诸如避讳等事上的看法，将传统的帝国合法性的象征符号运用到政治机构和公共仪式中。甚至他们对上帝或天（天父）的私人祭祀都与祖先崇拜具有惊人的相似性，乃至在家中和官衙中的灵位前焚香。[3]

毫无疑问，使用历史悠久的说法、概念、权威来源、礼仪形式和政治符号，在一定程度上会削减异端运动的革命性影响——尤其是对普通民众

---

① 关于上述和其他的异端教派及其教义，参见 Liu and Shek, eds, 2005; Atwill 2005; CHC 11: 202–44; Esherik 1987; Murray 1994; Naquin and Rawski 1987, 134–37, 166–67, 185–86, 191–93; Seiwert and Ma 2003, esp. 209–484; ter Haar 1992。

② 关于太平天国起义，参见 Richard Bohr in Liu and Shek, eds, 2005; Meyer-Fong 2013; S. Platt 2012。

③ R. J. Smith 2013, 105–6。

而言。当然，即使在正统社会中，"礼"与"俗"之间也总是存在张力。①
但是总的来说，两者之间的辩证法倾向于"礼"，还有共同的伦理观念、哲
学概念和特定的仪式行为。我们会看到，类似的文化共性也存在于中国艺
术、文学、音乐、戏剧等领域。

---

① Allen Chun 1992.

第八章

艺术与工艺

国家的角色是清代视觉和物质文化史上最重要的主题之一。首先，满人将支持中国艺术发展视作宣示其文化合法性的手段和"赞颂"王朝的方式。因此，清朝大多数皇帝都是中国艺术品和工艺品的热心收藏家（据估计，乾隆皇帝拥有"上百万件"藏品），也是绘画和书法等中国传统艺术活动的实践者。他们还利用佛教艺术和建筑来维护他们转轮王的形象，委任匠师制作数量庞大的书画作品和手工艺品，以装饰宫殿，赏赐官员、忠臣和外邦使节。更进一步，他们还聘请宫廷画师创作令人震撼的画像，记录朝廷支持的文化活动和军事行动，从镇压起义和打击其他敌对行为，到巡幸、接待外邦使臣、接受贡物。[①] 甚至在某种程度上，地图也是艺术作品（很多地图的确堪称艺术品），清朝统治者鼓励绘制了数量空前庞大的异常精美且具有强烈象征意味的地图，有一些地图是由满、汉技师绘制的，还有一些是和包括耶稣会士在内的外国人一起完成的。[②]

　　传统上，中国学者认为两种艺术类型是有价值的：一种是他们欣赏，但并非由他们创作出来的；一种是由他们创作出来，所以格外看重的。前者是由技艺精湛的工匠生产的作品，包括从精美的古代青铜器到华丽的同时代瓷器。后者包括与笔有关的雅致的艺术——绘画和书法。介于两者之间的是装饰性的丝织品，它们通常精致典雅，由多才多艺的精英女性完成。包括寺庙绘画、宗教塑像和编篮、扇子、雨伞、玩具、剪纸等民间工艺在内的民间艺术，在整个清代都极为繁荣，但是中国的艺术鉴赏家对此极少

① Greenwood 2013; Fong and Watt, ed. 1996; Rawski 1998, esp. 51–55, 175–78; Berger 2003; Cahill 1996, 2010; Cahill et al. 2013; Findlay 2011; Cary Liu 2010; H. C. Lo 2009; T. Miller 2007; Nie Chongzheng 1996; Stuart and Rawski 2001; Vinograd 1992; H. Wu 1995, 1996; Wu and Tsiang, eds. 2005; H. X. Zhang 2000.
② 关于清代地图，见 Cams 2012, Elman 2003, Hostetler 2001, R. J. Smith 2013, Chap. 2。军机处档案中有一份舆图的目录，可以分成七类：行政区及城镇图、长江和黄河水道以及海岸线图、运河图、战图、行幸图、寺庙图、陵寝图。见张弘星《流散在海内外的两组晚清宫廷战图考略》。

正眼相待。[①]

　　清初士人指责晚明衰颓的消费社会"尽管文化蓬勃发展，实则内部已经腐烂"——借用柯律格（Craig Clunas）的话，但清代的艺术鉴赏观仍然是由明代潮流塑造的。正如柯律格等学者所说的，可能对清代士人来说，以显而易见的明代方式去消费，甚至像明代鉴赏家一样谈论"闲事"，的确已经"过时"了。但是，诸如曹昭在14世纪所写的《格古要论》之类的鉴赏著作，作为中国艺术、考古和文物鉴定的信息宝册，在整个清代仍然有很大的影响力。[②]此外，"美人画"流派对清代宫廷有强烈的吸引力，这一流派有意将汉族女性奇异化，将她们描绘成明代名妓文化的代表。这些绘画故意含蓄地强调了满人的征服——征服了汉人男女，以及他们"精致优雅"然而"衰颓柔弱"的文化。[③]

　　清代被认为是"好古的时代，人们从未如此回望过去"。但是在满人统治的前一个半世纪里，艺术领域有相当多的试验。部分动力可能在于满人征战造成的创伤，这为龚贤（1620—1689）这样的遗民画家提供了有关"腐化的世界"的痛苦的艺术主题。另一个因素是商业财富的快速增长，尤其是在长江下游，虽然这以别样的方式令人不安，但是它同样鼓励创新。在那里，士人文化与商人文化的融合创造出了新的艺术形式。其结果就是消费者对新的形式、颜色、风格和材质的大量需求。最后，中国艺术品和工艺品（特别是瓷器）的海外市场不断扩展。尽管许多商品明显是专门为出口西方而设计的，它们的出现无疑影响了中国人的品味。[④]

　　清代皇帝延揽宫廷画师、书法家和工匠，自然会影响到中国艺术的发展。康熙皇帝正式开启了这一过程，他的孙子乾隆皇帝对此产生了最深远的影响。苏立文（Michael Sullivan）毫不客气地这样形容乾隆皇帝：

---

① 关于绘画、书法作品，见Luo Zhongfeng 2001；关于民间艺术，见Berliner 1989; Liang 2002; Xiao Hongfa 2009; Zhu and Ren, eds. 2010。
② Clunas 1991, esp. 169.《格古要论》的英译本见David 1971。
③ Rawski 1998, 53–54; Cahill 1996 and 2010; Cahill et al. 2013. Hong Wu 1996 and Hong Wu in Widmer and Chang, eds. 1997.
④ Kleutghen 2014 and forthcoming; Cahill 2010; Cahill 1994 and 1996; Cahill et al. 2013; Clunas 2006. Cf. Nie Chongzheng 1996.

> （他）对收藏艺术品欲望强烈。他同时又是个心胸狭窄、自说自话的鉴赏家。为显示皇权，他爱在画上无休止地题跋，随心所欲地钤印，给中国的艺术遗产留下他无法去除的标记……这些大规模的收藏中，古代杰作大多收齐了，汇集于紫禁城的宫墙内，和许多画家永远隔绝了。可继续供他们学习的，只有保存在私人手中的很少一部分作品。[①]

然而，乾隆朝后期的财政紧张使他减少了对艺术的投入。至迟到 18 世纪末，私人赞助以及日益扩大的商品化生产，成了影响中国艺术的主要因素。

同时，"世俗艺术"也繁荣起来。高居翰（James Cahill）的《致用与怡情的图像：大清盛世的世俗绘画》有力说明了中国艺术欣赏的边界不断扩展，逐渐容纳了"应多样化的日常家用及其他需求而作画"的市民画师的作品。这些画作（包含了上文提到的美人画新流派）是画家"用精湛的'学院派'笔法细致勾画和设色的，通常绘制在丝绸上，因其形象精美、造型灵动而受到赞誉"。从高居翰的深入思考来看，这些画作常常吸收了西方风格元素和"表现手法"，无论现在还是过去，都没有得到中国鉴赏家的充分重视。[②]

在 19 世纪，清代绘画似乎失去了大部分生机与活力。原因部分在于缺乏直接的灵感启发，这是乾隆皇帝搜罗地方艺术作品以充实皇家收藏的不幸后果。另一个困难是财政窘迫，这使得宫廷减少了对绘画、书法、工艺品的投入。同时，很多"独立"的中国艺术家走向了相反的两个极端，或者迫于赞助人和其他消费者的要求而只顾速度，或者在艺术取向上过于学院派。我们可以发现，晚清的作品逐渐变成只是关于绘画的绘画，是"艺术史的艺术"。所以常有人批评说，这些艺术家的灵感"并非自然而完全是传统本身"。[③]

---

① 关于对艺术的赞助，见 Sullivan 1979, 140 n.1。（引文参考苏立文著，洪再新译，《山川悠远：中国山水画艺术》，广州：岭南美术出版社，1989 年。——译者注）
② Cahill 2010, 3. Cahill 2010, 150ff. 作者强调美人画的情色内容，尝试性地将对情色的渴望的主题与明清时期包括妓女文化在内的商业化的社会趋势相联系。
③ Sullivan 1977, 216-19, 233-36.

不过有证据表明，晚清并不像通常描述的那样，在艺术上毫无新意。尽管景泰蓝这样的劳动密集型工艺在私人赞助下，再也没能达到18世纪时在清廷赞助下达到的高度，但是在宫廷边缘和各省的士大夫中出现了某种具有创新性的绘画作品。在19世纪，一些大胆的区域风格或是首次出现，或是重获新生，上海和广州这样的城市成为充满活力的艺术活动的中心。

艺术观念

在传统中国，艺术鉴赏需要财力、闲暇和知识。士绅和官员作为业余的艺术家和热忱的书法家，人们总认为他们具备鉴赏能力，藏有精美的艺术作品，但他们并不总是最著名、最成功的收藏家。比如，盐商安歧（生于约1683年）就让天津地区的所有文人羡慕不已。他从明代和清初的著名鉴赏家那里购得了大量书画，后来他自己也成了鉴赏家。他评注书画目录，于1742年编成《墨缘汇观》，因其对佳作的详细著录，而受到清代收藏家的高度称赞。事实上，著名的古物收藏家和艺术赞助人端方（1861—1911）曾经两次重印这部书。端方利用自己知名的鉴赏力，在晚清培植了重要的政治和社会关系。①

长期以来，中国艺术给人的独特感觉就是它的自然美、形式美、优雅和精致。它的乐观主义、热爱自然和结构上的有机性也值得注意。第五章已指出，中国精英大部分的正式美学观念，都是从由来已久的对阴阳原则和关系的深刻认知中发展而来的。同音乐、仪式和诗歌一样，中国艺术成就中最崇高的形式，往往是展示二元平衡、周期韵律和循环往复的抒情模式。

这些美学观念不单有语言学基础，在帝制时代晚期，它们同样有宇宙论基础。中国艺术反映生活，反过来，生活又反映了宇宙秩序。刘勰的《文心雕龙》表达了这种艺术关系：

> 文之为德也大矣，与天地并生者，何哉？夫玄黄色杂，方圆体

---

① 关于端方的政治、社会网络与其艺术鉴赏之间关系的讨论，见Jun Zhang 2008, 195–206。

分。日月叠璧，以垂丽天之象；山川焕绮，以铺理地之形。此盖道之文
也……惟人参之，性灵所钟，是谓三才。为五行之秀，实天地之心。①

《无声诗史》这样赞颂晚明大画家董其昌（1555—1636）："盖化工在手，
烟云供养……所谓云峰石迹，迥出天机，笔意纵横，参乎造化者也。"②
苏立文的评论甚为公允：

> 正如仪式及其在音乐、诗文和仪式中所使用的物品的形状和装饰中
> 的扩展，都是士绅展示他们与上天的意愿协调一致的手段；当艺术家忠
> 实地表达他们对自然秩序的直觉的时候，符合审美趣味的美就诞生了。
> 因此，正是美带来秩序、和谐和宁静。③

用《礼记》的话来说："乐者，天地之和也；礼者，天地之序也。和，
故百物皆化；序，故群物皆别。乐由天作。"④ 因此在传统中国，所有精英的
艺术、文学、音乐和仪式活动，都是为了促进和展示社会与宇宙的和谐。

因为艺术、文学、音乐和仪式之道与天道和人道密不可分，所以中国
人的创作努力从来不会远离传统。人们相信，古代艺术模式同儒家经典一
样，具有普遍性和超越性的价值。牟复礼提醒我们，在传统中国：

> 没有个人或国家可以宣称他们拥有比人类的理性思维及由这种思维
> 所创造的文明规范具有更大权威和约束力的理论。权威的基础很薄弱，
> 权威不能通过赋予其非理性或超理性的特质来轻易地得到支持，而不得
> 不通过历史经验的分量得到支持。⑤

---

① V. Shih 1983, 13; Yu-kung Kao in Murck and Fong, eds. 1991, esp. 64ff.
② Mungello 1969, 379.
③ Michael Sullivan in Dawson, ed. 1964, 178.
④ Chai and Chai 1967, 2:98–100. 关于音乐、美学和仪式之间的关系，参见 Bell, Rawski and Watson, eds. 1996; De Woskin 1982; Yu-kung Kao in Murck and Fong, eds. 1991; V. Shih 1983, 353–59; B. Wu 1998。
⑤ Frederick Mote in Murck, ed. 1976, 93.

这意味着，在中国艺术中，和中国人的生活一样，"价值的决定标准难以避免地由过去的模式所规定，而非当下的经验或者将来的存在状态"。

中国艺术（以及中国审美和思想生活的其他领域）中过去与现在的关系，可以从传统与革新、正统与审美的两极之间的创作张力的角度来考察。不同的人会以不同的方式来回应这些相互竞争的推力。但是，无论这些张力如何被认识、被解决，在中国人的创造性尝试中，"过去"都是完整的当下所不可缺少的一部分。

这种联系是如何建立起来的？创作者追求复古——这是理学的根本关怀，也是许多清代士人的困扰。但是，复古并不仅仅意味着对过去的文学和艺术模式的盲目模仿。它要求的是与古代大师实现"神会"，一种过去与现在在创作者头脑中合二为一的状态。中国文学家或艺术家所取得的美学和技术成就越大，人们就会认为他们与过去的联系越密切——他们由过去掌控，同时也掌控着过去。这样的"神会"要求个人完全地投入，包括身体和心灵。[1]

中国传统启发了模式的产生，但是并不会强加专横的规则。其结果是，中国的文化风格具有显著的连续性，但并没有扼杀创造潜力。方闻说："在复古方面，中国人没有将历史视作不断失去荣光的过程，而是恢复艺术的生命和本质的不懈努力。"[2] 这种改革的努力在每个时期都赋予了中国艺术以生机，在清代亦是如此。

自然，传统不仅影响艺术家和工匠，还影响收藏家和鉴赏家：

> 当他的目光落在案几上的小型三足瓷器上，他欣赏的不仅是瓷器完美的外形和釉色，他的思维中还活跃着一连串相关的联想。对他而言，三足瓷器的价值不单单是因为它的古老和稀少，更因为它承载的思想，它是他所践行的理想的可视象征。如果这件瓷器如所宣称的那样确为宋代真品，他将会感到非常满意；但事实上，即便他后来发现这只是乾隆时期的高仿品，这件瓷器对他而言也不会变得一文不

---

① Wei-ming Tu and Wen Fong in Murck, ed. 1976.

② Wen Fong in Murck, ed. 1976, 93.

值——尤其是当瓷器上有用古文题写的铭文时。[1]

过去的片段也足以让人想起适当的文化图景。清代收藏家陆时化在他的引人入胜的《书画说铃》中写道，他的很多熟人看到一两句宋代题跋就会非常开心，因为"只要知道了古代艺术家的笔法和创作精神，就能类推出余下的内容"。[2]

像曹昭的《格古要论》这样的鉴赏书籍，会引导读者判断艺术价值和识别赝品，但是并不鼓励清代收藏家单纯看重真伪。它们也不提倡过度沉迷于某一件艺术品。帝制时代晚期，中国艺术鉴赏的特征之一是文化产品交易——用明代卷轴换清代图册，用商代青铜器换宋代瓷器。这样，私人收藏因审美多样性而充满活力，同时也因为与新获得的器物相关的学术交往而变得丰富。对传统中国的收藏者来说，艺术作品之前归属于谁，几乎和艺术品本身同样重要。[3]

清代中国文化风格的统一性，不仅表现在共同的审美观念和对过去的态度上，也反映在艺术、文学和音乐批评的术语上。在评价各式各样的创作时，"阴阳""气""骨""神韵"等是惯用的、必不可少的术语——尽管同一种表述在不同的语境下可能有多重含义。这些批评术语表明了中国艺术中生命、活力和自然过程等母题的重要性，以及韵律和平衡在结构上的重要性。

中国的象征主义同样反映了文化风格的某种统一。艺术符号与文学意象密切相关，它受到丰富的传统资源的启发，包括语言（包含双关语和固定词语）、哲学、宗教、历史、民间神话，当然还有自然本身。一些过去有着特定意义的符号，到了清代已经失去了原先的意涵，除了经验最丰富的鉴赏家，大多数人都认为它们主要起装饰作用。另外一些符号，比如汉字本身，在不同语境下含义不同。但是尽管有这些差异（以及某些地区差异），中国艺术和文学中最有影响力的抽象概念和具体的象征符号往往为社

---

① Michael Sullivan in Dawson, ed. 1964, 206.

② Van Gulik, trans, 1958, 59–60.

③ Sullivan in Dawson, ed. 1964, 207–10.

会各阶层所共享，反映了同样的文化关切。甚至包括满人在内的非汉族群，也在他们的艺术品、工艺品和建筑中大量使用这些符号。[1]

绝大多数中国艺术符号都是积极正面的。抽象的构思往往表现自然的和谐模式和过程，而具体符号通常象征着福、禄等吉祥的主题。尽管到了清代，古代青铜器和瓷器（以及后来的仿制品）上的大多数纹样已经不再具备特定的象征价值，中国艺术家仍然通过抽象的象征符号代表自然过程。比如，艺术品和建筑物中的方圆图案，象征了天（圆，阳）与地（方，阴）之间的宇宙关系。常见的宇宙符号还有太极图。这一符号可追溯至宋代，广泛出现于各式各样的中国艺术品上——从绘画、玉器到普通人家日常使用的粗糙陶器。太极图包括由一阴一阳两个对等的部分构成的圆，中间由一条S形线条分隔。通常它的周围会有八卦或者其他象征宇宙的符号。

动物符号在各类中国艺术品上也很常见。现实与神话中的所有动物里，龙是最强大、最阳刚的。龙由几种不同动物的特征合成，据说可随意变幻大小，可隐身可现身。龙与东方和春天相关，人们认为龙生活在山中，既能腾云驾雾，也能潜居水底。和欧洲粗暴的龙不同，中国龙象征着仁慈、长寿、繁荣和生命的延续。它也是皇权的象征，尤其是每只脚都有五爪之时。

龙属阳，凤属阴，两者相对应。凤与南方和夏天相关联，凤也有阳的属性，正如龙也有阴的属性。和龙一样，凤也是合成的，显然具有积极的内涵。凤象征和平与吉祥，是帝制时代中国皇后的象征。

麒麟与西方和秋天相关，象征好运和繁荣，预示着英雄或圣人出世。传说孔子降生时，有麒麟出现。麒麟同样是合成的，有时候头上有一只角，大多数时候是两只角。麒麟最主要的特征是对万物都施以善与仁。

龟尽管不像龙、凤、麒麟一样完全是神兽，但仍被认为是一种超自然的动物。龟与北方和冬天有关，它的突出特点是力量、耐性和长寿。龟之所以具有重要的象征意义，不仅在于中国人对长寿孜孜以求，也是因为龟

---

[1] 关于中国的象征主义，参见：Berlinger 1989; Burling and Burling 1953; Cammann 1990; David, trans. 1971; 读图时代项目组（编），2012年；Eberhard 1986; Garrett 1990, 2007; Knapp 1990, 1999; H. M. Sung 2009; Ting 1998; Y. H. Tseng 1977; C. A. S. Williams 1941; Yetts 1912. 以下几段内容主要基于上述材料。

与占卜具有传说的（和历史的）联系。作为至高的象征，龟在紫禁城中位置显眼，常以龙首形象出现。

在寻常动物中，虎是百兽之王。通常，虎象征勇武。狮子是所有神圣之物的保护者，在佛教象征中尤为常见。在中国重要的世俗和宗教建筑门前，常常伫立着雌雄一对狮子作为护卫，或是铜狮，或是石狮，或是陶狮。马和大象（两者都象征力量和智慧）等大型动物也常起守护作用。

鹿象征长生不老（因为人们认为鹿能找到延年益寿的灵芝）和俸禄（因为"鹿"和"禄"发音相同）。同样的双关语还有"鱼"和"余"，"蝠"和"福"。中国文字和发音之间的关联，自然而然地产生了艾伯华（Wolfram Eberhard）所谓的"字谜心理"（见第五章）。

在飞禽和家禽中，鹤象征长寿，燕子象征成功，鹌鹑象征逆境中奋起。鸳鸯代表夫妻恩爱，而雁勾起哀伤和思念之情。公鸡、母鸡和小鸡象征家庭兴旺。在昆虫中，蝉象征生育和再生。蝴蝶象征欢乐和温暖（因为蝶与"耋"字同音，还象征长寿）。蜻蜓象征软弱和动摇。

在中华帝国晚期，植物象征尤其常见。其中竹子无疑是最突出的。除了它本身的审美意趣和在中国人日常生活中的多种用途（《古今图书集成》中有丰富的记录），竹子还象征着儒家学者——正直、顽强、坚韧，但也温和、儒雅、彬彬有礼。松树象征长寿和孤独，梅树象征刚毅和尊老。柳和雁一样，象征分离和悲伤，而桂树和鲤一样，暗示文字上的成功。

在各种常见的水果中，桃子具有广泛含义，象征婚姻、春天、公正，尤其是道教说的永生。苹果象征和平（"苹"与"平"同音），柿子象征欢乐，石榴象征多子。常见的花朵意象包括菊花（幸福、长寿和正直）、牡丹（爱与好运）、梅花（勇气和希望）、兰花（谦逊和文雅）、莲花（纯洁、超然世外——佛教的主要象征符号）。

佛、道艺术和器物中的宗教象征当然是最明显的。几乎所有主要的佛陀、菩萨、神、怪和其他诸神，都在绘画、塑像、浮雕、陶器及其他寺院艺术形式中有所呈现。除了大量与佛学中的某些方面相关的符号和器物，佛教造像还有复杂的手势。这些符号中法力最强的是卍字符，象征佛陀的心和意，通常寓意幸福，有时也表示永生。剑和其他武器意指保护和智慧，海螺壳代表佛法的普遍性，佛珠或禅杖代表赐福。道教中也有类似的象征符号。比如，八仙（都象征长寿和福运）由八种宝物代表，分别是棕扇、宝剑、葫芦、云板、花篮、渔鼓、洞箫和荷花。

儒家的艺术象征主要取自历史、经典以及更为"通俗"的贤良故事，比如著名的"二十四孝"（见第十章）。除了鹌鹑和竹子等常见的动植物符号，珍珠、钱币、书籍、绘画和犀角等很多物品也代表着有学问的人。古琴和文房四宝（笔、砚、纸、墨）也是温文尔雅的为学风范的常见象征。

中国人的折中主义以及对将多种元素组合成数字范畴的偏好，使得很多艺术符号被结合在了一起。两种相同符号的组合常常代表夫妻之情或友情，但是这种组合也可能反映阴阳并置。在这种审美模式中，一种因素明显"高于"另一种因素。因此，鹌鹑几乎总是被描绘成成双成对的样子，一只头朝上（阳），一只头向下（阴）。在清代工艺品中，成对符号也可能意指母子关系，这源于《诗经》中的名句。但是，二元符号的配对反映了长久存在的审美上的不对等的平衡。

植物和动物常常被组合在一处。比如，凤凰配牡丹代表富裕，菊花配松鸡意指福运，苍鹭配莲花象征正直。数字更大的组合也很常见。比如"岁寒三友"松、竹、梅表示面对逆境时的坚毅和团结。"花中四君子"梅、兰、竹、菊备受花匠、诗人、艺术家、学者和手工艺人的喜爱。龙、凤、麒麟和龟被称为"四灵"。

并不是只有"四灵"才反映季节或星象之间的联系。比如，一年中的每个月都有植物和动物代表。艺术品上常绘有十二生肖，有时甚至会出现二十八星宿对应的动物。和数字八有关的组合不仅有上文提到的佛家八宝和道教八仙，还包括八卦对应的八种生物。皇帝用的十二章纹，顾名思义，用于装饰皇帝的私人用品，包括服饰。起初，因为十二章纹与明朝联系紧密，清朝统治者将其废止。但是1759年，乾隆皇帝重新采用了这些象征符号。中国符号的最大数字范畴被简单地叫作"百古"，这是数目不详的古代吉物的通称。一般说来，儒家符号占据了其中的大部分，但是佛教、道教和自然符号也非常多。和大多数数字较大的符号组合一样，百古在中国工艺品上也极为常见。

工艺

清代的工匠几乎在工艺的每个领域都表现卓越——纺织（当然包括丝织）、木雕和象牙雕刻、金属加工、漆器、石雕、陶瓷、珐琅器、青铜、玉石、珠宝和玻璃器皿。清代在诸如建筑和园林景观方面也取得了极高的技术成就。[1] 并不意外的是，当时许多一流工匠都是由皇家赞助的。早在1680年前后，康熙皇帝就在宫廷内设立了造办处，用于制造丝绸、瓷器、漆器、玻璃、珐琅、玉器、家具以及宫中需要的其他珍贵器物。康熙皇帝的孙子乾隆皇帝，尤其以任用杰出的宫廷匠师制造华美的传统工艺品而闻名。[2]

在中国工艺的众多类型中，有四种也许值得特别关注：青铜、玉器、瓷器、园林艺术。这四种工艺都给中国精英阶层带来了特殊的满足感，并且每一种都以自身的方式展示出前文讨论过的中国艺术的主要审美特点和象征元素。

和近代一样，清代最受推崇的青铜器是商周时期的礼器。它们的珍贵不仅体现在自然色泽和精美设计上，更在于它们强烈的历史和仪式关系。[3] 清代著名鉴赏家阮元曾经将中国人对青铜器的态度分成三个连续的阶段：汉代以前，青铜器是特权和威势的象征；从汉代到宋代，青铜器的发现被视为一种预兆；宋代以降，"始不以古器为神奇祥瑞"，青铜器成为收藏家的把玩之物和文献学家、金石学家的研究对象（阮元《商周铜器说》）。但是《格古要论》表明，即使在帝制晚期，至少仍有一部分（也可能有很多）中国精英认为，古代礼器能够起到辟邪的作用——这和所谓的愚昧大众所用的普通护身符在功能上并没有什么不同。[4]

阮元指出，清代古物收藏家对于古代青铜器上的铭文以及早期石刻文献怀有极大兴趣，他们就此开展系统研究，形成了专门的学问。有些收藏

---

[1] 关于多种中国工艺品（包括丝织品）的讨论，参见：Berlinger 1986; Garrett 1990, 2007; R. S. Johnston 1991; Knapp 1990, 1999; Ellen Huang 2008; Keswick 1978; Kuwayama, ed. 1992; Legeza 1980; Moll-Murata, Song and Vogel, eds. 2005; T. C. Liu 1993; Schafer 2011; V. Siu 2013; Steinhardt 2002; Vainker 2004。

[2] Rawski 1998, 175–78.

[3] Hui-chun Yu 2007.

[4] W. Watson 1962, 15; David 1971, 12.

家，比如陈介祺（1813—1884），藏有数百件青铜器和数千件石刻拓片，更不用说数量庞大的古钱币和其他金属制品了。刘喜海（卒于1853年）等文士就这些古物做了大量辑注，促成了晚清时期古物研究的整体勃兴。

清代工匠常常试图模仿商周青铜器的形态和设计，或是为了依照清代礼仪要求，将其运用到瓷器上，或是纯粹出于对其样式和风格的欣赏。数千年来，这些古代器物的装饰图案，尤其是"云雷纹"和"螺纹"这样的抽象纹样，在中国各式工艺品上都可以见到。生产青铜器最初使用陶范法，纹样会从陶范的表面印到青铜器的表面，中国的印章、石刻、木刻以及雕版印刷都采用了这种方法。用方闻的话说，在所有这些工艺中，工匠必须"对轮廓形式高度敏感，以及对阴纹与阳纹之间的相互作用非常精熟和热爱"。① 古典青铜器上的形象和抽象纹样都反映了实与虚、现与隐、凸与凹之间复杂的阴阳交互关系，这对中国审美感受具有恒久的吸引力。

清代有一些中国早期青铜器的精美仿制品，但是它们并不作伪，器物上写有实际的铸造时间。还有一些清代青铜器甚至没有模仿古代样式。实用容器、装饰钟、饰物以及小型宗教造像，风格多样，形态各异，常常反映出更为"现代"的审美趣味。不过，古代青铜器的审美意趣、辟邪价值以及历史联系，使它们在各个时代都被视为珍宝，清代亦是如此。

人们对古玉的看法大致也是如此。清代鉴赏家陆时化告诉我们：

> 今求三代玉器，颜色要白。甘黄甘青，志有不足。血侵必红，四散布置。物大而全，则以新玉制就，提红油而已矣。（《书画说铃》）②

对于大多数中国鉴赏家来说，如果玉器具有高品质且是传统风格的，就已经非常满足了。但是毫无疑问，人们认为古玉比新玉更有价值，不仅因为古玉可以用于古物研究，而且因为古玉据说有着更多的"气"和"德"。

从新石器时代到清代，玉总是受到高度推崇。以"玉"字为基础的语汇在中国语言中非常丰富，这些语汇常常传达出美丽、珍贵、刚硬、纯洁

---

① Wen Fong 1980, esp. 30–31; Clark 2004.
② Van Gulik 1958, 50, 76 n. 20.

的含义。据说，孔子曾经这样说：

> 夫昔者君子比德于玉焉：温润而泽，仁也；缜密以栗，知也；廉而不刿，义也；垂之如队，礼也；叩之其声清越以长，其终诎然，乐也；瑕不掩（掩）瑜，瑜不掩瑕，忠也；孚尹旁达，信也。（《礼记·聘义》）①

换言之，玉集德与美于一身。

玉有各种各样的形式，可以用于祭祀典礼，可以用作随葬品，可以展示于家室与宫殿中，可以佩戴作装饰或起保护作用。官方出于仪式目的，会将玉制成各种象征性形状，比如璧和琮——两者在商周时期都用于国家大典。玉佩能够辟邪养"气"，玉制乐器因其清澈、激越的音色，在仪式生活和日常事务中都被高度尊崇。学者常常把玩经过特别"雕琢"的玉件，这既是为了获得感官享受，也是为了提高他们在欣赏精美瓷器时的敏锐性。②

乾隆朝是中华帝国晚期玉雕（更准确地说是"磨"）艺术的顶峰，部分原因在于当时正值盛世，也在于盛产美玉的广大中亚地区在此时被纳入帝国统治。乾隆皇帝在辉煌而漫长的统治过程中，收藏了数千件华美的玉雕，有些上面还刻有仿照乾隆皇帝字迹的诗文。用韩斯福（S. Howard Hansford）的话来说，乾隆时期，"玉器在紫禁城和皇亲国戚、文武大臣的豪宅中，有了难以计数的新用途。尽管两千年前的设计灵感难以获得，但是玉器的完成完美无缺，人们也尝试雕琢更大件的玉器"。③ 其中一些大型玉雕艺术今日仍然在紫禁城（今故宫博物院）中展示，比成年人还要高大（反正比笔者更高）。

清代瓷器制造的全盛期稍稍早于玉雕，从约1683年到1750年，尤其是在康熙皇帝统治时期。在中国所有的陶瓷艺术中，瓷器达到了最高的成就：它广受赞誉，是数不清的文章歌颂的对象，也是诗歌的主题。清代还将瓷

---

① Chai and Chai 1967, 2: 464.
② Hansford 1969, 24. "玉雕"是一个不尽准确的用词，因为玉石的质地非常坚硬且易碎，所以难以像皂石一样加以雕刻。相反，必须费力地用研磨料包裹的钻子或者齿轮研磨成形。
③ Hansford 1969, 16.

做成彩色礼器，用于国家祀典。① 精美瓷器的成功产出离不开皇家的支持。詹甯斯（Soame Jenyns）写道：

> 清代瓷器史实际上就是一部景德镇史，后者又受到设立在那里的御窑厂的主导。清代中国80%以上的瓷器都出产于江西省的这座伟大的瓷都或其邻近地区。此外除了福建德化，地方窑厂出产的瓷器品质低劣，不足为道。②

这段表述也许低估了清代中国的地方瓷器生产，但是很好地证明了御窑厂的主导性地位。

和青铜器、玉器一样，清代的鉴赏家非常热衷于古瓷器，这种瓷器色泽暗淡，或言"退光"。最受推崇的古瓷器除了官窑瓷，就是传说中青如天的柴窑瓷、汝窑瓷以及自然开裂的哥窑瓷。清代的陶瓷匠人非常善于仿制各式各样的古瓷器，仿造专家甚至能做出"退光"的效果：首先用细砂轮打磨新瓷，再用黏土和细砂混在一起打磨去光，最后用草垫去擦牛毛纹。据说，康熙皇帝曾经将稀有的宋代官窑、柴窑和汝窑的瓷片送往景德镇御窑厂，让工匠们精心仿制，以供皇室享用。清代御窑厂还继续生产明代风格的瓷器，其中有些成品与明代的相比更加完美无瑕，比如永乐时期莹白的卵幕杯。

清代陶匠还善于生产诸如三彩、五彩、斗彩等色彩绚丽的明代风格的瓷器。除了以建筑装饰的形式生动运用丰富的蓝色、绿色、黄色，这三种瓷器的重要特征还在于它们融合了民间宗教符号和帝王符号，有着变化多端的形状和颜色（包括模仿古代青铜器），以及自觉地并置了阴阳两极。和其他瓷器一样，清代工匠常在三彩、五彩和斗彩上标注年号，但没有生产日期，这使鉴别真伪极为困难。③

清代瓷器饰样受到了欧洲的影响，主要原因有两个。其一，17世纪下

① I. Clark 2014; Vainker 2005.
② Jenyns 1965, 2. 近期有关陶瓷的研究，见Ellen Huang 2008; Huwayama, ed. 1992; Li and Cheng 1996。
③ Legeza 1980.

半叶和18世纪大多数时期，大量中国瓷器面向的是欧洲市场。其二，在晚明和清代，宫廷普遍接受了西方的艺术。欧洲的影响不仅体现在瓷器和其他陶瓷制品上，而且如本书所指出的，还体现在宫廷绘画和皇家建筑方面（著名的有圆明园中的欧式建筑群）。

不过总体而言，中国工艺品遵循了传统样式，尽管有些瓷器是外国艺术风格的有效载体，但是大部分瓷器反映的是真正超越阶级的、丰富的本土装饰传统。许多最上乘的清代瓷器，都带有民间符号和民间宗教艺术的明亮色彩。但是，比起普通人家的简单陶器，瓷器在多个方面与精英艺术有更紧密的亲和性。和玉器、青铜器一样，瓷器因其表面的"触感"以及敲击时的悦耳之声，受到古物收藏家的喜爱和追捧。而且，许多瓷器和绘画一样，也经过画笔的精心修饰，并有着类似的分类方法。不同的是，山水画在绘画领域是最流行、最负盛名的类别（见下节），在瓷器领域却是相对次要的类别。

另一方面，园林艺术追求的正是精确捕捉山水画的意境。尽管造园这种艺术形式常常受到忽视，但是事实上，中国园林呈现了中国艺术表达的最佳法则，它结合了精湛的技艺、复杂的象征符号以及精心安排的美学要素。清代园林有大有小，宏伟的圆明园四周围墙长达110多千米（大部分毁于1860年英法联军侵华期间），小巧、狭促的城市花园占地仅几平方米，甚至在瓷盘上还有微缩园林。[①]中国精英阶层和富商十分热衷于修建私家园林，其中著名的有袁枚位于南京的随园（见下文）。

中国园林常被视作道家的隐逸之所。用乾隆皇帝的话来说："每一位统治者都应该有一座园林，当他离开臣下、结束公务后，可以到园中散步、游览，放松身心。如果他有这样一块合适的地方，就能够提神静心；但是如果他没有，就会沉迷于声色，丧失意志力。"[②]紫禁城中的御花园和北京皇城的西苑并不总是能让清代皇帝抛开感官享乐，但是园林景观确实为厌世的儒家士人提供了隐逸之所，同时也是佛道弟子心仪的静休之地。

---

① 关于圆明园，见Finlay 2011。其他关于中国园林的讨论，见Keswick 1978; T. C. Liu 1993; V. Siu 2013。

② Keswick 1978, 196–97.

　　不过，园林并不总是休憩之地。第二章已述及，被园林填满的承德避暑山庄常常是紧张激烈的政治、宗教活动的中心。甚至私家园林也是精英人士定期举行各种雅集的场所。比如，袁枚的随园就以他在园内指导了数位女弟子而闻名——这反映了袁枚对女子教育的热情（见第九章）。[1] 园林还是招待朋友和同仁、写诗作赋、欣赏艺术的理想场所。所以，清代小说《红楼梦》中许多这样的活动都在奢华的大观园中上演，也就不足为奇了（见第九章）。浦安迪精彩地指出，曹雪芹将大观园作为中国文化世界，事实上也是整个宇宙的缩影。当然，中国的城市（尤其是北京）也被视作宇宙的缩影，但都城的宇宙象征意义是通过几何对称的规整模式来表达的，而园林的宇宙意义则是通过赏心悦目的旁逸斜出和错落有致来表达的。园林以理想化的形式重新塑造了自然，但是和几何无关。

　　中国传统园林的美学成分明显具有自觉的阴阳二元性。自然景观点缀着人工建筑，山水并置，明暗交替，曲折错落，虚实相映，由微而著，由低而高。清代学者沈复是有名的园林鉴赏家，他如此描述园林美学：

　　　　若夫园亭楼阁，套室回廊，叠石成山，栽花取势，又在大中见小，小中见大，虚中有实，实中有虚，或藏或露，或浅或深。（《浮生六记·闲情记趣》）[2]

　　因此，中国园林具有回环婉转、富于韵律的特质。陈荣捷写道："（中国传统园林）几乎每个部分的呈现都有韵律感。蜿蜒的回廊，弧形的拱门，曲折的小径，如旋律一般的围墙，假山就是凝固的乐章，花草树木和飞鸟都是这韵律的回响和复调。"值得注意的是，这种韵律感——往往也是绵绵不绝之感——不仅出现在园林中，而且表现在中国的诗赋结构（见第九章）、音乐旋律、戏曲的唱念做打、建筑的拱形屋顶等元素，当然还有山水画中。[3]

---

[1] McDowell 2001; Riegel 2010; Schmidt 2008. Riegel 的文章尤其有意思，因为该文创造性地将性别、园林和绘画的讨论结合起来。

[2] Keswick 1978, 196–97.

[3] W. Chan in Inn and Lee eds., 1940, 31–32; Yu-kung Kao in Murck and Fong eds., 1991.

中国园林的装饰符号遵循着传统。比如，门的设计是完美的圆形或花瓶形——"瓶"与"平"双关。窗格和其他木构件上常常有风格多变的"福""禄""寿"等中国字样，以及云雷纹、螺纹等古代青铜器上的纹样。常见的动物符号包括龙、凤、鹿、鹤和蝙蝠。儒家符号最明显地体现在园林内的藏书中，人们也常引经据典来为某些景观命名。宗教符号相对较少。佛道塑像难得一见，中国也没有"园神"。风水考虑对中国园林设计有明显影响。但是风水系统中也蕴含美学"逻辑"，这使之具有了超越宗教的意义。[①]

简而言之，园林景观中最主要的符号是自然元素及其布局。岩石的选择标准主要在于其奇异的外形（人们尤其喜爱苏州附近的太湖石），而鲜花、灌木、乔木都体现了上节讲到的基本的植物符号。园林中最常见的花包括牡丹、兰花、木兰、荷花、菊花和栀子花。当然，竹子、柳树、松树、桃树、梅树和石榴树都是极为常见的树种。大多数植物都具有季节性，人们在布局时也会考虑它们的季节性。

园林的"自然主义"与住宅严格的功能主义之间有明确的区别。园林是自然的反映，而住宅是社会的反映。麦琪·凯瑟克（Maggie Keswick）写道："在住宅中，房间和庭院的错落有致，常被认为表达了中国理想的和谐社会关系：正式、高雅、整齐、规矩。"[②]住宅严格的对称性——有人可能会补充说，这是从寺庙到皇宫等中国建筑共有的结构特点——与园林的不规则布局，形成了鲜明的对比。

虽然传统中国的住宅和园林之间存在结构差异，但两者在整体上是紧密关联的，因为没有花园的住宅是乏味的，而没有住宅的花园是多余的。总之，花园类似于某种"阈限区"（liminal zone），连接着人在心灵上的追求和对现世的关心。吴纳逊（Nelson Wu）诗性地指出："介于建筑与山水画之间的中国园林处在永恒的负空间（negative space）中，它既承载着理性，又蕴含纯洁的情感，既有直线的精准，又有曲线的自如，既可以被度量，

---

① 关于风水的美学，见R. J. Smith 1991, Chap. 4。

② Keswick 1978, 12–14. 关于中国住房的构成单元，见Knapp 1986, 1989, 1990, 1999。

又浪漫得无穷无尽。"①

绘画与书法

尽管清代鉴赏家认为山水画是中国传统绘画中最高雅的形式,但山水画绝不是唯一受追捧的毛笔艺术。除了和山水画同样具有特殊地位的书法,中国人也推崇以宗教和世俗人物、建筑、殿宇、鸟兽、花草树木,甚至青铜器、陶器等古物为主题的绘画。根据《格古要论》中的说法,帝制时代晚期的中国艺术家尤其擅长山水、树木、岩石、竹子、花鸟、游鱼等题材,但是在人物和大型动物方面不如前人。清代的民间绘画包括寺庙和其他建筑中的壁画,但民间绘画通常被认为是技巧,而非真正的艺术。值得注意的是,即便在宗教庙观中,世俗符号(包括孝道先例、历史场景、小说情节)也常常很显眼。

总体而言,清代绘画依然是精美、高雅的。西方绘画中非常普遍的掠夺和毁灭等可怕场景,想必会令大部分中国艺术家感到惊骇。中国人物画中没有裸体,静物画排除了死物;山水画家一般不认为沙漠、沼泽和荒野拥有艺术表现上的可能性。当然,清廷下令绘制了大量纪念重大武功的战争画,但是它们并不阴森恐怖——至少不是我认为的恐怖。更为恐怖的是中国寺庙中的壁画,很多都细致生动地描绘了阎罗施刑的场景。尽管大多数中国艺术家都没有露骨地呈现性画面,但是"美人画"却常常具有很强的暗示性,而且中国还有悠久、发达的春画(或"春宫图")传统。②最后,我们应该注意,一些清代画家有很多突破,将鬼魂、骷髅甚至肆虐的森林大火纳入绘画中,比如"扬州八怪"之一的罗聘(卒于1799年)。③但总体上,如果抛弃其明显的说教意味,那么中国绘画的题材是令人愉悦的。

帝制时代中国绘画的一个重要功能就是道德教化。例如,影响深远的《历代名画记》的作者、公元9世纪时的张彦远告诉人们,绘画应该起到揭

---

① Keswick 1978, 196–97.
② 关于中国的情色艺术,参见 Beurdeley et eds. 1969; Douglas and Slinger, 1994; Van Gulik 2003。
③ 关于罗聘,见 Karlsson, Murck, Matteini, eds. 2010。

恶扬善的作用。他引用汉代才子曹植的话：“观画者见三皇五帝，莫不仰戴；见三季异主，莫不悲愧。”到了明代，可以看到规范性判断影响着现实中的标准。比如，《中国鉴赏：古器物的基本标准》（《格古要论》英译本）有言：

> 佛教画像应该显得慈悲，道教画像应该表现道德教化和救赎，帝王画像要运用太阳、龙、凤等富丽堂皇的符号，蛮夷画像要表现出他们对中国的仰慕和顺服，儒家贤达的画像则要展现出他们的忠心、真诚、文雅和正义。[1]

但是到了帝国晚期，能够启发、鼓舞中国画观赏者的基本上可以说是绘画风格，而非绘画主题。有清一代——事实上早在此前——艺术成就开始被视为艺术家内在道德的反映。同诗赋和乐曲一样，绘画被认为是“内心的写照”——这不仅是儒家教化的手段，更是衡量教养的方式。有声望的鉴赏家不会单纯依靠对艺术家道德价值的了解来评判画的价值，但是士大夫必定倾向于将佳作的审美特质视作画家个人儒家德行的表征。所以，高居翰这样说：“‘画由心生’的概念可以解释艺术才华，而不是决定艺术才华。”他进一步指出，自然、自发、直觉的创作冲动，常常源于中国艺术和文学中的道家与禅宗思想，这也是帝国晚期儒家传统的一部分——事实上，是文人审美的中心。[2]

儒家思想也在另一种意义上塑造了中国传统绘画的解释轮廓。宋代及其之后，理学的形而上学提出了“理”的概念，“理”在中国艺术鉴赏中既是评判现实的标准，也是对创作过程的整体比喻。在理学家看来，绘画无异于宇宙创造的行为，因此受到内在于万物的自然法则的支配。画家的任务就是调和自身与宇宙的道德理念，这样做会传达出绘画题材中的“理”，赋予它生机。王翚（1632—1717）认为，古代大师的天赋就在于他们能够让“自己的画作与自然造化和谐一体”。[3]

---

[1] David 1971, 14–15; James Cahill in A. Wright, ed. 1960a, 117–18, 130.
[2] James Cahill in A. Wright, ed. 1960a, 117–18.
[3] Siren 1937, 195, 209; Mungello 1969.

　　中国绘画的"生命力"是用"气"来表达的。"气"可以翻译成"breath"，但是和"理"一样，"气"在理学中具有形而上学意义（"物质力量"）。作为万物的构成物质，气甚至能让"无生命"之物恢复生气。但是作为关键术语，"气"的出现要比理学早几个世纪。尽管没有哪个词能够表达出"气"的宽泛范围和丰富意涵，但也许在艺术领域，最符合"气"的单词是"spirit"。比如谢赫著名的绘画"六法"中的第一法"气韵生动"，最宜译成"spirit resonance creates life movement"。此种方式下，"气"表示的是天的气息，它带给万物生气，支撑着宇宙的永恒变化。用张庚（1685—1760）的话来说，这一动力"得于笔情墨趣之外"（《浦山论画》）。[①]

　　早在5世纪，中国艺术评论家已经开始将绘画与《易经》卦象画上等号，二者都是自然的表现。到了帝国晚期，道德和形而上学已经密不可分地连接在了一起。清代评论家王昱说："画中理、气二字，人所共知，亦人所共忽。其要在修养心性，则理正气清……画虽一艺，其中有道。"（《东庄论画》）[②]

　　中国画作为宇宙基本秩序的表达，无疑必须显得"自然"，艺术鉴赏著作对艺术的现实主义有许多指导原则：

> 　　人物有顾盼语言之意，衣纹树石，用笔类书：衣纹大而调畅，细而劲健，有卷折飘举之势；树分老嫩，屈节皱皮，石看三面，皴皴老润。山水林泉，幽闲深远，有四时朝暮、风雨晦明、云烟出没之景。水源来历分明，汤汤若动。桥道往来，野径萦回，屋庐深邃，一斜一直，折算无亏。鱼龙有游泳升降之势，花果阴阳向背，带露迎风。飞禽走兽，饮啄动静，精神夺真。（《格古要论·辨古名画》）[③]

　　王概（1645—1770）流传甚广的《芥子园画传》等绘画技法图谱，就如何描绘木、石、人、屋、花、竹、草、虫、兽，当然还有山水等题材，提供了详尽的指导（见图8.1、8.2和8.3）。绘画和书法一样，起点是自律——实际上，中国人生活中的一切莫不如此。《芥子园画传》的编纂者写道，"惟先矩度森严，而后超神尽变，有法之极归于无法"，"欲无法，必先有法；欲易先难，欲练笔简净，必入手繁缛"。只有先端正精神态度，学习基本的笔法，才能逐渐掌握复杂的绘画技巧。[①]

学习古人杰作是画家的基本训练。张庚告诫学生："不敢率意妄作，不敢师心立异。循循乎古人规矩之中，不失毫芒，久之而得其当然之故矣，又久之而得其所以然之故矣。"（《浦山论画》）大家的私人收藏对画家而言是极其重要的灵感来源。例如我们知道，王翚之所以精通如此之多的不同艺术风格，一定程度上在于他游学于艺术中心，学到了著名收藏家收藏的名画。不幸的是，清代统治者贪得无厌地充实着北京皇宫中的收藏，很多私人藏家收藏的名画流入皇宫，地方艺术家失去了重要的教育资源和灵感源泉。[②]

除了品鉴艺术杰作，画家也鼓励有抱负的学生临摹这些杰作。主要有三种途径：（1）通过描摹，精确复制（摹）；（2）直接照着画（临）；（3）以原作的笔法自由发挥（仿）。这种艺术学习过程的最终目的不仅是模仿画作的外在形式，更是为了抓住其内在的精髓。用方薰（1736—1799）的话来说：

> 临摹古画，先须会得古人精神命脉处，玩味思索，心有所得。落笔摹之……若徒以仿佛为之，则掩卷辄忘，虽终日摹仿，与古人全无相涉。（《山静居画论》）[③]

18世纪时的评论家沈宗骞也有过类似的说法：

> 学画者，必须临摹旧迹，犹学文之人必揣摩传作。能于精神意象之间，如我意之所欲出……其始也，专以临摹一家为主。其继也，则当遍

---

① M. Sze 1959, 115, 130–31, 133–53; Rowley 1970; Silbergeld 1982; S. K. Ng 1992.
② Siren, 1937, 217; Hearn, ed. 2008.
③ Loehr 1970, 35–36.

仿各家，更须识得各家乃是一鼻孔出气者。而后我之笔气，得与之相通。（《芥舟学画编·摹古》）[1]

方薰和沈宗骞在这里讨论的是，画家要努力与古代大家实现"神会"。"神会"必定包含了自我实现。沈宗骞解释说："仿古正惟贵有我之性情在耳。假舍我以求古，不但失我，且失古矣……仿古，必自存其为我，谓以古人之法度，运自己之心思也。"方薰谈到："摹仿古人，始乃惟恐不似，既乃惟恐太似。不似则未尽其法，太似则不为我法。"[2]

章法是艺术自由的前提。19世纪早期的画家兼评论家范玑说："初学之士，当汲古于平日，盘礴之际须空依傍，其所酝酿必无心流露，始觉自由之乐也。"（《过云庐论画》）在这样的基础上，清代画家王时敏（1592—1680）才能够效仿元代画家王蒙对五代画家董源的技法的诠释，在明代画家董其昌的指导下创作出"原创的"山水画。在与前代大家实现"神会"的画家手中，"仿"生出"变"，而不是简单的抄袭。正如范玑所说："临有我则失真矣，仿无我则成假矣。"[3]

除了草图，中国画家很少描绘生活。他们更喜欢从其他作品中获取灵感，或者构想并表现某种与单个客观实在没有必然联系的心象。冥想和外部刺激在创作过程中都发挥一定作用。王昱建议通过以下方式在创作前期汇集想法、陶冶兴致：

或觐云泉，或观花鸟，或散步清吟，或焚香啜茗，俟胸中有得，技痒兴发，即伸纸舒毫，兴尽斯止。至有兴时续成之，自必天机活泼，迥出尘表。（《东庄论画》）[4]

中国画家受制于他们的绘画工具，但这种束缚是有创造力的。中国的水墨画或彩墨画不同于西方的油画，纸、帛这样的材料几乎不容画家试验

---

[1] Lin Yutang, 1967, 198.

[2] Y. T. Lin 1967, 200; Loehr 1970, 36.

[3] Loehr 1970, 36; Wen Fong 1971, 1970, 35–37.

[4] Siren 1937, 210; Oswald Siren 1937.

图8.1 《芥子园画传》图一

注意明暗、高低、主客、大小等阴阳要素。

来源：王概，1888年

图8.2 《芥子园画传》图二

来源：王概，1888年

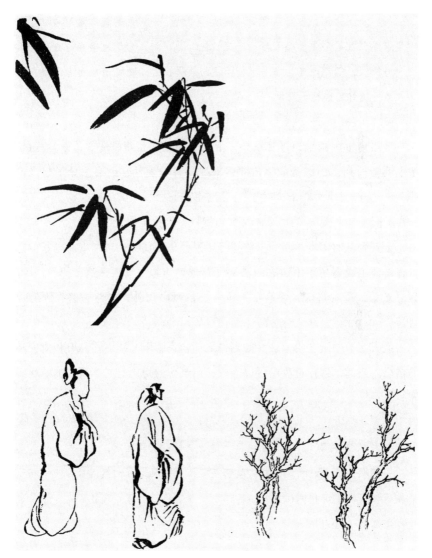

图8.3 《芥子园画传》图三

来源：王概，1888年

或出错。一旦落笔，就不可回头——尤其是用墨的时候。因此，

> 一旦落笔，就只有轻重、缓急、角度与方向的区别。落笔过轻显得
> 虚浮，落笔过重显得笨拙；走笔过快容易出错，走笔过慢则嫌拖沓；偏
> 用侧锋，笔画瘦弱，偏用中锋，笔画扁平；弧线可能造成参差不齐，直
> 线可能看起来过于刻板。[1]

笔法对中国画来说极其重要，帝国晚期尤其如此。例如，方闻写道，
整个明清时期，中国画的笔法"越来越具有表现性，最终主导了表现形
式"。[2] 这种表现性即是"写意"，是与书法紧密相关的一种技法，与工笔
非常不同（见下文）。写意要求呈现自发性，但其实是经过深思熟虑的构思
的，需要大量的书本学习和书法训练。王原祁（1642—1715）对画家的忠
告在本质上也适用于书法家："作画于搦管时，须要安闲恬适，扫尽俗肠，
默对素幅，凝神静气，看高下，审左右，幅内幅外，来路去路，胸有成
竹。"（《雨窗漫笔·论画十则》）[3]

换言之，中国艺术家在开始创作之前，头脑中必须对作品有相对完整
的构思。当然，创作过程中可以修改，但统一的构想是必不可少的。沈宗
骞写道：

> 凡作一图，若不先立主见，漫为填补，东添西凑，使一局物色，各
> 不相顾，最是大病。先要将疏密虚实，大意早定。洒然落墨，彼此相生
> 而相应，浓淡相间而相成。拆开则逐物有致，合拢则通体联络。（《芥舟
> 学画编·布置》）[4]

"开合"一词表达了有机统一的观念。"开合"指的既可以是画幅的整
体布局，是画中各个元素之间的关系，也可以是元素本身的构成。画家必

---

[1] Y. T. Lin 1967, 165; Siren 1937, 206–7.
[2] Wen Fong 1971, 283; Silbergeld 1982; S. K. Ng 1992.
[3] Siren 1937, 208–9.
[4] Y. T. Lin 1967, 169.

须考虑画卷中的每一部分，包括画中每个对象的起、合、再起。沈宗骞解释说：

> 笔墨相生之道，全在于势。势也者，往来顺逆而已。而往来顺逆之间，即开合之所寓也。生发处是开，一面生发，即思一面收拾……收拾处是合，一面收拾又即思一面生发，则时时留余意而有不尽之神。(《芥舟学画编·取势》)[1]

诸如开合、虚实、向背、起伏这样的阴阳观念，对于理解中国传统绘画至关重要。清代的书画手册或鉴赏著作不厌其烦地运用这些以及互补、交替等概念，来解释布局和笔法。画家被教导，笔锋在上走前要先下移，在下降前要先上提，疏密明暗相间，浓淡凹凸相济，等等。例如，《芥子园画传》这样建议描绘树干和枝条："务审阴阳向背，左右顾盼，当争当让。"(《芥子园画传·树法》)我们发现在山水画中，"主"峰要有"客"峰衬托，高大的树木要有矮小的树木衬托，茂密的枝叶至少要衬以几根枯枝。阴阳互补观念最极端的形式，表现在道家的一句悖论中："只有你眼中有山时，你才能画出树；只有你心中有水时，你才能画出山。"[2]"山水"本身就表明了基本的阴阳关系。

然而，阴阳并置在中国画中并不只是制造对比。它主要是为了显示"生机"——自然之韵。中国艺术家尝试用画笔再现阴阳之间不断交替的盛衰、盈亏和动静，如此才能更加贴近生命本身的节奏。山水画中尤其如此。天主地，虚主实，山主水，动主静，但是所有这一切都融入了一个反映自然之活力、宏伟与无限的整体的哲学叙述。

于是，中国山水画家不会用西方科学的透视法去限制他们自己（或是他们作品的欣赏者），也就不足为奇了。他们并不缺乏运用透视法的思维智慧，而是因为真实的透视有着固定的视角，这与"山水"画家的目的

---

[1] Y. T. Lin 1967, 175–176.
[2] M. Sze 1959, 157, 325–28; Rowley 1970, 8, 13–14, 17, 42, 47, 51–55, 93; Silbergeld 1982, esp. 56–57.

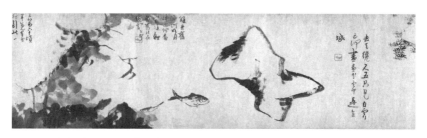

图8.4 朱耷《鱼石图卷》局部

17世纪中晚期，纸本墨笔，29.2×157.4 厘米。画中对比鲜明的阴阳元素包括明暗、大小、高低、游向（两条鱼）和动静。

来源：美国克利夫兰美术馆，John L. Severance 捐赠，1953年第247号

是完全矛盾的。中国山水画之活力的基本因素是画家与欣赏者的移动。因此，"（画家）作画以及观看者赏画都是从多个视角，从不是只从单一视角或单一时间点"。基于相似的原因，中国诗人用相似的方式把新的维度添加到他们诗歌中可以直接感知的世界里，以此激起一种无限的意境。王士祯（1634—1711）尤其擅长诗意的"余味无穷"。值得注意的是，这种"意犹未尽"的特质也表现在中国最优秀的叙事文学中（见第九章）。[1]

　　清代评论家严格区分了北派的职业宫廷画（工笔）和南派的非职业文人画（写意）。前者的特征是学院派、具象、精确、装饰性，主要用彩色颜料绘制在丝帛上。后者的特征是自发、自由、重视书法、个人化、主观，主要用水墨在纸上作画。明代晚期杰出的艺术家和评论家董其昌做了这样的区分——这与地理无关，这种说法后来主导中国的艺术评论达300年之久。尽管董其昌的分类体系是依据实际的风格差异，这一方式仍是武断和自相矛盾的，原因不仅在于这种区分是基于某种"道德"标准、董其昌的个人好恶以及文人画相对于职业画的所谓优越性，而且在于明清两代所有的绘画作品实际上都有学院派性质。进一步说，清代许多宫廷画师都创作了精美的南派风格画，也有许多"业余"文人因其艺术成就获得了赞助——有些来自皇帝本人。[2]

---

[1] M. Sze 1959, 107; Yu-kung Kao and Tsu-lin Mei in Murck, ed. 1796, esp. 132; Andrew Plaks in Plaks, ed. 1977, 338; Wen Fong 1971, 282–83; Rowley 1970, 64–67.

[2] Ginger Hsu 2002; Cahill 1994; Li, Cahill and Ho, eds., 1991.

清初最有成就的画家号称"清初六大家"，包括"四王"（王时敏、王翚、王鉴、王原祁）、吴历（1632—1718）、恽寿平（1633—1690）。他们每个人的作品都是"最严格意义上的学院派：技巧娴熟、高雅端庄、熟识绘画题材与文人传统的复杂历史"。尽管康熙皇帝资助了其中两位画家（王翚和王原祁），但是其他人心念旧朝，拒绝为新朝服务。无论怎么说，认同清王朝的"正统"并没有扼杀创造力。王原祁实际上应该是六人中最具创造性的画家。他对过去的典范和风格的精彩演绎以及对"纯粹形式的热爱"，使他跻身于清代最优秀的"个人主义"画家之列。

早期"个人主义"画家中最有名和最有创造力的是朱耷（号八大山人，1626—约1710）、髡残（号石溪，约1610—约1670）、石涛（号道济或元济、原济，1641—约1710）和龚贤。李雪曼（Sherman Lee）如此总结他们作品的特性：

> 髡残的山水画繁复郁茂；朱耷的笔法写意而严谨，一如更早的怪才徐渭；石涛笔墨洗练，构图新奇，体察万物，令人想起张宏的画法；龚贤用浓重的墨色表现光影。这些都展示了他们在中国艺术史上非同寻常的崇高地位。这四个人里面最与众不同的当然是石涛了，他多变的画风使他特别受现代评论家和收藏家的喜爱。①

这些"自由精神"——比如清初六大家，事实上还包括清代其他所有画家——都得自于传统。比如，石涛在《画语录》中承认，多年以来，他的创作试图表明他独立于传统技法，但是到后来他发现，他自以为独具匠心的方法实际上皆是"古人之道"。②

尽管中国画在18世纪失去了一定的创造力，但是"扬州八怪"成功地撬动了中国艺术世界的平衡。不同的鉴赏家有不同的"八怪"组成名单，结果就是，能被算入"八怪"的画家多于12位。不管怎么说，金农

---

① Sherman Lee in Rogers and Lee, eds, 1988, 28. 关于石涛，见J. Hay 2001，关于朱耷，见Wang and Barnhart 1990。
② M. Sze 1959, 5.

（1687—1764）、华岩（1682—约1755）、黄慎（1687—约1768）、罗聘等才华横溢的画家是毫无疑问的，郑燮（1693—1765）、李鱓（1686—约1756）或许也包括在内。这些"古怪"的艺术家及其同仁往往在风格和主题两个方面都追求特异，他们偏离了标准的山水画，更愿意画石竹、花鸟、虫鱼或人物（包括鬼神）。

在19世纪，上海逐渐成为艺术创作的重要中心。那里有富裕的赞助人和消费者（包括日本人和来自闽粤地区的商人），1842年后外国对这个条约口岸的行政和军事控制也保障了相对的安全，这些因素促使大批艺术家从中国各地涌入上海。当时当地最杰出的男性画家包括钱杜（1763—1844）、戴熙（1801—1860）、改琦（1774—1829）、任熊（1820—1857）、赵之谦（1829—1884）、任伯年（1840—1895）、任熏（1835—1893）和吴昌硕（1842—1927）。他们大多是浙江人，但是上海成为他们艺术活动的中心。在更南边的广州，谢兰生（1760—1831）、苏六朋（1796—1862）和苏仁山（1814—1850）等当地艺术家延续了以黎简（1747—1799）等前人作品为典范的丰富的地方绘画传统。①

清代可能是中国女性绘画的黄金时代。她们中的大部分人是中国士大夫的能识文断字的妻或妾，很多人在诗、画方面留下了自己的印迹（见第九章）。有些女性售卖自己的作品，还有一些女性指导朋友、家人或皇宫中的皇后、公主、妃嫔写诗作画。清代卓有才华的女性画家包括方维仪（1585—1668）、柳隐（1618—1664）、金玥（活跃于1665年）、蔡含（1647—1686）、陈书（1660—1736）、恽冰（18世纪）、月香（18世纪）、方婉仪（18世纪）、屈秉筠（1767—1810）和马荃（约1768—1848）、管筠（19世纪）和汪琴云（19世纪）。②

在很大程度上，这些才华横溢的画家是历史传承而来的男性传统的支持者，而非创新者。她们几乎从未被艺术鉴赏家评价为"个人主义的"或"古怪的"。尽管天赋极高的陈书曾被称赞在绘画的"活力和新意"上超越

---

① Tong, Hsu and Lee in Chu-tsing Li, ed. 1989; Brown and Chou 1992, 17–21, 40–42, 102–9, 240–47, 282–84.

② Weidner in Weidner, ed. 1988, 26, 94, 148; Weidner, Marsha et al., eds. 1988.

了苏州著名的男性画家陈淳（1483—1544），她的山水画或其他标准题材的作品仍然延续了王时敏、王翚等"正统"画家所引领的传统方法。正如魏盟夏（Marsha Weidner）的观察，女性画家的创造潜力"受到了符合前现代中国严格父权制社会的惯例的制约"。[①]

尽管山水、竹子、人物（包括观音像）在清代女性画家的作品中也是非常流行的题材，她们最喜欢的还是花。男性鉴赏家通常瞧不上女性的画作，认为它们"柔弱无力"。恭维话一般是这样的："她的笔力不是最好的，但是对一个女人来说，已经不错了。"诸如此类的论调与其说反映的是艺术的现实，不如说反映的是根深蒂固的刻板印象，这使得西方学者直至最近才开始重视中国女性画家。比如我们知道，有些时候女性会为有才华的男性艺术家代笔，而包括张庚在内的许多声誉极高的男性画家，都得到过女性的有价值的指导。[②]

服务于宫廷的耶稣会画师同样会遇到偏见。其中乾隆皇帝最宠爱的画家郎世宁，尤其擅长将西方现实主义绘画技法与中国传统的绘画材料和主题相结合。郎世宁在中国有很多学徒、模仿者和仰慕者，但是他和他的西方同仁对中国艺术并没有产生深远影响。原因在于大多数清代的画家、鉴赏家将西方画家对阴影和透视的利用单纯视作一种技术。仰慕郎世宁画作的邹一桂（1686—1772，他本身就是一位非常有造诣的宫廷画家）就说："学者能参用一二，亦具醒法。但笔法全无，虽工亦匠，故不入画品。"（《小山画谱·西洋画》）[③]

能掌握中国书法之精髓的外国人要少得多。书法作为一种公认的艺术形式要早于绘画，但是在帝国晚期，这两种艺术形式密不可分。俗语说："书画同源。"陆时化概而言之："书与画，技能也，而大道存焉……古人或书或画，而至于不朽。"（《书画说铃》）这两种中国艺术所用的基本材料相同，许多笔触和技法也都一样，需要同样的智识基础和训练，受到同样的审美标准的评判。更进一步而言，两者都是艺术家道德品行的指标。陆时

---

① Marsha Weidner in Weidner, ed. 1988, 13, 130–33; Ellen Johnston Laing in Weidner, ed. 1990, 93–94.

② Marsha Weidner in Weidner, ed. 1988, 26, 94, 148.

③ Sullivan 1979, 142; Beurdeley and Beurdeley 1972.

化告诉我们："心正则笔正。"①

在明清两代，书法常为绘画增色，用各种方式放大艺术家对景象的哲学表达和情感回应，有时会激起观赏者的好奇心。后来的收藏者和欣赏者面对画作有感而发并有自信写下来时，也会在画作上题诗。有些画卷上有许多不同的钤印或题跋。热情时而超过审美能力的乾隆皇帝，可能是留下各类题跋最多的人。据说，乾隆皇帝曾在一幅卷轴上题写了超过50个字，在一幅画上盖了13枚印章。然而总体上，藏家的题跋和印章都是有品位的，它们反过来又增添了作品的情感、艺术与历史价值。

当然，书法本身就是一种独立的艺术形式，通常被视为文化修养的根本衡量标准。用《格古要论》（英译本）中的话来说："没有哪种艺术可以和书法相提并论。古来圣贤极为关注书法，因为它一直是而且将永远是教化的方式，也是政令传布的方式，同时，从'六经'到日常生活中的大小事务都要通过它来传达。"书法在传统中国无处不在。它点缀了私宅、店铺、茶馆、酒肆、庙宇、道观、官衙和皇宫。它被镌刻在金、木、石上，甚至自然界中的山石的表面。中国社会各个阶层都需要掌握书法的人，而且如果没有一手好书法就很难中举——不管此人多么精通儒家经典和"八股文"。②

中国评论家将书法分为六体：大篆、小篆、隶书、楷书（或正书）、行书、草书。当然，最后两种最易于个人发挥。楷书可比作绘画中的工笔，草书就好比写意，因为前者要求精确，而后者鼓励自由发挥。但是，中国书法的所有形式都为创新留下了足够的空间。

事实上，18世纪见证了篆书和隶书的复兴，修改了已存在上千年的书法传统。早在公元4世纪，著名书法家王羲之（307—365）开创了一种精妙的综合书体，这成为下逮清代中期几乎所有中国人毛笔书写的基础。这种传统下的标准作品都采用楷书、行书和草书，而不是更古老、看起来过于精确的篆书和隶书。但是18世纪的考证运动（见第六章）与当时艺术领域的"复古"取向正相吻合，这使汉代及汉代以前的青铜铭文和石刻铭文受到重新重视。这一发展表现出两种主要方向。一种是艾尔曼所谓的篆书和

---

① Van Gulik 1958, 34.
② David, trans. 1971, 201. 关于书法的文化重要性，见 Y. Chiang 1973, 225–39。

書有六體曰篆曰隸曰楷曰行曰草曰宋

图8.5 书法六体

按照中国古代从右往左、从上往下的阅读顺序，每一列都写着："书有六体，曰篆，曰隶，曰楷，曰行，曰草，曰宋。"这一分类体系和前文提到的相比，差别仅在于这一体系没有区分大篆和小篆，而加入了宋体，宋体指的是宋代的印刷字体。

来源：《中国丛报》，1834年5月至1835年4月

篆刻"狂热",另一种是用近代笔触再现古老书体。石涛、金农等个人主义的"古怪"画家将其付诸实践,他们在绘画上题写篆字,并尝试在纸上模仿青铜铭文和石刻文字。[1]

在清代中期的诸多杰出书法家中,有三位值得特别注意。第一位是邓石如(约1740—1805),他是一位有趣的、不拘于传统的学者,受到镌刻在秦汉三国遗物上的字迹的影响。另一位是包世臣(1775—1855),他不仅擅长楷书和行书,还大胆尝试篆书和隶书,他反对"早期篆书的呆板的精确,推崇篆书和隶书中明显的不规则"。第三位是张琦(1765—1833),他之所以重要不仅是因为他在隶书上与邓石如齐名,在楷书和行书上与包世臣并称,也是因为他有四个女儿都成了卓有造诣的女书法家,包括清代最有名的女书法家之一张纶英。[2]

许多中国学者都曾谈到书法和中国其他艺术形式之间的关联。例如,蒋彝提出中国书法的风格与精神不仅影响了绘画,还影响了雕刻、陶瓷和建筑。类似地,林语堂指出:"(书法中)韵律、形式和氛围等基本理念,使中国艺术的不同分支,比如诗歌、绘画、建筑、陶瓷和家居装饰,在精神本质上是统一的。"[3]林语堂以诗歌为例来说明书法和文学间的联系,论据是很充足的,但是还可以延伸开来;即便是白话小说,也都至少展现出了中国书画作品的部分节奏和"动觉运动"(kinesthetic movement)的特征。

---

[1] Elman 1984, 28, 191–99.
[2] Hummel 1943–1944, 25–26, 610–11, 715–16. 关于清代另一位才女王照圆(1763—1851),见第278页。
[3] Y. Chiang 1973, Chap. 1; Y. T. Lin, 1935, 290–97.

第九章

文学思潮

中国文学传统和传统艺术在历史模式、美学、伦理和宇宙论上有着许多共同的基本假设。不过，中国文学的主题范围要广泛得多，并且至少在明清时期，女性作家比以往任何时候都更加活跃。关于后一点，我们可以比较《全唐诗》的内容和1985年一项对清代女性作家的研究。《全唐诗》只收录了600多首女性诗人的作品，而男性诗人的作品超过48900首。相比之下，胡文凯在1985年出版的《历代妇女著作考》中指出，整个清代共有近4000名女性有著作问世。假设每部作品集里至少收录100首诗，我们可以很容易地计算出其惊人的总量。展开上述比较的施吉瑞（J. D. Schmidt）在一篇讨论袁枚与清代女性作家之间广为人知的密切关系的论文中表示：

> 可以毫不夸张地说，比起20世纪，女性在袁枚所处的18世纪创作了更多的诗歌……清朝初年，商景兰、王端淑等17世纪女性作家对妇德和文学结合的强调，使上流社会女性的作品脱颖而出……到18世纪，越来越多来自优渥之家的女性开始创作古典诗词，其人数相比袁枚的时代有增无减，涌现出了汪端（1793—1839）、吴藻（1799—1862）和顾太清（1799—1876）等著名才女。[1]

和明代的情况一样，清代大部分女性作家也是写作古体诗的。在第一章，我已经简单地讨论过这一现象的原因，即诗被视为一种尊贵的文学体裁，适合精英女性，而几乎各类白话小说都为社会所轻视。但是我们需要注意，从17世纪到19世纪，一大批才华横溢的女性用弹词这种带韵律的

---

① Schmidt, J. D. 2008, 129–30. 正如我在序言、第一章、第二章、第八章和第十章中所说的，在过去20年里，涌现出了无数关于中华帝国晚期女性（包括女性作家）的杰出研究。此类相关的著作见参考书目。

特殊形式，创作了许多影响广泛的小说作品，其中包括陶贞怀（活跃于17世纪40年代）的《天雨花》（1651年）、陈端生（1751—约1796）的《再生缘》以及邱心如（1805—约1872）的《笔生花》。①

虽然通俗白话文学和更为正统的古典作品之间有着巨大的文体差别，但两者之间仍旧存在着某些密切的关系。首先，这两种文学往往都反映精英价值。其次，几乎每种类型的精英文学都存在着与之对应的通俗文学。最后，事实上，精英和普罗大众一样欣赏某些通俗文学，比如小说。因此，无论从内容还是从吸引力来看，白话文学都为我们提供了观察中华帝国晚期生活的宝贵视角，且不仅仅是汉人的生活。满人和蒙古人显然也喜欢翻译过来的白话文学，尤其是小说。事实上，明清时期所有重要的小说、一些主要戏剧作品和大量的二流虚构类作品都被翻译成了满文。②

满族文化对中国白话文学的介入，不仅体现在借用词（见第五章）和借用的历史题材（见下文）上，还反映在18世纪中叶至19世纪末盛行于北京地区的"子弟书"这种文学形式中。子弟书带有韵律，其中一些是为了配以节奏缓慢的音乐来表演，唱词由满文（边上附有汉文注释）和汉文组成。也许那些包含单独的满文部分以及相应的汉文注释的各版《万宝全书》，在某种程度上就与这种通俗文学形式相关。③ 不管怎么说，子弟书及以之为基础的表演（最初是由旗人业余表演）传播到了北方的诸多城市。这些以满人为主题的故事（其中一些讽刺了旗人）兼采大量源自汉文通俗戏剧和小说的故事，吸引了许多观众，有时候一场表演能达到上千人。奕赓（约1770—1850）是最多产的子弟书作者之一，他是一名满人高等贵族，别号鹤侣。④

同在艺术上一样，清代在文学方面也是一个充满活力的时期，尤其体

---

① 见胡晓真，《才女彻夜未眠》，北京：北京大学出版社，2008年。Hu In Wang and Wei, eds. 2005, 200-31. 除了弹词和一些不太寻常的作品（尤其是顾太清续《红楼梦》的《红楼梦影》），女性作家直到晚清才开始创作成熟的小说。Jing Tsu and Ellen Widmer in Qian, Fong and Smith, eds. 2008; Guo Yanli 2003, 114.

② 其中最有名的作品是《三国演义》《水浒传》《西游记》《金瓶梅》《红楼梦》《肉蒲团》以及《聊斋志异》。Gimm, Martin 1988, 77-114.

③ 更多来自某一19世纪版本《万宝全书》的图例，见 R. J. Smith 2014.

④ CHCL 2: 370-72. 与"鼓词"和"弹词"相关的文学类型，见 CHCL 2: 368-88. 许多弹词作品都是由江南地区的才女创作的。

现在诗词、骈文、散文、故事以及小说等文类上。物质的繁荣、大规模印刷的扩大以及满人统治下通俗文学的发展，导致了对书籍的前所未有的需求和供给。[①] 与此同时，清代学者（包括满人和蒙古人）对传统中国文化各个面向的强烈兴趣，催生了大量古物研究、评论、史著、传记和方志。皇帝以及有能力的个人还开展着一些更为宏大的计划，比如编纂类书、文集和文选。在理论上，这些著作旨在通过辉煌的过去为现在和未来提供富有启示的指导，但实际上，这些作品经常显露出狭隘的学术偏见，有时还导致消极的门户之争。

思想潮流显然影响了文学风尚。例如，汉学和宋学之间的学术争论（见第六章）对散文风格产生了影响，因为前者支持汉朝骈文的复兴，而后者（尤其是桐城派）推崇所谓的"古文"。今文经学者崇尚宋代的古文，但是他们对"词"也深感兴趣，明朝著名遗民陈子龙（1608—1647）在这上面投入了大量的精力和激情，他同时也在骈文上取得了很高的成就。艾尔曼很恰当地说过："文学流派同儒家学说一样，都是学术争论的一部分。"[②]

帝国政治也在中国文学生活中发挥着作用。清朝皇帝作为官方道德的维护者，自然试图抬升一些文学类别而压制另一些。柯娇燕认为，在掌控中国文化的文字资源上，没有哪位中国皇帝的雄心比得上乾隆皇帝。这种雄心主要有三个体现方式：一是赞颂中国传统，二是销毁异端作品，三是推广满族传统。在乾隆皇帝统治期间，他一共下令编纂了90多部学术作品，其中15部是关于满文、满族历史或明末历史的。[③]

18世纪中国社会地位的流动性、政治领导中理论和实践标准之间的日渐疏离、清朝精英对帝国审查的被动接受以及许多年轻学子进入官场机会的缩减，似乎都助长了某种学术犬儒主义。这些情况可能还诱发了"一种困扰着当时知识分子对能否成为圣贤的悲观情绪"。吴百益将这种情绪描述为"一种对性恶倾向的深刻认识，一种对反抗这种倾向的紧迫需求，一种自我剖析的意愿以及一种对失德之举的深切痛苦"。这种明显的犬儒主义和悲观主义

---

① Brokaw, Cynthia 2005, 3–54. Brokaw, Cynthia and Kai-wing Chow, eds. 2005; Chia, Lucille 2002; Chow, Kai-Wing 2004; McDermott, Joseph P. 2006; Meyer-Fong, Tobie 2007, 787–817.
② Elman 1981, 13. 关于明朝遗民的著作，参见Widmer, Ellen 1987。
③ Crossley 1987, 761–90; 1999 esp. 296 ff.; 2002, esp. 122–29. Guy, R. Kent 1987, 163.

的主要文学表现是大量的忏悔和讽刺写作，一直持续到19世纪。①

古典文学的种类

在清代许多伟大的文学汇编中，有两项浩大的官修工程值得我们特别关注——《古今图书集成》和《四库全书》（第二章曾简要述及）。在前面的章节里，我们曾多次提到过前者。《古今图书集成》始编于康熙年间，刊行于雍正初年，被称为"中国历史上最庞大、最有用的类书"。②《古今图书集成》观念正统，常常采用传记形式，且几乎全部由选录各种早前作品而成，因此它可以被认为是一部文学选集，也可以被看作有关清代学术精英所关注的文化问题的便捷指南。

这部类书共分为6汇编、32典和6109部。每"部"之下，按照8种主要文学类型排序，分别是：（1）汇考，尤其是古典文献，尽可能按照年代排列，并且包含插图（6740篇）；（2）总论，针对某一主题的可靠介绍（780篇）；（3）列传，通常来自正史（2621篇）；（4）艺文，到唐代为止全文收录，唐代以后则是节选；（5）选句，佳词、佳句和长篇引用（2248篇）；（6）纪事，摘自非正史的逸事（2400篇）；（7）杂录，非常有趣但缺乏足够的权威性，或因偏颇，或因文学不雅（2016篇）；（8）外编，例如佛教、道教和其他"非正统"的文本（987篇）。并不是每部中都包含所有的文学类型，但是大部分情况下，每部中都有汇考、总论、艺文、纪事和杂录。

《古今图书集成》总计1万卷，约1亿字。在6个汇编中，规模最大的是明伦汇编（2604卷），接下来依次是方舆汇编（2144卷）、经济汇编（1832卷）、博物汇编（1656卷）、理学汇编（1220卷）以及历象汇编（544卷）。至于典，规模最大的是职方典（1544卷），接下来依次是艺术典（824卷）、官常典（800卷）、氏族典（640卷）、经籍典（500卷）、闺媛典（376卷）、

---

① Naquin and Rawski 1987, 67; Wu, Pei-yi 1990; Vinograd, Richard 1992; Dryburgh and Dauncey, eds. 2013. 清代自传体写作的最佳例子是沈复（1763—1825）的《浮生六记》，见Pratt and Chiang, trans. 1983; Sander, Graham, trans. 2011。

② Teng and Biggerstaff 1971, 95. Wilkinson 2013, esp. 959–60. R. J. Smith 2014提供了一个更为完整的《图书集成》的内容分类。

食货典（360卷）、礼仪典（348卷）、神异典（320卷）、草目典（320卷）、山川典（320卷）、皇极典（300卷）、学行典（300卷）、戎政典（300卷）。其余的还包括：文学典（260卷）、考工典（252卷）、禽虫典（292卷）、庶征典（188卷）、祥刑典（180卷）、字学典（160卷）、坤舆典（140卷）、边裔典（140卷）、宫闱典（140卷）、历法典（140卷）、选举典（136卷）、乐律典（136卷）、铨衡典（120卷）、交谊典（120卷）、家范典（116卷）、岁功典（116卷）、人事典（112卷）和乾象典（100卷）。

尽管这些典的互相重叠让焦点在某种程度上变得模糊，我们仍然可以在《古今图书集成》中看到清朝精英对有序治理、学术、儒家价值观和家庭关系的关注，以及对自然和超自然现象的持久兴趣。此外，我们还可以在这部类书的整体结构中辨识出隐含在其中的宇宙观假设，即天、地、人是连接所有知识的基础元素。

《四库全书》在主题涵盖范围上与《古今图书集成》几乎同样广阔，但是《四库全书》对文字有更加自觉的强调，并且得到了中西方学者更广泛的研究。正如第二章简要讨论的那样，编纂《四库全书》为乾隆皇帝带来了展示他对传统中国文化之欣赏的途径，但与此同时，也使他有机会制造"文字狱"，结果超过2000种危险书籍被禁毁。在这场鉴别并销毁具有潜在煽动性的书籍的运动中，共有超过5万块印版被焚毁。值得注意的是，汉人官员而非满人，是查抄和禁止这类内容的主要负责人。但是从更加正面的角度来看（整体考虑），《四库全书》工程最终收录、抄写、刊印了大约3500种、近8万卷珍贵文献（共7套，每套约230万字）。

《四库全书》的编纂者还编纂了一份大型目录，名为《四库全书总目提要》，批判性地评估了收录于《四库全书》中的约3500种图书，外加未收录的质量稍差的679种图书。这份《总目提要》是中国历史上同类书中最全面的一种，记录了每种图书的规模、内容提要以及总体价值。尽管这些评价深受考证学派的影响，但是它们也受到了盖博坚所说的"满人的敏感和帝国的骄傲"的影响。①

---

① Guy, R. Kent 1987; Wilkinson 2013, 945–50.

在《总目提要》记录的万余种图书中，有超过2000种属于经部的十大类：首先是对应"五经"的五大类，接着是孝经类、五经总义类、四书类、乐类和小学类。经部十大类中规模最大的是易类（约500种）。第二部分史部有约2000种图书，共分15大类。其中，数量最多的是地理类（约600种，包括海内外游记），其次是传记类（200多种）。其余的13大类包括正史类、杂史类、史评类、别史类、目录类、政书类、诏令奏议类等。

子部的14个大类涵盖了3000多种图书，范围广阔。尽管人们可能认为，子部特别强调正统的理学取向（400余种），但是数量最多的大类是杂家类（850多种）。杂家类包括墨子等非儒家思想家的作品，及各种各样的杂说、杂纂和杂编。让人有点惊讶的是，《总目提要》的编纂者给予长久以来受正统儒家批评的墨子高度评价，因他强调"自啬其身而时时利济于物"。事实上，他们进一步将墨子两千多年来缺乏影响力的原因，归咎于孟子对墨子众所周知的，但在他们看来有些误入歧途的标签式抨击。[1]

子部还有其他具体的大类，例如兵家类、农家类、医家类、天文算法类、术数类、艺术类（包括书法、绘画、篆刻、音乐琴谱和杂技游戏之属）、谱录类（包括器物、食谱和自然之属）、类书类、小说家类（但不是白话小说和短篇小说）以及释家类和道家类。在这些大类中，最后一类很突出，不仅在于它完全忽视了大众信仰，而且因为它规模极小，在文本选择上前后矛盾。最后的集部包含了约3500种作品，分五大类：楚辞类、别集类、总集类（包括不同作者的作品选集）、诗文评类和词曲类。

帝制晚期许多中国文人的一个显著特征是他们惊人的创作力和文学的多样性。以明清交替时期江苏的一位典型的著名文人钱谦益（1582—1664）为例，他刊刻于1643年的《初学集》就有110卷。这部文集包括诗（21卷）、序跋（17卷）、传记和谱牒（10卷）、哀词和墓志铭（20卷）、祭文和赞偈（2卷）、记（6卷）、辩证（5卷）、诗笺（5卷）、墓表（2卷），其他官方文书（13卷）以及书信和杂文（9卷）。后来，钱谦益又续刊了50卷《有学集》。此外，他还编写了81卷的《列朝诗集》、100卷的《明史稿》以及数

---

① Guy, R. Kent 1987, 150–52; Elman 1984, 76–78.

种佛经注疏。① 清朝君主同样渴望这样的创作力和多样性，其中乾隆皇帝是最多产的，但他的作品有时比较平庸。

所有这些著作，包括《古今图书集成》和《四库全书》里收录的绝大多数作品，都是用古文即学术精英的语言写成的（见第五章）。同中国艺术的最高雅的形式一样，中国古典文学的独特之处在于强调韵律和平衡，与过往的名家、模式及风格关系紧密，创造性天赋和个人道德之间的假定联系，以及许多相同或相似的重要术语。我们在艺术和文学中都可以看到对生、气、神、动的持久关注。甚至是古典文学中的规则，也表明了与艺术的相同或相似。刘大櫆（1698—1780）告诉我们：

> 文章最要气盛，然无神以主之，则气无所附，荡乎不知其所归也。神气者，文之最精处也；音节者，文之稍粗处也；字句者，文之最粗处也。②

清代存在几种不同的文学观念，均源自早期的理论或批评方法。其中之一是"文以载道"。这一观念最有影响力的早期倡导者是刘勰（见第八章）。在刘勰看来："道沿圣以垂文，圣因文而明道。"清代桐城派（见第六章）领袖姚鼐（1731—1815）如是说：

> 鼐闻天地之道，阴阳刚柔而已。文者，天地之精英，而阴阳刚柔之发也……自诸子而降，其为文无有弗偏者。其得于阳与刚之美者，则其文如霆，如电，如长风之出谷，如崇山峻崖，如决大川，如奔骐骥……其于人也，如凭高视远，如君而朝万众，如鼓万勇士而战之。其得于阴与柔之美者，则其文如升初日，如清风，如云，如霞，如烟，如幽林曲涧，如沦，如漾，如珠玉之辉，如鸿鹄之鸣而入廖廓。③

姚鼐认为哲学实质需要文学形式。因此，他用"文不足则道不明"来

---

① Hucker, Charles 1975, 386–87. 有关钱谦益作为明清变迁时的主要人物的研究，见CHCL 2: 146 ff., 175ff.。
② Liu, James J. Y. 1975, 44, 96–97.
③ Liu, James J. Y. 1975, 45; Shih, Vincent, trans. 1983, 19.

批评墨子的文辞简陋是其思想错误的体现。

一些清代学者认为文学反映了政治现实。例如，清初批评家汪琬（1624—1691）看到了唐朝兴衰与唐诗历史之间的高度一致。他写道：

> 当其盛也，人主励精于上，宰臣百执趋事尽言于下，政清刑简人气和平，故其发之于诗率皆冲融……及其既衰，在朝则朋党之相讦，在野则戎马之交讧，政烦刑苛，人气愁苦，故其所发又皆哀思促节为多，最下则浮且靡矣。[①]

有人将文学视为政治和社会环境的指标，也有人将文学当作矫正这些境况的方式。沈德潜（1673—1769）在《说诗晬语》开篇便论道："诗之为道，可以理性情，善伦物，感鬼神，设教邦国，应对诸侯。"在为《清诗别裁集》所写的序中，他认为诗必须"关乎人伦日用及古今成败兴坏之故"。顾炎武则扼要地指出："文须有益于天下。"[②]

文学的美学理论主要聚焦于古文的模式及其对读者的直接影响。此类批评常常会将其与其他感官经验做类比，包括艺术观赏、音乐和饮食。但并非所有美学理论都依靠这种类比。比如，古文和骈文两派之间长期围绕文体的具体问题进行争论。前者简洁而有力，后者优雅且幽微。两者在中国古典文学传统中都占据着重要位置，但是关于两者各自优点的激烈争论一直持续到20世纪。

阮元是晚清时期骈文的有力支持者。不同于刘大櫆、姚鼐等桐城派，阮元认为，只有拥有韵律、工整对仗的作品才能被称为真正的文学。因此，他主张复兴六朝的"纯文学"，反对"平白文章"。用阮元的话来说：

> 为文章者，不务协音以成韵，修词以达远，使人易诵易记，而惟以单行之语……不知此乃古人所谓直言之言、论难之语，非言之有文者也，

---

① Liu, James J. Y. 1975, 66.
② Liu, James J. Y. 1975, 113, 136.

非孔子之所谓文也。[①]

虽然清代学者经常使用骈文来说明文体上的技巧，但诗才是对其文学功底的最高考验。从上古时期开始，诗一直是中国文化的一个中心。事实上，《诗经》被一些权威人士认为是整个中国文学史上最重要的一部作品。孔子说："不学《诗》，无以言。"又说："兴于诗，立于礼，成于乐。"中国文学的几乎每一种主要类型——从经与史到戏剧和小说——都包含了大量的诗。在清代的任何社会场合，自尊自重的士人罕有不能迅速地写出优雅诗句的。而且，同书法一样，清诗在一些主要体裁方面出现了复兴，包括律诗和词。律诗由八句长度相同的诗句组成（通常每句五字或七字，且有严格的押韵和平仄）。词也有固定的平仄和押韵，但是句子长短不一（每句的字数和平仄根据数百种词牌的不同而千变万化）。[②]

许多文学权威都注意到，古文非常契合诗性的表达。即使是普通的散文，也有一种令人回味的、无法言说的韵律感。诗作为一种文学类型，不仅应该包括不同体裁的诗和词，还应该包括曲和赋，它充分发挥了语言的创造潜力。古文的语法灵活性以及单个汉字的多义性和微妙的模糊性，使得中国诗人能够生动、简约、优雅和有力地表达丰富多彩的思想和情感。诗人在空间模型和时间节奏中将各种元素组合起来，创造了完整的意义结构，尽管有统一标准，却带给人万花筒般的印象。文字的视觉性，加之作为艺术媒介的书法的强化作用，补充了语言的音调和其他听觉性，所有这些都在诗中发挥着巨大的作用。此外，中国诗从未失去同音乐的紧密联系。即使词的曲调已经被人遗忘，但诗还是可以被吟唱，而不仅仅是大声朗读。遗憾的是，体现中国古诗之华美的视觉性和听觉性在翻译过程中毫无例外地遗失了。

尽管从总体上来说，清代不是诗的创造期，当时还是有许多才华横溢

---

① Liu, James J. Y. 1975, 21, 26–27, 82, 88, 104. 关于骈文和古文的争论，见 Liu, James J. Y. 1975, 99–105。

② CC, *Analects*, 211. 清代诗歌的最佳翻译作品集是 Lo, Irving Yucheng and William Schultz, eds. 1986。其他有用的清朝诗歌选的翻译著作包括：Chang, Kang-i Sun and Haun Saussy eds. 1999; Chaves, Jonathan, ed. 1986; Idema, Wilt and Beata Grant, eds. 2004; Liu, Wu-chi and Irving Yucheng Lo, eds. 1975; Panda Books 1986; Yip, Wai-lim 1976。

的诗人及批评家保留并发扬了早先的传统。在清初，黄宗羲、顾炎武和王夫之（见第六章）等明朝遗民起到了这一作用。后来在康熙年间，朱彝尊（1629—1709）和王士禛（1634—1711）等人在诗坛表现出了巨大的影响力。在盛清时期，沈德潜、郑燮（1693—1765）、袁枚（1716—1798）、赵翼（1727—1814）、翁方纲（1733—1818）以及姚鼐也是如此。晚清时期，龚自珍（1792—1841）、魏源（1794—1857）、顾太清（1799—1875）、金和（1818—1885）、黄遵宪（1848—1905）以及康有为（1858—1927）等诗人声名远播。[①] 与此同时，江南地区的女性诗人也发展出了她们自己的重要诗歌传统和追随者，我们后面将简要讨论。

除了特定的地域传统的出现，[②] 我们可以将中国诗分为四大"派"，刘若愚（James J. Y. Liu）称之为技巧派、教化派、唯我派（或表现派）以及妙悟派。虽然这些名称并不意味着存在四个截然不同、相互排斥的文学批评流派，但是它们确实表明在中华帝国晚期（包括清朝），诗人和文学批评家的思想中存在某些倾向。在这些倾向中，有一些与西方诗人和评论家的倾向形成了鲜明对比。例如，余宝琳（Pauline Yu）观察到，西方诗人往往"构建"一个虚构的世界，以便从更高层次的存在出发展现一种理想，并且在此过程中创造出"本体论的二分法"。而中国诗人则"回应"外部世界，在文学惯例中写作，强调世界本身固有的、《易经》中表达的"范畴的一致性"。[③]

"技巧派"顾名思义就是将诗视为一种文学操练。他们的观念较为传统，摹拟古人，尽管他们有着合理的理由：大师杰作中体现出的作诗原则实际上是谐韵的自然法则。清代评论家翁方纲有言：

> 夫惟法之立本者，不自我始之，则先河后海，或原或委，必求诸古人也。夫惟法之尽变者，大而始终条理，细而一字之虚实单双，一音之低昂尺隶黍，其前后接笋，乘承转换，开合正变，必求诸古人也。乃知

---

① Lo and Schultz, eds. 1986, 3–29.

② CHCL 2: 162–68; Lo and Schultz, eds. 1986, 11–26.

③ Yu, Pauline 1987, 17ff., esp. 24–25.

其悉准诸绳墨规矩，悉校诸六律五声，而我不得丝毫以己意与焉。[1]

虽然技巧派重视古代模式，但同样鼓励创造性的文体实践，例如离合诗，即将一首诗中某一行的字拆开，重新组合成另一行的新诗句；或者回文诗，即诗句可以正读也可以反读，意思不同但都读得通。技巧派也喜欢写集句诗，即从之前不同诗人的作品中选取诗句集合成诗。朱彝尊有一个例子如下：

> 日隐轻霞。
> 红红绿绿苑中花。
> 何处更添诗境好。
> 听春鸟。
> 飞去花枝犹袅袅。[2]

这些诗句分别来自唐代诗人王维（699—759）、王建（约卒于830年）、司空图（837—908）、顾况（约757—814）和韦应物（739—792）的作品。

中国诗歌的许多体裁结构都非常严谨，需要特别注意行数、每行字数、平仄、声律以及对仗。对仗尤为重要，不仅出现在律诗（这是必需的）、四言诗和古诗中，也出现在句子长短不一的词和曲中。最工整的对仗要求，第一行中的每一个字都要与第二行中相应的字平仄相反。与此同时，这些相对的字词在词性上还应该是一致的，并且表示同一类事物。[3]《红楼梦》中的一个简单例子便可以说明这个问题：

> 日落江湖白，潮来天地青。[4]

这两句王维的诗，引出了小说中学诗者的如下回应："这'白''青'两

---

① Liu, James J. Y. 1966, 80.

② Liu and Lo, eds. 1975, 214.

③ Y. K. Wong 1990, 157ff., esp. 160; Lai, T. C. 1969; Kelly, Walsh and Liu 1966, 149–50.

④ Hawkes, David, trans. 1973–1979. Vol. 2: 459.

个字也似无理。想来，必得这两个字才形容得尽，念在嘴里倒像有几千斤重的一个橄榄。"[1]

传统中国的诗艺书籍中详列了可用于对仗的名物类别，包括天文、地理、草木和禽兽。在那些技巧拙劣的作者手中，对仗沦为字词的机械对应，但在行家里手那里，对仗就成了阴阳调和的生动表达。现代评论家刘若愚说道：

> 倘若对仗用得巧妙得体，它会给人们以自然对称之感。此外，也将使这首诗歌的结构显得谨严有力。自然的工对，浑然天成，绝无斧凿之痕。虽然两行意义、平仄是俨然对立的，却互为依存，宛如气质全然不同的一对恋人幸福地结为情侣一样。事实上，人们常将一副工对看成一对夫妇：两者之间，"对立愈深，伉俪愈笃"。[2]

教化派和技巧派一样看重传统，许多清代文人（例如沈德潜）既是技巧派，也是教化派。但是对教化派来说，诗的根本目的是自我修养，进而是改善社会。例如，沈德潜写道："诗不学古，谓之野体。"下面这首诗是《古今图书集成》中有感于《易经》而发的32首诗之一：

> 见易更须知用易，圣人原只用中庸。
> 刚柔见处几先吉，中正亡时动即凶。
> 能惧始终皆免咎，存诚隐显悉成龙。
> 莫言卜筮用为小，动静须占是易宗。[3]

下面是教化派诗歌的另一个例子。这是清朝改革派学者龚自珍受一位道士激发所写下的绝句：

---

① Hawkes, David, trans. 1973–1979. Vol. 2: 459.

② Liu, James J. Y. 1966, 149–50.（译文参考刘若愚著，赵帆声等译，《中国诗学》，郑州：河南人民出版社，1990年。——译者注）

③ R. J. Smith 2008, 225.

九州生气恃风雷，万马齐喑究可哀。

我劝天公重抖擞，不拘一格降人才。①

唯我派诗人并没有失去这种情感，但他们并不认为诗歌主要是一种教化手段。相反，他们认为诗歌是自我的自由表现。用清代著名诗人袁枚的话来说："诗者，人之性情也。近取诸身而足矣。其言动心，其色夺目，其味适口，其音悦耳，便是佳诗。"像袁枚与他在文坛上的对手章学诚以及著名的今文经学家龚自珍等唯我派诗人，均表达了这样的唯我主义情感。②

唯我派诗歌涵盖一个广泛的情感领域。常见的题材包括友谊和饮酒、浪漫的爱情、乡愁和离别、历史和怀古以及休闲和自然。丧妻的满人贵族纳兰性德的一首词也反映了这类唯我主义的题材：

谁翻乐府凄凉曲？

风也萧萧，雨也萧萧，

瘦尽灯花又一宵。

不知何事萦怀抱，

醒也无聊，醉也无聊，

梦也何曾到谢桥。③

清代史学家赵翼在《幽寻》一诗中呈现了另外一种不同的唯我主义情感：

幽寻不知疲，意行度遥陌。

昔游所未经，数折地愈僻。

忽至野水岸，路断行迹绝。

---

① Liu and Lo, eds. 1975, 220. 根据第四十二卦"益卦"的象传和象传，"风雷"暗示了有过就改后的巨大潜力这一概念。

② Liu, James J. Y. 1975, 70–76.

③ "谢桥"是一种常见的诗意指称，常指代心爱的女子想象中的住所。纳兰性德的妻子在分娩时亡故，这似乎是他悲观情绪的缘由，尽管他后来再婚并有几个儿子和女儿。关于纳兰性德生平和诗歌的详细资料，见Carpenter, Bruce 1983, 100–137。

欲问空无人，一鹭草边白。①

妙悟派的最佳代表可能是王士禛和王夫之，虽然他们涉及唯我派的诸多题材，但是他们更主张妙悟。他们的诗关注情和景之间的关系。据比起正统理学家更为尊重人类情感的王夫之所言："情景名为二，而实不可离。神于诗者，妙合无垠。巧者则有情中景、景中情。"他又说：

情者阴阳之几也，物者天地之产也。阴阳之幾动于心，天地之产应于外。故外有其物，内可有其情矣；内有其情，外必有其物矣。②

换句话说，妙悟派试图通过冥想对象来辨识自我，以建立一种"神韵"。虽然袁枚等唯我派批评妙悟派缺乏真情，但是王士禛等诗人实际上追求的是一种更深层次的精神意识，以及对所有事物（包括有生命的和无生命的）之间相互关联的理解。他们关注的不仅仅是自我表达，而且注重传达一种世界观。我们可以从王士禛的《香山寺月夜》中窥得这种态度的迹象：

明月出东岭，诸峰方悄然。
残雪尚在地，掩映西斋前。
竹色既闲静，松荫媚沦连。
清晖一相照，万象皆澄鲜。③

但是就技巧派、教化派、唯我派和妙悟派的划分而言，其间有着相当大的创作重叠。我们已经通过沈德潜的例子，看到了技巧派和教化派之间的联系，但是它们仍然有着其他的共同点。例如龚自珍等唯我派诗人可能高度秉持教化论，而王士禛这样的妙悟派诗人则非常注重风格。沈德潜强

---

① Liu and Lo, eds. 1975, 220. 这首诗最后一句的语法重点在于鹭的"白"上，似乎用以强调孤独的主题。
② Siu-kit Wong in Rickert, Adele, ed. 1978, 130–31, 140; Black, Alison H. 1989, 242ff.
③ Liu and Lo, eds. 1975, 215.

调对于王士祯来说非常重要的"神韵"特质，他同样也承认"浪漫"诗人的价值，如厉鹗（1692—1752），其写作独树一帜，不受王士祯、朱彝尊等人的风格标准的影响。事实上，清代最优秀的诗人擅长各种风格和情感，魏礼（Arthur Waley）那本精彩的袁枚传记中的众多诗歌做出了证明。

总的来说，汉族（以及满族和蒙古）的女性诗人就像女性艺术家一样，她们发现自己必须运用男性主导文化的工具和技术。因此有人说，清代女性作家极大地依赖一种并非由她们创造的语言。但是我们越深入了解这些女性作家，就越能清楚地看出，她们掌控着这种语言而非简单地顺从它。她们勤奋耕耘于各种文类，不仅包括各种类型的诗歌（她们的焦点），还有骈文、戏曲、弹词甚至小说。而且，这些作品的主题范围广阔，具有广泛的吸引力。可能一些人说对了：中国女性作家可能发现她们最重要的读者是彼此。但是，孙康宜和苏源熙（Haun Saussy）合编的《中国历代女作家选集》以及伊维德（Wile Idema）和管佩达（Beata Grant）合编的《彤管：中华帝国时期的女性写作》等书中的传记资料清晰地表明，许多女性作家拥有更为广泛的有欣赏力的读者。

把清代所有才华横溢的女性作家列举出来，就如同罗列出清代所有文采出众的男性作家一样，是一件乏味的事情。[1] 但是直到最近，男性作家已经得到充分认识，而女性作家除了极少数例外，还没有得到充分的认识。不过，现在我们有了几部优秀的选集，从中可以看到60多位才华斐然的女性的传记和带注释的文摘。[2] 其中有几位值得一提：徐璨（约1610—约1677）、王端淑（1612—约1706）、李因（1616—1685）、吴琪（17世纪中叶）、林以宁（1655—约1730）、毛秀惠（活跃于1735年）、汪玉轸（18世纪晚期）、吴规臣（18世纪晚期）、孙云鹤（18世纪末19世纪初）、汪端（1793—1839）、顾太清（1799—1876）和吴藻（1799—1863）。我列出这些人不仅是因为她们是优秀的诗人，还因为除了汪端和吴藻（她们都有着卓越的文学天赋），

---

① 在中华帝国晚期的诗集中，男性诗人的比例异常高。见柳无忌、罗郁正合编的《葵晔集》（1986年），该诗集除了男女诗人比例，在其他方面都很优秀。Panda Books 1986.
② Mann, Susan L. and Yu-yin Cheng, eds. 2001. 除了孙康宜和苏源熙合编的《中国历代女作家选集》、伊维德和管佩达合编的《彤管——中华帝国时期的女性写作》，参考书目中还可以找到许多关于其他女性作家的研究专著。

她们还以绘画和书法闻名于世。我将在本章的最后回到这一点。

女性写作的地理中心是高度商业化的江南地区（男性写作同样如此）。在那里，由于受教育女性的集中、男性支持者的聚合，以及众多书商、书院和艺术市场的集聚，女性作家交换诗歌和交流思想获得了很大动力。我们可以在此稍作停顿，看一下研究江南地区"才女"的生活和事业的两本好书：曼素恩的《缀珍录：18世纪及其前后的中国妇女》（1997年）以及《张门才女》（2007年）。曼素恩在这两本书中要告诉读者的是：江南地区上层阶级的女性是儒家父权制的积极的"代理人"，而不仅仅是被动的受害者。相比较而言，盛清时期的精英女性可能比同时代的西方女性享有更多的教育机会。

《缀珍录》凭借广泛的笔触，着眼于才女们的诗歌，以及1683年至1839年间——介于平定三藩之乱和鸦片战争爆发之间（见第二章、第十一章）——他们男性亲属、其他男性仰慕者和一些评论家的观点，实现了它的目标。在此过程中，曼素恩绘制了大多数清代女性作家的地理空间示意图，探讨了她们共同的生活经历，并阐述了诗歌和艺术在她们复杂的个人生活中的重要性。因此我们看到的这些女性，不仅是作为妻子、女儿、母亲、祖母和当家人的"传统"角色，而且是卓有成就的作家、画家和塾师。

曼素恩关于张氏大家族的《张门才女》比《缀珍录》更加深入，但仍然说明了广泛而重要的主题；虽然该书对历史材料的运用比较自由（这让我想起史景迁的杰作《王氏之死》），但仍然忠实于主题。在《缀珍录》中，唯一得到完全展现的角色是恽珠（1771—1833）。她是一名满族旗人的汉人妻子，也是重要的诗集《国朝闺秀正始集》的汇编者。而在《张门才女》中，曼素恩近距离观察了江苏著名书香门第中三代女性的人生轨迹：汤瑶卿（1763—1831）、女儿张绺英（1792—约1863），以及汤瑶卿的孙女、张绺英的外甥女王采苹（1826—1893）。这本书的时间跨度一直延伸到了社会和政治剧烈动荡的晚清，其他很多优秀的中国女性史学者对此已经开展了深入的研究（见第十一章）。

张绺英是这三位女性中唯一获得较大诗歌名望的，但是这三人连在一起，讲述了关于家庭纽带、人际关系、文人网络、精英价值观、历史记忆、地方感以及中国精英家庭中"女性工作"的本质的一整个故事。张纶英的故事尤为有趣，不仅在于她作为诗人的当之无愧的名声，而且在于横亘在繁重家务（她通过做家务和出售刺绣帮忙养家）和写作欲望之间的冲突。曼素恩对张纶英和其他历史人物的生活和劳作的仔细研究，强调了当时就存在的关于女性的适当角色和诗歌在她们复杂生活中地位的争论（见第三章）。

那么，女性创作了什么样的文学呢？大多数情况下，清代女性诗人通过诗词，不但为自然和旅行（她们的旅行记闻通常比男性的更鲜活）等传统文学题材提供了新鲜视角，而且探索了新的话题和情感领域。她们动人地描写父母的逝去、女性之间的友谊以及母子关系的亲密。[1] 我们可以思考一下顾若璞（1592—约1681）这首题为"修读书船"的诗：

> 闻道和熊阿母贤，翻来选胜断桥边。
> 亭亭古树流疏月，漾漾轻凫泛碧烟。
> 且自独居扬子宅，任他遥指米家船。
> 高风还忆浮梅槛，短烛长吟理旧毡。[2]

在这里，顾若璞受到孟母等努力抚养孩子的历史楷模的启发（和表面上的害怕），善意地斥责她的长子比起儒家学问更喜欢道家的自我放纵（杨朱）。米芾是儒家学问的缩影，他是宋代著名的文人、画家和鉴赏家，他的船上有一座巨大的书画房，他走到哪里，书画也跟到哪里。

顾太清毋庸置疑是清代最著名的满族女性作家，如前所述，她也是一位出色的画家。除了留下超过800首诗和300首词，她还是一位剧作家和小说家。她为清代伟大的小说《红楼梦》续写了《红楼梦影》。但是，顾太清

---

[1] 关于女性作家不同写作题材的例子，参见：Chang, Kang-i Sun and Haun Saussy eds. 1999; Idema, Wilt and Beata Grant, eds. 2004; Robertson, Maureen 1992, 63–110; Maureen In Fong and Widmer, eds. 2010, 375–86; Irving Yucheng Lo in Weidner, Marsha et al., eds. 1988; Widmer, Ellen 2009; Vande Walle and Golvers, eds. 2003, 293–309。

[2] Robertson, Maureen 1992, 63–110, 86–87.

最为人知且最受推崇的还是其诗人身份。她和几乎所有满族女性作家一样，出身于八旗上层家庭，但和她们中的大多数不同的是，顾太清与江南地区的汉族女性诗人有着直接且广泛的接触。[①]

　　然而，我在这里选择关注一位并无这种联系的旗人精英女性——蒙古族诗人那逊兰保（1824—1873）。[②]那逊兰保是清代极少数留下了个人诗集的蒙古族女性之一，诗集共含91首诗，由其次子盛昱刻印。盛昱对此诗集的叙述值得一提。他在1874年写道：

> 太夫人自七岁入家塾，十二能诗，十五通五经，十七归先府君。上事姑嫜，下和娣姒，家务之暇，不废吟咏，所作诗已裒成巨帙。中岁多读有用书，终年矻矻经史，故诗不多作。迨丙寅岁先府君弃养后，内事捆挡，外御忧患，境日以困，遂绝不复为诗。[③]

　　尽管那逊兰保指示她的儿子不要刻印她的"浮响"之作，但盛昱最终还是决定刻印，他坦言：如果他刻印亡母的诗，就会违背她的直接命令，"罪也"，但是如果他不刻印，则：

> 太夫人之德言无所附以传，势将终于泯没，罪益甚。乃请于里鄅诸长者，金谓太夫人之诗清雄绮丽，为必传之作，亟宜授诸剞劂。不孝用敢取太夫人丁巳岁手钞本，又益以搜辑所得，共九十一首，编为二卷，录付手民。

　　那逊兰保出生于库伦（今乌兰巴托），但她大部分时间都生活在北京，她的父亲供职于京城驻防。那逊兰保从未回过蒙古，完全忘记了蒙古语怎么说。尽管如此，下面这首《瀛俊二兄奉使库伦故吾家也送行之日率成此

[①] Idema and Grant, eds. 2004, 652. 关于顾太清的文学生涯的详细情况，参见 Huang, Qiaole 2004; Widmer, Ellen 2002, 33–52。

[②] 那逊兰保的背景资料，参见 Idema and Grant, eds. 2004, 653, 679ff.。这部巨作里有一章涵盖了所有的满洲女性作家，包含她们的传记资料和作品翻译。

[③] Idema and Grant, eds. 2004, 679–81.

诗》表明了她与蒙古传统无可否认的浪漫联系：

> 四岁来京师，卅载辞故乡。故乡在何所，塞北云茫茫。
>
> 成吉有遗谱，库伦余故疆。弯弧十万众，天骄自古强。
>
> 夕宿便毡幕，朝餐甘湩浆。幸逢大一统，中外无边防。
>
> 带刀入宿卫，列爵袭冠裳。自笑闺阁质，早易时世妆。
>
> 无梦到鞍马，有意工文章。绿窗事粉黛，红灯勒缥缃。
>
> 华夷隔风气，故国为殊方。问以啁哳语，逊谢称全忘。
>
> 我兄承使命，将归昼锦堂。乃作异域视，举家心徬徨。
>
> 我独有一言，临行奉离觞。天子守四夷，原为捍要荒。
>
> 近闻颇柔懦，醇俗醨其常。[1]所愧非男儿，归愿无由偿。
>
> 冀兄加振厉，旧业须重光。勿为儿女泣，相对徒悲伤。[2]

在关于诗的部分即将结束时，我想再次提醒读者诗歌和绘画之间的密切关系。在清朝，事实上也包括之前，这两种密不可分的活动是精英阶层最高形式的文化嗜好，男女皆同。诗、画都用笔墨而作，都触及广泛的题材，都从过去的样式中获得灵感，并且都关注简洁和风格的平衡。此外，诗、画经常相互启发。画家会在读完诗后深受触动，开始艺术创作，诗人也会在观赏一幅画后有感而发。因此，"古怪"的画家郑燮给同时代的边维祺写了这首诗：

> 画雁分明见雁鸣，缣缃飒飒荻芦声。
>
> 笔头何恨秋风冷，尽是关山离别情。[3]

最后，最能表达画和诗之间关系的也许是苏东坡（1037—1101）对王维的赞扬："诗中有画，画中有诗。"理想情况下——事实上往往如此——清

---

[1] 这里的词句似乎暗示着，那逊兰保说的是以意志薄弱出名的道光皇帝，但也有可能是指蒙古传统军事严谨性的衰退。在此感谢钱南秀让我注意到了这个有趣的双关现象。

[2] McGill-Harvard-Yenching Library Ming-Qing Women's Writings Digitization Project.

[3] Liu and Lo, eds. 1975, 218.

代的中国文人既是诗人又是画家。

白话文学

尽管自公元1世纪以来，中国没有任何一位主流文学人物试图用口语创作他的主要作品，但是在帝制时期的大多数时间里——尤其是唐代以来，白话文仍然极受欢迎。在清代，大批白话作品广泛流传，反映同时也促进了中国的基础识字率的增长。有人估计，男性识字率达到了45%，而女性达到了10%。[①] 尽管白话文不像文言文那样简洁、高雅或者赏心悦目，但是它相对容易学习，直接且丰富多彩，并且往往非常有力。

大多数精英文学形式都存在着对应的白话文形式。官方提倡用简单顺口的形式来修改复杂的公文，从而让民众易于接受。张伯行（1652—1725）在18世纪初担任福建巡抚，亲自将康熙皇帝著名的《圣谕十六条》改成了三个不同的版本：一个引经据典加以润色，供士人阅读；一个用俗语举例，供中等知识水平的人使用；一个朗朗上口，供普通乡民使用。[②] 同样，实用书也分为几个版本，以满足帝国之内不同读者的需要。"便书"通常图文并茂，对源自古代以及朱熹的《家礼》等晚近著作中的礼仪规范提供具体指导。历史演义与精英的正史并行于世，"善书"和"宝卷"就是民间的宗教和哲学书，白话短篇小说的作用类似于唐传奇。在清初，蒲松龄《聊斋志异》所开创的这一文学类型取得了极高成就。[③]

图文并茂的日用类书代表了古典文学和白话文学之间一个有趣的中间地带，因为它们通常根据主题而选择其中一种风格。在某种程度上，这些类书的内容和《古今图书集成》的主要门类互有重叠。例如，明清两代的

---

① Rawski 1979, 140; De Francis, John 1984, 204-5. 其他关于男性识字率的猜想，最低为20%到25%，最高为40%到50%。有关文化水平等级制度的研究，参见David Johnson in Johnson, Andrew and Rawski, eds. 1985, 36-38, 42-43, 55-57; Bai, Limin 2005, xiv-xx and passim。

② Spence 1968, 5. 关于明清时期"民间文学"的完整论述，参见Chang, Kang-i Sun and Haun Saussy eds. 1999. Vol. 2: 343-412。

③ 关于蒲松龄，参见Chang, Chun-shu and Shelly Hsueh-lun Chang 1992; Zeitlin, Judith T. 1993, 2007。另外一位写有"志怪"故事的文采超群的著名作家是纪昀。他是一位清朝的高官，也是《四库全书》的纂修官之一，他还是一位极有天赋的诗人。此外，纪昀也是蒲松龄的一位尖锐的批评者。Chang, Kang-i Sun and Haun Saussy eds. 1999. Vol. 2: 253-56. 关于纪昀所写的故事，参见Pollard, David E., ed. and trans. 2014。

大多数《万宝全书》（见第一章），最前面都是天文、地理、人纪和诸夷等类别。但同时，由于这些类书显然是为了让商人等识字平民方便了解精英文化的重要方面，所以它们一般还包括琴学、诗对、画谱、书法和启劄等类别。它们还包括侑觞和笑谈等类别，大概是想在社交聚会上给人留下深刻印象，或至少逗乐潜在的客户和人脉。此外，日用类书还在怀孕、生养、农桑、牲畜、养生和医药、武艺和法律等日常琐事上提供了很多易于记住的实用建议。而且与通行的历书一样（见第一章、第七章、第十章），日用类书有很大篇幅是关于占卜的，包括解梦、相面、算命和风水。

和《万宝全书》一样，清代绝大多数的通俗作品都反映了传统的精英价值观，包括流布甚广的《太上感应篇》《不费钱功德例》和《广善篇功过格》等佛、道书册。虽然这些作品都基于"天理报应"或有其他宗教观念支撑，但它们采用了大量的精英象征符号，有着明确的伦理的、现世的投射。可以肯定的是，这些作品经常告诫人们要怜悯动物、尊重圣像、不得诋毁僧人道士，但是其中对家事、孝道、忠君、顺应天道、社会和谐、避免诉讼以及敬惜字纸的重视，都体现了明显的儒家观点。而且，尽管《不费钱功德例》等书根据不同社会和职业群体划分功德，但这些作品的显著特征是它们对既存的儒家社会等级制度都极为推崇。①

白话小说在多数时候同样反映了精英的观点。尽管戏剧作品和通俗小说通常被儒家士人所轻视，有时还会被国家查禁，它们却受到了中国社会各个阶层的欢迎。在晚明和整个清代，通俗戏曲将历史、传说和其他故事直接带到城市中心和乡村，使传统说书的影响力黯然失色。实际情况显然是，有关中国叙事传统的大量通俗知识，更多是通过舞台传播，而不是通过文字。甚至康熙皇帝的《圣谕》也是依靠这种媒介才得到了最有效的推广。郭安瑞（Andrea S. Goldman）的《文化中的政治：戏曲表演与清都社会》极为生动地展示了清廷和商业剧场如何对北京的社会和道德秩序产生影响。

清代戏曲有以下几种类型：最为普遍的是元代的杂剧、戏文或传奇、

---

① Brokaw, Cynthia 1991; Tadeo Sakai de Bary, William T., ed. 1970, 341–62; Eberhard, Wolfram 1967, esp. 117–25; SCT 1: 899–919.

昆曲等地方戏，以及晚清时期由不同地方戏混杂而成的京戏。虽然每一种戏曲都有自己的特性，但是它们也具有一些相同之处。其中之一便是结合了口头语言（诗、文）、音乐（声乐、器乐）以及表演（包括哑剧、舞蹈和杂技）等多种表达方式。另一个相同之处是抽象性，强调表达情感而不是模仿生活。正如刘若愚指出的：

> 在非写实的戏剧中，人物的念白或唱词不一定表现真实的言语和思想，它们只是戏剧家让观众想象人物感受和思想及其处境的手段。当人物说出或唱出一首好诗，他（或她）往往并不代表一位诗人……在大多数情况下，诗属于戏剧家，而不属于剧中之人。[①]

如同戏曲中的音乐一样，诗对于传达戏剧情感极为重要。在阅读中国戏曲时，往往主要以其诗文来衡量。

中国剧作家无意于"模仿生活"，所以他们通常不会塑造高度个性化的角色。相反，他们注重勾勒人物类型，这种角色分类法依据的是中国舞台传统，例如五颜六色的妆容以及有关手、袖子、面部表情的精细系统。最易于辨认的角色类型是正直的书生、武人（无论好坏）、巾帼英雄和丑角。然而在中国戏曲中，悲剧和喜剧之间没有明显的分界线，这就如同许多白话文学传统一样，其部分原因在于戏曲习惯上需要一个圆满的结局或者至少某种诗意的正义。

中国戏曲涵盖了中国传统小说所包含的所有题材范围：性、爱情、阴谋、超自然现象、宗教信仰、历史和伪历史事件（民事和军事）、家庭事件、谋杀、诉讼、盗匪等。许多戏曲的题材来自短篇故事或者小说。李渔（1611—1680）是一位多才多艺且富有创造力的剧作家，同时也是一位美食家、发明家，以及房舍和园林设计师。根据虞威为《怜香伴》所写的序文，在李渔的时代，两位姑娘陌路相逢，以美人而怜美人之香，这种情况是非

---

① Liu, James J. Y. 1979, 86. 关于中国戏曲的精彩研究，见廖奔，《中国古代剧场史》，郑州：中州古籍出版社，1997年。Goldman, Andrea S. 2012; Ma, Qian 2005; Hsu, Tao-Ching 1985; Johnson, David 2009; Wichmann, Elizabeth 1991; Yung, Bell 1989.

常普遍的。事实上，虞威表示这部戏剧基于李渔家中的情况，他的妻妾彼此相爱，也都爱着李渔。①

李渔从许多方面证明了他生活的时代有多么动荡，充满了不确定性。如前所述，17世纪中国商业化、城市化和货币化的不断发展，不仅为社会流动创造了新的机会，为具有文艺天赋的男男女女提供了更大的眼界，也催生了对友谊、爱情、性和婚姻的新态度。李渔的许多作品都涉及这些和相关的主题。尽管李渔主要以剧作家身份而闻名，但他同样也写了一部小说、一些短篇故事，以及靠近他内心的300多篇小品文。这些文章都被组织在一些精练的标题下，如词曲，演习、声容、居室、饮馔、种植和颐养。李渔的大部分作品都是妙趣横生的。韩南（Patrick Hanan）称李渔"最专注于喜剧，富有多方面喜剧才华，是中国最卓越的喜剧大师"。李渔自己曾经自白道："大约弟之诗文杂著，皆属笑资。"②

在李渔的十几部戏曲中，大部分是他自己原创的，另有一些是对前人作品的改编，例如陆采（1497—1537）的《明珠记》。值得注意的是，李渔创作并导演了他自己的戏曲，并由自己的妾室组成的小型剧团（而不是通常的男演员）表演给高官看。根据李曼瑰的说法，李渔担任制作人和导演的经验"使他能够透彻地理解舞台的秘密，并且在实践中证明他在文章中所阐述的表演和剧本创作的原则"。③

在清代众多优秀戏曲中，我们可以特别关注的是广受欢迎的《桃花扇》。这是一部40出的传奇，由孔子后裔孔尚任（1649—1718）创作，并且凭借其历史视野、戏剧结构和文学质量而成为中文戏曲中最伟大的作品之一。《桃花扇》题材的广泛和人物塑造的深刻也值得我们关注。这个剧名源自女主角李香君拒绝被迫为妾，故以头撞墙，血溅诗扇的故事。后来，一位著名画家将扇面血痕点染成桃花图，生动地隐喻了"孔尚任视为晚明道德和思想生活之核心的暴力与美的混合"。④

---

① Hanan, Patrick 1988, 15–16; CHCL 2: 203–10.
② 有关李渔所作散文的分析，见Hanan, Patrick 1988, Chap. 8, esp. 196–97。
③ Arthur W. Hummel 1943–44, 497.
④ Spence 2013, 61; CHCL 2: 239–44; Struve, Lynn 1977, 99–114; Chen, Shih-hsiang and Harold Acton, trans. 1976.

作为精心构建的历史演义，《桃花扇》涉及了中国人生活的许多不同方面：个人与私密、社会与政治、军事乃至艺术。剧中的主要人物比大多数中国戏剧人物更加个性鲜明，他们都在晚明真实存在过。例如，男主角侯方域并不完美，反派阮大铖也具有一定令人钦佩的品质。这种对平衡的追求也清晰地表现在戏剧情节中，悲与喜、静与动的场景交替出现。在这些和其他方面，《桃花扇》和明清时期的一些伟大小说非常类似。

这部戏是一个动人的浪漫故事，但它也是一部接近真实的历史记录，触及了明朝灭亡的政治敏感话题。所以，孔尚任有时会为了不冒犯满人而明显地扭曲历史，也就毫不奇怪了。例如，明朝忠臣史可法在戏中自杀而亡，但是在现实中，他因拒绝投降而被清军杀害。另一方面，孔尚任安排他的主角脱离红尘，而不是像现实中那样参加满人统治下的科举考试，这大概是为了给戏剧一个更令人满意的高潮。总而言之，孔尚任必然达到了有效的平衡，因为我们知道《桃花扇》既在宫廷演出，也受到普罗大众的欢迎。洪昇（1645—1704）的《长生殿》几乎和《桃花扇》同期出现，表达了类似的情感并且同样受到欢迎。

大多数中国戏曲和短篇故事的一个重要特征，在于它们通过对情节的巧妙处理而达到最大的影响力。相比之下，中国的长篇小说（明清时期白话小说的最高成就）几乎没有线性情节发展，也没有戏剧高潮。其原因在于这些作品背后的美学和哲学预设。陆大伟（David Rolston）汇编的《如何阅读中国小说》一书基于"读法"这种中国文学的特殊文类，汇集了对明清时期杰作的许多重要评注，让我们清晰地看到这些作品在传统时代是如何被理解的。[①]

西方学者已经借鉴了这些中国评注传统并撰写了相关文章。他们也在自己的文学批评中引入了"现代"的阐释技巧和感觉。其结果是以更加复杂的方式看待中国文学（尤其是小说）的各种西方语言研究的激增。例如，出现了大量讨论中国叙事和主题之间关系的专著和论文，如"历史与传说""性别与意义""自我表达""写作与法律""自传感""文化与身体""爱

---

① Rolston, David L. 1997; Plaks, Andrew 1976, 117–35.

与情""欲望""因果和抑制""性欲"以及"男女关系"。① 西方人也研究中国的图像小说，当然还有翻译问题。作为这类学术研究的对立面，夏志清这位多多少少有些"传统"的中国文学专家，在《夏志清论中国文学》中对不同的西方学者提出了尖锐的批评。

夏志清尤其批评浦安迪的解释立场，浦氏对结构和美学的关注令夏志清感到厌恶（至少可以这么说）。但是我认为，浦安迪的论点有趣、有说服力也有价值。例如，浦安迪认为，中国小说杰作的结构植根于一种相互关联、相互重叠的范畴逻辑，即以意象、主题、情境和个性的阴阳并置来呈现经验。浦氏将这种根深蒂固的存在观念视为"绵延交替和反复循环"，他有力地指出中国小说循着变化的叙事轴线发展，例如分与合、兴与衰、忧与喜、雅与俗以及动与静。中国小说也经常在虚与实之间游离。浦氏的重点在于，这些二元性是互补而非对立的。它们并不是标准的二元论形式，也不在一个真正的辩证过程中得到解决。不像西方小说里可以预料的那种分解或综合，中国小说所有的是无穷的重叠和交替。②

中国小说让人有无尽之感，这非常像山水画、园林和某些中国诗。但是正如在艺术和诗歌中那样，无止境或者无目的并不等于无意义，因为总是有一个预设，即存在的整个基础是可理解的。用浦安迪的话来说：

> 叙事文本中的任何意义，往往不会呈现于单个事件的排列，也不会呈现于单个事件与其他事件的逻辑关系，而只会呈现于所有（或者至少是大量）事件的假设总和中……这种意义感可能是历史叙事和稗史叙事在中国传统中占据中心地位的部分原因。对人类活动的客观叙述最终会证实其本身的意义模式，这种观点在编史学中是相对清晰的；甚至还可以说，西方叙事从独特伟大的史诗模式中发展出的意义维度，就历史的循环往复和浩瀚而言，在中国文本中更早地显现了出来。③

---

① 见参考书目。
② Plaks, Andrew 1976; Plaks in Rolston, David L. ed. 1990; Hsia, C. T. 2004, 31–42, esp. 171–87.
③ Plaks, Andrew ed. 1977, 42. 对清代鲜为人知的小说的讨论和分析，参见Chang, Kang-i Sun & Stephen Owen, eds. 2010. Vol. 2: 291–98。

　　虚构叙事和历史叙事之间的比较也可以扩展到对人物的处理，这在大多数中国白话文学中往往是必需的。就像评价历史人物，更不用说艺术家和文学家了，中国叙事倾向于用生动简洁的笔触来概括一个人。大多数小说家都从外部来描述他们的人物，将焦点主要放在行为而不是思想上，但又假设两者属于一个整体。不过，中国小说杰作中的人物刻画比传统的历史写作更为复杂，因为中国叙事中的重点通常在于人物瞬间的和变化的特性，而不是恒久的和发展中的特性。小说的中心人物很少是西方意义上的"英雄"，并经常给人反复无常和前后矛盾的印象。这些特征仍然可以在一定程度上用阴阳交替互补的美学与哲学观念来解释，这种观念可以相对容易地容纳变化和前后不一。

　　此外，与传统中国对关系的强调相一致，小说中任何人物的性格都没有这个人同他人的关系来得重要，因此小说往往强调群体的共同行动或者个体在群体背景下的复杂互动。有时，小说人物甚至会被描绘为其熟人的复合。对人物塑造而言重要的还有在"三纲五常"框架下相互矛盾的社会角色造成的紧张关系。叙事如同生活，一个男人可能会因为他同时作为父亲、儿子、丈夫、臣子（或君主）、兄弟以及朋友的矛盾角色而左右为难。

　　道德困境是中国小说结构的核心，与大多数其他形式的白话文学一样，它的特点是浓厚的教化意味，以及对褒贬的格外强调。这反映了儒家关于天地固有的道德秩序的观念和报的原则，也就要求虚构的故事在道德上完满。其结果就是中国叙事虽然满是悲惨情境，却没有西方意义上的成熟的悲剧概念。不过，在中国小说杰作中有相当多的讽刺，因此，蕴含在其中的道德判断并不总是简单和直接的。

　　中国小说的道德世界本质上是儒家的，但是佛教和道教因素在几部重要著作中也有着举足轻重的地位，许多故事都有明显的超自然维度。尽管中国叙事学中最受推崇的价值观是忠诚、责任、孝道以及贞洁，但是一些小说展现了对佛道超验学说以及"侠"的普遍伦理的"积极融合"。此外我们发现，中国叙事传统中最伟大的一些作品尽管带有儒家口吻，却都在讽刺或者批评中国传统社会的某些价值观念和做法。这有助于解释儒家学者对小说的矛盾心理，以及明清政权为何以"轻浮、粗俗和虚假"为由周期性地禁毁一些"小说淫词"。[1]

清朝给事中阿什坦（卒于1683年）——他同时也是满人学者和翻译家——的一份奏疏恰好反映了这类道德关注：

> 读书务以经史为重……近见满洲译书内，多有小说秽言。非惟无益，恐流行渐染，则人心易致于邪慝……此外杂书秽言，概为禁饬，不许翻译。此亦助扬教化，长养人才之一端也。[2]

与此类似的是，汉官余治（1809—1874）在19世纪中叶写道："收藏小说四害，一玷品行，二败闺门，三害子弟，四多恶疾。"[3] 即使是中国最伟大的小说《红楼梦》，在19世纪也被官方禁止过一段时间——尽管我们知道，在18世纪，乾隆皇帝本人也阅读过并十分欣赏这部作品。

尽管有着讽刺倾向和"庸俗"内容，但清代最好的小说和明代的一样，热情地颂扬中国传统文化，为中国社会各阶层提供了一个共同的英雄和坏人的形象库，既激励人们效仿，有时也是反面教材。我在第一章里已经讨论了明代"四大奇书"——《三国演义》《水浒传》《金瓶梅》《西游记》。[4] 这些书在清朝都非常受欢迎，但是其中三部因被认为具有颠覆性而时常遭到禁止。当时有谚语这么说："少不读《水浒》，老不读《三国》。"因为后者鼓励狡诈和阴谋，而前者鼓动反抗权威。当然，《金瓶梅》公然谈性也触犯了正统的情感。

清朝没有任何一部原创的侠义小说，能在风格或者内涵上同《三国演义》《水浒传》相媲美，但是各种战争题材小说（其中一些相当成熟）在整个清代（特别是嘉庆年间）蓬勃发展。[5] 在"文"的方面，清代涌现出了几

---

[1] Gimm, Martin 1988, 81. 该文指出，对小说的禁令和禁毁活动，在下列年份得到了证实：1642年、1652年、1663年、1687年、1701年、1709年、1711年、1714年、1724年、1736年、1738年、1753年、1754年、1774年、1802年、1810年、1813年、1834年、1844年、1851年、1868年、1871年。
[2] Gimm, Martin 1988, 81.
[3] Gimm, Martin 1988.
[4] 关于上述小说的续作的研究，参见 Huang, Martin W. ed. 2004; CHCL 2: 212ff.。
[5] 关于"战争爱情故事"或"战争小说"，参见 Hsia, C. T. 2004, 135–70, esp. 166ff.; CHCL 2: 432–35.

部杰作。就尖锐的讽刺而言，力度最深的是吴敬梓（1701—1754）的《儒林外史》。在这方面，这部小说甚至超越了《西游记》，因为后者仅仅是善意地将目标对准佛教，而《儒林外史》则尖刻且直接地揭露了儒家精英自身的虚伪。

通过娴熟运用第三人称叙述，考场失意的吴敬梓探讨了中国文人的肮脏而腐败的世界，强调了科举制度对于士人阶层的极端重要性，以及这个制度造成的诸多滥用。《儒林外史》共有大约200个人物，其中许多人物得到了巧妙的勾勒——有时不同的观察者提供了相互矛盾的信息。有些士人正直垂范，但更多的则是骗子和伪君子。一些评论家详述了此书的自传性质以及作者对才华横溢但又极具个性的士子杜少卿的认同。然而即使是杜少卿，偶尔也会被讽刺，只因吴敬梓向粗鄙、虚伪和人类的愚蠢投射了一贯的道德视角。虽然《儒林外史》有时因其独立成篇的结构和明显缺乏内聚性的整体设计而受到批评，但是此书很好地阐述了传统中国对"多线交叉叙事"以及庞大的人际关系网的强调。①

在情色文学方面，《肉蒲团》（有些人认为这是戏剧怪才李渔的作品）至少可以和《金瓶梅》相媲美。② 和后者一样，《肉蒲团》在一定程度上是围绕佛教救赎主题的宗教寓言。它结构合理、活泼有趣、同情女性，在心理层面很真实。在有些方面，《肉蒲团》甚至比《金瓶梅》还要出色。它更严格，在人物类比、幽默和讽刺上更为巧妙。男主角未央生的妻子玉香，绝佳地说明了女性作为女儿、妻子、情妇和娼妓的社会角色冲突问题。她也是个体在群体环境中互相作用的一个有趣例子，因为她在某种程度上和小说中几乎所有主要男性角色都有联系。

除了《西游记》的续作，清代和《西游记》最接近的小说就是19世纪时李汝珍（约1763—1830）的《镜花缘》。伊懋可（Mark Elvin）称这部作品是"1830年前后中国受教育者思想的缩影"。如果说《西游记》是中国的

---

① Shuen-fu Lin in Plaks, Andrew, ed. 1977.《儒林外史》的英译本见 Yang, Hsien-yi and Gladys Yang, trans. 1957. 关于吴敬梓的研究，参见Ropp, Paul S. 1981. 关于《儒林外史》的精彩总结和分析，参见CHCL 2: 274–82; Shang, Wei 1998, 373–424。
② Hanan, Patrick 1988 推测李渔为《金瓶梅》的作者，Chang, Chun-shu and Shelly Hsueh-lun Chang 1992 则反对这一结论。《肉蒲团》的英译本见Hanan, Patrick trans. 1990。

《天路历程》，那么同样以唐朝为背景的《镜花缘》也许就是中国的《格列佛游记》。同《西游记》一样，《镜花缘》融合了神话与冒险、幻想与寓言、讽刺与幽默。根据设定，小说中人物的观点经常互不相同，表明了"问题的极性"而非固定的立场。虽然《镜花缘》更多地反映了儒家道德价值（忠和孝）以及道家对长生不老的追求，而不是佛教教义或神话，但是它绝非传统守旧之作。《镜花缘》讽刺了势利、伪善和攀附，尖锐地批评了中国社会中的某些做法，尤其是缠足和纳妾，还颂扬了唐闺臣（代表文才）、师兰言（代表道德和智慧）以及孟紫芝（代表风趣和幽默）等才女。但是与此同时，《镜花缘》也对中国传统文化的其他各个方面显示出了明显的赞赏。[①]

此外还有一些公开的社会谴责小说值得一提，包括晚清时期刘鹗（1857—1909）的《老残游记》和吴沃尧（1867—1910）新颖的第一人称小说《二十年目睹之怪现状》。[②]这一时期的小说不仅饶有价值地揭示了王朝的衰落（以及19世纪末20世纪初西方和日本前所未有的影响），而且代表了中国"传统"和"现代"小说之间重要的过渡阶段。《海上花列传》是加快这种转变的一部重要作品，它是对晚清"妓女文化"的一份生动而写实的记录。王德威认为这是一部"推动晚清中国小说向现代化转变的杰作"。[③]然而讽刺的是，这部小说从未在大众读者中流行开来，部分原因在于它是用吴语（上海方言）写成的，也可能在于它并不属于传统风格。

无论从什么标准来看，《红楼梦》都是中国传统小说的巅峰。这部宏大而又优雅的作品的前80回俗称《石头记》，由曹雪芹（约1715—1763）撰写。他是旗人内部的汉人包衣，也是一位才华横溢的画家。后40回通常被认为是高鹗（卒于1791年）所作，他是一名旗人，也是持有功名的士子。一些120回的全本包括近1300页和约70万字。这部小说有至少30位主要人

---

① Elvin, Mark 1997; C. T. Hsia in Plaks, Andrew, ed. 1977; Brandauer, Frederick 1977, 647–60; Lin, Tai-yi, trans. 1966. CHCL 2: 296–98提供了精彩的总结和分析。
②《老残游记》的最佳英译本是Shadick, Harold, trans. 1952;《二十年目睹之怪现状》的最佳英译本是Liu, Shih-shun trans. 1975;《老残游记》的研究见Hsia, C. T. 2004, 247–68。
③ CHCL 2: 430–31. 关于晚清小说及其社会政治文本的出色研究，参见CHCL 2: 413–22, 427–35, 440–56; Dolezelova-Velingerova, Milena, ed. 1980; Liu, Ts'un-yan, ed. 1984; Qian, Nanxiu, Grace Fong, and Richard J. Smith, eds. 2008; Starr, Chloë F. 2007。

物和约400个小角色，涵盖了中国社会的各个阶层。虽然角色众多，但房兆楹鞭辟入里地指出：

> 他们混合在一个绝妙的统一体中，每一个人都是大家庭不可缺少的一分子，分享着它的荣辱兴衰。有些人理所当然地以为家族的好运永不会逆转，整日纵情声色；有些人贪得无厌，试图从家产经营无方中为自己谋利；有些人预见到了危机，故而为自己的未来盘算；另一些人则频频示警，却无人理睬。这样一幅描绘了几十个主人和几百个奴仆的人情百态的画卷，对研究清代前期钟鸣鼎食之家的社会状况具有无与伦比的史料价值。①

正如上面这段提要所说明的，这部小说的故事主线是围绕着贾家的命运和生活在大观园中的各个人的复杂恋情展开的，尤其是本书的男主角（有人可能认为他是反典型的主角）贾宝玉和他的两位才女表亲——林黛玉和薛宝钗。这部小说的大部分内容带有自传性质，因为曹雪芹和贾宝玉一样，生性敏感，受过良好教育，他的显赫家庭在他有生之年经历了经济等多方面的困难。这部书有多个不同层面的意义，并且是用多个不同的文学模式写成的，包括现实主义、寓言以及叙事。和《儒林外史》一样，《红楼梦》在一定程度上是对清初政治和社会生活的批判；它又有些像《镜花缘》，《镜花缘》深受曹雪芹妙笔的影响，可以看作对女性的颂扬。

《红楼梦》的结构特别充分地说明了阴阳互补的基本原则和中国传统哲学对关系、性质及存在状态的兴趣。正如浦安迪、米乐山（Lucien Miller）、余珍珠（Angelina Yee）、王瑾等人所指出的那样，这部小说的吸引力大部分体现在虚实主题的相互渗透和重叠，儒家和佛教（或道教）元素的并置，贫富贵贱的对比以及场景、情绪和境况的不断交替上。许多回开篇的对联，以及人物特征的对比（例如体弱的林黛玉和活泼的薛宝钗），

---

① Hummel, Arthur ed. 1943-1944, 738.《红楼梦》的最佳英译本见 Hawkes, David, trans. 1973-1979; Minford, John, trans. 1979-1987; Yang, Hsien-yi and Gladys Yang, trans. 1978-1980. 关于《红楼梦》的精彩总结和分析，见 CHCL 2: 282-91。

图9.1　贾宝玉

来源：改琦（1773—1828），1916年

图 9.2　林黛玉

来源：改琦，1916年

都提高了读者对互渗、交替和互补对立的感觉。① 小说一开始就设定了结构和主题的基调：

> 那红尘中有却有些乐事，但不能永远依恃；况又有"美中不足，好事多魔"八个字紧相连属，瞬息间则又乐极悲生，人非物换，究竟是到头一梦，万境归空。②

可以预见的是，《红楼梦》结束于浦安迪所描述的"叙事跛脚鸭时尚"（narrative lame-duck fashion）。在小说结尾之前，宝玉的家人偷偷地为他安排与薛宝钗而不是他的真爱林黛玉成婚，黛玉在宝玉婚礼那天悲痛而亡。之后，贾家的灾难接踵而至，但宝玉最终还是通过了科举考试，宝钗为他生了一个儿子，贾家的运势再度升起。后来宝玉决定脱离红尘，皈依佛教，因此在部分完成了他作为儿子和丈夫的儒家责任后，出去寻求开悟和个人救赎。正如一些中国现代学者所认为的，这部小说具有真正的悲剧维度，但是悲剧又在某种程度上被更大的存在主义运动模式调和了。③

中国和西方学者都将《红楼梦》视为中国传统文化的缩影。在严谨的结构和精致的细节上，这部小说唤起了完整感和真实感。另外，确切地说，它代表了整个中国前现代文学传统的巅峰。它包含了中国文学的所有主要类型：哲学、历史、诗歌和小说。我们在书中能读到孔子、庄子、唐诗和元曲。从清朝到现在，《红楼梦》已经激发了无数戏剧、诗歌、游戏和续作的再创作，以及大量的学术批评。

但是，虽然这部小说是中国传统小说的极高成就，作者在作品中还是表现出了传统文人的成见。例如在第42回，宝钗给黛玉讲述文学的目的：

> 男人们读书明理，辅国治民……你我……偏又认得了字，既认得了

---

① 对传统"二元图式"的评论，见Yu, Anthony 1997。另见夏志清对浦安迪更为严厉的批评，Hsia, C. T. 2004, 31–42, 171–87。
② Miller, Lucien 1975, 56.
③ Andrew Plaks in Plaks, Andrew ed. 1977, 334–39, esp. 338.

字，不过拣那正经的看也罢了，最怕见了些杂书，移了性情，就不可救。①

　　毫无疑问，曹雪芹有点言不由衷，但很明显的是，作者最大的乐趣来自通过哲学讨论、文字游戏、谜语尤其是古典诗词来展示他的博学。尽管他笔下的人物自由地引用13世纪著名的《西厢记》这样的通俗作品，②但他们花费了无数的时间来写诗并讨论它。事实上，《红楼梦》在创作和欣赏诗歌的能力上为读者提供了一流的教育。

　　这部小说的文化广度可能最明显地反映在它对中国社会的生动写照上。在心理写实和广博范围上，它在中国传统文学史上都是无与伦比的。正如房兆楹所指出的，《红楼梦》几乎揭示了中国人生活的方方面面，并涵盖了广阔的社会领域。它强调了大众宗教和家庭仪礼的重要性，孝道和尊重长者、尊重权威的价值，以及社会各个阶层中履行角色的张力和冲突。此外，它还提供了有关中国美学、住房、服饰、饮食、娱乐、节日、性生活和风俗的丰富细节。也许最重要的一点是，《红楼梦》阐明了社会理论和社会实践之间的差距在公文和其他正统文献中经常被忽视或淡化。记住这一点，我们现在可以将注意力转向中国人的日常生活了。

---

① Hawkes, David, trans. 1973–1979. Vol. 2: 334.
② 关于《西厢记》的精彩总结和分析，见CHCL 2: 22–23, 358–91。

第十章

社会生活

与其他文化领域一样，清朝时期的社会风俗也多种多样，又因为地域、时间和阶层的不同而大相径庭。汉人、满人、蒙古人以及其他非汉族群的社会风俗也各不相同。我们再次遇到了如何概括的棘手问题。同样，我们还要面对调和理论与实践的困难，即协调言与行之间的差距。当我们检视清代中国的日常生活时，这些问题尤为突出，因为帝国中的每家每户都各不相同，人与人之间也是千差万别。然而正如我前面所指出的，我们必须概括从而发现意义，所以下面请听我娓娓道来。

正如前面章节中提到的，中国内地的八旗满洲、八旗蒙古和八旗汉军旗人与占人口大多数的非旗人汉民之间存在着一条鸿沟。旗人居住在具有独特建筑风格、与外界相隔离的满城里；他们的家中常有满族风格的装饰，例如悬挂弓箭；他们尊崇自己的尚武传统和共同传说；他们参与自己的萨满仪式；他们主要在自己的圈子里进行社交；并且，在清代的大多数时间里，他们中的许多人并不说汉话。他们采用不同的问候方式，用自己的名而不是家族姓氏来自称，穿着特别的服饰。满族精英女性与汉族精英女性尤为不同：满族女性一般不缠足，她们的发式、服装和首饰也风格迥异。比起汉族女性，满族女性拥有更大的财产权，她们在旗人社会里享有更高的地位。在妇女再婚问题上，满族比占主导地位的汉族文化要宽容得多。①

① 满汉之间的各种不同，参见Crossley 1990a; Elliott 2001a; Rhoads 2000, esp. 18–63。关于满族文化的具体描述，参见：戴银华，《清末民初生存状态研究》，北京：人民出版社，2010年；刁书仁，《满族生活掠影》，沈阳：沈阳出版社，2002年；定宜庄，《清代八旗驻防制度研究》，天津：天津古籍出版社，1992年；李理，《白山黑水满洲风》，台北：台湾历史博物馆，2012年；李燕光，关捷，《满族通史》，沈阳：辽宁民族出版社，1991年；刘小萌，《满族从部落到国家的发展》，沈阳：辽宁民族出版社，2001年；满族简史编写组编，《满族简史》，北京：民族出版社，2009年；王锺翰，《满族历史与文化：纪念满族命名360周年论集》，北京：中央民族大学出版社，1996年；杨锡春，《满族风俗考》，哈尔滨：黑龙江人民出版社，1991年；张杰，《满族要论》，北京：中国社会科学出版社，2007年；中国社会科学院编，《清代满汉关系研究》，北京：社会科学文献出版社，2011年；周远廉，《清朝开国史研究》，沈阳：辽宁民族出版社，1981年。

尽管如此，与汉民的长期接触对许多满族男女都产生了影响，尤其是在乾隆皇帝于1756年允许旗人定居地方之后。于是，满人逐渐接受了某些所谓的"汉族恶习"——首先在北京，然后在地方。显然，汉军旗人通常在这些活动中起着带头作用，包括对汉族娱乐方式的兴趣，以及对自身军事传统的日渐忽视。这一过程还包括越来越多地使用汉语而不是满语；至迟在1800年，清廷使大多数旗人保留满语作为日常用语的努力已经失败了。从那时起，即使是用来赞美满族文化的"笔记"，也不是用日常的满文所写，而是用优雅的文言文写成的。[1]

在其他方面，汉族文化也同样极富魅力。正如我们所见，许多满人，当然还有康熙以来的历任清朝皇帝，都着迷于中国的艺术和文学。各个阶层的满人都会庆祝许多汉族节日，包括农历新年。尽管满城和汉城明显不同，但是满城里也有汉式的宗教性寺庙，例如城隍庙、文庙、武帝庙、财神庙和火神庙（见第七章）。虽然满族并不鼓励女性缠足，但是也有一些人缠了足。并且很大一批满族女性都接受了这样的想法，即她们脚下的马蹄鞋也许能够让她们看起来像是缠过足的，或者至少能够产生一种明显的缠过足后的迷人步态（见图4.3）。随着时间的推移，另外一个问题是政府减少了对八旗驻防的财政支持，这就鼓励了旗人家庭更多地与汉人互动，通过越来越多地投资汉人的商贸事业，努力改善他们的经济前景。[2]

那么我们可以假设，满族、蒙古和汉军旗人家庭或多或少地发现了汉族文化中一些吸引人的方面，或者至少有一些方面适宜采用。但是除了这种概述，我们对这一切是如何、在何地、在何时以及为何会发生的，仍然知之甚少。近年来，中文学术界关于1644年清军入关前后满人信仰、习俗以及制度的研究确实在激增。[3] 但是，在我们能够肯定地描述特定时期旗人家庭的文化变迁过程之前，还需要在《八旗通志》等重要史料上花更多的功夫，更不用说日记、回忆录和来自"外部"观察者的记载了。让人有点惊讶的是，

① Elliott 2001a, 346. 另见戴银华，《清末民初生存状态研究》；刁书仁，《满族生活掠影》；李理，《白山黑水满洲风》；刘小萌，《满族从部落到国家的发展》；杨锡春，《满族风俗考》。关于对汉军背弃"满洲之道"大加批判的讨论，见 Elliott 2001a, 333—42。

② Elliott 2001a, 305—44, esp. 311—22. 另见中国社会科学院编，《清代满汉关系研究》，第168—198页。Rhoads, Edward 2000, esp. 49—51, 259—63.

③ 见第357页注1中的中文文献。

中国的省志和地方志中鲜少提到满人，而18世纪晚期旅居中国的日本人中川忠英关于清朝习俗的珍贵记录中，也完全没有提到作为独特族群的满族。到了1900年，也就是清朝灭亡的约十年前，满族旗人敦礼臣用汉文写就了《燕京岁时记》一书，但书中对满族习俗着墨甚少。柏干（M. L. C. Bogan）所写的、据说是在一名"满族学者"的帮助下完成的《满族的风俗和迷信》一书，也是相同的情况。[①] 后两部作品似乎都暗示了20世纪第一个十年满人的迅速"汉化"，但是并没有告诉我们更早期的情况。

清朝社会生活因为其他原因而困扰着学者们的另一个问题是：传统中国社会是如何看待和对待女性的。在前几章我们可以看到，中国并不缺乏有才华的女性。但是，大多数官方资料却并不会突出这个事实。这样一看，在《古今图书集成》中，"闺媛典"占据了大量篇幅（共376卷），似乎颇令人鼓舞。但是总体来说，这部类书中女性的声名主要不在于她们的个人成就，更主要的在于她们典范性地遵从了儒家女德，尤其是女性贞操。在《古今图书集成·闺媛典》中，篇幅最大的是闺节部，共计210卷。而与之相反，最少的分别是闺藻部（7卷）、闺识部（4卷）以及闺巧部和闺慧部（均只有1卷）。

根据清代中国所谓的贞节观念，中国妇女在丈夫死后不应再嫁，如果她们在丈夫死后自杀殉节的话，通常能得到礼仪上的褒奖。如果是为了维护自己的"名声"而自杀，她们同样能得到奖励。尤其是在乾隆时期，清廷通过颁布敕令、通过法令、为贞女和烈女建造牌坊等方式，旌表做出上述选择的妇女。这些做法只是国家和精英共同企图的一个部分，其更大的目的在于"加强对性别关系诸方面的控制，包括更严厉地惩处强奸罪、禁止色情作品、支持族权父权、推崇寡妇守节等"。[②] 但是，这些将理论和实践相结合的尝试成功了吗？ 在某些方面是成功的，而在另一些方面则没有。其中的变量包括阶级、时间、地方习俗，以及宗族相对力量上的差异。

总的来说——至少从我对史料的研读来看——在清朝的大部分时间里，

---

① 敦礼臣的《燕京岁时记》初版于1936年，见 Bodde, Derk, trans. 1977。柏干的著作初版于1928年，并在1977年和卜德的译本一起重版。
② Ropp, Paul S. 1976, 20–21. 关于清代贞操观念的一些角度不错的研究，参见 Elvin, Mark 1984, 111–52; Paderni, Paola In Zurndorfer, ed. 1999, 258–85; Ropp, Paul S. et al., eds. 2001; Sommer, Matthew H. 2000, esp. 10–11, 67–73, 78–79, 168–70, 177–83, 277–78, 312–13; Tao, Chia-lien Pao 1991, 101–19。

帝国政策和社会压力共同作用，造成了向妇女过度施压的局面。详述女性在帝制时代晚期所面临的困难，在学术界已经过时了。罗溥洛（Paul Ropp）在一篇题为《中华帝国晚期的女性》的深具洞见的文章中指出：

> 最近的学术研究已经从追问"女性地位"是上升还是下降的旧框架，逐渐转向分析明清社会中性别要素运作的暧昧和微妙之处。最近的学术研究也已经开始从"受害"研究，转向强调中国妇女的生活受到多方因素的影响，包括她们自身对社会、经济和家庭生活的主动选择与参与。最后，许多学者开始质疑主导了20世纪前期学术研究（并且在当下的一些研究中仍然占主导地位）的那种假设，即中国社会女性的苦难主要是保守的家长式的理学造成的。[1]

高彦颐（Dorothy Ko）、曼素恩、宋汉理等许多学者最近对中华帝国晚期女性的研究，都反映了这一重要的学术趋势。

当然，我们很清楚，不能（或者至少不应该）简单地将传统中国的性别问题简化为服从、压迫和受害。例如，缠足无疑是痛苦的、摧残人的，但它也是中国社会中地位、族群和个人尊严的一个独特标志。[2]同样值得注意的是，在对女性普遍持"保守主义"态度的清朝，官方政策实际上随着时间的推移而有所调整，而对个人的看法（包括女性和男性）变化则更大（见下文）。

但是在我看来，如果认为清代女性与之前大多数朝代（以及几乎任何时代的大多数其他社会）的女性一样，在某些重要的方面并不是弱势群体，那就是走入歧途了。事实上，只要仔细阅读罗溥洛的文章，就可以发现其中的一些端倪。清代中国的女性普遍没有财产权。中国的男性可以以"七出"休妻，包括口舌之过；但中国女性不得以任何理由和丈夫离婚，除非是遭受严重的肉体残害，或是丈夫试图鬻妇为娼。守贞只是针对女性的要求，而非男性。杀婴牵涉的几乎完全是女婴而非男婴。中国传统礼仪处处

---

① Ropp, Paul S. 1994, 347–83, 355.
② Blake, Fred 1994, 676–712; Ebrey, Patricia B. 1999, 1–34; Ko, Dorothy 1997, 1–27, 2001, 2005; Wang, Ping 2000; Zito, Angela In Larissa Heinrich and Fran Martin, eds. 2006, 29–41.

强调女性要服从男性。此外，无论是儒家经典和礼仪手册，还是通行的谚语，到处都有贬低女性的表达。

例如《诗经》中写道，"乃生男子，载寝在床，载之衣裳，载弄之璋"，因为他注定是"室家君王"；但是，"乃生女子，载寝之地，载衣之杨，载弄之瓦"，只希望她将来"无非无仪，唯酒食是议，无父母诒罹"。周敦颐基于《易经》第三十八卦睽卦和第三十七卦家人卦，认为"家人离，必起于妇人"，《近思录》也援引了这一说法。清代流行着以下几句谚语："妇人无德者有三，曰妒，曰妒，曰毒"；"妇人之仁，匹夫之勇"；"妇人口无量斗，也有实话，也有瞎话"。①

虽然对女性存在着这样的负面成见，但是清朝时期对于女性在中国社会中的地位和目的的问题并没有一个共识。相关的争论贯穿了整个清代，并且常常关系到另一个更大的问题："礼教"和"世俗"之间的关系。清代绝大部分时期，性别争论中最活跃的参与者几乎都是男性，他们常常超越当时的思想光谱，其中包括袁枚这样"悠游自在的美学家"、钱大昕这样的考证学家、章学诚这样的正统程朱理学家，以及陈宏谋这样的儒家经世派。他们当中几乎无人持有完全一致的意见。例如，袁枚呼吁（并致力于）女性的文学教育，但是他也捍卫纳妾制，反映了对女性天生次于男性的认识。章学诚相信男性和女性在智识上同样拥有天赋（他批评袁枚将女性当作性对象），但是他也坚持认为有文化的女性应该待在家里，不应该公开发声。陈宏谋尽管有着善意的平等倾向，但他也公开为女性贞节问题辩护，认为这是一种"教化机制"。不过，我们将在第十一章中看到，这些争论在19世纪晚期发生了翻天覆地的变化。

生命早期的仪式

一般来说，在中国，社会阶层越高的人就越会严苛地遵从仪式，这既

---

① Waley, Arthur 1987, 283–84; R. J. Smith 2008, 233. 关于谚语的研究，参见Smith, Arthur 1914, 69; R. J. Smith 2013, 114. 欧达伟研究农民谚语的论文中，给出了一些将女性比作动物的谚语，见 Liu, Kwang-Ching ed. 1990. esp. 327–28。

是出于儒家责任，也是考虑到社会声望。另一个因素来自财力方面：大多数精英都有条件沉湎于昂贵的仪式，而不受财力的困扰。俗话说："礼义生于富足。"另一种说法是："仓廪实而知礼节。"尽管如此，中国传统礼仪生活的一个强大而持久的特点是，社会各个阶层都不惜代价尽可能举行最盛大的仪式。在19世纪中期对华南农村生活的一份记录中，作者这样写道：

> 贫困和死亡对穷人来说是挥之不去的幽灵。它们在村子里四处游荡，带来社会的而非生理的恐慌。村民并不是恐惧死亡，他们的宿命观减轻了这种焦虑。让他们害怕的是，双亲即将离世却没有足够的金钱举办像样的仪式和葬礼。如果不能备办好仪式、宴席、棺椁和葬礼，将会显得极为不孝，并且受到社会舆论的谴责。①

西方和中国的一些其他作品也印证了这个观察。卜凯（John L. Buck）指出，直到1930年，中国一些地区近80%的农村信贷被用于非经济目的，主要是出生、结婚、葬礼及其他仪式。毫无疑问，这些花费至少和清朝时期一样高，根据民国早期的仪式手册，当时对礼仪的要求更加严格和精细。②

至少在大体上，中国家庭生活的方方面面都是高度结构化的。礼仪手册、日用类书、家训及其他类似资料，为正确应对每一种家事提供了细致的指导。夫妻之间应该和睦相处，没有嫉妒和怨恨，孩子们从小就被教育要孝顺和听话（见下文）。这些都是理论，那实际情况是什么样的呢？欧中坦、戴真兰（Janet Theiss）等学者的研究已经表明，尽管中国社会各个阶层在"意识形态"上都追求和谐，尽管中国大多数臣民都极为厌恶诉讼，但是清代的法律案件显示了中国家庭内部大量冲突的存在。闹上衙门的争吵通常涉及父母与儿媳、孀居或再婚的母亲与她们的儿子。不当性行为、妒忌、养子养女问题以及财产纠纷，是家庭不睦的主要根源。人们通常会将冲突归咎于女性，但是欧中坦指出："过错并不在于女性本身，而在于中

---

① Baker, Hugh 1979; Smith, Arthur 1899, 191; Walshe, Gilbert 1906, 212–13.
② Buck, John L. 1937, 462ff.; James Hayes in Johnson, Nathan and Rawski, eds. 1985; Cohen, Myron 1991, 113–34, 117–19.

国社会赋予她们的角色。"中国家庭的等级制度及其矛盾的角色和责任，"塑造了它内在的不和谐"。①

除了手册、类书和其他指导形式，通行的年历（黄历、历书、通书等）也是清代中国日常生活中不可缺少的。由于其发行量和实用性，历书可能是帝制时代晚期最常用的书籍，几乎每家每户都有一本。历书除了基本的历法信息（如正式的国家历法），还提供医疗和农事建议、儿童教育资料（以道德故事的形式），以及各种符咒和占卜技术。几乎各行各业都会用到历书，要么是为了抵御邪神的侵害，要么是为了道德指导，要么是为了祭祀、祈福、嫁娶和丧葬等家庭仪式活动选定吉时。历书甚至能指示人们选择最适宜的时间来进行沐浴、缝纫、打扫、会友、服药、出行、买卖和入学等世俗活动（这一点类似国家历法）。②

如第七章所述，中国历书的占卜体系是建立在一系列相互关联的宇宙变量上的，包括阴阳五行关系、二十四山、二十八星宿等。每个人根据其生辰融入宇宙秩序，生辰总是以八字的形式被小心记录下来，每两个字代表年、月、日和时。老百姓相信，很多精英阶层的成员也相信，出生于某年对应着与十二"地支"相关的十二生肖。每一种生肖又对应着某一些特质、阴阳五行的属性以及特定的星宿。于是，算命先生和媒人自然而然要考虑这些生辰信息。

传统中国与出生有关的仪式差别很大，但还是有一些共同之处。由于婴儿死亡率很高，所以人们使用护身符、祈福和供奉等方法来保护新生儿。许多中国人相信，恶鬼尤其喜好男婴，但是如果婴儿有个不讨喜的"乳名"，那么恶鬼可能就不会伤害他。有时候，人们会为男孩娶一个女孩的名字。一般来说，人们在"满月礼"上为婴儿取乳名，"满月礼"标志着婴儿度过了在世的第一个月，也凸显了伴随童年的不确定性。③

---

① Ocko, Jonathan in K. C. Liu, ed. 1990, 212-30, 228-30. 其他法律案件参见Macauley, Melissa A. 1998; Sommer, Matthew H. 2000; Theiss, Janet 2009, 197-233. 这些案件一般都涉及非精英阶层，其原因不仅仅在于精英阶层人数较少，还因为他们往往有影响家庭成员行为的权利，从而无须诉诸司法系统。

② R. J. Smith in Kalinowski and Harper, eds. 1992.

③ 关于婴儿死亡率的研究，参见Elvin, Mark and Josephine Fox in C. Ho, ed. 2012, 1-28, 2014, 1-33; Pomeranz, Kenneth 2000, 37. 康熙皇帝生有超过50名子嗣，其中22人没有活过4岁。Naquin and Rawski 1987, 107.

新生女婴的处境尤为危险，因为她们是杀婴现象的主要受害者。晚清一些敏锐的西方观察者认为，杀婴在中国并不比在欧洲更普遍，但是19世纪的其他说法（无论是西方的还是中国的）都表明，这种违法行为相当普遍，尤其是在经济困难的时候。让我们来听一下19世纪中期江苏无锡附近某村保婴会组织者余治是怎么说的：

> 故贫乏之家，生育稍多，迫于自谋生计，往往生即淹毙，相习成风，恬不为怪……不特生女淹，甚至生男亦淹。不特贫者淹，甚至不贫者亦淹。转辗效尤，日甚一日。有一家连淹十余女者，有每村一岁中淹至数十女者。居乡目击，惨不忍言。[①]

在传统中国，养育女孩被认为是一种不明智的社会投资，因为她们中的大多数人在成人之后都会外嫁。生活拮据的家庭可能会卖女为奴、为娼，但是婴儿价格很低。许多人都相信，与其让孩子过贫困或耻辱的生活，不如杀了他。因此，就有了一些表示杀婴的委婉说法，如"把孩子嫁出去了"和"把孩子的灵魂移到别人身上了"。此外，根据儒家孝道的要求，如果要在赡养父母和供养子女之间进行选择的话，那么杀死女婴在道德上就是正当合理的。中国有个著名的民间故事，明确地宽容并褒奖了一个为了孝敬父母而牺牲孩子的男子（见下文）。

孝道还有其他的维度和影响。男童关乎家庭血脉和祖先祭祀的维系，而女童基本上与父系承嗣问题无关。孟子在说"不孝有三，无后为大"的时候，指的是男童。在没有男性后代的情况下，入赘婚姻是一种选择，尽管这并不受欢迎。另一种选择是收养。和婚姻一样，这个过程也需要各种各样的中间人促成。

收养中最常见也最被看重的是收养同宗亲属。根据《大清律》的规定，继子必须与户主同姓，并且优先过继侄子或侄孙。但是在实际情况中，人

---

① Ebrey, Patricia B. ed. 1993, 313-17; Pomeranz, Kenneth 2000, 38-39. 该书指出，即使是在皇室内部，也有超过25%的新生女婴被杀，这一比例在18世纪达到巅峰。Naquin and Rawski 1987, 108, 110; Rowe 2009, 9.

们通常购买和收养外姓之人，更改他们的姓氏，这就为过继省去了很多复杂性。这在华南地区尤为普遍。收养仪式通常包括一份契约、一场宴席和有养子出席的祖先祭祀。这种仪式在重要性上介于出生和婚嫁之间。[1]

在传统中国，人们从不同的角度看一个人的成长阶段。正如第六章中所示，孔子特别强调15岁、30岁、40岁、50岁、60岁和70岁。《礼记·内则》讨论了年轻男子如何养育孩子，强调了6岁、10岁、13岁，以及成年后的20岁、30岁、40岁、50岁和70岁。可以想见，书中对养育女子要粗率一些，只强调了10岁、15岁和20岁。《古今图书集成》的"人事典"中，从出生到20岁，每岁都有单独的部；20岁之后直到百岁，每十岁也都有单独的部。不过在传统观念中，最常见的年龄分期还是六个阶段：婴儿期、少年期、青年期、成年期、中年期以及老年期。[2]

中华帝国晚期的很多日用书，包括流行的《万宝全书》，都为父母进行"胎教"提供了建议。这是一种以宇宙论为基础的"外象内感"理论的教育副产品。我所见过的各版本的《万宝全书》都包含了胎儿逐月生长的插图，并以诗文的形式呈现了很多信息，旨在教导父母，鼓励做好产前护理。许多历书也是如此。此外，也有一些儿科医书流传甚广，例如《婴童百问》《婴童类萃》和《幼幼集成》。[3]

婴儿期通常为从出生到三四岁（按中国的虚岁算则是四五岁），这取决于是否有兄弟姐妹或者保姆。人生的前两年是一段放纵期：无论日夜，婴儿只要饿了，就会被喂食；全家人（尤其是祖父母）都围着他转；慢慢地才学会自己洗漱，并逐渐断奶。三四岁时开始学习基本的规矩，并要懂得尊重和服从，尤其是地位差异和孝顺。这段时间，孩子们会接触到歌谣和说教故事，这些内容他们以后都会牢记，包括《二十四孝》《孝经》和《三字经》。这些书主要面向男童，但是就像《论语》等经典一样，这些小书也都有专门针对女童的版本。女孩还要学习班昭久负盛名的

---

① Waltner, Ann 1990; Bai, Limin 2005, 16–18, 44, 207–8.

② Levy, Marion 1949.

③ Bai, Limin 2005, 8–11, 19, 175–76; R. J. Smith 2014. 产前发育的插图和胎教的文本，见《万宝全书》"种子门"，第171—184页。

《女诫》。[1]

清朝历书中常见的《二十四孝》故事，说明了中国社会期望孩子侍奉父母所达到的极端程度。除了前面提到的郭巨埋儿奉母，还有汉文帝亲尝汤药、老莱子戏彩娱亲、董永卖身葬父、王祥卧冰求鲤、吴猛恣蚊饱血、崔唐氏乳姑不怠等故事。有些版本里，还有割股疗亲的故事。[2] 惊人的是，"割股"的做法在历史记载中很常见，在清代还受到了官方的表彰。[3]

在《女二十四孝》中，大多数故事同样围绕着英雄主义和自我牺牲的主题，例如，明韩刘氏臂血和丸，以给姑食；宋崔志女破冰入水，孝比王祥。在这些故事中，花木兰代父从军尤为突出。花木兰不顾父亲的反对，穿上了男子的衣服，参军抵抗突厥，长达20年。在战场上，她成了一名杰出而勇猛的战士，赢得了皇帝的奖赏，并最终获得了家人的尊敬。[4]

《孝经》像《二十四孝》等作品所说明的一样，也主要关注内涵广泛的"孝"。孝，乃天地之经，乃"德之本也，教之所由生也"；是治国之道、帝王之基；是社稷存续、人民安康之法；能光宗耀祖，无忝所生。然而与此同时，《孝经》也规定了一些特定形式的孝行，例如执行恰当的哀礼以及照顾好自己的身体（因为身体是祖先赐予的，见下文）。伊沛霞（Patricia Ebrey）对原版《孝经》和一版早期《女孝经》做了并列比较翻译，揭示出两者之间的主要区别在于，后者强调了女性对男性的生活能带来积极的转变。[5]

《三字经》以三字短语成韵，便于记忆，它反复强调教育的价值、读书成功必须做出的牺牲以及失败的可怕后果。它包含丰富的基本文化信息，尤其是历史悠久的数字范畴，例如三才、三纲、四时、四书、五经、五常、五行、五方、六谷、六畜、七情、八音、九族和十义。此外，《三字经》还按时间顺序概述了中国历史，突出了英雄和奸佞，以及朝代的兴衰模式。

---

[1] 为年轻女性设计的读物的节选，见SCT 1: 819–27。曼素恩撰写了一篇关于对女儿的教育的精彩论文，见Elman and Woodside, eds. 1994。
[2] "二十四孝"故事的翻译见Jordan 2014。SCT2: 139–41; Mo, Weimin and Wenju Shen 1999, 15–23; Hsiung, Ping-chen 2005, 21–23, 111–12, 208; Bai, Limin 2005, 104–5, 107–8。
[3] T'ien, Ju-k'ang 1988; Chong, Key Ray 1990, 93–94, 115–20, 164–66。
[4] 《女二十四孝》和其他类似的故事，见余治编，《女二十四孝图说》，1872年。
[5] SCT 1: 325–29; Mann, Susan L. and Yu-yin Cheng, eds. 2001, 47–70。

最重要的是，《三字经》列举了各种各样的学习模仿对象，包括汉代的蔡文姬和东晋的谢道韫这两位成就卓著的女性，相关部分这样写道："彼女子，且聪敏，尔男子，当自警。"

中国儿童正式接受管教是在少年期，从三四岁一直到十五六岁。这段时期，精英家庭的年轻男性要接受紧张的正规教育，而女性接受的教导则没有那么正规。一般说来，农村儿童可以上学的地方，例如明清时期的义学，教育的重点从来都不是识字，而是道德教育。中国西南地区对非汉族群的教育亦是如此。[①]

白莉民在《塑造理想的儿童：中华帝国晚期的儿童与蒙书》一书中，特别强调了仪式在中国儿童教育中的作用。她指出，明清时期教育者的主要目的事实上在于"使身体仪式化"，即"约束外在"和"滋养内在"。为了达到这个目的，蒙书教导孩子如何掌控他们的身体：如何走路、鞠躬以及如何凝视和说话。它们还教孩子如何穿衣，甚至如何呼吸。学堂里有时装饰着图画，示范着一些重要的礼仪。例如，有一所学堂里挂着一组图画，描绘了迎接新生儿、年轻人的正确姿势、学子互相问候、婚礼、儿子侍奉父母、妇女侍奉公婆、祭祖等各种仪式。[②]

在精英家庭中，所有男性在开始接受教育时都要背诵诗文、熟记汉字，然后则是练习书法和绘画，最后才是棋术和音乐。精英家庭的女孩也可以学习这些内容，但是她们通常被期望先学习刺绣和编织等"女红"。[③]受过良好教育的女性通常在教育子女的过程中发挥着突出作用，她们能够在家庭琐事、自己的学术和艺术兴趣以及育人之间取得平衡。当然，这个过程对于那些家里有能力雇用奴仆的女性来说要容易一些。

不在乎田间劳力损失的家庭里，女孩到了五六岁，通常就要开始缠足了。这种致残的做法远比人们通常认为的更加普遍，既给中国女性带来了地位，也给她们带来了痛苦。性别隔离也始于这个年龄，尽管中国的文化

[①] 学规的节选、学生守则、关于"人性和理"的启蒙读本以及朱熹的《读书法》，见SCT 1: 807–16。关于慈学和非汉族教育，参见Elman and Woodside, eds. 1994, esp. 9–10, 384–91, 417–57, 419–46, 527–29。

[②] Bai, Limin 2005, Chap. 4.

[③] Ko, Dorothy 1992, 24; SCT 1: 807–16.

理想是要女性身居闺阁，但是这从未完全实现。而男孩则在同一时期开始体会父亲的专横。中国的父亲们为了遵守《论语》中明确的儒家训诫，保持做父亲的"距离"和"威严"，在教育儿子在家庭和社会中得体行事时，往往变得越来越冷漠和严酷。相比之下，母亲和女儿（通常还有儿子）之间的关系则更加温情而亲密。[①]

在传统中国，父母的权力近乎绝对。《红楼梦》中贾政对待贾宝玉的方式就是形象的描绘。事实上，不孝是死罪，是《大清律》中的"十恶"之一（见第三章和下文）。[②] 因此，中国的孩子在很小的时候就学会了完全服从父母、祖父母、老师、行业领袖和其他权威人物。这在年轻的男孩女孩心中产生了一种强烈的"依赖倾向"。[③] 然而在农民家庭中，父母和子女之间（以及男女之间）有时更加平等，因为家庭的所有成员都住在一起，并作为一个独立的经济合作体一起劳作。

所谓的青年期，大体上是一个精英现象。那是处于青春期、面对婚姻之前的一个过渡阶段。到了青春期中期，父母管束和学习的最严酷阶段都过去了。中国男性开始体验到相当大的自由，并且与妓女或者女仆有了第一次性接触。但是他们的姐妹仍被禁锢在家中，受着一大堆严格的贞操观念的束缚。在一些家庭中，为男性行冠礼以及为女性行笄礼，标志着他们正式成年。但是在帝制时代晚期的多数情况下，这些仪式（如果举行的话）都和婚姻有关，并且通常发生在男孩18至21岁、女孩16至18岁时。

婚姻与婚后生活

无论年龄几何，正式的婚礼都意味着成年。在中国社会，每个正常的男女都要结婚，包括奴仆。事实上，《大清律》规定，主人如果不为女奴找好夫家，就会受到刑罚。婚姻的目的明确地在于延续男性的血脉。用《礼

---

① Ko, Dorothy 1992, 25–28. 母亲们也试图和儿子建立亲密的关系。Hsiung, Ping-chen 1994, 87–117; 2005, 129–30, 149, 151–53. 母亲们经常被指责"溺爱"儿子。Rowe 1992, 25; Eastman, Lloyd 1988, 28–29.

② "不孝"在"十恶"中位列第七，包括咒骂自己的父母或祖父母，或者咒骂丈夫的祖父母。Jones, William C., trans. 1994, 35.

③ Metzger, Thomas 1977, 19–20; Pye, Lucian 1981, 137.

學舘諸生列位之圖

图10.1 学馆诸生
来源：中川忠英，1799年

图 10.2　书生礼拜

　　我们可以看到这名学生在他的老师和另外一名成年人的注视下敬拜圣人。

来源：中川忠英，1799 年

仪》的话来说就是："昏礼者，将合二姓之好，上以事宗庙，而下以继后世也。"① 因此，婚嫁主要是两个不同家庭之间的联合，而不是个人选择或者相互爱慕的问题。根据法令，同一姓氏的两人即使没有血缘关系也不能结婚，婚配中的法律主体是各家户主，而不是结婚的两个人。有时候，准新娘和准新郎的意愿可能会被考虑在内，但是通常情况下，婚配对象是由父母或长辈单方面专断决定的。在《红楼梦》中，贾宝玉迎娶薛宝钗而不是林黛玉，为我们提供了一个很好的文学案例，说明了家庭利益可以并常常凌驾于个人感情之上。

清代中国的婚姻一直是一种契约关系，也是传统时代迄今为止最重要的契约关系。婚约可以是口头的，也可以是书面的，可以是笼统的，也可以是详细的，但是精心筹备的仪式增强了婚约的效力，使之得到公开展现，并且象征着婚约具有的社会和宇宙意义。契约同样还涉及离婚和收养程序。一般来说，对婚约的经济和仪式投入越少，毁约的可能性就越大。

传统中国存在不同形式的婚姻，每一种都是不同社会或经济环境下的产物。其中最隆重的是明媒正娶或者说"大婚"。"成年"新娘从她的娘家走出来，在她的夫家获得仪式上的重生。这种婚姻形式被认为是一种规范、一种社会标准，下文将会详述。"小婚"同大婚的礼仪模式基本相同，只不过新娘要在实际婚期之前作为"童养媳"或"苗媳"，在未来夫家住上10至15年。这种安排在穷人中间尤为常见，但是绝不仅限于他们。另外一种不太常见、人们也不怎么瞧得起的婚姻形式就是"入赘"，男子作为女婿居于女方的家庭，这完全是大婚和小婚的颠倒。选择这种婚姻形式的男性通常来自有多个儿子的家庭，而入赘没有儿子的家庭。入赘新娘家的时间长短因人而异，从几年到一辈子都有，这由婚约详细规定。②

大婚、小婚和入赘的选择取决于几个因素：家庭地位、财富、社会组织（尤其是血缘纽带）以及地理因素。华北地区以大婚为主，但是在许多

---

① Chai and Chai 1967. 理雅各译《礼记》的重印本初版于 *The Sacred Books of the East*, Oxford 1885. Vol. 2: 248–434. 关于中国的婚嫁习俗，见鲍宗豪，《婚俗与中国传统文化》，桂林：广西师范大学出版社，2006年; Holmgren, Jennifer 1995; Watson, Rubie S. and Patricia B. Ebrey, eds. 1991; Wolf, Arthur and Huang Chieh-shan 1980. 后面的论述主要基于以上文献。

② 关于婚嫁习俗的差异，参见 Watson, Rubie S. and Patricia B. Ebrey, eds. 1991, 284–85; Diana Martin in Baker, Hugh and Feuchtwang, eds. 1991。

南方地区，其他形式占主导地位。武雅士和黄介山写道：

> 从人造地球卫星上俯瞰中国婚姻和收养习俗的分布，我们可能会看到，小婚集中在华南沿海一带，江西南部、福建西南和广东北部最密集。入赘在上述地区可能也很常见，但是在长江下游三角洲密度最大，密度第二大的是中国西部边境。但是，一旦更为靠近我们的研究主题，我们就会发现，这种从高处俯瞰的视角掩盖了大量的地方差异，这种差异甚至比中国主要区域之间的差异更为显著。[①]

传统中国家庭生活的一个显著特点是纳妾制度。从理论上来说，这种古老的做法因为传宗接代的孝道需要，而被认为是合理的。妾通常是由富裕家庭直接从贫困的家庭买来的，而且妾的地位一般不及妻。[②] 事实上，妾在进入她的新家庭时要参加一定的仪式，以显示她对正室的顺从。清代法律禁止妻降为妾，妾升为妻。为了进一步表明妾的下等地位，清代法律要求妾对正室、对丈夫的父母、对丈夫的儿子（包括正室的儿子、其他妾室的儿子以及她自己的儿子）服同等之丧。妾的儿子被要求认正室为母，按照惯例，他们和正室的儿子享有平等的继承权。在中国的婚姻中，真正重要的是父权；一旦离婚，丈夫几乎总能得到孩子的抚养权。[③]

纳妾和溺婴的做法，加上寡妇再嫁不符合儒家规矩的巨大社会压力，造成了大量剩男，入赘婚也很难真正缓解这种情况。清代10%至20%的男性可能从未结过婚。[④] 这就是一场大婚会带来如此多的声望以及需要如此多的公开展示的原因之一。尽管大婚的具体习俗因地而异，但有些习俗几乎是通行的，至少在精英阶层中是如此。[⑤]

① Wolf, Arthur and Huang 1980, Chap21, esp. 335.
② 关于婚嫁术语的讨论，见Watson, Rubie and Ebrey, eds. 1991, 7–8。Rawski 1998, 130–59讨论了清朝贵族的纳妾制度。
③ David Buxbaum in Buxbaum, David and Mote, eds. 1972, esp. 216–17; Baker, Hugh 1979, 35–36.
④ Zhang, Haihui et al., eds. 2013, 103.
⑤ 关于具体的习俗，参见鲍宗豪，《婚俗与中国传统文化》，桂林：广西师范大学出版社，2006年；Baker, Hugh 1979; Holmgren, Jennifer 1995; Watson and Ebrey eds. 1991; Wolf, Arthur and Huang Chieh-shan 1980。当代西方对中国婚嫁仪式的记录，参见Doolittle, Justus 1865, 65ff.; Gray, John H. 1878. 1: 191 ff.; Walshe, Gilbert. 1906, 108ff.; Williams, Samuel W. 1883. 1: 785ff.。关于惊人般相似的仪式和不婚，见Marjorie Topley in Wolf, Arthur, ed. 1978.

　　几乎所有中国婚姻形式（包括大婚、小婚和入赘）都有的一个重要特征就是需要媒人。这类中间人在中国社会生活的许多方面都是必不可少的，尤其是那些涉及声誉或者"面子"的微妙问题。媒人的责任至关重要。他（或她）不仅要衡量两户人家的相对社会地位，而且要考虑某些重要的经济和个人因素，例如家庭财富和个人性格。在理想情况下，婚姻应该给双方都带来好处，这通常意味着双方家庭在地位和财产上大致相当，或者可能一方地位更高而另一方更为富有。清朝的一些官员（尤其是陈宏谋）强烈谴责将女性"视为期货"，但是在商榷婚姻时，财产因素几乎一直是非常重要的。①

　　嫁娶仪式的各个阶段充满了复杂的象征意味，或是积极的或是保护性的。红色代表幸福和好运，是服装和饰物上的主色，包括蜡烛和灯笼——它们在白天也会用到。② 爆竹标志着净化和喜庆，护身符经常被用来为新娘提供额外的保护。食物在嫁娶仪式的各个阶段都扮演着重要的角色（就像在中国仪式生活的其他方面一样），其形式包括象征性的礼物、供品以及正式婚宴。"长寿面"、水果等食物寓意着琴瑟和谐、幸福美满。成对的白鹅象征着对婚姻的忠诚，各种各样寄寓幸福的铭文也随处可见。

　　婚姻"六礼"的第一礼是"纳采"，由媒人与双方家庭商议后出面进行。在此事和其他大部分事情上，新郎一方通常都会积极寻求媒人的建议。经过对一定地区适龄男女的谨慎调查和初步信息收集后，媒人就可以说媒了（通常是向男方家庭）。媒人还负责协商诸如聘礼和聘金的数量等事宜。新娘一方则要决定嫁妆的数量，这些到时都要让新郎家看见。所有这些计算对家庭的声望和物质利益都极为重要。

　　"六礼"的下一步是"问名"，即正式交换男女双方的姓名、生辰等信息。第三礼是"纳吉"，即卜问婚姻吉凶。这一阶段通常需要算命先生，但也会通过例如杯筊或筊杯的方式来询问祖先和其他神灵。第四礼也是最关键的一礼，称为"纳征"，即女方家庭接受聘礼，确定婚约。和上一阶段一

---

① Rowe 1992, 16. 关于做媒的研究，见 R. J. Smith 1991, 184–88. 关于嫁妆和遗产的研究，参见 Chung-min Chen in Hsieh, Jih-chiang and Ying-chang Chuang, eds. 2002, 117–27.
② 关于清代婚礼喜服，见 Garrett, Valery M. 2007, 49–50, 98–100, 120–23. 罗友枝探讨了中国风格的仪式（包括婚礼）是如何在宫中依照满族的信仰和习俗进行改动的，见 Rawski 1998, 274–76.

样，下聘伴随着复杂的仪式，这是由社会等级规定的。同样，这些仪式通常也伴随着祖先祭祀。

第五步是"请期"，即选择佳期迎娶新娘，以及进行相关的仪式活动。在这里，做决定的可能是算命先生或者其他超自然的权威，包括寺庙里的神谕。历书也提供了举行各种婚姻仪式的吉时。"亲迎"是婚姻"六礼"的最后一礼。在亲迎的前一天，新郎要加冠取字，新娘要束发加笄。与此同时，新郎家要安排华丽的花轿到新娘家，而新娘家也要将嫁妆送到新郎家。

在亲迎那天，新娘要向她的父母和祖先恭敬地行礼，聆听关于妇道的简短训诲，然后进入华丽的红色轿子，经过一段喧闹、炫目、迂回的行程后到达夫家。在那里，新娘要做出种种举动，表现出对丈夫和夫家的顺从。这可能是新娘和新郎第一次真正看到对方的脸，至少对大多数精英家庭的婚姻来说是这样的。在这些仪式之后，新人要虔诚地敬拜天地、祖先，以及新郎家中的主要神灵，特别是灶神。这些活动强调了婚配的宇宙和家庭维度。

迎亲当然包含着一场宴席，就像接亲队伍、嫁妆数量一样，宴席规模可能也是家庭财产状况的一个衡量方式。不过，宾客通常会出份子钱来帮助应付开支。地方婚俗决定着新娘的家庭是否能够参加婚宴，但是在几乎所有的大婚中，新娘的父母都会被设宴款待，并且得到额外的礼物。

当新娘在婚后回门时，她的身份通常是客人，而不是亲属。虽然她与父母及亲戚仍有着情感上的联系，但是根据法律和习俗，她现在已经完全是夫家的人了，必须在礼仪上更重视夫家而非娘家。[①] 这是很困难的，尤其是在刚开始的时候。除了小婚和入赘，新娘会发现自己置身在一个全然陌生的环境里。在这种环境下，婆婆对儿媳有着巨大的权力，因为孝子必须尊重母亲的意愿。众所周知，有时候母亲会逼迫儿子休弃妻子。那么，在正式入门之前的这段时间里，新娘有时候会和她们的朋友、家人一起哭泣、悲歌，也就不足为奇了。[②]

在传统中国，休妻有七种理由（称为"七出"）：（1）无子，（2）淫佚，

---

① 一个例外是极端的本地婚姻习俗"不落家"。Siu, Helen 1990, 32–62.
② Baker, Hugh 1979, 46–47, 125ff.

（3）妒忌，（4）盗窃，（5）不事舅姑，（6）恶疾，（7）口舌。在原则上，妻子不能休弃丈夫，但这并不是清代离婚相对较少的主要原因。首先，在三种情况下，丈夫不得休妻（淫佚除外）：（1）妻子曾和丈夫一起为去世的公婆服丧；（2）妻子无娘家可回；（3）富裕发达时不可休"糟糠之妻"。这些情况通常会单独存在或并存。此外，由于男性相对于女性的常年过剩，要想再娶一位处女新娘变得相当困难，尤其是前面离婚的理由并不是很充分的话。此外，妻子的亲生父母和从前的亲戚至少会在一定程度上保护她的利益，因为婚姻是一种家族事务。尽管如此，我们知道很多女性都觉得婚姻生活是难以忍受的，她们要么逃跑，要么自杀。另外还有一些人自发地选择了不婚。[①]

除了婆婆的支配，另一个让妻子（至少在精英家庭中）感到苦恼的地方就是丈夫纳妾。不同于正室，妾通常是由丈夫而不是公婆选择的，原因常常在于她们的美貌或艺术、文学和音乐才能，而非道德品性和（或）家庭关系。尽管从表面上看，纳妾是为了生育儿子，确保家族延续，但这往往只是一种挥霍。妾的社会地位虽然不如正室，但往往是丈夫的主要性伴侣，因此也是妒忌的潜在根源，而这正是"七出"之一。

然而，我们不应该认为包办婚姻全无浪漫可言。有大量证据表明，清代包办婚姻中常常发展出爱情，中国历史上的其他时期也是如此。甚至有一些妻子在丈夫死后拒绝再婚或自杀的例子。[②]不过，妇女的这类行为是成问题的。如前所述，妻子在丈夫死后为他守贞不仅受到理学的鼓励，还会受到国家的旌表。所以说，是与爱情或情感无关的强大的社会压力，最终影响着妻子要为丈夫守节或殉死。

另一方面，社会对寡妇再嫁也有很多相抗衡的压力。尽管正统观念强调妇女要为亡夫"守贞"，但是许多家庭不愿意供养回到娘家的女儿。实际上，有些人会无情地把年轻丧偶的女儿卖给出价最高的人。在贫困家庭中，

---

① Spence 1978. 关于离婚及其局限性，参见 Wolf, Arthur and Huang Chieh-shan 1980. Chap. 13; Baker, Hugh 1979, 129–30. 关于"不婚"的不同种类，参见 Marjorie Topley in Wolf, Arthur, ed. 1978; Siu, Helen 1990, 32–62; Stockard, Janice 1989。

② Barr, Allan H. 2013, 137–78; Ropp, Paul S. 1981, 146–47; Rowe 2009, 104–5. 西方学者对此的一些看法，参见 Johnston, R. F. 1910, 219, 243–45; Macgowan, John 1912, 249, 255–56; Qian, Nanxiu 2015. 钱南秀给出了一个极好的晚清时期"友爱婚姻"的例子。

亲
迎

花
轿

图 10.3　亲迎

　　这张图是一个完整场景的一半，展示的是婚姻仪式中的"亲迎"。新娘坐在花轿中，身后带着她的嫁妆。如果嫁妆太多，则需要单独运送。

来源：中川忠英，1799 年

图 10.4　鼓乐待客

　　这张图也是一个完整场景的一半，这个套系反映的是精英阶层婚宴中的多样元素。图中的文字表明，宾客正在欣赏音乐。在这个套系中其他有趣的图示里，我们还可以看到对夫妻拜天地和来客闹新房的描绘。

来源：中川忠英，1799 年

经济状况加上高死亡率，常常使再嫁变得必要。大量人口数据表明，许多不到30岁的孀妇实际上都再婚了，而那些早年丧偶并被旌表牌匾、牌坊以及入传的"节妇"，"显然只是所有孀妇中的一小部分"。①

中国人的性生活很少得到讨论，但是这个问题对于了解传统中国文化（包括婚姻）来说，无疑是十分重要的。②高罗佩的开创性研究表明，中国人一直以来对性有着非常"健康"的态度。尽管儒家礼制有着严苛的标准，甚至夫妻在公开场合意外碰到手也会遭到非议（中国自然也就不会有夫妻社交舞这样的传统），但是高罗佩认为，中国传统时期的性生活在总体上是丰富多样的，完全不是西方偏见和"歪曲"的那样。③不过与此同时，士人和朝廷也强烈谴责"非法性行为"（清代对此有不同的界定），认为这是对儒家家庭价值观的威胁，因而也是对以家庭为中心的中国社会和政治秩序的致命威胁。④

内与外、公与私在中国人那里有着清晰的区分。在公开场合，男性的地位无疑要高于他们的妻子，妻子应该是被动的、顺从的，即使权利和特权很少，也感到满足。然而，在闺阁这样的私人空间里，女性似乎常常享有相对的性别平等。李渔的通俗小说《肉蒲团》借一位女性角色之口，在正统儒家价值（以及佛教轮回观念）的框架下，表达了女性的"性权利"：

> 我们前世不修，做了女子，一世就出不得闺门，不像男人有山水可以游玩，有朋友可以聚谈，不过靠着行房之事消遣一生，难道好叫做妇人的不要好色？只是一夫一妇，乃天地生成，父母配就，与他取乐自然该当……只是这桩事体不干就罢，要干定要干个像意。⑤

房术书最早至少可以追溯到汉代，它显示出，中国男性长期关注如何

---

① Telford, Ted A. 1986, 118–48, 126; Theiss, Janet 2009, 197–233.

② Jin, Wenxue 2004.

③ Van Gulik 2003，见金鹏程为此书新版所作的富有启发性的序。例证参见：Cabezon, José, ed. 1985; Ding, Naifei 2002; Finnane, Antonia and Anne McLaren, eds. 1998; Hinsch, Bret 1990; Jin, Wenxue 2004; Mann, Susan L. 2011b; McMahon, R. Keith 1988, 32–55, 1995; Meijer, M. J. 1985, 109–33; Ng, Vivien W. 1987, 57–70; Ruan, Fang Fu 1991; Sommer, Matthew H. 2000; Sommer in Goodman and Larson, eds. 2005, 29–54; Song, Geng 2004; Wile, Douglas 1992。

④ Sommer, Matthew H. 2000.

⑤ Hanan, Patrick 1988, 121.

利用技巧去满足女性的性需求。中国的色情小说也是如此。甚至帝制时代
晚期流行的医书，似乎也鼓励女性寻求性满足——至少在为了生育儿子而
性交的范围内。例如，一些作品强调女性的性高潮对生育至关重要，享有
高潮的那一方最终决定了孩子的性别。尽管男性心中所想可能只是生殖或
医疗方面的问题，但是其中一些信念似乎有助于女性获得性享受。①

众所周知（尽管常常被过分强调），在传统中国，缠足对男性具有性
吸引力，甚至女性也会为她们的金莲而感到自豪。从历史来看，缠足始于
唐宋年间，是舞者用彩带缠脚这一做法的讽刺的产物。在元朝，缠足逐渐
从华北传到华南地区，主要流行于上层社会。到了清代，这种致残的做法
不仅在中国士绅阶层中广泛存在，并且在平民之中也很普遍，平民追求着
缠足所表示的社会地位。我们看到，甚至满人也在某种程度上屈从于这种
方式，他们在鞋底加上了一块木头（"花盆底鞋"），做出缠足的样子以及步
态。虽然缠足是一个痛苦的过程，但是它的吸引力既不在于施虐，也不在
于受虐。相反，男性将此解释为让女性待在家中的方法，并且赞美因缠足
而产生的步态，以及据说是由这种步态影响的女性性表现。中国色情文学
中的许多段落都详述了缠足的形状和神秘。②

除了性心理，性也是一种物理疗法。在中国，这个观念可以追溯到几个
世纪之前。其原理和道家炼丹术以及传统中医基本相同。阴阳的和谐交互带
来了身体健康和长寿。通常情况下，阴阳两极互相滋养，但男性与年长女性
交媾的情况除外——这通常被认为会吸走阳精，对男性没有好处。这无疑是
中国男性向来偏好年轻妻子和小妾的原因之一。国家并不赞成同性恋——尤
其在清代，同性恋属于违法——但是常常采取容忍的态度，部分原因可能在
于，根据医学或性假设，相同"精华"的交换不会造成损失。③

中国人对健康和长寿的渴求，不仅体现在性行为和相关治疗方法（例
如道教的"内丹"）上，还体现在医书、类书、历书、谚语、宗教实践以及

① Furth, Charlotte, ed. 1992, 1–9; Harper, Donald 1987, 539–93; Wile, Douglas 1992; Ruan, Fang Fu 1991; McMahon, R. Keith 1995, esp. 127–28, 133.
② Levy, Howard S. 1967; Cohen, Myron 1991, 120–21; Ebrey 1999, 1–34; Ko, Dorothy 1997, 1–27, 2001, 2005; Wang, Ping 2000; Zito, Angela 2006, 29–41.
③ Hinsch, Bret 1990; Sommer, Matthew H. 2000, esp. 10, 28–29, 114–18, 121–32, 130–32, 148–58, 353–54.

世俗象征上。作为这种兴趣的显著标志，《古今图书集成》中有关医药的部分（禽虫典、草木典）有520卷，超过了这项巨大工程中其他任何单独门类的卷数。诸如《万宝全书》这样的日用类书，也在"养生""医学""法病"和"祛病"等门类中，包含了大量关于健康和福祉问题的内容。

过去20多年来，中医理论和实践领域涌现出了一批杰出的学术成果，丰富和深化了我们对中华帝国晚期医学的认识。其中一个成果丰硕的研究领域聚焦于女性，从女医（一些学者偏好男女通用的"医师"一词）的工作、女性身体观念，到诸如妇科、避孕、分娩、乳房疾病（尽管男人也有这种问题）等具体健康问题，以及被称为女性"性疯狂"的问题。最近研究的另一个重点在于医生和学习传统，包括寺院医学的实践。第三个激起浓厚学术兴趣的领域是评估医学文本，包括《伤寒论》和《黄帝内经素问》这样的古典医书，也包括清朝编撰的《御纂医宗金鉴》。①

《御纂医宗金鉴》是一个特别具有启发性的研究对象，因为它代表了清朝太医院从18世纪的江南医师那里争夺标准的"正统"中医传统的努力。基本的竞争发生在两种不同的病理学之间，一种是从汉代到明代普遍盛行的强调"伤寒"的正统学说，另一种则是复起的强调"温病"的学说。尽管在19世纪，人们对后一种学说越来越感兴趣，但是《御纂医宗金鉴》的简版在中国流传甚广。②

在中华帝国晚期，医生们掌握了许多不同的临床疗法。一些医生喜欢与"养生"有关的预防性方法，另一些则喜好草药；有一些偏好针灸、穴位按摩和艾灸等方式，还有一些则依靠萨满教、巫术和驱邪等宗教传统。③但是，大多数传统医疗的主要治疗目标都在于恢复体内阴阳、五行的平衡。正如某一版本的《黄帝内经素问》所言，阴阳和五行乃"天地之道也，万物之纲纪，生杀之本始，神明之府也"。④

专业上的竞争再自然不过了，例如所谓的"儒医"在实践中强调文本传统，而世医更倾向于自己的行医谱系。清代有一批声名卓著、医术高明

---

① 类似的医学文本见参考书目。SCC 6.
② Brokaw, Cynthia 2007, 428–49; Elman 2005, 227–36.
③ Katz, Paul R. 1995; Strickmann, Michel 2002; Chao, Yuan-ling 2009.
④ Hsu, Elisabeth 1999, 107. 关于中医理论，参见 Unschuld, Paul U. 1985, 1986, 1988。

的医学家，包括叶桂（1666—1745）和徐大椿（1693—1771）。[1] 但我们应该记住的是，在中国行医的绝大多数人地位都很低下，他们被中国社会视为仅懂技术的"技工"。就他们所受的教育程度而言，他们可能享有一定的地位，但是他们的职业本身并没有受到社会的尊重。

在这方面，医生就像是算命先生。事实上，这两种职业有许多共同之处。有学者对清朝400多名医生的传记进行了研究，将此与笔者对同一时期大约1200名算命先生的研究进行比较可以发现，这两个群体在地方志编纂者眼中大致相同。[2] 此外，在笔者所研究的清代传记中，有15%的传主既懂医术，又懂易卜。乾隆时期山东的一部方志中明确地将医学和占卜联系起来，视之为预言艺术："理解阴阳，探求理气，闻知变化，用于日常。"[3] 医生和算命先生相信相同的宇宙论原理，并且对他们的客户采用一些相同的评估方法。

尽管人们对健康和医疗很在意，但是清代中国的人均预期寿命可能不会超过35岁。伊懋可根据清朝中期长江下游平原的数据，做出了如下估计。需要注意的是，这些数据并没有按照社会阶层来划分，它们代表的是盛清时期中国最繁荣的地区：

> 女性出生时的平均预期寿命：27.2岁。
>
> 女性十岁时的平均预期寿命：41.1岁。
>
> 男性出生时的平均预期寿命：28.4岁。
>
> 男性十岁时的平均预期寿命：42.2岁。[4]

因此，难怪中国人生命的最后两个阶段，即中年和老年，具有特殊意义并值得盛大庆祝。

---

[1] 关于叶桂的讨论，参见Charlotte Furth in Furth, Zeitlin and Hsiung, eds. 2007。关于徐大椿的讨论，参见Unschuld, Paul U. 1989; Chao, Yuan-ling 2009; Hummel, Arthur, ed. 1943–1944, 322–24, 902–3; Wong, K. Chimin and Wu Lien-teh 1936。

[2] Bretelle-Establet, Florence 2009, 421–51; R. J. Smith 1991, esp. 26–27, 51, 82, 87, 189–200, 222–25, 229–32, 240–42, 248–49.

[3] R. J. Smith 1991, 194. （引文据英文直译。——译者注）

[4] Elvin, Mark 2014; Naquin, Susan and Evelyn Rawski 1987, 106–14. Pomeranz 2001, 322–62, 参见该文中韩书瑞和罗友枝的人口统计数据。

对大多数中国精英来说，从40岁到55岁的中年时段，会获得很多满足感：事业成功、物质富足以及含饴弄孙。中年时段结束的时候，大多数妻子都不再受婆婆的管控，但是有时候，她们自己却会变成专横的婆婆。对于中国社会的下层人来说，中年时期可能不像精英阶层那么令人满意，但是一点积蓄以及男性继承人可能会给上了年纪的普通人带来足够的成就感和安全感。

长寿会受到中国社会各界的敬佩和尊重。农村地区的老者往往具有大量的权力，并且如第四章所述，其中一些还会被官方定为耆老或寿官。由国家支持的集体宴饮仪式名曰"乡饮酒"，虽然并不总是定时或者正确地举行，但是说明了官方对长寿的认可和嘉奖。根据规定，这项仪式在各省各县每年举行两次。在仪式过程中的某个特定时刻，一名当地生员会宣读："凡乡饮酒，序长幼，论贤良，年高有德者居上，其次序齿列坐。"尽管这个仪式对地方士子并不总是有吸引力，但是它肯定能吸引到那些"渴望地方名声的地位低微的乡民"。①

老人在家里受到最大程度的优待和尊重。正如《红楼梦》所显示的，尽管"三从"的观念普遍存在，即在家从父、出嫁从夫、夫死从子，但是年长的女性往往在家中享有不小的权力。男性和女性的隆重庆生活动通常开始于50岁左右。从这时起，这类庆贺活动的规模和意义会逐年增长，尤其是在每一个新的十年开始的时候。60岁的生日有着特殊的意义，因为它标志着一个人完整地走完了一个甲子（见第六章）。生日庆典的具体象征自然以长寿为中心，包括寿烛、寿星、寿面、寿桃或者寿糕，以及寿字。举行寿宴时通常也会祭祀祖先。

长寿也是丧葬仪式上的重要主题。逝者的衣服是特制的寿衣，棺材是由寿材做成的，孝子孝女要吃长寿面。逝者的"寿像"也要放在棺材旁，供人凭吊。葬礼上非白色（表示哀悼）的地方都用吉祥的红色；白事中自觉地使用"寿"字，强调了贯穿中国传统宗教生活的"安抚恐惧和渴求希望"的主题。②

---

① Hsiao, Kung-ch'üan 1960, 205–20.
② Thompson, Laurence 1979, 50.

回顾中国的生命仪式，我们看到一种惊人的凝聚力和连续性。伊佩霞对家礼的研究指出，帝制时代晚期的仪式实践，

> 在全国各地都有许多与儒家文本描述的过程相似的地方。祭祖仪式需要在家中祖先牌位前定期上供食物……包括每年的忌日和重大节日。婚嫁仪式的连续性表现在媒人说合、交换礼物，新娘经过隆重的嫁娶仪式来到夫家，新人在此一起饮酒、吃饭，新娘还要被介绍给夫家的父母、亲戚和祖先。就丧葬仪式来说，主要的连续性包括固定的哀嚎，穿戴表明与死者亲属关系的丧服，下葬前都要在棺材附近供奉食物，推迟下葬期限数日、数周乃至数月以延长哀悼，服丧期间限制社会活动，使用上好棺木，下葬时庄严的送葬队伍，以及后续对入土者的祭祀。[1]

根据伊佩霞的说法，等级差距在这些仪式展现中的缩小，是"广袤的中国大地能够创造文化内聚力的一个重要因素"。它让"说着不同方言、对彼此日常生活知之甚少的人将彼此视为汉人"。因此在整个帝制时代，生命仪式的展现不但是家庭团结的标志，也是族属的标记。伊佩霞写道："当一个家庭为婚礼雇了一抬花轿或者穿着丧服步行送葬，这表现的都是对汉人身份和儒家道德秩序的认同。"[2]

娱乐

虽然清代社会各个阶层都对仪式有着严格的要求，但是人们仍有娱乐消遣的时间，包括从简单的家庭游戏到大型的社区节日。尽管中国的娱乐活动种类不胜枚举，但是总的来说，某些游戏模式在中华帝国晚期具有典型性。其中许多反映了精英的价值观念和喜好。例如，体力运动普遍缺乏，这既可以归因于中国人对仪表端庄的看重，也可以认为是害怕伤害身

---

[1] Ebrey 1991a, 204.
[2] Ebrey 1991a, 229; Elliott 2001a, 206. 如前所述，满人的丧葬要求远远不如大部分汉人那般严格，不过，如若他们的父母去世，他们的确会剪去一绺发辫，并且在家服丧百日。

体——"身体发肤，受之父母"，身体受到损伤是一种不孝。表明学问修养的游戏和其他消遣要多得多。《万宝全书》等日用类书收录了一些特别有价值的中国精英的休闲活动，其内涵在于指导那些渴望成为精英的人。①

另一方面，杂技和武术等公开展演的吸引力，同中国传统的武侠文学一样，可以解释成显著的文官导向的"无兵的文化"中的一种替代性发泄形式——至少对旗人之外的汉人来说。可以肯定的是，即使是士绅阶层，也有一些人练习各种各样的"拳"，并以此养"气"。《万宝全书》等书中的"武备门"，就包含了这类信息。中国有很多非常刚劲的武术都是基于身心阴阳调和的原则，优雅且能强身健体的太极拳也一样。但是，在公共场合展示拳脚和剑术的人几乎无一例外都是社会地位低下的人，他们更有可能和秘密社会联系在一起，而不是文人。②

也许传统中国人偏好个人竞争胜过团体游戏，反映了对世俗社会束缚的娱乐式逃离，因为中国社会生活的大多数方面都要求个人服从于更大的群体，没有真正重视过个人主义。喧闹节日和粗俗戏曲表演的流行，以及闹新房的普遍做法，都表明了人们需要时不时地摆脱儒家礼仪和社会控制的严格束缚，哪怕只是暂时的。

除了普遍不喜欢粗暴的打闹和团队活动，大多数中国传统游戏并没有什么特别的地方。中国儿童奔跑，跳跃，扔石头，掷硬币，玩球、毽子、陀螺、娃娃等玩具，饲养宠物（鱼、鸟、兔、猫等），等等。年龄较大的孩子和成年人喜欢观看斗鸡或者斗蛐蛐等比赛。各种类型的赌博（从纸牌、掷骰子到麻将）都很受欢迎，虽然常常被取缔。更为精致的消遣都是自然导向的，包括游园、散步（通常带着鸟笼）、划船、荡秋千以及放风筝。③女性的娱乐活动在一定程度上受到社会隔离和缠足的限制，但是正如我们所看到的，许多士绅家庭中的女性在诗歌和艺术方面受到了良好的教育。

---

① 具有启发性的中国"博弈文化"的历史，见宋会群、苗雪兰，《中国博弈文化史》，北京：社会科学文献出版社，2010年。另见王尔敏《明清时代庶民文化生活》一书中的"庶民文化"部分。
② 关于中国军事文化的研究，参见 R. J. Smith 1974, 124–25。关于拳术的研究，参见 Burkhardt, V. R. 1953–1958. Vol2: 88–94; Cheng, Man Ch'ing 1993, Benjamin Pang Jeng Lo trans.; Esherick, Joseph 1987, 38, 45–66, 209–14, 333–40; Naquin, Susan 1976, 30–32, 106–7; Wile, Douglas 1996。
③ 西方学者对清代中国娱乐活动的一些看法，参见 Bryson, M. I. 1886; Doolittle, Justus 1865; Gray, John H. 1878; Headland, Isaac Taylor 1901; Johnston, R. F. 1910; Macgowan, John 1912; Nevius, John. 1869。

如《红楼梦》所示，在这些家庭中，人们把大量的闲暇时间花在"琴棋书画"这所谓"文人四雅"上。

第八章已经详细讨论了绘画和书法，所以这里仅仅说一说后两种消遣。琴（或称古琴）在中国有着悠久而显赫的历史。两千多年来，它一直是中国最受推崇的乐器，在诗歌、艺术和通俗文学中享有盛名，而且与友谊和修养密不可分。"琴"在词源上和与其发音相似的"禁"有关系，因为人们认为这种乐器可以抑制邪念。而且它还寓意着婚姻幸福、社会和谐。琴圆面平底，象征天地合一，它那悦耳且宁神的旋律，常常是对自然的描述。①

琴最初有五根弦，后来发展到了七根弦，它表现了中国古典音乐韵律中蕴含的巨大价值，以及五声的多样功能。然而，琴仅仅是传统中国用于仪式和娱乐目的的众多精巧乐器之一。作为一名常驻19世纪中国的敏锐观察家，卫三畏说，全世界没有任何民族比中国人更多地使用音乐。②

围棋（在日语里被称为"碁"）一直是非常受欢迎的游戏。围棋的棋盘由19条竖线和19条横线相交，形成361个交叉点。从汉初到清朝，它一直是中国将领、政客和文人最喜欢的消遣方式。每方有180枚棋子，目标是占领地盘以及捕获或者"杀死"敌人。乍一看，人们可能会疑惑围棋为什么被列为"文人四雅"之一。毕竟绘画、书法和音乐具有审美愉悦和道德鼓舞的作用，而围棋是棋盘上的战争，是攻守和杀降。

也许围棋的魅力可以部分解释为，儒家学者追忆古代中国的军事遗产，以及逝去的封建武士的传统。但另外一个解释则可以从游戏本身的结构和设定中找到。首先，像中国士人一样，围棋既重视智慧又重视直觉。其次，围棋的胜负是相对的，并不绝对。"胜"基于在比赛结束时控制的交叉点的数量，而"败"也不是完败，玩家总能保住颜面。另外，围棋的玩法是分散但相关的非几何布局，而不是单一的决定性战术安排。这种对看似漫无目的的相互关联的整体模式的强调，被形容为一种"高效的、近乎美学的

---

① 郭平，《古琴丛谈》，济南：山东画报出版社，2006年。Hsu, Wen-ying 1978; Van Gulik, Robert H. 2010; Watt, James 1981, 38–49.
② Williams, Samuel W. 1883, 104. 关于汉族以及满族的音乐，参见 DeWoskin, Kenneth 1982; Goldman, Andrea S. 2012; Kaufmann, Walter 1976; Li, Lisha 1993, 99–115; Wichmann, Elizabeth 1991; Wu, Ben 1998; Yung, Bell 1989; Yung, Rawski and Watson, eds. 1996。

力量平衡"。① 围棋作为一种创造性的竞技，其艺术魅力几乎等同于山水画、园林、诗歌、音乐，甚至是一部好的小说。

清朝还有其他流行的棋类游戏。其中之一是象棋，其基本结构类似国际象棋。象棋相传是由周武王发明的，对中国的士人和平民都有着持久的吸引力。清代的《万宝全书》中收有象棋棋谱，围棋棋谱和琴谱亦然。另一种游戏"升官图"没有那么普及，但是从文化角度来说，它更有启示作用。有学者将其与帕克兄弟公司的游戏《大富翁》进行了对比，并注意到后者的目的在于控制地产和物业以获取财富，而前者的目标在于通过职务升迁和提高声望来获得金钱利益。② "升官图"的棋盘（通常是一张图纸）模仿的正是清朝官僚体制的升迁结构，它有几十个独立的格子（从63个到117个不等），职位从童生到三公。通过掷骰子，玩家在官阶上爬得越高，就能从官位比他低的人那里收到更多的钱。在清代，也可能在更早之前，这是一种博弈游戏。显然，清朝大学者纪昀（1724—1805）对此非常着迷。

在清代，社交几乎一直是一种地位游戏，在社会各个阶层中皆然。在精英圈子，人们非常注重衣着、称呼、举止、交谈、书面交流（包括邀请和回复）、赠送礼物、座次、美食等。《红楼梦》和《镜花缘》等小说投入了大量的笔墨讨论合乎礼仪的举止，这促使伊懋可写道："如果读者没有花上几年时间深入了解前现代中国人的思维方式，那么要体会这类作品中数不胜数的礼节和仪式上的具体细节，几乎是不可能的。"③

有关中国社会关系（比如亲属关系和家庭礼仪）的词汇是非常复杂的，甚至包含着大多数非汉族群都不会遇到的社会差别。例如，鞠躬有几种不同的方式，每一种都有特定的名称，并且礼仪手册中都有详尽说明。在正式场合，主宾总是坐在主人的左边，而且他的行为决定了其他宾客的反应。在较低的社会阶层以及相对非正式的场合，地位差别不太为人关注，但是

① Boorman, Scott 1969, Chap. 1. 关于清朝有名的玩家，参见 Hummel, Arthur, ed. 1943–1944, 63, 70, 528。

② Stover, Leon 1974, 215–25. Morgan, Carole 2004, 517–32 详尽描述了升官图的起源、发展和结构。

③ Elvin 1991, 43; Shang, Wei 1998, 373–424; Shang, Wei in Wang and Shang, eds. 2006, 63–92; R. J. Smith 2013, Chap. 3, 4. 对晚清仪式的论述，参见 Gray, John H. 1878. Vol. 1: 342ff.; Kiong, Simon 1906; Walshe, Gilbert 1906。

很少会被遗忘。19世纪中叶一位精明的西方观察家说过："当许多人走在一起的时候，你可以根据他们自然或者几乎无意识的站位顺序，来大致推断他们的年龄、等级或者职位。"①

晚清许多长居在中国的西方人士都谈到了中国人在各种社交中对礼节的异常重视。约翰·亨利·格雷（John Henry Gray）告诉我们："中国人很少会不知道该用什么样的优雅礼仪来规范自己的行为。礼仪是一个人教养的重要部分。"庄士敦（R. F. Johnston）的观察值得大段引述：

> 在外国人看来，中国人的仪式规则可能显得过于呆板且做作，他们在细节上的迂腐令人恼火。欧洲人会嘲笑那些精准指示人们行为的社会规则，例如送葬者在葬礼上应该怎样哭丧、何时哭丧，人们在表示哀悼或者祝贺时应该怎样措辞，在不同的场合应该怎样着装，怎样待客，怎样告别，怎样区别称呼方式，怎样坐有坐相，等等。这些中国礼节规矩可能很呆板，但是当中国的绅士或者目不识丁的农民按照这些规则行事的时候，他们没有一丝不自然的感觉。②

中国社会礼仪可能通常都是约束性的，但是对于大多数清朝臣民来说，它可能同样是让人放心的。

在传统中国，食物具有巨大的社会重要性。尽管在所有社会中，食物都被用来建立和维持人际关系，但是中国人的方式尤为复杂——食物是"社会交易中的标志和媒介"。固执但时而机敏的传教士明恩溥在19、20世纪之交写道："如果说有什么东西，中国人将之化为了一门精确的科学，那就是吃饭。"③ 所有重大社交场合都需要准备精致的美食，就像所有重要宗教仪式上，祭祀佳肴都是必不可少的。

食物的社会意义可以通过各种方式来衡量。正如一般所见，传统中国人的常用问候方式是："你吃了吗？"食物总是体面谈话的合适主题，也是

① Nevius, John 1869, 239–40.
② Johnston, R. F. 1910, 170–71; Gray, John H. 1878, Vol1: 347ff.
③ Spence in Chang, Kwang-chih, ed. 1977; Anderson, E. N. 1988; Cheng, F. T. 1954; Hauf, Candice 2011, 1–7; Simoons, Frederick 1991.

私人通信、诗歌以及古文的主题。许多清代著名学者都写过食物，很多有关食物的信息还会出现在地方志、政府公文以及《古今图书集成》这样的类书中。通俗文学中也有大量关于食物的描写，例如李渔、吴敬梓和曹雪芹等，都是公认的擅用食物来描绘人物、表现或定义社会情景甚至连缀故事情节的大师。《红楼梦》因对食物和宴会的精致描写而特别为人称道。

食物常常能反映神和人在中国社会中的地位。清朝典章就国祀中食物的类型、数量和样式有非常详细的规定，正如地方习俗规定了对神、鬼、祖先的通行祭品的要求。同样，在人类世界，官方规定和通行做法规定了适用于不同等级和不同地位的人——从皇帝到平民——菜肴的适当种类和数量。许多清朝皇帝的喜好都很简单，但是正如史景迁提醒我们的那样："皇帝个人的品味与其膳食和开销的规格几乎毫无关系。典章制度对所有重要正餐的内容做了严格的规定，并且根据其仪式的重要程度进行了仔细的分级。"[1]

在精英社会的正式场合，菜品的种类和数量必须按照参与者的身份和宴席的重要性来定。有时，族规会规定宗族成员招待宾客所用席面的规格，但是大部分平民都无法享用正式且精美的膳食，除了出生、嫁娶和葬礼等一些特殊的仪式场合。《红楼梦》中有一些地方表现了平民和精英饮食习惯之间的差异。在一个相对小规模的上流聚会上，刘姥姥算起某些菜肴的价格，惊呼道："一共倒有二十多两银子。阿弥陀佛！这一顿的钱够我们庄家人过一年了。"[2] 18世纪早期或中期的情况可能是这样的。大多数农民的饮食自然是简单而单调的，却仍旧是精心准备的。用19世纪50年代一个来华的苏格兰人的话说："中国最贫穷的人似乎都比我国同样阶层的人更懂得烹饪的艺术。"[3]

尽管富人和穷人在饮食上存在着巨大差异，而且地方烹饪风格过多，但中国人对食物的态度却非常相似。最基本的区别是饭（谷类和其他含淀粉食物）和菜（蔬菜和肉类）。饭菜之间的合理均衡是一顿美餐所必需的，不过色、香、味和口感也需和谐地融合在一起。饭为主，菜为辅。这种对均衡的

---

[1] Spence in Chang, Kwang-chih, ed. 1977, 282; Rawski 1998, 46–49; Stuart Thompson in Watson and Rawski, eds. 1988; Arthur Wolf in Wolf, Arthur ed. 1974, 176ff.

[2] Hawkes, David, trans. 1973–1979. Vol. 2: 265.

[3] Spence in Chang, Kwang-chih, ed. 1977.

图10.5 门前迎客

　　中川忠英的《清俗纪闻》中有很多鞠躬的图例。图中，主人在迎接两位客人和他们的随从，其中一位随从还带着一些烟包。

来源：中川忠英，1799年

关注有其传统基础。《礼记》曰："飨禘有乐,而食尝无乐,阴阳之义也。凡饮,养阳气也;凡食,养阴气也……鼎俎奇而笾豆偶,阴阳之义也。"①

食物和烹饪方式一般被划分为阴或阳、冷或热、"武"或"文"。考虑到中国人对于保持健康的整体方法,我们不该惊讶于发现:吃某些食物能够影响体内的阴阳平衡。例如,皮肤的疼痛或者莫名的发烧,可能源于吃了太多"热"食(油腻、煎炸或辛辣的食物、肥肉和油料植物),而"冷"食(水生植物、甲壳类和某些豆类)可能会引起或加重感冒。使问题变得更加复杂的是,中国食物被分为酸、甜、苦、辣、咸等五味,五味又与五脏、五行、五时等相关联。与传统中医的其他方面一样,这些变量几乎是无穷无尽的。

茶既有药用价值,又有饮食的魅力。在清代,茶馆是男性休闲娱乐的中心,许多人都认为自己是这种民族饮品的鉴赏家。最好的茶大多生长在中国南部。尽管某些茶被认为具有促进食物消化及减缓身体疼痛的特殊价值,但是茶的主要药用价值似乎仍在于它们是用沸水冲泡的,所以是无菌的。

有些酒精饮品具有明确的药用目的,但是绝大多数被视为社交工具,与美食、友谊以及吟诗作对密切关联。中国人并不区分真正的葡萄酒和以淀粉为基础的烈酒,两者都被称为"酒"。像茶一样,酒也有很多不同的种类,其中大部分产在中国南部。酒精浓度可能从10%到80%不等,尽管人们提倡饮酒和吃饭都要节制,但是中国人常常把这一忠告抛到脑后。喝酒游戏在聚会上非常流行(见《万宝全书》中的"侑觞门"),许多精英阶层的成员都属于某个饮酒团体。

诗人余怀(1616—1696)描述了发生于南京青楼的马拉松式的饮酒作乐:"所有的宾客都喝醉了,席地而睡。"但即便是在更加高雅的环境中,也有许多精英人士烂醉如泥的例子。中国社会下层似乎对酒没有特别的喜好,但是在18世纪末19世纪初,他们却很容易受到鸦片的诅咒。②

---

① Chang, Kwang-chih, ed. 1977, 48; 7–8, 10, 227–34, 272–75.
② Chang, Kwang-chih, ed. 1977, 278. 关于清代抽鸦片的情况,见Spence in Wakeman and Grant, eds. 1975。

传统中国的聚会，除了吃喝、吟诗或买春，还有其他娱乐方式。在精英阶层，歌舞和戏曲演出都很受欢迎。通过《红楼梦》我们可以看到，精英家庭的女性尤其热衷于戏曲。戏曲也可以为家人和朋友在嫁娶、老人寿辰、科考上榜等喜庆场合演出。显然，被单个家庭聘请来的演员并不总是知道自己应该表演什么曲目，需要贵客提出要求。因此，戏班子必须准备数十种戏，有些班子据说能演近百种戏。

村镇上也会有戏曲演出。这些演出的资助来源有很多种，或是整个村镇集资，或是村镇中的某一部分人（比如商人）赞助，或是当地寺庙或个人出资。与大城市里更为频繁的戏曲演出不同，村镇中的演出通常与定期庙会或者当地节日有关，这些活动将家人和朋友聚在一起，进行为期几天的丰富多彩、令人愉悦的娱乐活动，其间穿插着爆竹的声响和焚香的味道。寺庙经常赞助演戏，因为这是传统中国为数不多的具备场地条件的地方之一。这些演出通常在寺庙主神的"诞辰日"举行，目的显然是为了娱神。戏曲活动通常伴随着祭祀。正如华德英（Barbara Ward）等人所强调的，这类戏曲演出的累积效果"对中国文化的传播和标准化，尤其是在观念和价值取向方面，产生了巨大的影响。"[1]

在清代，朝圣也同庙会、村镇节庆一样非常普遍。在中国，这叫"朝山进香"，字面意思是"向山表示虔敬"。大多数朝圣地都在山区，大多数朝圣活动都要与供奉在山庙中的山神交流。朝圣者来自社会的各个阶层。用韩书瑞（Susan Naquin）和于君方的话来说就是："不同层次的文人、帝王、神圣和凡俗传统与不断增长的各种地方神、区域神和民族神的圣地共同存在。"随着旅行日益便利以及政治和经济融合的进一步加强，清代朝山进香活动也走向兴盛。在中国许多地方都发展出了香会，"促进了朝圣旅行，并照顾了越来越多的朝圣者"。[2]

一般年历和时宪书上强调的全国范围的节日，在整合传统中国文化和

---

[1] Ward, Barbara 1979, 22; Ward in Jain 1977; Ward in Johnson, Nathan and Rawski, eds. 1985; Naquin and Rawski 1987, 60–62. 从更为复杂的城市和乡邑角度来观察戏曲在中国的作用，参见 Goldman, Andrea S. 2012; Johnson, David 2009。

[2] Naquin, Susan and Chün-fang Yü, eds. 1992. 关于中华帝国晚期进香活动的杰出研究，见 Dott, Brian R. 2004。

教育人们其社会角色与责任方面有着特别重要的作用。几乎每个月都有一个重大的节日，与中国社会各个阶层直接相关，甚至超越了族群界线。例如，旗人家庭在满城中庆祝他们的大部分重要节日，京城中的满人贵族亦是如此。[①]其中许多节日中都有国祀和（或）祭祖，此外还包括宴请、爆竹、戏曲表演和音乐。遗憾的是，下面的简短叙述几乎无法传达出这类节日活动多姿多彩的盛况。[②]

传统中国一年中最重要的节日是元旦。这个节日始于腊月。大约在腊月二十日，清朝各级官员都要在他们的衙门行"封印"仪式，实际上是政府休假整整四个星期。与此同时，大多数商业机构也会歇业。新年前一周左右，全国各地家家户户都要敬灶神。根据民间信仰，灶神将会升天向玉皇大帝汇报过去一年中每家每户的情况。虽然这个仪式非常受重视，但是祭拜起来颇为轻松，只需将甜食涂抹在灶神像的嘴唇上，就能保证得到一份好听的报告。

除夕夜，全家人再次祭拜灶神以及家中其他神灵，当然还有祖先。这些仪式和婚姻仪式的象征意义是类似的。家宴重新确认亲属关系，依次通过鞠躬和磕头向家主表示敬意，生动地提醒人们家中的地位关系。烟花、香火和缤纷色彩迎来了第二天，人们必须在这天穿着得体的衣服，去拜访朋友、邻居、亲戚和上级，送去礼物，欢聚一番。当地书法家在红纸上写的吉祥的"春联"，装饰着民居和其他建筑物，喻示来年的家庭和事业蒸蒸日上。

新年的前两周有各种各样的娱乐、庆祝和宗教祭祀活动。人们通常再次祭拜祖先和神灵，包括广受欢迎的财神。各地官员举办隆重的迎春仪式，旨在通过色彩象征预示来年的农业收成，并确保在这种情况下得到最好的结果。正月十五日的元宵节（灯节）标志着春节的结束。那是欢乐的节日，家里和店铺中张灯结彩，妇女儿童充满欢声笑语。大约一周以后，清朝官员"开印"，恢复办公。

下一个重要节日清明节在三月，即冬至的106天后。这是传统中国的三

---

① Rawski 1998, Chap. 8, esp. 265–70, 272ff.
② 对中国节日的概述，参见Bodde, Derk, trans. 1977; Bogan, M. L. C. 1977; Stepanchuk, Carol and Charles Wong 1991; Wieger, L. 1913, 405–41。关于文化异同的迹象，见Johnson, David 2009。除非特别声明，接下来的大致描述均来自Bodde, Derk, trans. 1977与Bogan, M. L. C. 1977。

大"鬼节"之一。清明节时，阖家团聚、庆祝、祭拜祖先，包括扫墓和为逝者供奉食物。大规模的宗族祭祀也可能在这个时候举行。乾隆时期的一个重要转变就是，与祭祖有关的公开仪式变得越来越繁复——至少在宗族势力强大的广东和福建是如此。在明末清初，扫墓仅限于"最近的"祖先（上溯12代人），而且参加者不超过100人。但是到了清代中期，整个宗族有成百上千人参加扫墓，并且开始祭祀他们的远祖（30代以前）。

1832年的《中国丛报》上有一篇十分有趣的文章，记载了这样一次祭祀，参与的宗族成员超过2000名。在开基祖墓前的祷文直接取自一本著名的仪式手册（《家礼贴式集成》），说明了这样的仪式的目的：

> 冬去春来。我怀着崇敬之情，前来祭扫。我匍匐在地，祈求您出现，保佑子孙人丁兴旺、光耀门楣。在这个和风细雨的季节，我发自肺腑地渴望报答您。祈求您保佑我们平平安安，相信您一定会显灵。我恭敬地献上猪、鸡、鸭、鹅、鱼五种祭品，还有五盘水果以及美酒。我虔诚地恳求您能够来看看我们。①

这场精心准备的仪式以盛大的宴席告终，参与者们遵循古老的方式分享祭祀的供品。虽然大多数清明节祭拜都是非常私人化而且随意的，但是它们都在生者和死者之间建立起了紧密的联系。

所谓的端阳节，在农历五月初。虽然这是全国性的节日，但是尤盛于中国南方。那里的河流和湖泊上举行着丰富多彩又激动人心的龙舟比赛。赛龙舟以及整个端午节都是为了纪念著名但不幸的周代诗人屈原，他因为被诽谤而失去了君心，在绝望中投江自杀。虽然端午节是喜庆的节日，但是端午节也有各种仪式，旨在保护人们免受邪恶以及五月普遍出现的不利因素的影响。晚明时期，在屈原的家乡湖南有一种对端午习俗的解释：

> 人们相信，赛龙舟可以避免不幸。龙舟赛结束时，龙舟会带着祭品、

---

① *Chinese Repository*, July 1849, 378. 祷文见Stover, Leon 1974, 207–9。（引文据英文直译。——译者注）

酒和纸钱顺流而下，人们将祭品和酒投入水中，化烧纸钱，诵念祷文。这样做的目的就是让瘟疫和早逝随河水流走。[①]

七月初七，中国的未婚女性会庆祝七夕节，这让女性可以在地方社区以及其他地方提升价值。据说，七夕是"中国女性文化中跨越阶级界限的一个中心事件"。[②] 这是为了纪念中国神话中织女和她的丈夫牛郎一年一次跨越银河相见的故事。那天通常会上演织女的传说，年轻的女性要拜七姐。节日的准备工作自然包括缝制和刺绣。因为七夕被认为是一个能够展望未来的吉祥节日，所以年轻的女子会通过被称为"丢针"的轻松的占卜形式，来预知自己的手工活是灵巧还是笨拙。穿针引线比赛也是节日的一部分。

七月十五，人们举行各种各样的仪式来祭拜祖先，安抚"饿鬼"。人们扫墓、祭祖，举行盛大的盂兰会。盂兰会上，和尚唱诵佛经，"以度幽冥之沉沦者"。值得注意的是，盂兰会的主题是目连（目犍连）的孝道。目连是佛陀弟子，他行供奉，救母亲脱离地狱之苦。[③]

再隔一个月是中秋节。中秋节是中国最重要的节日之一，人们在这天阖家团圆宴饮，共享"月饼"，供月、祭祖，焚香敬拜天地。和元宵节一样，中秋节尤为妇女、儿童所喜欢。男性在其中只是边缘角色，用北京的一句俗语来说就是："男不拜月，女不祭灶。"

九月初九重阳节在中国很多地方是个相对较小的节日，也没有明显的宗教意义。这一天主要是登高、游览、放风筝和宴饮。当代西方对这个节日的描述表现出欢乐的气氛，正呼应了中国的说法："赋诗饮酒，烤肉分糕，洵一时之快事也。"然而在中国的另一些地方，重阳节同清明节期间一样，都要举行大规模的宗族祭祀。即使全国性节日并没有在全国达成完全统一，但是相似性远比差异性更为显著。

十月朝（十月初一），中国家庭再次祭拜祖先，其仪式类似于七月半和清明节。这一天，人们要"送寒衣"，通过彩色纸衣中的疏印或纸包袱中的

---

① Ebrey, Patricia B., ed. 1993, 208–9.（引文据英文直译。——译者注）
② Ko, Dorothy 1992, 21 n. 8; Susan Mann in Elman and Woodside, eds. 1994, 28–30.
③ Bodde, Derk, trans. 1977, 61; Johnson, David 2009, 3, 122, 171–72.

冥镪（均题写祖先的姓字行辈）来告慰祖先。也是在农历十月，清朝官员开始准备来年的时宪书。从这时起直到腊月开始准备新年，其间没有任何重要的全国性节日，只有相对较小的节日和一些皇祀。或许在这一段时间，中国家庭最普遍的习俗是腊月里准备"腊八粥"，这是一种感恩仪式，为的是表达对过去的一年平平安安的感恩之情。

尽管大多数中国节日都有助于社区团结和共享文化观念，但无论是从精英还是从皇帝的角度来看，它们都不是绝对的幸事，尤其是在地方庙会、乡村集市和朝圣活动中。当人们聚集在公共场所观看表演、吃吃喝喝、做生意的时候，男女之间可以更加自由地相互接触，斗殴时有发生，社会规则偶尔会被破坏。赌徒、小偷和骗子自然会趁机为非作歹。尤其让官府感到威胁的是，社区节庆活动很可能成为秘密社会发展的土壤。1724年的圣谕表达了这种担忧：

> 自游食无藉之辈，阴窃其名，以坏其术。大率假灾祥、祸福之事，以售其诞幻无稽之谈，始则诱取赀材，以圆肥己。渐至男女混淆，聚处为烧香之会，农工废业，相逢多语怪之人。又其甚者，奸回邪魔，窜伏其中，树党结盟，夜聚晓散，干名犯义，惑世诬民。[1]

清朝政府在很大程度上依靠社会压力和庞大的非官方地方控制网络来维护或恢复基层秩序。但刑法仍然是国家手中的有力武器，每当发生严重威胁中国社会和政治体系的犯罪时，刑法就会无情地发挥效用。这些罪行中最严重的是"十恶"，第三章曾讨论过，包括：（1）谋反，（2）谋大逆，（3）谋叛，（4）恶逆，（5）不道，（6）大不敬，（7）不孝，（8）不睦，（9）不义，（10）内乱。所有这些罪行都有可能被判处大清律中最严酷的凌迟。[2]

在情节特别严重的案件中，惩罚不仅仅及于罪犯本人。例如谋反和谋大逆之罪，不仅要将主犯凌迟，还要将其家中所有15岁以上的男性斩首

---

[1] Yang, C. K. 1961, 195; Yang, C. K. 1961, 84–85; Esherick, Joseph 1987, esp. 63ff.

[2] W. Jones 1997, 34–36; Bodde, Derk and Clarence Morris 1967, 76–112. 关于凌迟，见 Brook, Bourgon and Blue 2008。Bodde 1969精彩地记录了著名士大夫方苞（1668—1749）的牢狱生活的第一手资料。

（包括罪犯的父亲、祖父、儿子、孙子、兄弟，以及兄弟的儿子，还包括罪犯的外公、岳父和姻亲兄弟）。此外，法律还规定，罪犯家中的其他成员（所有的女性和15岁以下的男性）都要到"功臣"家充任奴隶。这种法令既说明了传统对孝敬祖先的强调起到震慑作用，也展现出中国社会普遍存在的集体责任主义。[1]

遗憾的是，如此严酷的法律手段仍然未能抑制叛乱或者家庭犯罪。整个清代，虽然叛乱领袖及其家人受到了严厉的惩处，但是叛乱还是此起彼伏地爆发。异端仪式专家找到了夺取清朝精英特权的机会，秘密社会蓬勃发展。虽然国家对家庭犯罪有严厉的惩罚，但是我们发现，清代《刑案汇览》中最常见的案件就是杀害妻子的情夫、违逆父母或祖父母、乱伦、妻妾攻击丈夫、仆人攻击主人、子女攻击父母或祖父母。[2] 显然，中国社会即使是在相对和平的时代，也并非总是和谐与融洽的。

但是总的来说，儒家社会的构造仍旧是相当好的，且在宗教、法律、教育和礼仪的交织下得到了进一步强化。中国内部有很多差异，但有更多的因素将中国融合在一起：中央集权的行政系统；共有的社会观念和做法；相似的宇宙观和世界观；共同的道德准则、艺术符号、历史英雄和文学神话；强烈的文化发展意识；以及作为"中国人"普遍的自豪感。在19世纪空前的人口压力和西方帝国主义的共同影响下，中国这件传统的外衣开始撕裂，但是直到现在它都没有完全裂开。

---

[1] Bodde and Morris 1967, 286.
[2] Bodde and Morris 1967, 162–63, 271–75; Meijer, M. J. 1991; Ocko, Jonathan in K. C. Liu, ed. 1990, 212–30.

第十一章

晚清以来，1860—2014

过去的一个多世纪里，中国历史的主题是革命性变化。[①] 不过在中国现代转型的进程中，我们可以看到传统的持久力量。从19世纪末到现在，中国现代发展的进程和速度毫无疑问受到了我们所习得的语言和认知模式，以及对政治、仪式、社会组织、伦理、艺术和文学的传统态度的影响。虽然要对过去和现在之间的复杂互动做全面系统的分析还有待进一步研究，但在最后一章中，我至少会检视丰厚、内聚和坚韧的中国文化传统的某些现代表现和现代化结果。需要强调的是，我在本章中对中国过去的遗产的关注，并不意味着否认已经发生的极具革命性的变化。

改良、革命与中国传统文化

柯文在关于晚清改革家王韬（1828—1897）的开拓性研究中提醒大家，不要用外部标准去衡量19世纪中国的现代化（主要指技术的发展）。他主张："现代化不是赛马。衡量19世纪中国之变化的合理方式是从内部寻找参照点。"[②] 不过，人们可以理直气壮地说，赛马和现代化就是一回事。现代化包含了竞争的概念（通常是民族国家之间），并且假定了一些"成功"的外部评价标准（政治、社会、经济、技术等）。从这个角度来看，现代化是一种跨文化的现象，它不同于本质上属于文化内部的改良。又或者，继续用赛马这一比喻来说，改良是马和时钟（它自己的最短时间）之间的竞争，而现代化则是与其他的马进行较量。就19世纪的中国而言，国家财力不仅事关金钱或者尊严，更是国家的生存之本。

---

① 关于中国现代史最新且最准确的英文研究，见Spence 2013和Rowe 2009。关于中国"现代化"问题的一些中文著作，见参考书目。
② Cohen, Paul A. 1974, 4.

当然，改良和现代化之间的区分可以说是人为划定的。即使我们将现代化定义为一种外部驱动、合理组织、技术导向的竞争性变化，它仍与本土的改良运动紧密相连。例如，19世纪60年代清政府购买西方武器就仅仅是太平天国起义所引发的一场整体改良运动的一部分。清朝的政策制定者意识到，西方枪炮舰船可以用作对外政策的工具，也可以是镇压起义的手段，但他们优先考虑的几乎完全是国内情况。在整个19世纪最有效使用西方武器和技术的勇营军，主要是受到内部刺激而发展起来的，它的发展属于中国传统框架之内，而没有受到显著的西方影响。[①]

正如之前的章节所述，可以说"中国传统"至少包含了很多方面。例如，儒家思想遗产遍布19世纪的各个领域，包括从帝师倭仁（卒于1871年）顽固的政治和社会保守主义，到杰出的广东学者康有为极富创造性的综合哲学。佛教在晚清发挥了相当大的思想影响。并且，中国始终存在着一种千禧年主义的异端思想，它许诺一个乌托邦的未来，社会能够跃进正义的新时期。晚清中国知识分子所面临的问题是：这些形形色色的意识形态是否能够将中国带入现代，在前所未有的挑战中实现有意义的变革？

总的来说，我认为，中国儒家传统中的改良主义传统为基于西方意义上的经济、科学和技术发展的现代化提供了足够的思想基础。无疑，这种传统允许变通，而且也没有阻止19世纪忠诚的儒家士大夫建设西式的兵工厂、造船厂、外语学校、教育代表团、军事和海军院校、铁路和电报、矿业以及各种制造业。正如柯文、艾尔曼等学者所指出的，若仅仅以中国传统政治和经济系统为基线来衡量，19世纪晚期的改革在很多方面都是令人震撼的。[②]

但这些改革并不是在真空中进行的，并且来自外部的动力逐渐超过来自内部的动力。随着外国帝国主义——包括明治时期（1868—1912）的日本——在中国势力的发展，清朝的政策制定者无可避免地从外国的发展来看待自己的成就。西方科学、技术和经济增长的思想，还有诸如民族主义、

---

① 我很高兴在自己学术生涯的早期就提出了这一观点，见R. J. Smith 1974。更新、更细致的证据，参见Elman 2005, esp. 281–395; 2009, esp. 100–97。

② Cohen, Paul A. 2003, 48–84; Elman 2009, 158–97; Fung, Allen 1996, 1007–31.

民主主义、平等主义、个人主义等概念，开始冲击中国固有的价值观念。在一个由工业化、帝国主义、国际竞争以及激烈的政治和经济变化所主导的世界中，现代化的西方（和日本）成为20世纪中国发展的标准。

西方成为东亚现代化的范本，这一过程始于1842年至1860年西方强加于中国的臭名昭著的"不平等条约"。根据这些条约中的条款，外国势力获得了如下权利：建立供西方人居住和贸易的自治的通商口岸据点；进入中国内地；通航于海岸和内陆的通商城市；不受阻碍地传播基督教；限制中国关税；在首都和通商口岸地区建立正式的外交关系。这些条约是清政府在武力胁迫下签订的，直到1943年才完全废除。西方人享有治外法权和其他非互惠的特权。整个不平等条约体系的结构由最惠国待遇条款结合在一起，这实际上使得所有签订条约的国家都能够共享从中国获取的一切利益。[①]

从1860年开始，通商口岸成为各种西方影响传播的渠道。聚集在口岸城市的外国商人、传教士、外交官和军人，为中国带来了新的产品、思想、做法和技能。与此同时，这些西方侵略者也对中国社会产生了破坏性影响，威胁了传统经济体系、精英特权、中国的天下秩序以及中国的安全和主权。通商口岸既是现代西方的展示场所，又是外国帝国主义挑战的生动提醒。

镇压太平军期间，在通商口岸和外国人的接触，至少使某些有远见的中国地方大员——尤其是李鸿章（1823—1901）——有机会亲眼看到西方的技术和组织优势，并且任用一些西方人到各种新型现代化企业中工作。李鸿章成为中国所谓的"自强运动"（约1860—1895）的领军人物。这项运动是京中和各省官员面对内忧外患而增强中国军事和经济实力的一次协同一致但缺乏系统性的努力。在王朝衰落的过程中，这一有意义的改革尝试的最初阶段被称为"同治中兴"（1862—1874）。[②]

1870年至1895年，李鸿章长期担任直隶总督，新的思想也在这一时期进入了中国大部分地区。西式中文报纸的兴起，还有传教士和在兵工厂、

---

① 费正清对不平等条约体系提供了指导性的概述，他强调了（在一些学者看来是过分强调了）清朝传统外交实践的连续性（CHC, 10: 213-63）。与其不同的观点，参见Mosca, Matthew W. 2013, esp. 237-304; Rudolph, Jennifer 2008。
② 关于李鸿章的研究，见Chu, Samuel and Kwang-Ching Liu, eds. 1993。当然，在晚清还有大量其他的"儒家改革者"，他们的许多文章都已经被翻译成英文，见SCT 1: 233-53。

造船厂、教育机构及海关总署工作的外国雇员，将越来越多的西方著作翻译成中文，这些都提高了中国对西方的认知。总理衙门（成立于1861年）内清朝高官和西方人的接触也是如此。① 在19世纪上半叶，翻译自西方的书籍和小册子大多是和宗教相关的；但是到了19世纪下半叶，关于自然、应用和社会科学的翻译作品则占了大部分，包括历史和地理类作品。新型的百科全书、历书和流行杂志（例如《点石斋画报》）描述了西方科学技术的先进，以及外国的活动对中国的破坏性影响。到了19世纪末，迅速发展的中国刊物已经成为激进改革运动的有力武器。

但是直到1894—1895年的中日甲午战争，中国的变化仍是相对缓慢的。日本首相伊藤博文（1841—1909）在与李鸿章签署《马关条约》时曾问李，中国为什么不加大改革力度。李鸿章回答道："我国的事样样都囿于传统，所以我不能实现我所希望的。"② 正如我在别处曾指出的，中日战争的结果或许会过于凸显日本现代化的"成功"和中国现代化的"失败"。③ 然而我们不可避免地要问，经过30多年代价高昂的努力，中国的自强运动到底出了什么问题。毕竟，这正是中国知识分子在1895年的惨败后提出的质疑，而他们所得出的答案在很大程度上决定了他们是成为像张之洞（1837—1909）这样的保守改革者，还是像谭嗣同（1865—1898）那样的激进改革者，又或是像孙中山（1866—1925）那样的革命者。

回过头看，晚清时期中国的现代化很明显既有内部问题也有外部问题。一方面，外国势力在外交、商业、传教和军事领域的侵略性造成了各种各样的政治和经济问题，从而激起了中国的排外主义，并且引起了对西方雇员和西方影响的自然而然的质疑。但是在19世纪，使这些困难进一步加剧的是中国压力巨大且无法逃避的人口和环境问题、中华帝国的广袤和多样性、太平军及其他组织的起义运动失败所造成的动荡不安，以及中国传统文化的韧性与集成性。在19世纪的大部分时间里，清朝似乎在军事和经济上都过于虚弱，以至于无法保护自己免受帝国主义的侵害；但它在文化又

---

① Rudolph, Jennifer 2008. 作者在很大程度上认为，总理衙门在晚清时期大获成功。
② Teng, Ssu-yü and John K. Fairbank 1979, 126.
③ R. J. Smith 1974, 1975, 1976a, 1976b, 1978a, 1978b, 1993.

过于坚定，以至于无法进行根本性的教育和制度改革，而这种改革也许会让中日甲午战争有不一样的结局。

在文化领域，古文依然是清代中国精英的标准书面用语，这强化了长期以来的态度、观念、认识和偏见，也限制了改良的受众面。严复这位晚清时期西方思想的卓越翻译家，在翻译穆勒、卢梭、斯宾塞等人的作品时，拒绝使用更为灵活和更加普及的白话文，他认为"言之无文，行之不远"。史华慈表示，严复典雅的翻译"总体上成功地传达了西方先贤的思想要义"，但毋庸置疑的是，严复的年轻后辈梁启超说对了——严复的翻译"非多读古书之人，一繙殆难索解"。①

史华慈指出，严复拒绝在翻译中使用日本人在明治初期创造的最"标准"的新词，他往往尽量使用传统的"古代哲学思想的典故范畴"来翻译西方思想。因此，严复造成了19世纪末和20世纪初的总体性思想混乱。这种混乱让人回想起几十年前的佛教译经活动：

> 不同背景的译者选择了不同的中文对应词，来翻译外文术语；译者对他们翻译的语言理解的程度各不相同；译者之间沟通不足；不同译者使用的外国著作的版本不同；不同的风格偏好，使同一部作品产生了不同译本。②

1860年至1894年存在的另一个问题是，清朝士人和官员普遍不愿意承认中国需要从西方获取的可能不仅仅是技术。许多人担心，接受技术以外的任何事物都会危及中国文化自身的根基。"中学为体，西学为用"的体用论由此流行开来。还有一种类似的表述，将中国的"道"和西方的"气"并列——"气"是《易经》中的一种极性。第三种解释变局的方式是强调"西学中源"，这在清末中国知识分子中非常普遍，如同其在耶稣会鼎盛时期一般。到了19世纪90年代初，越来越多的中国士人和官员开始意识到，西方

---

① Schwartz, Benjamin 1964, 94–95.
② Arthur Wright, ed. 1953, 293. 关于晚清时期复杂的翻译问题，参见：Lydia Liu 2004; Lackner, Michael 2008, 183–200; Lackner, Michael, Iwo Amelung, and Joachim Kurtz, eds. 2001; Lackner, Michael and Natascha Vittinghoff, eds. 1999; Svarverud, Rune 2007.

除了"气"，能带给中国更多的东西，并且"体"和"用"之间的关系要比体用论者愿意承认的更为紧密。尽管如此，在张灏看来，体用论有着精神层面的意义，"因为它在促进中国现代化的同时，维护了中国的'文化认同'"。①

数量庞大的中国成语，则为西方激起的变化提供了另一种合理化解释。例如，"一视同仁"既可以用来说明不平等条约中最惠国条款的合理性，也可用于规定中国机构中外国雇员的待遇问题。② 这些传统表述的问题在于，它们往往使清廷不能充分认识到需要进行更为彻底的政策调整。对这个问题最生动的说明，或许要数1880年成书的《筹办夷务始末（同治朝）》。

尽管这是一套机密档案而非公开文件，但其序文详列了同治朝经受的全部羞辱：西方要求在外交平等的条件下觐见皇帝；利用外国军队保卫通商口岸不受太平军的影响；割让领土给俄国；《中英新修条约》（又称《阿礼国协定》）的失败；为了满足现代外交的需要，建立同文馆，训练中国人掌握西方语言；迟来的中国驻外使领馆的设立（这与1875年一名英国使馆官员被杀后，中国向英国派出道歉使团有着直接关系）；限制中国关税，创立让清朝纡尊降贵的新式海关。序文写道：

> 钦惟穆宗毅皇帝，建极绥猷……鳄鲵迅埽，威棱丕震於寰中……入则请觐龙光，无异呼韩之朝汉；出则愿联鹳阵，有如回纥之助唐。凭玉斧以画河，封圻定界；献丹砂而向化，约剂寻盟。岂知皇度之羁縻，悉本庙谟为敷布，所以言语通乎万国，馆启同文；书名达于四方，命颁出使……商税定……恩赏推而冠带荣分，中外一家，遐迩同体。③

即使是允许西方外交官平等地觐见皇帝，也可以被解释成：外国人太过野蛮，无法受中国传统礼仪的控制。御史吴可读（1812—1879）认为，西方人只懂功利，而不知儒家之礼。因此，要他们遵守以儒家学说为基础

---

① CHC 11: 201.
② R. J. Smith 1978b, 162–63, 194.
③ John K. Fairbank 1968, 265.

的中国礼仪，无异于"聚犬豕羊于一堂，而令其舞蹈扬尘也"。[①]

传统的科举考试制度强化了这种态度。1880年的会试中有这样一道出自"四书"的论题："柔远人则四方归之，怀诸侯则天下畏之。"这些引文为所有士子所牢记，延续了"普天之下，莫非王土"的神话，助长了中国人在洋人面前根深蒂固的文化优越感。可以说，到19世纪七八十年代，中国人对西方"蛮夷"的态度开始有了一些变化，但大多数人仍旧固守着原有的态度。[②]

科举考试制度通过强调对国家的忠诚，以及重视道德教养而非科学技术知识，强化了理学正统思想。芮玛丽（Mary Wright）的看法非常正确，她认为在晚清时期，科举考试并不总是只关注文学和学术问题。但是她也承认，即使在最鼎盛时，科举也"负载着太多的先例"，其强调的是了解事实，而不是分析或者判断。同样，艾尔曼也指出，整个清代科考中的"策论"题都是偏重于道德和历史的。张仲礼甚至说，19世纪的"科考完全是由儒家经典主导的"。[③]诚然，纵观整个清代，都有人批评科举考试制度，但基本的文化预设还是原封不动，即中国士人都是博学多才的道德之士，"不必专门名家"。

在1895年之前，无论是朝廷还是大多数受过正统教育的清代士人，都不认为科举考试或者中国教育制度需要严肃的改革。19世纪的中国教育几乎完全是私立的，中央政府对教育改革几乎没有任何支持或者鼓励。在中日甲午战争之前，清朝教育政策的主要创新仅仅在于建立了一些翻译学校，以及向国外派出了200多名学生。绝大部分留学生都被政府召回了，一部分原因在于他们忽视了传统的中国学问，另一部分原因是他们开始接受西方的习俗（有些人甚至剪掉了他们的辫子）。与此同时，科举考试基本保持不变，对中华帝国最优秀的人才依旧有着强大的吸引力。

在19世纪，即使是不受重视的武举制度也几乎没有改变。其中一个重要的原因是害怕篡改既有制度以及尊重祖宗成法。我们一次又一次地发现，

① R. J. Smith 1981; CHC 10: 250 ff. CHC 11: 70ff.指出，位于北京的外国使节与使馆构成了对清朝"体制"的根本威胁。

② CHC 11: 142–201提供了对晚清时期中国人对"蛮夷"态度转变的概述。另见Fang Weigui in Lackner, Amelung and Kurtz, eds. 2001, 95–124。

③ Wright, Mary C. 1967, 83–84; Elman 2000, 488; Chang, Chung-li 1967, 176ff.

在中国晚清时期，对历代皇帝政策的顾虑在现任皇帝的决策过程中发挥了关键作用。例如，在19世纪70年代，清廷决定将大量宝贵的税收用于恢复中央政府对中亚的控制，而不是用于海防，其中一个主要原因在于，皇帝不愿意放弃先祖乾隆帝所扩张的领土。即使是在甲午战争之后，清朝官员和皇帝在决议军政改革时，也一再表现出对先祖先例的顾虑。①

鉴于这样的文化保守主义，我们就不必讶异，在清朝晚期，除了一些特定的通商口岸，其他地区对西方艺术、文学或者社会习俗几乎没有什么热情。这当然无法和19世纪七八十年代在明治政府推动下席卷日本的"西化"浪潮相比。具有讽刺意味的是，文化多元化的满人在17至18世纪对外来文化表现得非常开放，但是在19世纪却对接纳西方文化无动于衷。满人坚信自己是中国文化遗产的保护者，身处重围但处处设防（包括帝国的中亚部分）。于是，他们在不损害其政治地位的情况下，表现出了对传统价值、实践和制度的重视。

慈禧太后从1861年到1908年是中国实际上的统治者，这使中国19世纪晚期的问题变得更为复杂。慈禧通过发动政变而获得权力，又操纵皇位继承来保持权力，这些举动证明了她特别倾向于利用理学正统观念和传统中国文化来服务于其个人政治目的。她的文化保守主义不仅转变为对正统的极力捍卫，也转变为对内部控制的过分专注。的确，在太平天国起义期间及之后，清朝中央政府被迫将更多的权力和更大的行政自主权授予某些忠诚的"地方"官员，作为权宜之计，然而清廷亦不断地通过任免权、财政权，以及小心操控和部署他们所谓的地方军事力量，试图牵制这些官员。总的来说，这一努力是成功的，但是在文官和官军（包括旗人）中，腐败和代价高昂的低效率仍在持续。

19世纪中国行政机构唯一的重大制度创新，是设立了总理衙门和海关总税务司。两者都是西方压力下的产物。这两个机构作为临时之举来说是相对成功的，但是它们都没有被视为常设机构。与此同时，清朝体制中长期存在的制衡机制压制了其创新能力，并且常常破坏行政的连续性。辖区重叠、双

---

① R. J. Smith 1978.

头政治、回避制度以及频繁调动对此都非常不利。君主本身尽可能地逃避行政责任，并且很少采取现代化举措（专门针对八旗军队的除外）。①

尽管清朝军队在19世纪中期进行了由内部推动的军事改革，但是和明治日本的情况不同，清军总的来说在中国社会现代化进程中并没有发挥重要的作用。腐化堕落的八旗军和绿营军消耗了大量的经费，但是它们几乎未受到西方的影响。即使是在新型的勇营承担越来越重要的军事角色后，现代化也只不过表现为零星地购买西方武器和开展一些西式训练而已。勇营是在当地征募、武装和训练的，这样的"临时"军队几乎没有任何国家认同感和政治意识。绝大多数中国士兵依然不识字，也没有受过教育。在军队内部，就像在中国社会的其他地方一样，血缘纽带、友谊或者地缘关系通常要比专业知识更为重要，这就阻挡了新思想和新风气的引入。腐败和吸食鸦片的普遍存在，现代医疗及其他设施的缺乏，既无法改善中国普通士兵的生活条件，也无法改变他们的憧憬。

更积极的一面是，最近的研究表明，19世纪中国的经济发展速度比以往认为的要快得多；帝国主义和地主土地所有制也不像过去假定的那样对中国发展有害；而且，"平民百姓和精英阶层的日常生活中都充满了商业活动"。②从工业的角度来看，1860年至1895年间，数十项现代化事业启动了，包括制造、采矿、炼铁、铁路和电报，以及兵工厂和造船厂。但是同晚清的整体经济情况一样，19世纪晚期的商业和工业发展变得越来越地区化。工业企业普遍局限于通商口岸地区，像江南这样条件优良的区域在商业和工业上越来越繁荣，而中国的其他地区则"越来越落后"。此外，正如彭慕兰在《大分流：欧洲、中国及现代世界经济的发展》一书中所指出的那样，大多数的中国工业企业难以获得煤炭资源，所以限制了它们对蒸汽动力的使用。③

晚清的现代化活动大多是由地方官员举办或者以"官督商办"的传统模式来进行的。这些事业偶尔会给某些投资者快速带来回报，但是官僚主

① 下文有关晚清时期军事情况的论述主要基于：R. J. Smith 1976a, 1976b, 1978b; K. C. Liu and R. J. Smith in CHC 11: 244–50, 266–29; Elman 2004; A. Fung 1996。
② Rawski, Thomas G. 2011, 43–44; Brandt, Loren, Debin Ma and Thomas G. Rawski 2013, 17–20.
③ Pomeranz, Kenneth 2000, 2001, 337–38; CHC 11: 50, 60–61. 研究当地生产的一个有趣案例见Bell, Lynda S. 1999。

义的低效和腐败阻碍了再投资和定期增长。中国的私营企业普遍实力薄弱，而且数量很少。商业和农业的发展很大程度上只能依靠它们自身的动力，而不像明治日本那样受到中央政府的系统性关注。虽然自强运动的一些领袖意识到了政府推动公共财政改革的必要性，但是直到1897年，第一家参照西方模式的国有银行才成立，并以失败告终。总的来说，正如第三章简要指出的，清朝仍然是一个金融"弱国"。①

在此期间，中国的社会态度并没有发生明显的变化，不过也许那些与商人建立了良好商业关系的士绅对商业有了更多的钦羡。在缺乏有实效的法律或行政改革的情况下，亲缘、地缘等各种形式的关系在中国生活的各个领域仍然具有突出作用。与此同时，保守的家庭价值观、社会不平等和集体责任观念仍然根深蒂固。尽管中国一半的精英阶层和许多其他女性因缠足致残，但缠足仍然是广为认可的做法。中华帝国晚期的文德也是现代化的障碍。与德川日本的武士阶层不同，清朝军队极低的声誉让多数清朝精英对军事事务都不屑一顾，也意识不到需要进行改革。在陆军和海军内部，除了简单的西式训练和战术，他们几乎没有什么动力去获取更多的西方军事知识，并且大多数军官还在渴望文官体制的认同。

清朝各个层面的礼仪习俗也阻碍创新。尽管仪式必须"与时俱进"的说法由来已久，但是清廷由于担心激进的变化或者善意的忽视会削弱中央政府的权威，所以仍沿袭了昂贵的传统仪式。在大众层面，地方的宗教仪式、社区节日和生死仪式强化了传统的价值观念和地位关系，但同时也消耗了大量的稀缺资本。当然，与此同时，在19世纪大部分时间里对高度仪式化的朝贡制度的表面维护使皇帝难以认识到，一种新的外交秩序早已开始形成了。例如，1860年至1894年间，朝鲜王朝至少朝贡了25次，琉球王国至少8次，安南王国（越南）至少5次，尼泊尔至少4次。②

自然而然地，对清朝作为"普世帝国"（universal empire）的长期认识阻碍了现代民族主义的产生。现代民族主义是个人对于民族国家的认同，

---

① CHC 11: 32–34, 39, 422–36, 454–60; Rawski, Thomas G. 2011, 49–50; Zurndorfer, Harriet T. 2004b.
② CHC 10: 260.

以及对其他主权国家实体的多国共存（且互相竞争）的普遍接受。然而，1894年至1985年的甲午战争一举粉碎了清朝陈旧的自我形象。这一事件不仅标志着中华传统世界秩序的彻底崩溃，也充分暴露了清朝军事上的虚弱及自强运动的破产，并导致中国丧失领土，被迫接受日本强加的代价高昂且屈辱的不平等条约。中国民族主义情绪和改革诉求随之高涨。新的印刷媒体和政治、社会活动形式促进了改革思想的传播。

中国在甲午战争中战败的惊人结果，引发了晚清知识分子的种种反应：

> 对许多人来说，战事的结果是痛苦而羞辱的。但是，战后几年弥漫的危机氛围也引发了一种紧迫感、自省、广泛的文化探索，以及各种改良与革命的提议和战略。在当时，这些可能性是显而易见的。在新的形势之下，一些知识分子从西方和（或）日本思想中寻求最初的启发。另一些人则主要从过去的模式和先例中寻求指导，这种方式的一个缩影就是如今已饱受怀疑的自强运动时期的体用论……还有一些人则寻求包含过去和现在的某些创造性的综合，这种综合超越了体用模式，采用了多样的形式，并随时间推移而改变，而且其方式经常是出人意料的。[1]

过去，康有为、梁启超等男性维新思想家受到了研究1895年至1911年这段时期的历史学家的大量关注。然而，最近这个领域的一批著作和论文让我们越来越清楚地看到，妇女在改革时代也扮演了重要的角色，她们不仅是改革者，也是革命家。[2] 像何震（1884—约1920）和秋瑾（1875—1907）这样的无政府女权主义者享有较高的知名度，但还有许多同时代的其他女性也值得我们关注。其中一位就是作家兼改革家薛绍徽（1866—

---

[1] Qian, Nanxiu, Grace Fong and R. J. Smith, eds. 2008, 1.

[2] Chow, Key Rey 1991; Ho, Clara Wing-chung in Zurndorfer, ed. 1999, 308–53; Hu, Ying 2004, 119–60; Judge 1997, 2001, 2008, 2011; Li, Wai-yee in D. Wang and W. Shang, eds. 2005, 93–150; Li, Xiaorong 2012; Ono, Kazuko 1989, Joshua Fogel trans.; N. Qian 2008, 2010, 2013, 2014, 2015; Ropp, Paul S. 2002, 41–51; Waltner, Ann 1996, 410–28; Widmer, Ellen 2006; Zurndorfer, Harriet T. 2014a, 23–35. 关于晚清时期女性的研究及其创作的作品，参见：Ho, Clara Wing-chung, ed. 1998, 2009, 2012a, 2012b; Gilmartin, Christina K. et al., eds. 1994; Fong, Grace and Ellen Widmer, eds. 2010; Judge and Hu, eds. 2011; Liu, Lydia, Rebecca E. Karl and Dorothy Ko, eds. 2013; Qian, Nanxiu, Grace Fong and R. J. Smith, eds. 2008; SCT 2: 389–94; Widmer, Ellen and Kang-i Sun Chang, eds. 1997; Chang, Kang-i Sun and Haun Saussy, eds. 1999; Zurndorfer, Harriet T., ed. 1999.

1911）。薛绍徽为面对甲午战争失败的改良主义回应提供了一个极为有益的例子。对她来说，虽然"现代性"在那时已经有了定义，但是中国对"现代性"的追求并不是简单地挪用新事物，它同样要为习得的思想和价值观找到一个合适的位置。在她看来，"传统"的价值可以有"现代"的用处，其挑战远甚于把"西方"的东西简单地嫁接到"中国"的土壤中。在许多方面，薛绍徽都是一位真正的国际主义者。钱南秀的新传记《晚清中国的政治、诗学与性别：薛绍徽（1866—1911）和改革时代》生动地描述了薛绍徽丰富多彩的人生，以及她的社会和政治网络中的杰出男女人物。

1898年的所谓"百日维新"，是甲午战争后帝国主义列强势力加速发展的直接结果。1897—1898年，西方列强在中国划分势力范围，扬言要瓜分中国，这促使光绪帝（1875—1908年在位）在康有为、梁启超等激进派改革者的建议和协助下，自上而下发起了一场变法运动。当时，光绪帝的养母慈禧太后已经归政，居于北京郊外的颐和园中。虽然慈禧太后保守且谨慎，但她一开始还是批准了这项改革计划，据说她向皇帝表示："只要你保留祖宗牌位，不烧掉它们，只要你不剪掉辫子，我就不会干预。"①

但是1898年6月11日至9月20日，光绪帝颁布的变法诏令显然对慈禧及其支持者构成了莫大的威胁。诸如裁撤冗官、任用新人、废除八股、改试时务，以及建立兼习中西学的现代学校等变法举措都显得过于激进。于是在9月21日，慈禧太后发动了一场政变，宣布皇帝染病。据说，慈禧太后斥责了这位不幸的皇帝破坏"祖宗之法"，废止了几乎所有的新政，还悬赏缉拿维新派，其中几位已经被处决。康有为和梁启超逃亡到了日本，在那里继续鼓吹改良运动。

保守主义重掌政权之际，恰逢中国北方名为"义和拳"的秘密会社活动的高涨。这个由不同团体组成的松散联盟，都因为帝国主义列强的行径而对西方人怀有敌意，并且都相信中国传统武术的神力。满人急于使教派运动服务于自己的政治目的，所以鼓动义和团"扶清灭洋"。这最终导致了1900年义和团围攻外国使馆区，以及当年夏天八国联军的侵华。整件事的

---

① Hsü, Immanuel C. Y. 2000, 377.（译文参考徐中舒著，计秋枫、朱庆葆译，《中国近代史》，香港：香港中文大学出版社，2002年。——译者注）

结果是八国联军占领了北京，要求清廷支付巨额赔偿，以及1901年的《辛丑条约》中规定的其他许多祸国殃民的屈辱条款。

在明治维新的刺激下，这一丧权辱国的事件迫使慈禧太后和她的保守派支持者致力于更根本性的改革。1901年至1909年，为了在中国推行"新政"，大量的改革法令以皇帝的名义得到颁布。其中许多法令都反映了1898年戊戌变法的主张，但还有一些法令力度更大。例如，早在1901年8月，清廷就废止了八股文，这意味着生员的考题中将兼有西学和中学。此外，在更高级别的举人和进士的考试中，至少会有一道关注"世界政治"的策论题。

1902年的会试中，有一道策论题要求进士候选人讨论日本明治维新是如何采用西方模式的。考生们的回答遵循了一贯的模式，即捍卫中国的道学，并且批判日本对外国事务的热情。对此类问题的其他回答也有着类似的偏见。其中一个原因在于，这些问题的措辞明显强调了中学的优越性。下面是关于"自然科学"的八道考题中的五道：

一、许多欧洲科学都起源于中国，我们需要强调的是已经失传的、可以作为富强之基础的学问。

二、在科学方面，中国和西方是不同的。试以中学来批评西学。

三、详细论证西方方法都起源于中国这一理论。

四、详细证明西方科学研究主要建立在中国汉代以前的大师的理论基础上。

五、列举并说明《墨子》中有关历法、光和力的内容要领先于西方理论。[1]

简而言之，考生和考官受到的训练使他们偏袒中国传统。

不过，越来越多的中国改革者认识到，要真正改革教育，关键在于建立由兼习中西学的学堂授予学历的新式教育系统，而不是通过科举考试。

---

[1] Elman 2000, 594–605, esp. 601–2.

在1904年开始的日俄战争结束后不久（双方为争夺中国东北的领土而开战，日本取得了压倒性的胜利），整个科举考试制度就被废止了（1905年）。

其他重要的新政改革包括废除武举，各省创建西式新军（陆军），以及以明治日本为模板设立咨议局、资政院，以求逐步建立立宪政府。缠足这样的陋习也被取缔了（1902年）；1907年，清廷设立礼学馆，负责"参酌古今，询查民俗，折衷至当"，并进呈御览。上谕这样要求："用副朝廷豫备立宪之至意。"[①]

20世纪初旨在维护王朝统治的新政改革具有革命性的后果。例如，废除传统科举严重打击了儒家的德治观念，并根除了对正统儒家价值观的制度性强化。代议制政府让中国的精英阶层变得激进，使他们拥有了新的政治意识和政治权力基础。新军官兵日益接触并受到民族主义革命宣传的影响，成为革命的力量。礼学馆的设立本身并没有什么重要性，但是象征着中华世界秩序崩坏所引发的官方礼仪体系的剥蚀。1907年，或许是为了在通行上千年之久的科举考试被废除后，提高孔圣人（和满人）的声望，清廷将祭孔抬升为最高等级的国祀。这一悲凉的举措恰好证明王朝走到了绝境。

尽管满人进行了改革，但是由于其无力抵抗帝国主义和保护精英利益，他们越来越受到奚落和蔑视。中国民族主义不再允许外来统治者宣称具有保护中国文化遗产的合法性，因为中国知识分子逐渐意识到，为了实现集体成就和蓬勃发展的现代化目标，必须区分政治和文化。尽管康有为认为清政府的错误在于其继承下来的文化，而不仅仅是满人，但是越来越多的中国人却并不这么认为。君主的文化保守主义，对满人政治霸权的竭力维护，以及一连串反满宣传，都让人回想起在清朝入关期间"野蛮"的满人犯下的暴行，也让他们成为共和革命的民族主义倡导者攻击的靶子。[②]1908年光绪帝驾崩，中国失去了效仿明治日本实行君主立宪制的最佳机会。

---

① *The North-China Herald*, July 19, 1907. 关于新政改革的整体性研究，见Reynolds, Douglas R. 1993。

② Rhoads, Edward 2000. 其他有关"排满"的有价值的讨论，参见Crossley 1990a; Dikotter, Frank 1992; Laitinen, Kauko 1990; Shimada, Kenji 1990, Joshua Fogel trans.; Wong, Young-tsu 1989, 2010; Zarrow, Peter 2004, 67–107。

1911年至1912年，孙中山领导下的共和主义革命者的松散联盟全盘抛弃了清朝和年幼的皇帝。这造成了仓促建立的代议制所无法填补的政治真空和礼仪空白。中华民国的局势不久就恶化为军阀割据。

1915年至1928年的军阀时期，见证了新文化运动的兴起。新文化运动是对中国传统文化的偶像破坏行动，是在政治混乱、社会动荡、道德败坏和列强环伺的背景下对新的价值观念和制度的追求。固有文明的几乎每个方面都受到了中国知识分子的攻击，包括儒家伦理和"礼教"。与此同时，中国妇女运动也在汇聚力量。这一时代出现了以下风潮：对西方意识形态、科学和民主的醉心，对新的艺术、戏剧和文学形式的实验，西方主题和模式强烈影响下的新的民族文学的发展。人们对西方时尚和娱乐的兴趣也日渐增长。[①]

有留日背景的陈独秀（1880—1942）的早期观点，证明了新文化运动充满活力的反传统精神。虽然陈独秀出生在一个精英阶层家庭，并且接受了全面的儒家经典教育，但是他的海外经历以及中国日益恶化的国内形势，使他抛弃了中国传统，并且欣然接受了西方思想。作为著名的、有影响力的杂志《新青年》的主编，陈独秀在1915年发表了《敬告青年》一文，他激昂地宣称："宁忍过去国粹之消亡，而不忍现在及将来之民族，不适世界之生存而归削灭也。"他督促青年读者，应该是"自主的而非奴隶的，进步的而非保守的，进取的而非退隐的，世界的而非锁国的，实利的而非虚文的，科学的而非想象的"。他痛斥"固有之伦理、法律、学术、礼俗"，并蔑视用阴阳五行解释自然现象。[②] 在1920年前后转向马克思主义思想前，陈独秀一直是西方自由主义的主要代言人，并且相信靠"赛先生"和"德先生"可以拯救中国。

新文化运动的锋芒指向了所谓的"整体性反传统主义"（totalistic

---

① 关于新文化运动时期的研究，参见Chow, Kai-Wing et al., eds. 2008; Chen, Joseph T. 1997; Cong, Xiaoping 2007; Lin, Diana Xiaoqing 2005; W. Yeh 1990, 1996, 2008; Evelyn Rawski, Leo Lee, Michael Hunt, Lloyd Eastman in Lieberthal, Kenneth et al., eds. 1991. 关于中国妇女运动的一些不同角度的研究，参见Barlow, Tani 2004; Chow, Key Rey 1991; Cong, Xiaoping 2007; Gilmartin, Christina K. et al., eds. 1994; Johnson, Kay Ann 1983; H. Siu 1989; Ono 1989; Kennedy, Thomas, trans. 1993. SCT 2: 351-95中翻译了一些新文化运动时期的文章。
② Teng, Ssu-yü and John K. Fairbank 1979, 239-45; SCT 2: 352-56, 360-61, 366-68. 关于陈独秀在新文化运动时期的活动和关系网，参见Chao, Anne Shen 2009。

iconoclasm）。这种完全摒弃过去、寻求对中国复杂问题的全盘解决方法的普遍倾向，反映出人们越来越认识到，中国高度整合的传统文化现在给这个国家带来了最艰巨的现代化问题。用陈独秀和胡适（1891—1962）的话来说："旧文学、旧政治、旧伦理，本是一家眷属，固不得去此而取彼。"[1]

对当时很多激进分子来说，甚至汉语也是现代化的障碍。为此，胡适带头发起白话文运动以取代古文，他的理由是旧的文言文只会强化过时的思想。到了1920年，白话文已经成为中国新式学校的标准授课语言。但是，另一位新文化运动干将钱玄同则想得更远，他在给陈独秀的一封信中写道：

> 先生前此著论，力主推翻孔学、改革伦理，以为倘不从伦理问题根本上解决，那就这块共和招牌一定挂不长久。玄同对于先生这个主张，认为救现在中国的唯一办法。然因此又想到一事：则欲废孔学，不可不先废汉文；欲驱除一般人之幼稚的野蛮的顽固的思想，尤不可不先废汉文。[2]

钱玄同不切实际的提议是让中国采用世界语。林毓生如此阐述新文化运动的激进性：

> 反传统知识分子无法分辨他们所憎恶的传统社会规范和政治运作与传统文化符号和价值之间的差异。这种辨别能力的缺乏以及一元论和整体观的趋向，主要是受中国传统社会长期地合文化中心与社会政治中心于一的倾向所致，同时他们也深受传统中国的联想式思想模式的影响……五四时代的中国知识分子相信思想与文化的变迁必须优先于社会、政治、经济的变迁；反之则非是。[3]

尽管新文化运动的科学精神吸引了越来越多的中国知识分子，但是在

---

① Chow, Tse-tsung 1960, 289. 关于"整体性反传统主义"的主题，见 Lin, Yü-sheng 1979。
② Ramsey, S. Robert 1987, 3.
③ Lin, Yü-sheng 1979, 29.

受到良好教育的精英阶层中，甚至在北京大学里，仍然有很多顽固的传统主义者。作为对早期"全盘西化"的号召的应对，辜鸿铭（1857—1928）等坚定的保守派依然顽固地捍卫着中国文化传统。虽然辜鸿铭在西方受过教育，并且通晓几种外文（包括英语、法语、德语、拉丁语和古希腊语），但他坚持认为西方功利主义文化无法发展"内在心灵"，而中国的"精神文明"非常完美，它不仅可以挽救中国，也能够将西方从物质主义的痼疾中解救出来。他极力反对西方科学和技术，捍卫所有的传统价值，甚至继续留着清朝的发辫以表明自己传统主义的立场。[1]

然而，绝大多数中国知识分子既不主张全盘西化，也非极端保守立场。他们试图在中国传统和西来的现代化之间找到一种创造性的文化平衡。一些人更倾向西方，另一些人则更强调中国的"国粹"；但是现在，即使是保守派也采用借自西方的新方法，从新的角度看待过去。如果我们再一次从整体上看待这一时期的中国社会，那么很明显的是，新文化运动本质上是一场城市知识分子运动，对中国其他地区影响甚微。有一个受过西方教育的激进分子，就会有"数十万的秘密会社地方领袖、佛教住持、道士和孔门领袖，他们几乎完全仍然用传统文化所提供的范畴来阐述自己的观点"。[2] 传统的家庭观念和从属关系，以及强化这些观念和关系的生命周期仪式，在拥有全国80%人口的农村仍然根深蒂固。

此外，中国民族主义的政治需要，新组建的国民党在1926年至1928年间北伐的胜利，以及孙中山的继任者蒋介石（1888—1975）领导下的南京国民政府的建立，都在一定程度上缩小了讨论和争辩的范围。在政治领域，即使是在中国自由派人士中，似乎"普遍倾向于将民主视为现代民族国家不可缺少的功能性组成部分，而不是保护个人权利和人身自由的制度"。[3] 因此，在中国政治和社会思想中，民族主义冲动和建立一个强大且理性组织的国家的愿望，比自由主义和个人主义更加重要。尽管"全盘西化"论者和"中国本位的文化建设"论者之间的论战仍在激烈地进行着，但是在

---

[1] Ku, Hung-ming 1956. 关于新文化运动时代的保守主义，参见 Alitto, Guy 1986; Dongen, Els Van, 2009; Furth, Charlotte, ed. 1976; SCT 2: 377–92。

[2] Schwartz, Benjamin, ed. 1972, 4.

[3] Chang, Hao 1971, 305.

"训政"和一党统治下的国民党对恢复传统价值表现出了明显的关注。蒋介石的国民政府虽然致力于实现经济现代化和孙中山的"三民主义"（民族主义、民权主义和民生主义），但也迅速地将儒家思想重新确立为一种国家正统思想。

1927年2月，国民政府下令废除官方祭孔仪式，其理由是："孔夫子的学说是暴虐的。应用这些学说压迫百姓并奴化人们的思想已经两千余年了……单就对孔夫子的狂热崇拜而论，是一种迷信的表现，它在近代世界里是登不上大雅之堂的……当今中国是共和国社会，应当从公民的头脑中消除这些专制主义的残余。"然而，这种残余在很长时间内都无法消除。1928年11月6日，蒋介石仍督促官员们利用闲暇时间研究"四书"。1931年，孔子诞辰成为国家节日。到了1934年，孔子重新受到祭拜，一名国民政府官员（叶楚伧）被派往孔子诞生地曲阜，参加在那里举行的庄严典礼。同年，蒋介石开始推行"新生活运动"，呼吁恢复儒家的四大美德：礼、义、廉、耻。中国的政治和文化又重新统一了起来。

新生活运动经常因为过分注重礼仪上的细微规则和哲学上的肤浅而遭到贬低。用芮玛丽的话来说，"国民党的整个新中兴是一次凄凉的失败，其下场远比它试图模仿的同治中兴更加可悲"。[1] 但是，这两场"中兴"的根本目的并不相同。尽管新生活运动存在弱点，但是它的确为在政府支持下对中国传统文化的贴近奠定了基础，并且以不同程度的热忱影响着今天的中国台湾。新生活运动认为儒家的价值观可以完全与科学和民主兼容，也有助于现代经济的增长。当前，传统的艺术和文学形式，甚至传统宗教和仪式实践，都同物质文化的更为"现代"的方面一起蓬勃发展。其结果就是一种明智地兼容了东西方传统而不断演变的二元文化——像鲍梅立（Melissa J. Brown）等一些学者可能会说是三元文化。[2]

一直以来，中国共产党对待传统文化的方式与国民党（以及其他执政

---

[1] Wright, Mary C. 1967, 304.（译文参考芮玛丽著，房德邻等译，《同治中兴：中国保守主义的最后抵抗》，北京：中国社会科学出版社，2002年。——译者注）另见 R. J. Smith 2013，该书第四章讨论了比较视角下的"新生活运动"。

[2] Bosco, Joseph 1992, 157–83; Brown, Melissa J. 2004; Fetzer, Joel S. and J. Christopher Soper 2007, 143–54; Makeham, John and A-chin Hsiau, eds. 2005; Nathan, Andrew and Tse-hsin Chen 2004, 1–27; Ross, Robert S. 2006; Fetzer, Joel S. and J. Christopher Soper 2007.

党）就大为不同。从1921年成立伊始，中国共产党就在摈弃儒家思想、贯彻马克思列宁主义原则和实践的基础上，提出了社会革命的构想。尽管毛泽东（1893—1976）的革命运动同样源于激励了国民党奠基人孙中山的深深的爱国主义和对科学、民主及社会正义的尊重，但是他依靠中国的农民，发展出了一种中国化的马克思列宁主义。无论是在理论还是在实践上，毛泽东都强调意识形态、人的意志、群众政治参与、反帝、平均、社会经济改革，尤其是认识转变的重要性。[①]

从1949年到1976年，中国社会的许多方面都发生了改变。除了促进马克思列宁主义价值观在全国范围内的传播和提升传统弱势群体（特别是工人、农民、女性和军人）的社会地位，毛泽东还带给中华人民共和国一套新的经济体系，包括农业、工业和商业的国有化或集体化，以及健康、教育和福利方面的一系列相关变化。中国人的预期寿命和人口几乎都翻了一倍。20世纪50年代初期，中国从苏联方面获得了大量援助，但是仍然保持"自力更生"的发展方式，并且在文化上自觉地"破旧立新"，这一点让人回想起了新文化运动。

毛泽东尽管一直从事革命性的打破旧习运动，却并不完全排斥中国的传统。早在1938年，他写道："今天的中国是历史的中国的一个发展；我们是马克思主义的历史主义者，我们不应当割断历史。从孔夫子到孙中山，我们应当给以总结，继承这一份珍贵的遗产……共产党员是国际主义的马克思主义者，但是马克思主义必须和我国的具体特点相结合并通过一定的民族形式才能实现。"1956年，毛泽东既抨击了晚清时期体用论的现代化公式，又抨击了新文化运动时期盛行的"全盘西化"观念，他认为："外国的好东西要学到，中国的好东西也要学到……中国的艺术，既不能越搞越复古，也不能越搞越洋化。"[②]

毛泽东深厚的历史感和对中国传统的尊重，在他的著作和讲话中也有

① Boorman, Howard 1966, 82–105; Chang, Jung and Jon Halliday 2005; Dirlik, Arif 1989; Dirlik, Arif, Paul Healy and Nick Knight, eds. 1997; Li, Jing 2010, 408–12; MacFarquhar, Roderick 2012, 1–14; Meisner, Maurice 1986; Roux, Alain 2009; Schram 1969, 1974, 1989; Solomon, Richard 1971; Wakeman 1973; Wasserstrom, Jeffrey 1996, 1–21; Womack, Brantly 1982, 1986, 23–40.
② Schram, Stuart 1969, 172; Schram, Stuart 1974. 聂耀东，《毛泽东与中国传统文化》，福州：福建人民出版社，1992年。

充分体现，里面充满了历史典故和中国传统文学的内容。毛泽东的大部分讲话都使用了传统的措辞、成语和隐喻。此外，一些学者认为，毛泽东思想中的意识变革力量与传统理学强调的"功夫"有着强烈共鸣，关于"矛盾"的独特观念可能受到了明代大儒王阳明学说的影响。①

作为一种思想体系，毛泽东思想是整体主义的。虽然马克思主义辩证法取代了循环交替和互补对立的阴阳观念，成为中国共产党意识形态的逻辑基础，但是公共话语仍然呈现出中国传统哲学表述中的许多历史悠久的特征。

在同一时期的中国台湾，国民党政府发起了一场"文化复兴"运动，旨在保护和弘扬传统中华文化。文化复兴运动呼吁再版儒家经典，并鼓励新的著作和翻译，以"宣传中国文化，架起中西文化交流的桥梁"。它还推动"以伦理、民主和科学为基础的"文学艺术的复兴，强调了新生活运动的原则和实践，包括"四维"（礼、义、廉、耻）和"八德"（忠、孝、仁、爱、信、义、和、平）。和20世纪30年代的新生活运动一样，文化复兴运动也因其重形式而轻实质，以及明显的政治色彩而受到批评。②

自1978年"改革开放"以来，中国全力投入"四个现代化"建设，包括农业、工业、科学技术和国防的现代化。在几代务实的领导人的领导下，中华人民共和国在许多重要的方面已逐渐成为一个完全现代化的国家。中国沿着"中国特色社会主义"道路，实行"社会主义市场经济"体制，已崛起为全球第二大经济体（2002年时仅位居第六）。中国高速发展的城市（有100多个城市人口超过了100万）是商业活动脉动的中心，而且它的城市文化生活像地球上其他任何地方一样丰富多彩，生气勃勃。③

在文化方面，中国传统文化的复兴中最典型的例子——至少在学术生活领域——要数国家支持下的"国学"以及与之相关"文化复兴"理念在大陆的蓬勃发展。这两个概念都不是新概念，也没有精准的定义，但是两

① Wakeman 1973; Tian, Chenshan 2005; Whyte, Martin K. 1974; R. J. Smith 1981b, 1989, 1997.
② Tozer, Warren 1970, 61–99; R. J. Smith 2013, 131–32.
③ 有关各种各样的剧烈变化，见Spence 2013, 587–707。Gunde, Richard 2001提供了一个有点过时但是仍旧非常有用的有关当代中国文化与过去之间关系的概述。

者都明确地指向弘扬中国传统文化。[①]中国社会科学院原副院长李慎明表示：

> 在当今中国和当今时代，我们重提国学研究，对于进一步弘扬发展中华各民族的优秀传统文化，不断实现马克思主义的中国化，更好地坚持和发展中国特色社会主义理论体系，实现中华民族振兴的伟大历史任务；对于进一步增强中华民族文化强大的凝聚力，维系全球广大华人团结的思想基础和不可割裂的纽带，继续大力推动海峡两岸的文化交流、合作，早日实现祖国和平统一；对于更自觉主动地充分利用各种形式，满足世界各国人民迫切希望了解中国、认识中国的强烈愿望，将中国优秀传统文化介绍给世界各国人民，让中华优秀传统文化更好更快地走向世界，都具有十分重要的意义。[②]

从这个角度来看，国学可以被视为"文化民族主义"的一种表现，而"文化民族主义"是当今中华人民共和国内存在的许多充满活力的民族主义形式之一。[③]

从上世纪90年代开始，中国就出现了"国学热"。谢少波在2011年写道：

> 中国所有或至少大部分顶尖高校都设立了国学研究机构或开设了国学研究课程，其中一些是专门面向企业CEO的。电视上有各种各样的国学讲座论坛，涌现出了一大群新兴的国学"大师"——于丹、易中天、傅佩荣、何逸舟、陈兆杰、张其成和钱文忠，这里只列出了一小部分名字。他们因为关于《庄子》《论语》《三国演义》《三字经》《红楼梦》《西游记》和《易经》的国学电视节目而成为媒体名人，吸引了大批粉丝。

---

① 关于"国学"和"文化复兴"思想的中英文著作，参见 Dirlik, Arif 2011, 4–13；干春松、周轶群2012–2013, 3–15；Hu, Shaohua 2007, 136–53；黄钊，《国学与儒道释文化发微》，北京：中国社会科学出版社，2011年；康晓光2012–2013, 61–75；刘泽华2013–2014, 128–43；唐文明《近忧：文化政治与中国的未来》，上海：华东师范大学出版社，2010年；谢少波2011, 39–45；袁行霈，《国学研究》，北京：北京大学出版社，1993年。
② 李慎明，《建立马克思主义新国学观和新国学体系》，《光明日报》2010年2月8日，第12版。
③ Dirlik, Arif 2011, 4–13; Makeham, John 2008, esp. 333ff.; Harris, Peter 1997, 121–37.

在诸如重庆、成都、武汉、北京、广州、深圳、南京、济南和厦门这样的大城市，国学正在变成中小学生的科目。小孩子不仅要背诵《三字经》《论语》《孝经》和《弟子规》，还要穿上汉服练习打坐和气功。[1]

国学议程中的一个重要部分是"新儒家"的兴起。梅约翰（John Makeham）认为：

> 这一话语的更为广泛的影响，不仅体现在它塑造了该地区的哲学研究和讨论，还体现在它对更具普遍性的文化和思想问题的贡献。有一些支持者认为，"儒家价值观"和东亚经济繁荣之间具有"专属"联系。新儒学还是当代中国大陆、台湾和香港对"儒家哲学"之运用、再造和"创造性转化"的最成功的形式。[2]

当然，儒家价值观和经济发展之间的确切关联仍是一个有争议的问题，但是许多观察人士都聚焦于这类文化因素的重要性，例如重视教育、积极对待"国际事务"、自律和修身的生活方式、尊重权威、节俭，以及将家庭生活的稳定放在第一位。

目前，在中国大陆以及中国台湾，传统和现代之间的平衡似乎恰到好处，不过张力仍然存在。但似乎显而易见的是，对中国来说，在很长的一段时间里，过去仍将会以某种形式留存在未来之中。[3]

---

[1] Xie, Shaobo 2011, 42.

[2] Makeham, John, ed. 2003, 3.

[3] Nathan, Andrew and Tse-hsin Chen 2004, 1–27; Fetzer, Joel S. and J. Christopher Soper 2007, 143–54.

主要参考文献

Bai, Limin 2005. *Shaping the Child: Children and Their Primers in Late Imperial China*. Hong Kong: Chinese University Press.

Berger, Patricia Ann 2003. *Empire of Emptiness: Buddhist Art and Political Authority in Qing China*. Honolulu: University of Hawaii Press.

Bernhardt, Kathryn 1999. *Women and Property in China, 960–1949*. Stanford: Stan- ford University Press.

Bray, Francesca 1997. *Technology and Gender: Fabrics of Power in Late Imperial China*. Berkeley: University of California Press.

Brokaw, Cynthia and Kai-wing Chow, eds. 2005. *Printing and Book Culture in Late Imperial China*. Berkeley: University of California Press.

Cahill, James 2010. *Pictures for Use and Pleasure: Vernacular Painting in High Qing China*. Berkeley: University of California Press.

Cahill, James et al. 2013. *Beauty Revealed: Images of Women in Qing Dynasty Chi- nese Painting*. Berkeley: University of California Press.

Chang, Chun-shu and Shelley Hsueh-lun Chang 1999. *Redefining History: Ghosts, Spirits, and Hu- man Society in P'u Sung-ling's World, 1640–1715*. Ann Arbor: University of Michigan Press.

Chang, Kang-i Sun and Haun Saussy, eds. 1999. *Women Writers of Traditional China: An Anthology of Poetry and Criticism*. Stanford: Stanford University Press.

Chang, Michael G. 2007. *A Court on Horseback: Imperial Touring and the Construc-tion of Qing Rule, 1680–1785*. Cambridge, Mass.: Harvard University Press.

Chao, Yuan-ling 2009. *Medicine and Society in Late Imperial China: A Study of Physicians in Suzhou, 1600–1850*. New York: Peter Lang.

Chow, Kai-Wing 2004. *Publishing, Culture and Power in Early Modern China*. Stan- ford: Stanford University Press.

Crossley, Pamela K. 1999. *A Translucent Mirror: History and Identity in Qing Imperial Ideology*. Berkeley: University of California Press.

Crossley, Pamela Kyle, Helen Siu, and Donald Sutton, eds. 2006. *Empire at the Mar- gins: Culture, Ethnicity and Frontier in Early Modern China*. Berkeley: University of California Press.

Dai, Yi et al. 2011. *A Concise History of the Qing Dynasty*. Singapore Silk Road Press. Four volumes.

Di Cosmo, Nicola and Dalizhabu Bao, eds. 2003. *Manchu-Mongol Relations on the Eve of the Qing Conquest: A Documentary History*. Leiden: Brill.

Dolezelova-Velingerova, Milena and Rudolf G. Wagner, eds. 2014. *Chinese Ency- clopedias of New Global Knowledge (1870–1930): Changing Ways of Thought*. Heidelberg: Springer.

Dunstan, Helen 2006. *State or Merchant? Political Economy and Political Process in 1740s China*. Cambridge, Mass.: Harvard University Press.

Elliott, Mark C. 2001. *The Manchu Way: The Eight Banners and Ethnic Identity in Late Imperial China*. Stanford: Stanford University Press.

Elliott, Mark C. 2009. *Emperor Qianlong: Son of Heaven, Man of the World*. New York: Longman/ Pearson.

Elman, Benjamin A. 2000. *A Cultural History of the Civil Examinations in Late Imperial China*. Berkeley: University of California Press.

Elman, Benjamin A. 2005. *On Their Own Terms: Science in China, 1550–1900*. Cambridge, Mass.: Harvard University Press.

Elman, Benjamin A. 2013. *Civil Examinations and Meritocracy in Late Imperial China*. Cambridge, Mass.: Harvard University Press.

Fong, Grace 2008. *Herself an Author: Gender, Agency, and Writing in Late Imperial China*. Honolulu: University of Hawaii Press.

Fong, Grace and Ellen Widmer, eds. 2010. *Inner Quarters and Beyond: Women Writ- ers from Ming through Qing*. Leiden: Brill.

Foret, Philippe 2000. *Mapping Chengde: The Qing Landscape Enterprise*. Honolulu: University of Hawaii Press.

Guy, R. Kent 2010. *Qing Governors and Their Provinces: The Evolution of Ter- ritorial Administration in China, 1644–1796*. Seattle and London: University of Washington Press, 2010.

Hanson, Marta 2011. *Speaking of Epidemics in Chinese Medicine: Disease and the Geographic Imagination in Late Imperial China*. London: Routledge.

Hay, Jonathan S. 2001. *Shitao: Painting and Modernity in Early Qing China*. Cam- bridge, Eng.: Cambridge University Press.

Hearn, Maxwell K. 2008. *Landscapes Clear and Radiant: The Art of Wang Hui (1632–1717)*. New York: Metropolitan Museum of Art.

Hegel, Robert E. and Katherine Carlitz, eds. 2007. *Writing and Law in Late Impe- rial China: Crime, Conflict, and Judgment*. Seattle: University of Washington Press.

Ho, Ping-ti 1998. "In Defense of Sinicization: A Rebuttal of Evelyn Rawski's 'Reen- visioning the Qing.'" *Journal of Asian Studies* 57.1 (February): 123–55.

Hostetler, Laura 2001. *Qing Colonial Enterprise: Ethnography and Cartography in Early Modern China*. Chicago: University of Chicago Press.

Hsiung, Ping-chen 2005. *A Tender Voyage: Children and Childhood in Late Imperial China*. Stanford: Stanford University Press.

Huang, Pei 2011. *Reorienting the Manchus: A Study of Sinicization, 1583–1795*. Ithaca: East Asia Program, Cornell University.

Huang, Philip C. 1998. *Civil Justice in China: Representation and Practice in the Qing*. Stanford: Stanford University Press.

Huang, Philip C. 2001. *Code, Custom and and Legal Practice in China: The Qing and the Republic Compared*. Stanford: Stanford University Press.

Hung, Ho-fung 2011. *Protest with Chinese Characteristics: Demonstrations, Riots, and Petitions in the Mid-Qing Dynasty*. New York: Columbia University Press. Idema, Wilt and Beata Grant, eds. 2004. *The Red Brush: Writing Women of Imperial China*. Cambridge, Mass.: Harvard East Asian Monographs.

Im, Kaye Soon 1981. "The Rise and Decline of the Eight Banner Garrisons in the Ch'ing Period (1644–1911): A Study of the Kuang-chou, Hang-chou and Ching- chou Garrions." PhD dissertation, University of Illinois at Urbana-Champaign.

Jones, William C., trans. 1994. *The Great Qing Code*. Oxford: Clarendon Press.

Ko, Dorothy 2005. *Cinderella's Sisters: A Revisionist History of Footbinding*. Berke- ley and Los Angeles: University of California Press.

Kutcher, Norman 1999. *Mourning in Late Imperial China: Filial Piety and the State*. Cambridge, Eng.: Cambridge University Press.

Laamann, Lars, ed. 2013. *Critical Readings on the Manchus in Modern China (1616–2012)*. Leiden: Brill. Four volumes.

Lee, James Z. and Feng Wang 2001. *One Quarter of Humanity: Malthusian Mythol- ogy and Chinese Realities, 1700–2000*. Cambridge, Mass.: Harvard University Press.

Li, Lillian 2007. *Fighting Famine in North China: State, Market, and Environmental Decline, 1690s–1990s*. Stanford: Stanford University Press.

Li, Xiaorong 2012. *Women's Poetry of Late Imperial China: Transforming the Inner Chambers*. Seattle and London: University of Washington Press.

Liang, Linxia 2007. *Delivering Justice in Qing China: Civil Trials in the Magistrate's Court*. Oxford: Oxford University Press.

Lu, Weijing 2008. *True to Her Word: The Faithful Maiden Cult in Late Imperial China*. Stanford: Stanford University Press.

Macauley, Melissa A. 1998. *Social Power and Legal Culture: Litigation Masters in Late Imperial China*. Stanford: Stanford University Press.

Man-Cheong, Iona D. 2004. *The Class of 1761: Examinations, State and Elite in Eighteenth Century China*. Stanford: Stanford University Press.

Mann, Susan L. 1997. *Precious Records: Women in China's Long Eighteenth Cen- tury*. Stanford: Stanford University Press.

Mann, Susan L. 2007. *The Talented Women of the Zhang Family*. Berkeley: Univer- sity of California Press.

McMahon, Daniel 2015. *Rethinking the Decline of China's Qing Dynasty: Imperial Activism and Bor- derland Management at the Turn of the Nineteenth Century*. London: Routledge.

Millward, James A. 1998. *Beyond the Pass: Economy, Ethnicity and Empire in Qing Xinjiang, 1759– 1864*. Stanford: Stanford University Press.

Millward, James A. et al., eds. 2006. *New Qing Imperial History: The Making of In- ner Asian Empire at Qing Chengde*. London: Routledge.

Mosca, Matthew W. 2013. *From Frontier Policy to Foreign Policy: The Question of India and the Transformation of Geopolitics in Qing China*. Stanford: Stanford University Press.

Mungello, David E. 2008. *Drowning Girls in China: Female Infanticide Since 1650*. Lanham, Md.: Rowman and Littlefield.

Mungello, David E. 2009. *The Great Encounter of China and the West, 1500–1800*. Lanham, Md.: Rowman and Littlefield. Third edition.

Ng, On-cho 2001. *Cheng-Zhu Confucianism in the Early Qing: Li Guangdi (1642–1718) and Qing Learning*. Albany: State University of New York Press.

Perdue, Peter 2005. *China Marches West: The Qing Conquest of Central Asia*. Cam- bridge, Mass.: Harvard University Press.

Rawski, Evelyn S. 1996. "Reenvisioning the Qing: The Significance of the Qing Period in Chinese History." *Journal of Asian Studies* 55.4 (November): 829–50. Rawski, Evelyn S. 1998. *The Last Emperors: A Social History of Qing Imperial In-stitutions*. Berkeley: University of California Press.

Rawski, Evelyn S. 2015. *Early Modern China and Northeast Asia*. Cambridge, Eng- land: Cambridge University Press.

Rawski, Evelyn S. and Jessica Rawson, eds. 2005. *China: The Three Emperors* Reed, Bradly W. 2000. *Talons and Teeth: County Clerks and Runners in the Qing Dynasty*. Stanford: Stanford University Press.

Rhoads, Edward 2000. *Manchus and Han: Ethnic Relations and Political Power in Late Qing and Early Republican China, 1861–1928*. Seattle: University of Wash- ington Press.

Ropp, Paul S. 2002. "Chinese Women in the Imperial Past: New Perspectives." *China Review Interna-tional* 9.1 (Spring): 41–51.

Ropp, Paul S. et al., eds. 2001. *Passionate Women: Female Suicide in Late Imperial China*. Leiden: Brill.

Rowe, William T. 2001. *Saving the World: Chen Hongmou and Elite Consciousness in Eigh-teenth-Century China*. Stanford: Stanford University Press.

Rowe, William T. 2009. *China's Last Empire: The Great Qing*. Cambridge, Mass.: Harvard University Press.

Siu, Victoria M. 2013. *Gardens of a Chinese Emperor: Imperial Creations of the Qianlong Era, 1736–1796*. Lanham, Md.: Rowman and Littlefield.

Smith, Richard J. 2013. *Mapping China and Managing the World: Culture, Cartog- raphy and Cos-mology in Late Imperial Times*. Oxfordshire, Eng.: Routledge.

Snyder-Reinke, Jeffrey 2009. *Dry Spells: State Rainmaking and Local Governance in Late Imperial China*. Cambridge, Mass.: Harvard University Press.

Sommer, Matthew H. 2000. *Sex, Law and Society in Late Imperial China*. Stanford: Stanford University Press.

Struve, Lynn 2004. *The Qing Formation in World-Historical Time*. Cambridge, Mass.: Harvard University Press.

Theiss, Janet M. 2005. *Disgraceful Matters: The Politics of Chastity in Eighteenth- Century China*. Berkeley: University of California Press.

Waley-Cohen, Joanna 2004. "The New Qing History." *Radical History Review* 88 (Winter): 193–206.

Waley-Cohen, Joanna 2006. *The Culture of War in China: Empire and the Military under the Qing*

Dynasty. New York: I. B. Tauris.

Wang, Fangyu and Barnhart Richard. 1990. *Master of the Lotus Garden: The Life and Art of Bada Shanren 1626–1705*. New Haven: Yale University Press.

Widmer, Ellen 2006. *The Beauty and the Book: Women and Fiction in Nineteenth- Century China*. Cambridge, Mass.: Harvard University Press.

Widmer, Ellen and Kang-i Sun Chang, eds. 1997. *Writing Women in Late Imperial China*. Stanford: Stanford University Press.

Wills, John E., Jr. et al., eds. 2011. *China and Maritime Europe, 1500–1800: Trade, Settlement, Diplomacy, and Missions*. Cambridge, Eng.: Cambridge University Press.

Wu, Yi-li 2010. *Reproducing Women: Medicine, Metaphor, and Childbirth in Late Imperial China*. Berkeley: University of California Press.

Zhao, Shiyu 2014. *The Urban Life of the Qing Dynasty*. Reading, Eng.: Paths Inter- national. Translated by Wang Hong and Zhang Linlin.

Zito, Angela 1997. *Of Body and Brush: Grand Sacrifice as Text/Performance in 18th Century China*. Chicago: University of Chicago Press.

Zurndorfer, Harriet T. 1997. *Change and Continuity in Chinese Local History: The Development of Hui-Chou Prefecture, 800 to 1800*. Leiden: Brill.

Zurndorfer, Harriet T., ed. 1999. *Chinese Women in the Imperial Past: New Perspec- tives*. Leiden: Brill.

出版后记

本书是作者旧著《中国文化的遗产：清朝（1644—1912）》(*China's Culture Heritage: The Qing Dynasty, 1644-1912*) 的修订升级版。旧著在1994年出版后，引起了海外汉学界对清史的研究热潮。时隔二十年，针对日益增多的新开放整理的汉、满、蒙及其他文字档案文献和学界出现的新的研究趋势，作者更新了自己的观点。

本书的研究主题是从1636年"大清"成为国号到1912年溥仪退位为止的近三百年间，清朝的政治、社会、经济、思想、文化的发展。清朝作为连接"传统"与"现代"中国的桥梁，其文化的广博复杂引人注目，而满人身为少数民族统治者，对他们的研究和评论也经常以"汉化"为核心和落脚点。以何炳棣为代表的传统学者认为，清朝的文化实现了完全"汉化"，统治者放弃了本族群的传统，充分吸收汉族文化；而新近的一批研究者则提出，应该对"汉化"程度进行根本性重估，他们将清朝置于更广阔的历史语境中，强调"满洲特性"。在这两极观点之间，还存在着足以产生丰富讨论的中间地带，这正是作者的着力点。

通过关注说通古斯语的满族与有着三千年历史传统的汉族之间复杂的文化互动，作者希冀找出这些少数民族统治者和其内部臣民协商各自的身份，以及与此同时逐渐达成一定的文化共识的过程。作者着力于以新的视角看待满族统治者及其与汉族臣民之间的关系，以及满族与其他内亚族群（包括蒙古人、藏人、中亚人）之间的关系。最终发现，务实的清朝皇帝向居住在长城以南的臣民展示了"汉化"的面孔，在推动儒家化方面极为自觉，而向帝国其他地区的臣民则展示了其他民族的面孔。他们为自己的文化传统感到自豪，也对其他文化感兴趣，形成了清朝多元文化的面貌。

本书的另一项特色在于加强了法律、科学技术、性别、性行为和军事等重要但经常被忽略的文化主题。因此，本书也是西方汉学界唯一一本系统关注清代中国传统文化所有重要方面的著作。此外，作者也更加直接、系统地阐释了清代中国精英文化和大众文化之间的关系。

图书在版编目（CIP）数据

清朝与中华传统文化/（美）司马富著；张安琪，
荆晨，康海源译 . -- 北京：九州出版社，2021.12（2024.12 重印）
ISBN 978-7-5225-0629-6

Ⅰ.①清… Ⅱ.①司… ②张… ③荆… ④康… Ⅲ.
①文化史—研究—中国—清代 Ⅳ.① K249.03

中国版本图书馆 CIP 数据核字 (2021) 第 232310 号

The Qing Dynasty and Traditional Chinese Culture
by Richard J. Smith
Copyright © 2015 by Rowman & Littlefield Publishers Inc.
Published by agreement with the Rowman & Littlefield Publishing Group through the Chinese
Connection Agency, a division of The Yao Enterprise, LLC.
Simplified Chinese translation co-published in 2021
ALL RIGHTS RESERVED.

著作权合同登记号：图字 01-2020-6583
审图号：GS（2020）6479 号

清朝与中华传统文化

作　　者	［美］司马富 著　　张安琪 荆 晨 康海源 译	
责任编辑	王 侸 周 春	
出版发行	九州出版社	
地　　址	北京市西城区阜外大街甲 35 号(100037)	
发行电话	（010）68992190/3/5/6	
网　　址	www.jiuzhoupress.com	
印　　刷	河北中科印刷科技发展有限公司	
开　　本	655 毫米 × 1000 毫米　　16 开	
印　　张	27.25	
字　　数	405 千字	
版　　次	2022 年 2 月第 1 版	
印　　次	2024 年 12 月第 7 次印刷	
书　　号	ISBN 978-7-5225-0629-6	
定　　价	92.00 元	

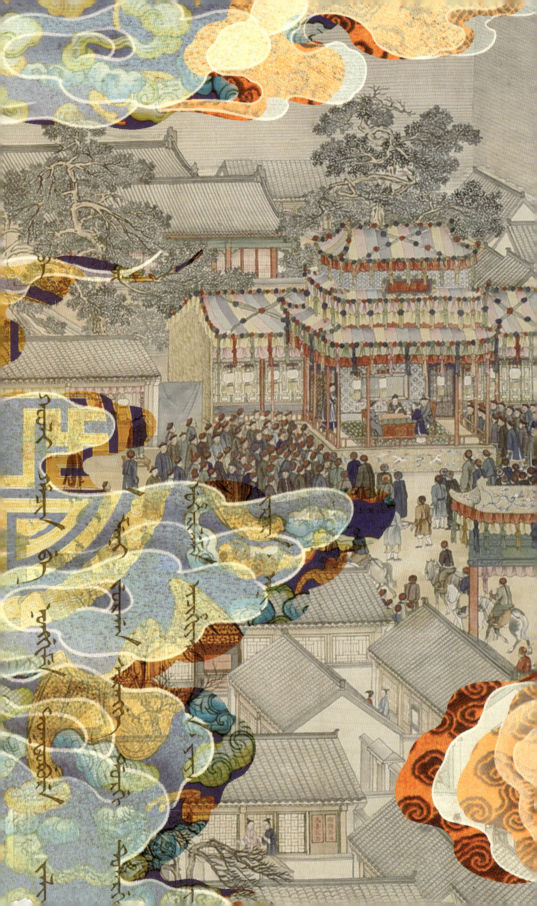